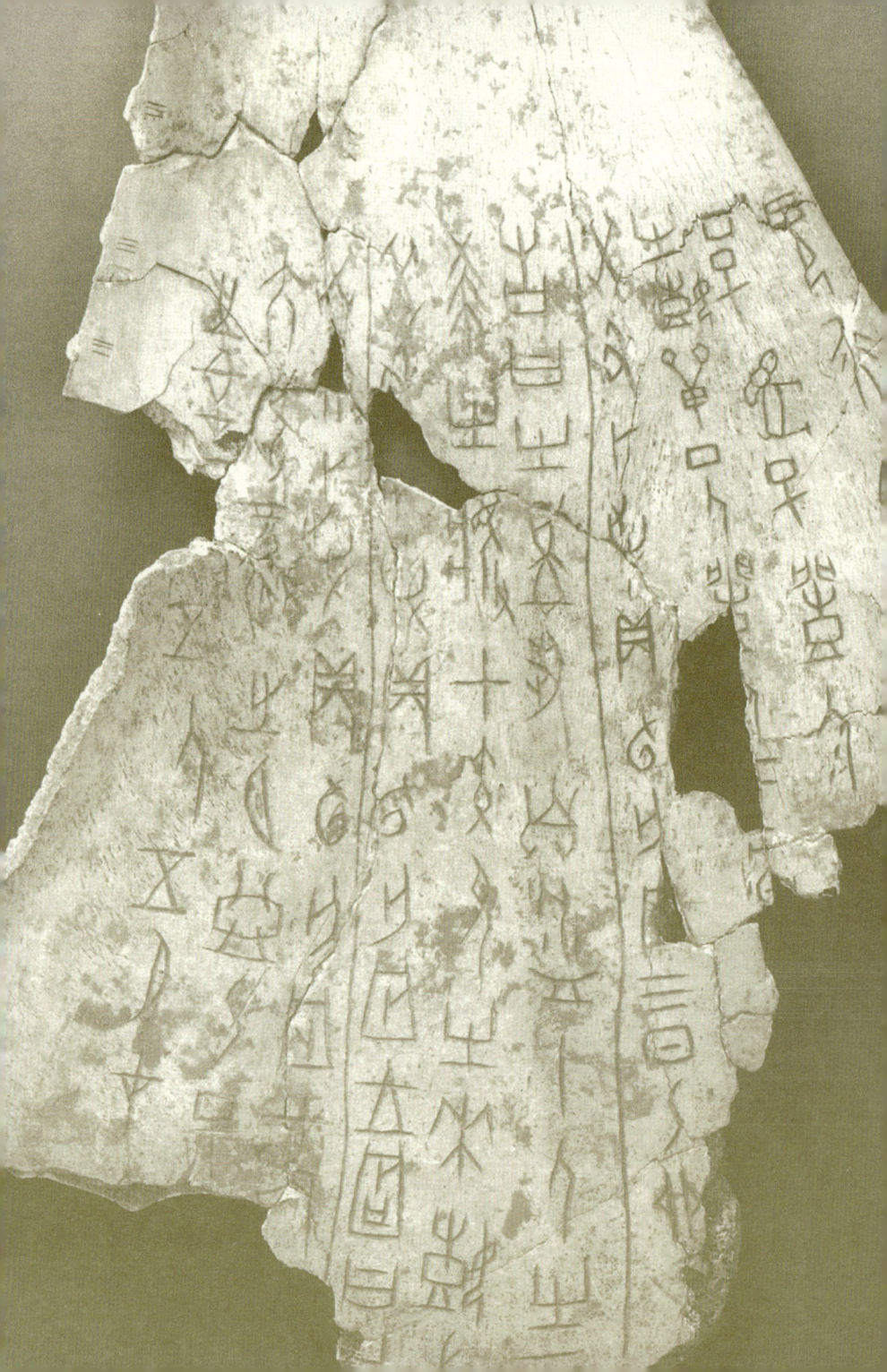

⊙郭胜强 编著

河南大学与甲骨学

⊙河南大学出版社

图书在版编目(CIP)数据

河南大学与甲骨学/郭胜强编著. —开封:河南大学出版社,2003.4
ISBN 7-81091-013-2

Ⅰ.河… Ⅱ.郭… Ⅲ.甲骨学-研究 Ⅳ.K877.14
中国版本图书馆 CIP 数据核字(2003)第 017545 号

书　　名　河南大学与甲骨学
作　　者　郭胜强

责任编辑　梅　明
责任校对　常　一
责任印制　苗　卉
封面设计　张　胜

出　　版　河南大学出版社
　　　　　地址:河南省开封市明伦街 85 号　邮编:475001
　　　　　电话:0378－2864669(事业部)　0378－2825001(营销部)
　　　　　网址:www.hupress.com　E－mail:bangong@hupress.com
经　　销　河南省新华书店
排　　版　河南大学出版社印务公司
印　　刷　河南第一新华印刷厂
版　　次　2003 年 3 月第 1 版　　印　次　2003 年 3 月第 1 次印刷
开　　本　850mm×1168mm　1/32　　印　张　13.375
字　　数　340 千字　　　　　　　　插　页　8
印　　数　1—1500 册

ISBN 7—81091—013—2/K・326　　　定　价:26.00 元

(本书如有印装质量问题请与河南大学出版社营销部联系调换)

◇ 1935年冬，史语所考古组人员在南京该所合影。后排从左至右：徐中舒、梁思永、李济、高去寻、李光宇、胡厚宣。前排从左至右：王湘、董作宾、石璋如、郭宝钧、尹达、李景聃、祁延霈

◇ 20世纪30年代董作宾在安阳殷墟发掘工地

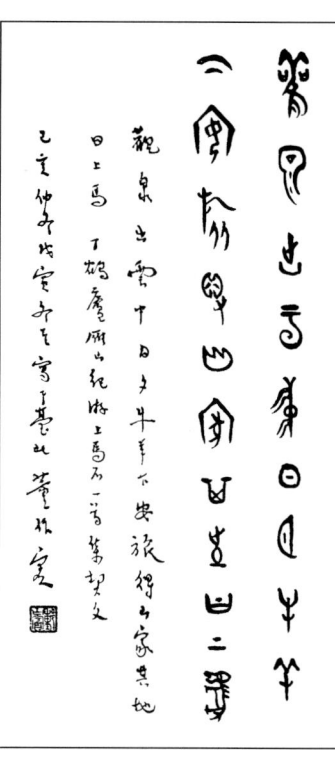

◇ 董作宾书法作品

◇ 郭宝钧先生
  (1893-1971)

◇ 马非百教授
  (1896-1984)

◇ 尹达先生
  (1906-1983)

◇ 百岁老人石璋如夫妇

◇ 郭豫才先生(右二)与河南大学教授胡思庸(左一)、毛建豫(左二)、黄元起(右一)在一起交流学术

◇ 李瑾先生

◇ 陈昌远先生

◇ 安金槐先生与河南博物院院长张文军在安阳市文物考古工作队陈列室视察指导(左一为安金槐先生)

◇李民先生

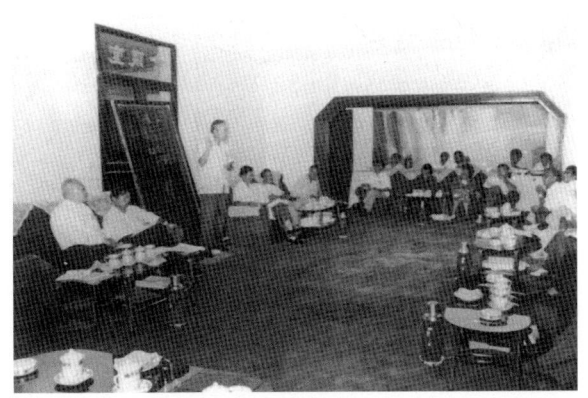

◇1987年郑慧生先生在中国殷商文化国际学术讨论会上发言

◇ 王蕴智(左)与导师于安澜先生(右)

◇ 常耀华(右)与李学勤先生(左)

◇ 2001年9月,杨学法(前排左一)在台北出席学术会议时与石璋如先生(前排中)、王宇信(前排左二)、宋镇豪(前排右二)、张坚(前排右一)、董玉京(后排右)、董敏(后排左)合影

◇ 张启生在"纪念甲骨文发现一百周年国际学术研讨会"开幕式上。前排从右至左为张启生、王宇信、李民

◇ 郭新和在"纪念甲骨文发现100周年国际学术研讨会"开幕式上发言

◇ 郭胜强与著名甲骨学家胡厚宣(中)、王宇信(右二)、杨升南(左一)和殷墟博物苑副主任杨善清(左二)在筹建殷墟博物苑时合影

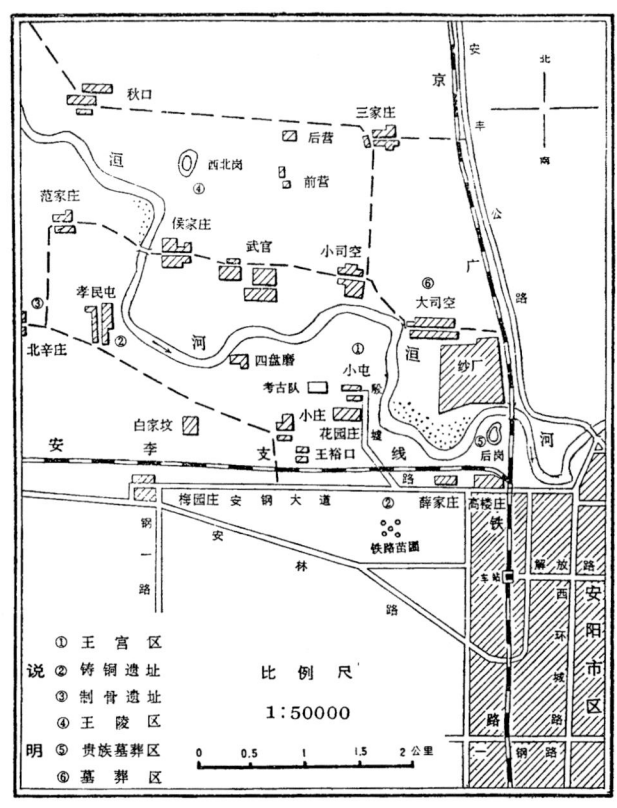

◇ 安阳殷墟位置图

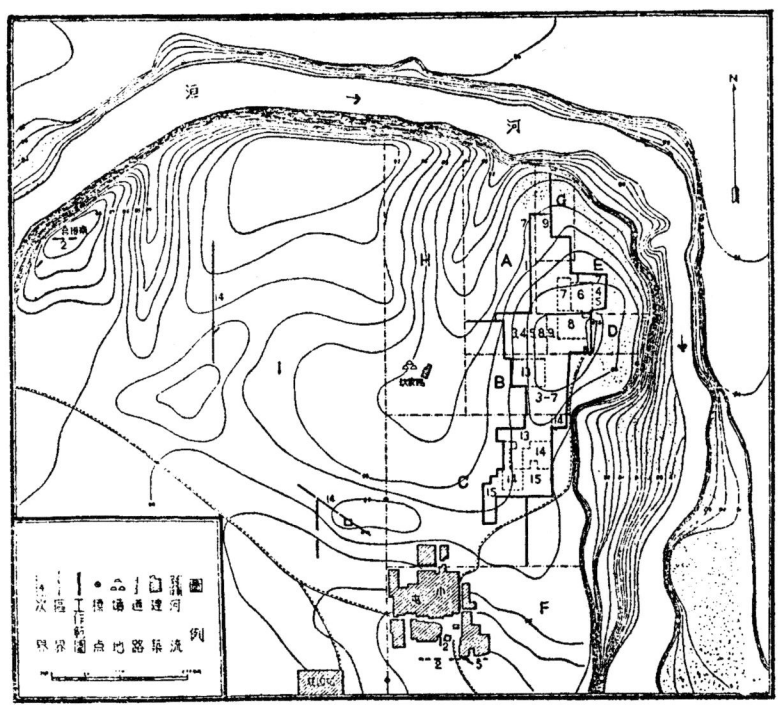

◇ 安阳小屯发掘分区图

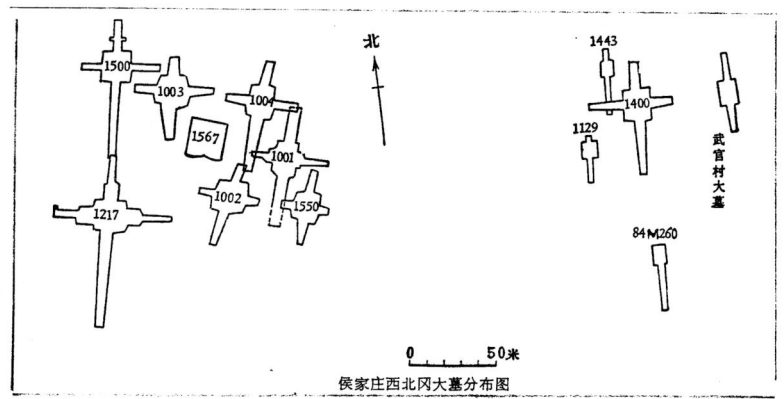

◇ 侯家庄西北冈大墓分布图

目 录

序一 ……………………………………………… 李学勤（1）
序二 ……………………………………………… 王宇信（7）
第一章　绪论 ………………………………………………（1）
　一、甲骨文的发现与河南大学的诞生 …………………（1）
　二、河南大学与甲骨文研究 ……………………………（6）
　三、河南大学与商代考古 ………………………………（14）
　四、河南大学与商史研究 ………………………………（19）
第二章　殷墟科学发掘的开创人，甲骨学一代宗师
　　　　——董作宾 ………………………………………（28）
　一、调查殷墟甲骨文出土的情况 ………………………（28）
　二、主持和参加殷墟科学发掘 …………………………（32）
　三、整理著录科学发掘甲骨文资料 ……………………（43）
　四、甲骨文分期断代的研究 ……………………………（47）
　五、甲骨学自身规律和基本问题的研究 ………………（57）
　六、中国古史年代学的研究 ……………………………（64）
　七、为甲骨学深入发展指出方向 ………………………（71）
第三章　殷墟科学发掘的主将，中国考古事业的奠基人
　　　　——郭宝钧 ………………………………………（79）
　一、参加殷墟科学发掘 …………………………………（79）

二、主持殷墟科学发掘 …………………………………………（ 86 ）
三、主持1950年春季殷墟的发掘 ………………………………（ 95 ）
四、对新中国考古事业的贡献 ……………………………………（103）
五、丰硕的学术成果 …………………………………………………（108）

第四章 参加殷墟发掘的河大教授马非百 ……………………（118）
一、参加殷墟发掘前的马非百 ……………………………………（118）
二、参加殷墟科学发掘 ……………………………………………（123）
三、抗战以后的学术活动和学术成就 ……………………………（130）

第五章 尹达与殷墟发掘和研究 ………………………………（133）
一、参加殷墟科学发掘 ……………………………………………（133）
二、对安特生错误理论的批判 ……………………………………（142）
三、延安时代的学术活动和成就 …………………………………（151）
四、对新中国历史学考古学建设的贡献 …………………………（156）

第六章 殷墟发掘的"活档案"石璋如 …………………………（166）
一、参加殷墟科学发掘 ……………………………………………（166）
二、主持殷墟科学发掘 ……………………………………………（175）
三、对殷墟建筑遗址的研究 ………………………………………（185）
四、对殷墟墓葬、甲骨坑层等方面的研究 ………………………（195）
五、对故乡、母校和殷墟的怀念 …………………………………（205）

第七章 朱芳圃、孙海波的甲骨学成就 ………………………（214）
一、率先以"甲骨学"揭橥于论著的朱芳圃 ……………………（214）
二、两次出版《甲骨文编》的孙海波 ……………………………（225）

第八章 郭豫才、李瑾、陈昌远的学术成就 …………………（237）
一、郭豫才与甲骨学殷商史研究 …………………………………（237）
二、三评"非王卜辞"、两论"戎狄"的李瑾 …………………（245）
三、商起源的探索者陈昌远 ………………………………………（257）

第九章 在废墟中探索的安金槐 ………………………………（266）
一、对郑州商城的发掘和研究 ……………………………………（266）

二、瓷器源于商代说 …………………………………………（277）
　　三、对夏文化的探索 …………………………………………（281）
　　四、培养文物考古工作人才　参加"夏商周断代
　　　　工程" ………………………………………………………（289）
第十章　在历史深处探索的李民 …………………………………（296）
　　一、古文献与古史的研究 ……………………………………（296）
　　二、夏商周三族源流的探索 …………………………………（302）
　　三、殷商都城的研究 …………………………………………（311）
　　四、殷商社会生活的研究 ……………………………………（319）
第十一章　甲骨学商史研究独树一帜的郑慧生 …………………（328）
　　一、甲骨学研究的成绩 ………………………………………（328）
　　二、商史研究的成果 …………………………………………（335）
　　三、天文历法学的研究 ………………………………………（345）
第十二章　甲骨学后起之秀 ………………………………………（353）
　　一、范毓周 ……………………………………………………（353）
　　二、王蕴智 ……………………………………………………（362）
　　三、常耀华 ……………………………………………………（373）
第十三章　安阳的河大毕业生与殷商文化研究 …………………（382）
　　一、杨学法 ……………………………………………………（382）
　　二、张启生 ……………………………………………………（388）
　　三、郭新和 ……………………………………………………（391）
　　四、郭胜强 ……………………………………………………（397）
后　记 ………………………………………………………………（407）

序 一

殷墟甲骨的发现与鉴定，迄今已逾百年。在1999年前后，国内外曾举行多次纪念甲骨发现的学术研讨会，蔚为一时之盛。至于纪念著作、论文的出版，到现在还没有衰歇。一种古代文物的研究受到这样重视，于学术史上是很少见的。造成如此盛况的原因，是殷墟甲骨的发现不仅导致甲骨学这一专门学科的兴起，而且对中国学术许多方面有着非常重大的影响。

最直接的影响在于考古学。中国原有深厚的金石古物研究基础，现代考古学方法的传入，差不多与甲骨的出现同时。甲骨的发现和研究，激发了人们考古的热情，在确定了甲骨的出土地点并论证其即殷墟之后，对殷墟这一极重要的遗址进行考古发掘，迅速成为学者的普遍要求。殷墟发掘于1928年开始实施，标志了现代考古学在中国的真正确立。因此，谈到中国考古学，不能不以甲骨的发现为头等大事。

甲骨的发现更影响到中国的文字学。中国传统的文字学本甚发达，但直到清代，始终以《说文》学为中心，不能跳出窠臼。甲骨文字为文字学探索展开了罕有所知的新视野，不再

1

为《说文》学所范限。由此发展前进，使古文字研究进入以出土材料为主的新阶段，于是形成了与传统文字学有颇大不同的古文字学。追寻古文字学的源起，自应以甲骨的发现为其嚆矢。

受到巨大影响的还有历史学。殷墟甲骨的发现和研究，不仅证明了《史记·殷本纪》商王世系的基本无误，而且通过王亥等名字的发现，论证了更早的商人先公的传说。王国维先生在《古史新证》中据此提出以地下材料与传世文献互证的二重证据法，为探讨长期被指为荒昧无稽的上古历史开辟出道路，超越了所谓"东周以前无史"的论点。

甲骨从被发现开始，就受到普遍的注意，全国许多有关学者都投入了考释研究，日本和西方的人士也很快参加进来，使甲骨学形成有国际性的学科。不过由于殷墟位于河南北部，甲骨及殷墟的发现自然为河南学术界特别重视，如河南博物院和河南大学，曾对此做出了重大贡献。

河南大学历史悠久，人才辈出，在中国近现代教育史上有突出地位。以甲骨学和殷墟考古而言，前者如首赴殷墟实施第一次发掘，后又以《甲骨文断代研究例》确立殷墟甲骨分期基础的董作宾先生，王国维先生高足，著有《甲骨学商史编》和《文字编》的先驱圆先生，编纂《甲骨文编》，风行天下的孙海波先生；后者如出身河大，参加殷墟发掘的尹达（刘燿）、石璋如两位先生，其业绩卓著，均为人们所不能忘记。自他们以至现在，河大已经形成了由几代学者组构的传统，这在郭胜强先生的这部新著中有详细的叙述。

郭胜强先生在殷墟所在地安阳工作多年，潜心商代历史文化与甲骨研究，有很多论作，对于有关的学术史问题尤多用心。他的这部新著，系统地介绍了河大列位学者的事迹和成就，不仅为河大增光，对学术史研究也是重要贡献。

最近我在小著《甲骨百年话沧桑》中说："有些人以为，经过这一百年的探讨研究，甲骨文已经没有多少可研究了，这种看法是错误的。事实上，十余万片甲骨文的丰富内涵大部分还没有得到揭示，殷商历史文化的真相仍处于半明半暗之间。随着殷墟以及其他遗址考古工作的开展，极有可能发现更多新的甲骨，包括性质与时代与已知者不同的甲骨。"近北京城的发现，增加了我们的希望。相信在新世纪中，甲骨学一定有长足的发展，而河南大学将继续起有重要的作用。

李学勤
2002年4月18日
于中国社会科学院古代文明研究中心

十五次殷墟发掘简表

次	时间	地点	主持人	参加者	主要收获
一	1928年10月13日至10月30日	小屯	董作宾	赵芝庭 李春昱 王湘 张锡晋 郭宝钧	甲骨文854片
二	1929年3月7日至5月10日	小屯	李济	董作宾 董光忠 王庆昌 王湘 裴文中	甲骨文740片
三	1929年10月7日至12月12日	小屯	李济	董作宾 董光忠 张蔚然 王湘	甲骨文3012片 大龟四版
四	1931年3月21日至5月11日	小屯 后岗 四盘磨	李济	董作宾 梁思永 郭宝钧 李光宇 王湘 马元材 许敬参 冯进贤 石璋如 刘燿	甲骨文782片 版筑遗迹 窖穴遗址 三层文化
五	1931年11月7日至12月19日	小屯 后岗	董作宾	郭宝钧 梁思永 王湘 刘屿霞 马元材 石璋如 刘燿 张善	甲骨文381片 版筑建筑 三层文化 龙山大墙
六	1932年4月1日至5月31日	小屯 侯家庄 王裕口 霍小庄	李济	董作宾 吴金鼎 王湘 李光宇 周英学 石璋如	甲骨文1片 版筑基址 三层文化
七	1932年10月19日至12月15日	小屯	董作宾	石璋如 李光宇 马元材	甲骨文29片 版筑基址 宫殿遗址
八	1933年10月20日至12月25日	小屯 四盘磨 后岗	郭宝钧	石璋如 刘燿 李光宇 李景聃 马元材	甲骨文257片 版筑基址 后岗大墓

(续表1)

次	时间	地点	主持人	参加者	主要收获
九	1934年3月9日至5月31日	小屯 侯家庄 后岗 南霸台	董作宾	石璋如 刘燿 李景聃 祁延霈 尹焕章 冯进贤	甲骨文457片 大龟七版 后岗大墓
十	1934年10月3日至12月30日	侯家庄 同乐寨	梁思永	石璋如 刘燿 祁延霈 胡厚宣 尹焕章 马元材	4座大墓 63座小墓 三层文化
十一	1935年3月15日至6月15日	侯家庄	梁思永	石璋如 刘燿 李光宇 祁延霈 胡厚宣 马元材 夏鼐 尹焕章	5座大墓 410座小墓 牛鼎 鹿鼎
十二	1935年9月5日至12月16日	侯家庄 大司空村 范家庄	梁思永	石璋如 刘燿 李景聃 李光宇 祁延霈 高去寻 尹焕章 潘悫 王建助 董培宪	大墓6座 小墓785座
十三	1936年3月18日至6月24日	小屯	郭宝钧 石璋如	李景聃 祁延霈 王湘 高去寻 尹焕章 潘悫 孙文青	甲骨文17804片 YH127坑 宫殿基址 窖穴墓葬
十四	1936年9月20日至12月31日	小屯 大司空村	梁思永 石璋如	王湘 高去寻 尹焕章 潘悫 王建勋 魏鸿纯 石伟 王思睿	甲骨文2片 宫殿基址 窖穴墓葬 水沟
十五	1937年3月16日至6月19日	小屯	石璋如	王湘 高去寻 尹焕章 潘悫 王建勋 李永淦 石伟 张光毅	甲骨文599片 宫殿基址 窖穴墓葬 水沟

说明:

此表根据胡厚宣《殷墟发掘》、李济《安阳》、石璋如《殷墟最近之重要发现附论小屯地层》、吴浩坤、潘悠《中国甲骨学史》、王宇信、杨升南《甲骨学一百年》等论著中有关资料和表格绘制。

序 二

王宇信

河南大学是一所历史悠久的学校,从1912年诞生至今已走过了90年的历程。我国近代新型学校的创办,是近代资产阶级文化发展的产物。最早1895年创办了天津大学,其后不久,1898年戊戌变法运动中,又创办了北京大学。自此以后,新式大学在各地陆续创办,诸如1901年山东大学诞生、1902年南京大学诞生、1904年南开大学诞生、1905年复旦大学诞生、1911年清华大学诞生,随之其后创办的便是河南大学了。从创建的历史来看,河南大学在全国高校中应属较早的一批。

中原大地是中华民族的发祥地,在人类文明史上占有极为重要的地位。河南大学植根于中原沃土,受五千年华夏文明的滋润,有着深厚的文化底蕴。从学校创办之初,就非常重视教学和科研,注重社会实践、关注新事物新动态,提倡学以致用,养成了团结、勤奋、求是、创新的良好校风。在很长一段时间里,在教学和科研方面,河南大学处于全国高校的前列。

也正因为如此,河南大学有着很大的吸引力和凝聚力,先后荟萃了国内一大批第一流的专家、学者、教授,为河南大学带来了灿烂的学术春光;四方学子更是趋之若鹜,纷纷前来求学,数十年来为国家培养了近20万人才。特别是在长达八年艰苦卓绝的抗日战争中,河南大学旗帜不倒,在极为艰难困苦的情况下,团结全校广大师生辗转千里,在敌后坚持办学,继续为中华民族培育英才。

我很敬佩前辈学者朱芳圃先生在抗日战争期间跟随河南大学历尽艰险,千里迁徙中,他的衣物用品尽可丢失,但他的甲骨文资料和书籍却始终带在身边;我也很敬佩百岁老人、前辈大师石璋如先生,他于20世纪30年代初毕业于河南大学,70年过去了,却始终保持着对母校火热的感情,70年代他在台湾撰写的《河南大学与考古事业》,90年代甲骨文发现100周年他为河南大学的题词,就是对母校的眷恋和怀念之情的真实写照。河南大学赢得了社会的信任和爱戴,是全体师生的自豪与骄傲!

1899年安阳小屯甲骨文的发现和由此形成的甲骨学,为新史学的发展奠定了坚实基础,也为殷商考古发展提供了契机,标志着中国传统学术向现代学术的转型。20世纪的100年,基本上也是甲骨学形成发展的100年。这些年我在研究之时,对甲骨学史和甲骨学的理论问题考虑的多一些,一些概念和提法力图归纳得准确一些。20世纪80年代我在撰写《甲骨学通论》的时候,将甲骨学史分为四个阶段:一、"先史"时期;二、甲骨文的非科学发掘阶段和甲骨学的草创时期;三、甲骨文的科学发掘阶段和甲骨学的发展时期;四、甲骨学的深入研究时期。1997年我和杨升南教授提出"甲骨学一百年"研究课题,被列为社科院和国家哲学社会科学"九五"重点项目,在《甲骨学一百年》中,将第四阶段以1978年为界,划出一个"全面"深入研究时期。最近,我在韩国又发表《论1978年以后甲骨学研究进入"全面"深入的新阶段》,目前,甲骨学界不少人赞同我这一意见。

可以看到在甲骨学百年发展史上,不少河大学人做出了杰出贡献,特别是在第三阶段甲骨文的科学发掘和甲骨学的发展时期,河大学人董作宾、郭宝钧、石璋如、尹达、朱芳圃、孙海波等前辈学者,他们或以参加殷墟科学发掘的实践,或以在甲骨学研究方面的丰硕成果,奠定了我国近代考古学和甲骨学的基础,对甲骨学的发展做出了划时代的贡献,成为一代宗师,在我国学术史上占有重要地位。

我很敬佩河南大学领导的远见卓识,在庆祝河南大学建校90周年的时候,提出了《河南大学与甲骨学》的研究课题,这不仅是对河南大学,也是对整个河南在甲骨学研究方面的一次很好总结,从一定意义上说,也是对甲骨学史的一次很好的总结。如从1928年至1937年殷墟甲骨文的15次科学发掘,先后参加的人员共40多位,除一部分后勤管理人员,地方政府的代表和临时人员外,主要的发掘者是董作宾、李济、郭宝钧、梁思永、马非百、石璋如、尹达等人。李济是考古组的负责人,从第二次开始主持殷墟发掘,但到1932年第六次发掘工作结束后,他忙于考古组的全面工作和史语所的搬迁及出国讲学,就不再到殷墟发掘的第一线去了。梁思永是我国著名考古学家,他主持的殷墟第十至十二次对西北岗殷王陵的发掘规模空前,但这时他已患病,只能作关键技术指导,以后也很少参加了。因此,可以毫不夸大地说,前后主持殷墟发掘并手执锄铲,蹄躅洹滨的,主要还是河大学人董作宾、郭宝钧、石璋如、尹达等前辈学者。

江山代有才人出。郑慧生教授是河南大学继朱芳圃、孙海波先生之后,在研究甲骨学方面的佼佼者,他推荐安阳师范学院历史系副教授郭胜强同志承担《河南大学与甲骨学》的写作任务,可谓知人善任。我是1984年在安阳召开的全国商史学术讨论会上初识郭胜强的,当时他提交了《试论帝乙帝辛时期殷都未迁——兼论朝歌在晚商的地位》的论文,成为这次会议上争论的重点问题之一,引起我的注意。后来他找到我,说要拜我为师向我学习,我说我比你年长几岁,你是小兄弟,我们就共同学习吧。从此,我们建立了联系,以后在安阳召开中国殷商文化国际学术研讨会,成立中国殷商文化学会,筹建殷墟博物苑,纪念甲骨文发现90周年学术活动等,他都积极参与。后来中国殷商文化学会移往外地开会,受条件的限制和忙于教学工作,他参加的活动少了,但多年来仍锲而不舍,努力钻研学问,成绩是比较突出的。他在卜辞文法的研究、对商代经济史的研究、对殷商都城的研究等方面的成果,引起了学术界的注意。

近些年常见郭胜强发表一些甲骨学史和人物志的文章,如《董作宾先生对甲骨学的贡献》、《胡厚宣先生对甲骨学的贡献》、《河南大学对殷墟科学发掘的贡献》、《石璋如先生对殷墟发掘和研究的贡献》等。我认为学术史和人物志的研究工作,往往为"智者"不屑为,常人也不能为,而学术的进步与发展每每不能缺乏之,因此我鼓励他继续做下去,必有体会和收获。因此,可以说,在接受该书任务以前,郭胜强也作了不少先期工作和积累,同时他又是河南大学的毕业生,对母校怀有深厚的感情,由他来承担这一课题,自然轻车熟路,驾轻就熟,应当说是最合适的人选。

去年(2000年)春天,我和宋镇豪先生到安阳时,作者向我谈了他的写作计划,我嘱他要尽量收集全资料,并多读一些河大学人的原著,把握人物的主要学术活动和学术思想的精髓,按考古学史和甲骨学史高度,把不同人物放在不同时期来分析评价,这样才能真实全面地反映历史和人物在整个学术史上的地位和贡献。今年初春在我准备到韩国讲学前,收到他寄来的目录和已写好的部分篇章,我挤时间看了一遍,并给他回了一封信,就内容体例等问题谈了一些自己的意见。因为这是我看到的第一部这类的书稿,考虑的就比较多一些。在韩国又给他写了一封长信,进一步谈了自己的一些看法。当今年中秋我结束讲学回到北京时,一部完整的书稿《河南大学与甲骨学》已呈现在我面前。我怀着欣喜的心情,有幸做了此书的"第一读者"。

我觉得这本书主要有以下三个特点:第一,资料翔实,内容完整,既能系统地反映全貌,使我们对河南大学在甲骨学方面的贡献有一个全面的了解,同时又有相对的独立性,使我们对每一位学者的成就有了更深刻的认识。如关于殷墟科学发掘的情况,1989年我在《甲骨学通论》中曾予以介绍。1999年我和杨升南主编《甲骨学一百年》,对殷墟科学发掘又进一步作了论述,但也尚嫌简略。但《河南大学与甲骨学》一书通过几位主要主持者、参加者的活动,较详细介绍了殷墟科学发掘的情况,使我们对殷墟科学发掘有了一个较全面的了解,这是近年出版的有关著作中不多见的。又如郭沫若与董作宾的友谊和交往是感人的,也是鲜为人知的。由于历史的原因,我们在《奴隶制时代》一书中,看到的只是两人的矛盾和交恶,这段郭董交往材料过去刊载在1977年台湾出版的《董作宾全集》中,一般读者是很难以见到的。再如李民教授是中国殷商文化学会副会长,我们交往共事已多年,他在古文献古史研究方面成就斐然,为国内外学界所熟知,但以前对他的学术思想和学术成就很难说有一个全面的了解。这个问题,从本书中我们可得到较系统的认识。

第二,分析实事求是,评价恰如其分,并富有创见。无论对早已蜚声海内的老一代学者,还是近年崭露头角的后起之秀,都能客观、公正、准确、科学地予以论述,通过事实得出结论,毫无拔高吹捧之嫌。对一些学者在某些方面的不足,诸如朱芳圃先生早期著作中的某些缺陷,尹达先生低估商代的生产力发展水平,对商代社会性质过时的论断等,都能够实事求是地指出来。作者既尊重专家学者的意见,又不囿于成说,分析评价多有创见。如对于《殷历谱》出版后并没有像《甲骨文断代研究例》那样很快被学术界所接受这一问题,我曾在《甲骨学一百年》中予以论述,但限于篇幅未能深入展开,作者在《河南大学与甲骨学》书中引用董作宾先生同时代人的评论和联系现实进一步的分析,显得就更深刻了。

第三,本书最后一章把在甲骨文故乡安阳殷墟工作的党政部门的河大毕业生加以介绍,就更有意义。河南大学培养了他们的文化底蕴和对华夏文明的热爱,因此他们在抓经济工作的同时,对殷商文化研究十分支持,促进了文化学术事业的发展和殷商文明的弘扬。应该说,这也是本书的特点之一,写此是十分必要的。因为我认为,现在学术也不单纯是学者个人的事,如果没有各方面的支持,是不会得到蓬勃发展的。这一点我在主持"甲骨学一百年"课题时就深有体会,这个课题包括三部分:《甲骨学一百年》、《甲骨文合集补编》、《百年甲骨学论著目》,时间紧、任务重、费用开支大,如果没有中国社会科学院科研局和历史研究所领导的全力支持,是绝对不会善始善终的。我常说,中国殷商文化学会在殷墟的摇篮中诞生,在中原大地的怀抱中郑州、洛阳成长,走向了南方的江西新干大洋洲,走向了大西南的四川三星堆,走向了东海之滨烟台,走向世界……中国殷商文化学会如果没有安阳市领导、安阳师院领导的全力支持,决不会有今天的局面。因此,这些幕后的英雄应多写一些,我们殷商文化研究今天的繁荣,应有他们的贡献和心血!我们常说党的领导和同志们的支持,但是要通过具体的人来体现。这样写出来才是活生生的支持。

现在,安阳人民正在全力进行殷墟申报"世界文化遗产名录"的工作,以把这一珍贵文化遗产保护好并留给子孙后代,省、市各方面的领导对殷商文化更加重视。安阳师范学院充实了殷商文化研究所,并成立了"董作宾甲骨学研究中心",进一步加强了殷商文化的研究。2001年9月中旬,我和杨学法(学会理事)、张坚(学会副秘书长)、宋镇豪一道应邀去台湾出席学术会议。在会议之余,我们拜访了石璋如大师、董作宾大师之哲嗣董玉京、董敏兄弟,并一起拜谒了董作宾大师之墓……台湾学者也全力支持殷墟的申报工作。河南大学学人、甲骨学商史学界学人,都衷心祝愿申报成功!相信《河南大学与甲骨学》的出版,对申报工作也会起到一定的积极推进作用。

该书弘扬了河南大学不畏艰险,积极进取,勇于攀登科学高峰的传统和精神,这也正是我国广大知识分子的传统和精神。相信该书的出版,一定会受到关心我国文化学术事业读者的欢迎,我全力推荐它!

2001 年 11 月 1 日于北京方庄

第一章 绪 论

一、甲骨文的发现与河南大学的诞生

1899年安阳殷墟甲骨文的发现是中国近代学术史上一个重大的事件,史学大师王国维在《最近二三十年中中国新发现之学问》中,将其与孔宅壁书、汲冢竹书并列为自汉以来中国文化史上的三大重要发现。1949年著名甲骨学家胡厚宣先生在纪念甲骨文发现50年时曾总结指出:甲骨文的发现是中国近代学术史上一件惊人的盛事,是近代学术史上最新而又最发达的一种学问,它是我们研究古代历史的最基本而重要的资料,也是我们考查检验古代典籍记载的材料正确与否的最新式工具,最可靠的尺度和准绳;殷墟甲骨文的发现,促进了我国考古事业的发展,是我国史前考古学从零星的点线到大规模的渡越的桥梁。通过甲骨文我们对殷代社会面貌有了真实的了解,证明中国社会发展的历史也完全符合人类社会发展史的规律,因此它又是我们学习社会发展史的最基本的一种学问。①

在纪念甲骨文发现100年的时候,当代著名甲骨学家、中国社会科学院研究员、中国殷商文化学会会长王宇信、副会长杨升南等学者在总结郭沫若、胡厚宣、陈梦家等老一代学者研究成果的基础上,对甲骨文发现的重大意义又作了进一步的全面系统的分析,从三个方面进行了精辟详尽的论述:一、甲骨文的发现和研究,标志着中国传统学术向现代学术转型。中国传统学术中蔚为大观的金石学,在西方考古学理论和知识的影响下,在研究内容、方法和研究目的方面发生了深刻的变化。在中西学术冲撞融合的大潮中,"二重证据法"的采用,不迷信《说文》、"阙疑待问"的科学态度,"谓中国之旧学自甲骨文出而另辟一新纪元,自有罗王二氏考释甲骨之业而另辟一新纪元。"二、为殷商考古学发展提供了契机。确知甲骨出土地为河南安阳小屯,对确定小屯村为殷商都城和甲骨文为晚商遗物有重要意义,也进一步促进了1928年以后殷墟大规模科学发掘工作。中央研究院历史语言研究所考古组对安阳殷墟的发掘,为我国殷商考古学奠定了基础。三、为新史学的发展奠定了坚实基础。罗振玉、王国维以甲骨文的搜求和阐发为基础,走上了"证古"、"释古"的道路,抉发了3000多年来所久被埋没的秘密,成为我国新史学的开端。郭沫若以历史唯物主义为指导,利用甲骨文资料研究商代社会历史,奠定了我国马克思主义历史科学的基础。②

甲骨学是一门古老而又年轻的学问,说其古老是因为甲骨文是3000多年前盘庚迁殷至纣灭亡殷商时代的遗物,是当时社会生活的真实记录。但它发现研究的历史至今才100年,而上述三大发现中孔宅壁书发现于汉武帝末年,距今已有2100余年,汲冢竹书发现于西晋武帝时,据今也有1700多年。

100年来的甲骨学研究在几代学者孜孜不倦、锲而不舍的努力下,取得了辉煌的成就,并成为一门举世瞩目的国际性学问。据胡厚宣在1949年甲骨文发现50年的时候统计,研究甲骨文并有论著的中外学者有289人,发表出版各种论著876种。③1979年甲骨文发现80年的时候,胡厚宣又统计中外学者约有400人,论著约有1300多种。④1999年甲骨文发现100年的时候,中国社会科学院历史研究所研究人员宋镇豪、常耀华在《百年甲骨学论著目》中列出,中外甲骨学者有3833人、论著有10946种。⑤

一般人们常说王懿荣发现甲骨文是患病服用龙骨,是一个偶然的机会。但在短时间内甲骨学迅速发展,中外学者趋之若鹜,使之成为"显学"和"世界性"学问,则是有着深刻的社会历史背景。1840年鸦片战争以后中国社会性质开始发生变化,一方面逐步沦为半殖民地半封建社会,另一方面由于自然经济的破坏促进了中国资本主义的发展。在19世纪至20世纪之交的时候,中国资本主义有了进一步发展,新时期的曙光已经在前。随着资本主义的发展,打破浓厚封建文化的桎梏,中国资产阶级文化也开始兴起,引起了我国文化教育和学术思想的巨大变化。在这种情况下,"中国有一批博学鸿儒处变不惊,做出了创造性的反应而开时代之先,完成了中国传统学术向近现代的转型。"⑥1901年梁启超的《中国史叙论》的发表,及这一时期陈天华的《中国革命史论》、夏曾佑的《最新中学中国历史教科书》等论著的发表,表明我国资产阶级史学的兴起。在近代西方考古学理论的影响下,中国传统的金石学无论内容还是形式都发生了很大变化,已开始向近代考古学过渡。因此,甲骨文的发现和甲骨学的兴起,虽有其偶然性,但也是近代资产阶级文化兴起的必然。正如王宇信、杨升南所指出的:"在近代西方考古学理论的影响下,传统金石学向'古器物学'阶段的发展,不仅离近代真正科学意义的'锄头考古学'的产生已经为期不远,也为甲骨文的鉴定、收集和研究准备了条件。"⑦

资产阶级文化兴起的另一表现是近代教育事业的发展。1898年戊戌变法大力提倡兴办新式学堂,1901年清政府推行"维新",各地学堂又兴办起来,同时开始选派学生出国留学。辛亥革命更推动了新式教育事业的发展,在这种情况下河南大学应运而生。河南地处中原,是中华民族文化的发祥地之一,历史上科技文化和教育一直都十分发达,到了近代长期的战乱和自然灾害使河南落后了。戊戌变法以后,南方各省的教育事业日新月异而河南却迟滞不前。辛亥革命后在资产阶级民主革命浪潮的推动下,不少有识之士深感教育事业有振兴的必要。著名教育家、河南教育会会长李敏修和提学使陈善同、教育司科长林伯襄等人,纷纷上书当局,力陈办学为当务之急,倡议效法欧美、引进西学,谋富国利民之道。河南当局顺应了这一要求,省临时议会决定,筹设一所培养留学生的预备学校,为遣送欧美留学创造条件。经过一番紧张筹备,1912年8月由林伯襄为首任校长的一所新型学校,河南大学的前身——河南留学欧美预备学校在古都开封正式诞生了。我们完全可以这样说,河南大学与甲骨学是同一时代诞生的新生事物,都是近代文化教育事业发展的结果。

河南大学建校以来一贯重视教学质量和科研水平的提高,提倡学以致用,注重社会实践,关注新事物新动态,养成了团结、勤奋、求是、创新的校风。历代学校领导都十分重视人才,正如河南省社会科学联合会副主席、校友张放涛所指出:"河南大学从建校迄今,历任校长均重视人才,不论在什么艰难困苦的情况下,都千方百计延揽名师,培育英才,提高质量,赢得社会的高度赞誉和信赖。河南大学先后聚集了一大批国内第一流的专家、学者、教授,他们像一颗颗明星,给河南大学带来了灿烂的光辉。"⑧

安阳就在河南,安阳殷墟甲骨文的发现、发掘和研究理所当然地引起学校的高度重视,从建校之初的20世纪20年代直至今天,尽管经历了不同的社会和时代,经历了学校发展的不同阶段以及校名的更易,河南大学历代领导都千方百计创造条件、延揽甲骨学人才,积极支持学校师生投入甲骨文的发掘和研究,始终将其作为学校的重要科研课题和社会实践项目。河南大学历代师生中,也都有不少人自觉选定这一项目,努力钻研,勤奋攀登,不断取得可喜的成果。从而培养造就了不少著名的甲骨学家、考古学家和商史专家,使河大在这方面的学术成就在很长时间内处于全国高校的前列,为繁荣发展祖国的文化学术事业做出了贡献。

不少学者对甲骨文发现和研究的历史进行了分期,20世纪50年代初,著名甲骨学家胡厚宣曾将其分为八个时期:一、埋藏时期;二、破坏时期;三、药材时期;四、古董时期;五、金石时期;六、文字时期;七、史料时期;八、考古时期。⑨20世纪80年代末,根据时代的发展,王宇信又将其分为四个阶段:一、甲骨学的"先史"时期(商朝灭亡~1899年);二、甲骨文的非科学发掘阶段和甲骨学的草创时期(1899~1928年);三、甲骨文的科学发掘阶段和甲骨学的发展时期(1928~1937年);四、甲骨学的深入研究时期(1949~现在)。⑩这一分期法得到众多学者的认可,为纪念甲骨文发现100年出版的由中国社科院历史所集体编纂的《甲骨学一百年》就采用了这种分期方法,只是将第四阶段以1978年为界,划出了一个"全面深入研究时期"。⑪

著名甲骨学家、中国社会科学院历史研究所研究员李学勤曾指出:"甲骨学的内涵可有狭义与广义。狭义的甲骨学特指甲骨及其文字本身的研究,广义的则举凡以甲骨文为材料论述历史文化者皆得纳入。"⑫最近,王宇信也指出:"做为广义的甲骨学,可以在适当位置多谈一些。应该说,在安阳甲骨学产生以后,才产生了田野考古(殷商考古),而殷商考古又推动了甲骨学的发展。同样,甲骨学研究的深入,推动了商史研究,商史研究的深入也推动了甲骨学研究。我想,广义的甲骨学也应包括商代考古和商史研究,这是顺理成章的。"⑬

我们在本书中所说的甲骨学,就是广义的甲骨学,包括有甲骨文研究、商代考古和商史研究三个方面,事实上这三方面就某一个学者来说,也是无法严格区分的,像董作宾等学者,既是甲骨学家,又是考古学家和商史专家,在这三方面都取得很多成绩。

纵观百年甲骨学史,从20世纪20年代开始,在每个发展阶段上都可以看到有河大学人活跃在甲骨学、商代考古和商史研究的舞台上。其中既有甲骨学一代宗师、"甲骨四堂"之一的董作宾,终生献身殷墟发掘研究事业的郭宝钧、石璋如、尹达,甲骨学研究成就卓著的朱芳圃、孙海波等老一代的学者,又有商代考古和商史的探索者郭豫才、安金槐、李民、李瑾、陈昌远以及在甲骨学商史研究方面独具特色的郑慧生,甲骨学后起之秀范毓周、王蕴智、常耀华等。当然,也还有不少默默无闻、努力不懈的甲骨学商史研究的探索者。

注释:

① 胡厚宣:《五十年甲骨文发现的总结》,第4～5页,北京,商务印书馆,1951年。

②⑥⑦⑪ 王宇信、杨升南:《甲骨学一百年》第1～5页、第1页、第2页、第12页,北京,社会科学文献出版社,1999年。

③ 胡厚宣:《五十年甲骨学论著目》,北京,中华书局,1952年。

④ 王宇信:《建国以来甲骨文研究》胡厚宣序,北京,中国社会科学出版社,1981年。

⑤ 宋镇豪、常耀华:《百年甲骨学论著目》,北京,语文出版社,1999年。

⑧ 张放涛主编:《群星灿烂——河南大学名人传》,开封,河南大学出版社,1992年。

⑨ 胡厚宣:《五十年甲骨学论著目》第17页。

⑩ 王宇信:《甲骨学通论》第66页,北京,中国社会科学出版社,1989年。

⑫ 李学勤:《甲骨学一百年的回顾与前瞻》,《文物》1998年第1期。

⑬ 王宇信2001年6月25日由韩国写给郭胜强的信。

二、河南大学与甲骨文研究

河大学人中与甲骨文接触最早的是董作宾。董作宾(1895～

1963年),1926~1927年曾任河南大学文学院讲师。他自幼勤奋好学,1918年只身"游学"开封,住在同乡前辈著名教育家、学者张嘉谋先生家中,不久即进入张主持的河南育才馆学习。育才馆的史地老师时经训先生知识渊博,酷爱金石之学,董作宾从他的授课中,才知道安阳殷墟出土甲骨文字。"时经训先生第一个向董作宾传递了殷墟甲骨的信息,无疑对董毕生从事甲骨学的研究起着重要的引导作用。"①

1922年冬,董作宾北上入北京大学作旁听生,1923年北大研究所国学门成立,成为研究生。在这里他初学甲骨文字,用油纸影写罗振玉的《殷墟书契前编》拓本。"罗振玉的这部甲骨文拓片本,成为董作宾先生闯入甲骨学殿堂的入门向导,从此走上了40年漫长的艰辛求索之途。"②是年北京大学考古学会成立,董作宾成为会员。从1925年开始,董作宾先后在福建协和大学国文系、河南大学文学院、北京大学研究院国学门、广州中山大学文学院任讲师、教授,一边教书,一边从事甲骨文的研究。1928年被聘为中央研究院历史语言研究所通讯员,从此开始专门从事殷墟的发掘和甲骨学研究,与甲骨文结下不解之缘。

王宇信、杨升南在纪念甲骨文发现100周年,总结百年甲骨学成就时,曾给其以很高的评价:"董作宾一生都献给了学术事业,是我国近代考古学和甲骨学的奠基者之一。他涉猎广泛,知识渊博,在古文字学、考古学、历史学、古年代学、地理学、文学艺术等学科都颇有造诣,成为著作等身,享誉海内外的著名学者。董作宾一生笔耕不辍,给我们留下学术专著10多种,论文200余篇,现已编成《董作宾全集》甲、乙编共12册,1977年由台湾艺文印书馆出版。董作宾多次主持或参加了殷墟科学发掘工作,并整理、刊布了全部科学发掘甲骨文,对甲骨学研究的发展做出了划时代的贡献。"③

本书第二章对董作宾有详细介绍,这里就不再多述。需要指出的是,为纪念甲骨文发现100周年,河南省社会科学院历史研究所所长程有为、副所长李绍连发表《河南学者的甲骨学贡献》,考古研究所所长萧鲁阳发表《要重视对董作宾的研究》(两文均载《黄河文化》1999年2、3期合刊),都对董作宾在甲骨学方面的成就作了论述并提出对董作宾需要进一步深入研究他的成长之路、取得巨大成就的原因、他的治学态度及如何与甲骨文相依为命等几个问题,指出:"董作宾是研究甲骨文而有重要贡献的学者,是学问通天而独立于三堂或四堂之中的惟一的一位河南籍前辈学人,河南学术界完全有理由对这位乡贤作足够的研究。然而直到目前为止,与这位甲骨学大宗师在学术上的巨大贡献相比,与他作为现代考古学奠基人而为河南省争得的荣誉相比,我们对他的研究,实在是太少了。所以,应该特别重视对董作宾的研究。"④作为董作宾的河大校友,我们应当在这方面加倍努力。

继董作宾之后,较早从事研究甲骨文的河大学人是刘盼遂。刘盼遂(1896~1966年),河南息县人,自幼聪明好学,能诗善文。1916年考入开封第二中学,1921年考入山西大学,1925年以第一名的成绩考入清华大学国学研究院首届研究生班,与吴其昌、谢国桢、王力等为学友,在导师梁启超、王国维、赵元任、陈寅恪等著名学者指导下,学习运用科学的方法来整理、研究"国故",其中古文字学、甲骨学是不可或缺的课程之一。1929年研究生毕业后,执教于河南大学,以后终生从事教育和学术研究,相继任教于河北大学、清华大学、燕京大学、中国大学、辅仁大学、北京女子师范大学等院校,1946年后长期在北京师范大学中文系任教授。

刘盼遂知识渊博,勤奋著述,他在经学、史学、文学、考古学、校勘、目录学等多方面都有研究,发表有关论文和文章达百余篇之多,特别在古文字学、音韵学、训诂学等方面,造诣尤深。早在1926年他还在清华研究院读书时,就在当时著名的学术刊物《学衡》上发表甲骨文考释的文章《释工》(《学衡》第49期,1926年),对甲骨文中的工字进行了考证,引起学术界的重视。1931年发表

《释因等十四文》(《国学丛编》第 1 期第 2 册),对 14 个文字进行了考证。一次考释文字如此之多,这在学术界是不多见的,可见其功力之深,用功之勤。1935 年,他在北平人文书店出版的《文字音韵学论丛》卷二上,同时又发表三篇古文字研究方面的论文:《说文师说》、《说文师说别录》、《释工玉同字》。他编辑的《文字音韵学论丛》一书,收录其论文 20 余篇,不少篇章都有很高的学术价值,其学术见解和成果超过了前贤和他的老师。

刘盼遂对地方志的研究也颇有兴趣。在河南大学任教期间,河南通志馆设于河大之内,校长兼任馆长,设总纂一人,专、兼职纂修各四人,他被聘为兼职纂修,纂写了《河南通志》中的民族志、宗教志,还主纂了《长葛县志》、《太康县志》等。

早期河大学人中接触研究甲骨文的著名学者还有朱芳圃、孙海波、姜亮夫等人。朱芳圃(1895~1973 年),湖南醴陵人,1928 年毕业于清华大学研究院国学门,1931 年来河南大学任教,一生于甲骨学、殷商历史文化研究方面用力甚勤,在著作中首次采用了"甲骨学"这一名词,在学术界产生了较大影响。

孙海波(1905~1972 年),河南潢川人,1934 年毕业于北京师范大学研究院,1956 年到河南大学任教,长期从事甲骨文的收集、整理和研究,他编著的《甲骨文编》,是我国最早的甲骨文字典。

姜亮夫,云南昭通人,1902 年出生于一个以教书为生的家庭里。自幼在家乡读书,中学毕业后进入成都高等师范学校,后升学到北京师范大学,又考入清华大学研究院国学门,师从著名学者王国维学习文字声韵之学。1927 年研究生毕业后,他曾在南通、无锡教了两年中学,后到上海在大夏、暨南、复旦等大学任教授,同时在北新书局任编辑。1933 年应河南大学文学院之聘,担任河南大学文史系教授。当时河南大学正处在抗战爆发前局面相对安定而迅速发展时期,教学科研均有显著成绩。姜亮夫在河大任教三年,尽职尽责,发挥了较大作用。"他备课充实,教学认真,条理清楚,层次分明。有分析,有评论,很受学生欢迎。他对学生作业,精批细改,有时还进行面批,加以具体指导。"⑤他的不少论著如《甲骨吉金篆籀文字统编》(河南大学石印本,1934年)、《中国文字的源流》(《青年界》4卷3期上海北新书局1933年)、《夏殷民族考》(《民族杂志》2卷12期1934年)等,也都是在这一时期完成发表的。

1936年姜亮夫到法国,原准备到巴黎大学读考古专业。但通过对各博物馆的参观考察,也使他学到了不少东西。正如他自己所说:"到巴黎后,我参观了许多博物馆及专藏中国艺术品的美术馆,觉得他们的政治并不理想,其龌龊并不亚于我们,但其研究中土文物制度历史的方法,与我们大不相同。我此时对于政治愿望已幻灭,参观是我进修的最好老师。譬如看了他们研究青铜器的化学成分、纹样分类,制作大量的表解图样,分类、分时、分地的许多大幅壁报,都是我们国内的'学人'所不曾想到的。"⑥于是他就放弃了到巴黎大学读书的打算,在欧洲各地调查了解和研究整理流失的中国文物。1937年归国后,受东北大学之聘,任文学系教授兼系主任,以后又相继担任西北大学教授、云南文法学院院长、昆明师范学院教授、云南教育厅长等职。新中国成立后曾任云南省文教处处长,浙江师院中文系教授兼系主任、浙江语言学会会长等职。浙江师院改杭州大学后,一直在该校任中文系教授兼系主任。

姜亮夫知识渊博,兴趣广泛。用他的话说,只要是中国学术,他几乎都要尝尝味。他几十年如一日致力于学术研究,取得丰硕成果。他的学术成就大致可分五类:一、历史学,二、语言学,三、敦煌学,四、楚辞学,五、汇辑类。其中古文字学、甲骨学成就尤为突出。由中国社会科学院研究员宋镇豪主编、语文出版社出版的《百年甲骨学论著目》中,收入其甲骨学论著有36种之多。不少论著是他毕生钻研成果的结晶,有些是几经磨难始最后完成,都有着很高的学术价值。

《文字朴识》一书,是姜亮夫综合章太炎的声韵学与王国维的古文字学进行文字考释的著作。1932年即开始撰写,到1935年时完成了四百余则,抗日战争开始举家迁徙时,损失了一大半。1936年在昆明石印了二卷,后"因遭人迫害东走",未能继续刊印。直到1946年抗日战争胜利后,由云南大学文法学院最后石印出版。

《汉字结构的基本精神》(《浙江学刊》1963年第1期)一文的主要观点,姜亮夫"藏之已十多年"。作者首先指出:"象形文字结构,是在一定的社会历史条件下所形成的社会意识的反映。汉文字是象形文字,古今中外的学人,有很多就是从种种社会意识的角度去研究。自古传说到许慎、杜林、顾野王、王安石、郑樵、周伯琦、赵宧光、黄生、方以智、吴大澄、孙诒让、章炳麟、刘师培、王国维、程树德、杨树达、林义光,乃至于拉克伯里、高田忠周、中岛悚、柏希和、葛兰言等,莫不多少接触到这一问题,但系统而全面的讨论,似乎还很少见"。[7]接着作者又以大量的甲骨文、金文为依据,展开了全面系统的论述。就形态而论,是写实主义的,"六书中不论是'会意'、'形声'、乃至'转注'、'假借',莫不有基以物质为基础的含义,以物质为基础的表达方法。"[8]就汉字的内容来看,其基本精神有三点,一是"人本"的;二是反映社会存在的;三是唯物的而非唯心的。

《古文字学》是1955年姜亮夫在浙江大学任教时,受国家教育部委托编纂的大学古汉语教材。写出初稿后经在部分大学试用效果良好,但不久就由于一系列的政治运动,特别是文化大革命,此书稿也就长期搁置起来。20世纪80年代初,国家恢复高招制度后,高等院校急需教材,作者又将此稿拿出审核校对,整理补充,再次试用,受到欢迎,浙江人民出版社遂于1984年正式出版。全书共有四章:第一章,汉字字形源流;第二章,汉字结构的基本精神;

第三章,汉字结构分析;第四章,古代字书及检字法。在第一章中以大量的篇幅对甲骨文作了全面系统的论述。

20世纪30年代抗战前的河南大学,在教学科研上不断有新的发展,教学质量得到进一步提高,培养造就了一批有真才实学的人才。这一时期的学生中,郭豫才、许敬参、尹达、石璋如等,都积极致力于甲骨文的研究和殷墟考古事业,为甲骨学做出了贡献。

许敬参,1903年出生于河南省开封市,1932毕业于河南大学国文系。在校期间他学习努力认真,思想活跃,特别关注新事物。他曾与同学发起建立中州大学文艺研究会,聘请李敬斋、冯友兰任名誉会长,创办刊物《文艺》,以研究国故和文艺为宗旨。当时,中央研究院历史语言研究所对安阳殷墟小屯正在进行大规模的科学发掘,在他的积极要求下,作为实习生参加了殷墟发掘。河大毕业后,到河南省博物馆工作,开始进行文物考古和甲骨文研究,写出了不少考释文章,如《释雷电》(《河南省博物馆馆刊》1936年第1集)、《释鬼》(《馆刊》1936年第2集)、《契文卜王释例》(《馆刊》1936年第4集)等,并对河南省博物馆在1929年10月和1930年2月两次在安阳殷墟发掘所得甲骨文进行研究,完成《殷墟文字存真(第1集)考释》(河南省博物馆石印本1册1932年6月)。他还进行了甲骨文的校订缀合工作,完成了《铁云藏龟释文补正》、《戬寿堂殷墟文字考释补正》,两文均载《考古学社社刊》1935年第3期,上海书店1981年11月又重新影印出版。1947年许敬参旅居台湾,在台湾大学等高等学校任教授,继续进行学术研究。

尹达、石璋如是著名的考古学家,以参加殷墟发掘闻名于世,而他们在甲骨文研究方面也颇有成就。石璋如曾谦虚风趣地说过:"我于民国20年参加殷墟发掘,一辈子挖的甲骨不少,但我只认甲骨不认文。"实际上他在甲骨文方面的造诣很深,他的《甲骨坑层之一、之二》(台北中央研究院历史语言研究所出版、1985年、1992年),《殷墟文字甲编的五种分析》(《历史语言研究所集刊》

53、3、1982年),《殷墟的穴窖坑层与甲骨断代二例》(《历史语言研究所集刊》59、4、1988年),《殷墟大龟版五次三地出土小记》(台北《安阳文献》11、1995年),《殷墟地上建筑复原第八例兼论乙十一后期及其有关基址与YH251.330卜辞》(《历史语言研究所集刊》70·4、1999年)等论著,都是对甲骨文最好的总结、整理和研究。

上述是河南大学在早期,也就是在王宇信所划分的第三阶段"甲骨学的发展时期",在甲骨文研究方面的成就。在前期大量甲骨资料的积累、著录和研究的基础上,近代考古学的科学方法被引入甲骨学研究领域,使甲骨学研究取得重大发展。从材料的集中整理,文字的考释,到"甲骨学"概念的采用特别是董作宾甲骨文分期断代说的建立,成为"由甲骨学研究的'草创时期'进入发展时期的重要标志"。⑨河大学人在这一阶段发挥了重大作用。

1949年新中国成立后,我国的甲骨学研究进入一个新的阶段,"在这一新的时期,老一辈甲骨学家不断推出力作,并言传身教,培养和造就了一批又一批的甲骨学者。新中国的甲骨学研究,进入了以历史唯物主义为指导的深入研究时期。"⑩河南大学老一代的甲骨学家接受了马克思主义,开始用辩证唯物主义和历史唯物主义的观点研究甲骨学,朱芳圃教授的《殷周文字释丛》、孙海波教授的《甲骨文编》修订再版、姜亮夫教授的《古文字学》等,都是在这一时期完成的。

文化大革命期间,学校的正常教学科研秩序被打乱,甲骨学的研究陷于停顿状态。文化革命后期,孙海波、朱芳圃教授先后去世,河南大学甲骨学一度后继乏人。文化革命结束后,学校一方面积极引进人才,一方面努力培养后进,很快扭转了局面,涌现出李瑾、郑慧生、范毓周、王蕴智、常耀华等一批新一代的甲骨学家。当他们步入甲骨学殿堂之际,正是我国"科学的春天"到来的时候,学校领导更加重视这一富有河南地方特色的科研项目,积极营造良好的科研氛围和条件。这一时期也是甲骨学进入"全面深入研究时期",随着甲骨学研究的深入和殷墟考古发掘新成果的不断涌现,使甲骨学在各个领域都取得令人瞩目的辉煌成就,在许多问题上正在酝酿着新的突破。

这种形式为新一代的甲骨学家提供了充分发挥自己聪明才智的广阔天地。他们既具有我国老一代知识分子吃苦耐劳、艰苦创业的精神和勤奋严谨的治学态度,又思维敏捷,善于接受新事物新观点、敢于提出和解决问题,在甲骨学园地里努力探索积极进取,取得了丰硕成果。从20世纪80年代初开始,他们陆续发表出版了不少甲骨学论著,至今仍然是活跃在甲骨学领域里的重要骨干力量,本书后半部分将对他们作详细介绍,这里也就不再多述了。

注释:

①② 孙心一:《董作宾先生在开封》,《河南大学学报》1996年第2期。

③⑩ 王宇信、杨升南:《甲骨学一百年》第352页、第371页,北京:社会科学文献出版社,1999年。

④ 萧鲁阳:《要重视对董作宾的研究》,《黄河文化》1999年2、3期合刊,第51页。

⑤ 张放涛主编:《群星灿烂》第216页,开封,河南大学出版社,1992年。

⑥《姜亮夫自传》,《中国当代社会科学家》第1辑,第260页,北京,书目文献出版社1982年。

⑦⑧ 姜亮夫:《汉字结构的基本精神》,《浙江学刊》1963年第1期,第24页。

⑨ 王宇信:《甲骨学通论》第88页,北京:中国社会科学出版社,1989年。

三、河南大学与商代考古

甲骨学家王宇信、杨升南在纪念甲骨文发现100周年,论述甲骨文发现之重大意义的时候,曾指出甲骨文的发现"为殷商考古学的发展提供了契机"。①著名考古学家、河南省文物考古研究所研究员安金槐为《黄河文化》题词:"河南安阳殷墟甲骨文的发现揭开了商代考古的序幕——祝贺安阳殷墟甲骨文发现100周年",②这就说明真正意义的商代考古,是由殷墟甲骨文的发现、发掘开始的。特别是1928年以后,以中央研究院历史语言研究所考古组在安阳殷墟发掘甲骨文为契机,"与大量科学发掘甲骨出土的同时,伴出的大量遗迹和遗物为我国殷商考古学奠定了基础。"③

早期河大学人中,不少都参加了殷墟发掘。其中有殷墟发掘的开创人董作宾;有从20世纪20、30年代直到50、60年代都在进行殷墟发掘的郭宝钧;有被同事们称为"考古主任"的马非百;有参加殷墟发掘以来从未离开过殷墟的石璋如;也有长期从事郑州商城发掘的安金槐等,他们为商代考古做出了卓越贡献。

20世纪20年代,最先从事殷墟科学发掘的河大学人是董作宾、郭宝钧。1928年中央研究院历史语言研究所成立,下设历史组和考古组,开展学术研究和考古活动,所选择的第一个考古目标就是安阳殷墟。从1928年至1937年10年之中对殷墟进行了15次大规模科学发掘。15次发掘中,董作宾共参加了8次,其中第一、第五、第九次由其主持,并以中央古物保管委员会委员的身份,监察第十一、第十五两次发掘。他对殷墟发掘的贡献,特别是开创之功是显而易见的。董作宾的长子台湾医师董玉京先生1999年秋来安阳参加"纪念甲骨文发现100周年国际学术研讨会"时即兴赋诗一首,生动描述了董作宾当年调查和主持殷墟发掘的情况:"为探殷墟安阳行,迅速确实首掘成。团队个个肯吃苦,科学发掘有鹏程。"④1937年抗战开始后,董作宾精心护卫着甲骨文和其他珍贵文物,由南京至长沙、广西、云南、四川,流亡迁徙,辗转万里,保证了文物的完好无损。1948年董作宾监运甲骨文去台湾,用他自己的话说也是"责无旁贷啊!自己离不开他们。"⑤因此萧鲁阳研究员指出:"甲骨文物是中国人民的国宝,中华民族的财富。于甲骨文的发掘研究和保护,董作宾氏既有劳焉,又有功焉。"⑥

郭宝钧(1893~1971年),1928年中央研究院历史语言研究所进行第一次殷墟发掘时,他以地方当局代表的身份参加了发掘团,协助董作宾进行发掘。以后,正式进入中央研究院,专业从事考古工作,先后共五次参加殷墟发掘,并主持了第八、第十三次发掘。抗战开始后,他和董作宾等一道护卫殷墟发掘所得实物和记录辗转迁徙。抗战胜利后,应聘担任河南大学教授,讲授考古学和先秦史,在河大辛勤耕耘达3年之久。新中国成立后任中国科学院考古研究所研究员,并于1950年春主持已中断十多年的安阳殷墟发掘,发掘了著名的武官大墓。他还多次为考古训练班学员授课并指导研究生,为培养我国新一代考古工作者做出了贡献。

张邃青(1893~1976年),河南省太康县人,出生于一个世代教书的书香门第,从小就随祖父在家乡读四书五经。1909年考入开封中州公学中学班,1915年考入北京师范大学,在本科历史地理部学习。1919年到开封省立第一师范任教,后被聘为一师校长。1927年被聘为河南大学文史系教授,以后长期执教于河南大学,曾任文史系主任、文学院院长、图书馆馆长、开封市副市长、河南省史学会会长。在河南大学先后开设了中国上古史、中国通史、宋辽金元史、中州文化史、河南史地研究等多门课程。

50多年的教学生涯,张邃青积累了丰富的教学经验,形成了自己的学术特色。他认为"古代史的教学质量与是否重视考古新发现和社会考察密切相关,只有及时地分析研究新出土的文物、进行社会考察,才能不断充实教学内容,有所发展。"⑦殷墟甲骨文的发掘研究,引起他极大的关注,成为他研究的重点课题。他广泛收集资料,掌握殷墟发掘和甲骨文研究的最新进展和成果,在"河南史地研究"课程中,深入浅出生动具体,概括全面,引起了学生对殷墟甲骨文的极大兴趣,普及了殷墟甲骨文基本知识。他还带领学生到安阳殷墟参观考察,即使在战火纷飞的抗战期间亦坚持不辍。1931年河大学生尹达、石璋如等参加殷墟发掘,在很大程度上也是受到他的影响。现在台湾中央研究院院士、研究员石璋如在《河南大学与考古事业》中曾回忆说:"由于张先生对河南的历史掌故非常熟悉,因此,他撷取其中精华,当然是很精彩的了。"⑧

殷墟就在河南,得天独厚的地利条件使河南大学师生很早就有机会参加了殷墟的发掘,并由此培养出一批著名考古学家。中央研究院在安阳殷墟的发掘引起举世关注,在河大师生中更是反响强烈,学校邀请历史语言研究所所长傅斯年、殷墟发掘的主持人校友董作宾、省教育厅秘书河大兼职教授郭宝钧等到校作甲骨学研究、殷墟发掘和文物保护知识的报告,更极大地激发了师生的兴趣和热情,不少师生都要求参加殷墟发掘。经河大校方及在京的河南著名学者李敏修、徐旭生、张嘉谋等先生的努力,董作宾、郭宝钧等人的多方磋商斡旋,中央研究院答应了河大师生这一要求,首先成立了以河大师生为主体的"河南古迹研究会",展开对河南各地文物古迹的调查和发掘,接着又通过了《解决安阳殷墟发掘办法》,规定:

(一)河南大学史学及其他与考古有关涉之各科教授,如愿来安阳工作,极为欢迎。

(二)其史学国文各系学生愿来练习者(实习),请由河大校长函送,当妥为训练,代检成绩,以替上课。

(三)河大可设考古学研究所、吾等当来汴讲演,并备顾问。⑨

这一办法的出台,推动了河南大学考古事业的发展,推动了学校教育与社会实践相结合。1931年3月,在著名史学教授马非百的带领下,史学系学生石璋如、刘燿、国文系学生许敬参、冯进贤等,赴安阳参加了殷墟发掘。

马非百(1896~1984年),1928年和1947年曾两度任河南大学史学系教授。第一次参加殷墟发掘后,他又四次参加了殷墟发掘,被同事们戏称为"考古队长"。

石璋如(1902~),河南省偃师县人;尹达(1906~1983年)原名刘燿,河南滑县人。1931年3月,他们以实习生的身份参加殷墟发掘后,又继续坚持参加殷墟发掘。1932年他们以优异的成绩从河南大学毕业,即正式进入研究院历史语言研究所为研究生,一边研读研究生的课程,一边参加田野考古实践,1934年完成研究生学业,留史语所为助理研究员。经过严格的专业培训和第一线田野考古实际锻炼,他们已成为优秀的考古工作者。尹达共7次参加了殷墟发掘,还参加了浚县大赉店史前文化遗址和山东日照两城镇龙山文化遗址的发掘。石璋如共12次参加殷墟发掘,在老一代考古学家中他参加的次数最多。

安金槐(1921~2001年),河南登封县人。1948年毕业于河南大学历史系,参加工作不久就踏上文物考古这条漫长而又艰辛的道路,创建了河南省文物考古研究所,为河南的文物考古事业贡献了自己的一生。他首先从事郑州商城遗址的发掘和研究,提出郑州商城即隞都说,开创了商代城市研究的先河。他提出早在商代原始瓷器就已经出现,将中国陶瓷起源的年代向前推进了1000多年,为中国陶瓷发展史的研究作出贡献。他在登封王城岗发现龙山文化时期的古城,并提出该古城即禹都阳城说,揭开了龙山文化时期古城研究的序幕。"从城址研究商文化,到从城址寻找夏文化,这不能不说是找到一条考古研究夏、商历史的新路"。[⑩]

安金槐对殷墟和甲骨文的研究十分重视,他经常鼓励所里的年青同志学习甲骨文和金文,说这是打开古文化宝藏的钥匙。1987年他刚刚病愈就到安阳参加"中国殷商文化国际学术研讨会",并向大会提交了论文。会上成立中国殷商文化学会,他被聘为顾问。1986年,安阳市博物馆考古部从博物馆分出,成立安阳市文物考古队,上报省文物部门时,他表示积极支持。1996年安阳市文物考古队成立10周年的时候,他从郑州专程来安阳表示祝贺。他曾多次对安阳市文物考古工作队队长孟宪武说,安阳是个好地方,你们从事殷墟的发掘和研究大有前途,希望要努力做好工作。1988～1989年安阳市文物工作队在殷墟重点保护区的外围秋口同乐寨、范家庄连环寨发现重要的较大型龙山文化和殷商文化遗址,决定自行发掘,聘请安金槐担任顾问,他不顾年老体弱,几次来安阳到发掘现场视察指导,保证了发掘工作按时顺利完成。

注释:

① 王宇信、杨升南:《甲骨学一百年》第3页,北京,社会科学文献出版社,1999年。
②《黄河文化》1999年第2,3期合刊。
③ 张岂之主编:《中国近代史学学术史》第432页,北京,中国社会科学出版社,1996年。
④ "纪念甲骨文发现100周年国际学术研讨会"资料,1999年,安阳。
⑤《河南文史资料》1984年第11期载阎东超文。
⑥ 萧鲁阳:《要重视对董作宾的研究》,《黄河文化》1999年第2、3期合刊。
⑦ 张放涛主编:《群星灿烂——河南大学名人传》第122页,开封,河南大学出版社,1992年。
⑧ 台北·河南大学校友会:《国立河南大学校志》1970年。
⑨ 河南大学校史编辑室:《河南大学校史(1912～1984)》第39页。
⑩ 杨肇清:《辛勤耕耘五十载 丰硕成果献祖国》,《安金槐考古文集·序》,郑州,中州古籍出版社,1999年。

四、河南大学与商史研究

甲骨文"内容丰富,问题繁复,片羽吉光,无一不是商代的直接史料。"①甲骨文的发现和研究,促进了商史研究的发展,河南大学在甲骨文方面的成就,使河南大学在商史研究方面,也取得累累成果。1997年河南大学庆祝校庆85周年,历史文化学院举办了商史学术讨论会,来自全国各科研机构和大专院校的代表,都称赞河大先秦史、商史研究搞得好。当参观到河大图书馆时,都惊叹甲骨学和商史藏书丰富,一位来自中国社会科学院历史研究所的代表说,真想不到这里的藏书如此丰富,不少珍贵的版本我们那里都见不到。

甲骨学大师董作宾首先进行了商史研究,他利用甲骨文资料对商代的天文历法和我国古代年代学进行了探索。1934年至1944年,他全身心投入殷历的研究,用十年的功夫完成了鸿篇巨制《殷历谱》,不仅通过有关天文历法的研究以解决殷周年代问题,同时又开辟了甲骨文分期断代研究的新途径,即用分期、分类、分派研究甲骨文。

朱芳圃1931年到河南大学任教,十分重视商史的研究,自编了教材《甲骨学商史编》,1935年由中华书局出版。他接受老师王国维先生的"二重证据法",在书中以甲骨文和文献资料为依据,参以考古发掘资料,对商代的政治、经济、思想、文化等方面进行了全面论述,抉发了三千多年来久被埋没的秘密。著名历史学家朱绍侯教授认为,该书是20世纪30年代最早利用甲骨文资料全面系统论述商史的著作,其开创之功是显而易见的。由于该书的重要价值,1973年香港书店又将其重新出版。

郭宝钧在商史方面重点根据考古发掘所获得的大量资料,对青铜器进行了系统研究,早年他就撰写了《古器释名》、《戈戟余论》、《中国古器物大纲——铜器篇》等论著。新中国成立后,他又完成了《殷周的青铜武器》、《商周铜器群综合研究》和《中国青铜时代》等论著。

石璋如终生从事殷墟的发掘和研究,取得丰硕成果。在商史中他研究的领域很广,主要有建筑基址、殷墟墓葬、铸铜工艺、兵制兵器、车制等方面。在建筑基址方面,他撰写了《河南安阳小屯殷代三组基址》、《殷代地上建筑复原例》之一至之八等多篇论文,并完成了"在中国最近出版的科学作品中,少有可以相比的"②鸿篇巨制《殷墟建筑遗存》。在车制研究方面,他完成了《殷代车的研究》、《从殷周战车论牧野之战》等8篇论文。

尹达利用殷墟发掘的仰韶、龙山、小屯三层文化遗址资料,对瑞典学者安特生在我国新石器时代分期问题上的错误进行批判。从20世纪30年代到50年代接连发表多篇文章,不仅肃清了安特生在我国史学界的影响,为确定我国新石器时代文化序列奠定了基础,而且他所采用的"综合研究法"和提出的新石器时代的分期标准,也是对我国历史学、考古学的一个贡献。他的《中国原始社会》、《中国新石器时代》等论著均以大量考古资料对我国古代社会进行了系统论述,故夏鼐指出:"尹达是结合考古实物资料运用马克思主义来研究中国古代史的第一人。"③

孙作云(1912~1978年),辽宁省复县人,1936年毕业于清华大学中国文学系,1937年肄业于清华大学研究院。他长期从事教育工作,曾任北京大学、北京师范大学、东北大学、中国大学、河南师范大学教授,1956年调任河南大学教授。孙作云长于先秦文学和史学,尤以研究《诗经》、《楚辞》和周史著称,但他十分重视甲骨学,早年曾有甲骨文的收藏。1984年胡厚宣在《八十五年来甲骨文材料之再统计》中,谈到国内私人收藏时还提及:"开封有三家18片,孙作云10片,郭人民7片,赵宝俊1片。"④在他的论著中,能熟练地利用甲骨文资料,他的《诗经与周代社会研究》(中华书局1966年)、《关于灭商以前周族社会的发展》(《历史教学》1979年6期)等,由于援引了甲骨文资料,更增加了文章的分量。他撰写的《三千三百年前的帝都——殷墟》(《旅行杂志》1953年第6期),对安阳殷墟作了全面介绍。

孙心一,1935年生,辽宁复县人,系孙作云先生的长子,自幼聪慧好学,受其父的影响尤喜文史。1956年考入河南大学历史系,1960年毕业后曾到豫南基层教过中学,后调回河南大学历史系任教,又调任《史学月刊》编委,副主编。他对殷墟甲骨文的研究十分重视,注意在刊物上刊登这方面的文章,并注意培养新人。1983年他编发了郭胜强的《殷代司母戊大鼎》一文,1984年他到北京出差,见到刚刚再版发行胡厚宣先生的《五十年甲骨学论著目》,立即买了一本从北京直接寄给郭胜强,都给郭以很大鼓舞。1987年安阳召开"中国殷商文化国际学术讨论会",他原准备到南方某大城市出席一个会议,马上放弃赶来安阳参加,会后写出了《中国殷商文化国际讨论会综述》(与郭胜强合作《史学月刊》1988年第1期),对大会的学术成果作了全面系统的总结。

除做好本职工作外孙心一还积极撰写论文,他的《关于殷墟和武官大墓的问题》(《史学月刊》1984年2月)、《关于殷墟出土的"带手梏的陶俑"》(《史学月刊》1985年2月)等,对殷墟发掘中出土的一些遗物和墓葬进行研究,揭示了殷代奴隶制社会阶级和阶级压迫的实质。《访甲骨学专家胡厚宣教授》(《中州学刊》1985年1月)全面系统地介绍了著名甲骨学家原中国社会科学院研究员胡厚宣先生的生平事迹和成长道路,总结了他的学术活动及学术成果。《董作宾先生在开封》(《河南大学学报》1996年2月)介绍了董作宾的两次开封之行:一次是求学与工作;一次是执教莘莘学子,前后共5年多的时间。该文指出:董作宾"在开封求学与办报、教学,接触许多学者名人,虽然只有5年,但在他一生之中是具有重要意义的转折年代。"⑤是研究董作宾的重要资料。

李民,1959年毕业于河南大学历史系,1962年南开大学历史系先秦史研究生毕业,现任郑州大学教授兼殷商文化研究所所长、中国殷商文化学会副会长,国家"十五"规划重点项目"古代文明研究工程"专家组成员。他利用文献研究中国古史成果累累,发表出版论著130余篇(部),其中有关商史的专著有8部,其《尚书与古史研究》、《夏商史探索》、《殷商社会生活史》、《夏商周三族源流探索》等,在学术界产生了很大影响。

张诚,河南省南阳人。1944年出生,1969年毕业于河南大学历史系,1981毕业于河南大学历史系先秦史研究生,现任郑州大学历史文化学院副教授。他在《略论殷商时代的社会意识》(《河南师范大学学报〈社科版〉》18卷3期,1991年)等论文中,以大量的甲骨文资料和文献资料论证了殷商时代的政治、法律、宗教、艺术等意识形态,无不鲜明地打有时代和阶级的烙印,当时的社会意识中占支配地位的,是奴隶主阶级的思想意识。

在安阳工作的河南大学毕业生,无论是从事教育文化事业的,还是在党政行政机关部门工作的,既受河南大学文化底蕴的熏陶,又受天时地利条件的影响,一般都热爱殷商文化,热爱殷墟甲骨文。不少人都能根据自己的工作特点开展殷商文化研究或积极支持殷商文化研究工作,为繁荣祖国的文化学术事业做出贡献。

安阳师范学院在20世纪80年代初,我国实行改革开放和科教兴国政策以来,以突出教学需要、突出地方特色为中心,开展了殷商文化的研究。学院历届领导一般都重视这项工作,创办了殷商文化研究室,开设了殷商文化研究班,学报《殷都学刊》增辟了"殷商文化研究"专栏,成为国内外殷商文化研究的重要阵地,逐渐引起学术界的重视。

1991~1998年任党委书记的李天增,曾任河南大学数学系党总支书记。他在任职期间,极为重视殷商文化的研究,加强了学院与中国殷商文化学会的联系,大力支持殷商文化学会的工作。他支持《殷都学刊》编辑部选编出版了《甲骨文与殷商文化研究》(中州古籍出版社,1992年),并亲自为之作序。该书从"殷商文化研究"专栏开辟以来到1992年共发表的130余篇文章中精选26篇而成,包括有胡厚宣、田昌五、邹衡、郭青萍、伊藤道治(日本)、许进雄(加拿大)等国内外著名学者的重要论文,在学术界产生较大影响。

现任党委书记郭新和副教授毕业于河南大学中文系,1998年他主持工作后,进一步加大了对开展殷商文化研究工作支持的力度。1999年是殷墟发现100周年,中国社会科学院、安阳市人民政府、安阳师院等单位联合在安阳召开"纪念甲骨文发现100周年国际学术研讨会",郭新和担任筹备委员会副主任,从人力、物力、财力上予以全力支持。除担负领导责任外,他还积极开展甲骨学商史研究,撰写了《卜辞中的"告"》、《甲骨文中的"舟"与商代用舟制度》等论文。

安阳师范学院历史系教授兼系主任张华腾,是河南大学历史系1983届毕业生。他本人从事中国近代史的教学和研究,但对殷商文化十分重视,始终看做是历史专业的重点科研项目,积极支持开展研究,成立了殷商文化研究室使历史系在殷商文化研究方面取得许多可喜成果。

安阳师范学院历史系副教授郭胜强1967年毕业于河南大学历史系,在母校老师朱绍侯、郑慧生和孙心一教授的支持鼓励下从80年代初就开始研究殷商文化,20多年间从未间断,完成书稿两部和论文40余篇。中文系副教授暴希明1987年结业于河南大学中文系古代汉语助教班,受河大李瑾教授的影响,他对甲骨文产生了浓厚的兴趣,结合教学工作开展甲骨学研究,撰写了《释"前"》、《甲骨文的文化说解》等论文,受到专家的好评。历史系讲师梁育红1993年毕业于河南大学历史系,她刻苦努力自学甲骨文,在较短的时间里已能应用到自己的教学和科研工作中。为纪念甲骨文发现100周年,撰写了论文《从甲骨卜辞看殷代在天文学方面的成就》,选入《殷都学刊》"甲骨文发现100周年纪念专刊"上。

安阳市教委教研室历史教研员刘献周,1981年毕业于河南大学历史系,他十分重视殷墟甲骨文的教学研究,利用各种机会给青年历史教师强调指出:殷墟甲骨文举世闻名,我们工作生活在甲骨文的故乡应当感到骄傲,我们更有责任把殷墟甲骨文给学生教好,为此我们自己应当多学习一些。他经常组织本市和外地来安阳的历史老师到殷墟参观。1997年,河南省中青年历史教师优质课比赛在安阳举行,他起草了介绍安阳历史文化名胜古迹的讲话稿,把殷墟甲骨文列为主要内容,还组织各地参赛选手及听课的老师400余人到殷墟参观考察,均收到良好效果。

安阳市人大副主任杨学法是河南大学外语系毕业生,中共安阳市委副书记、原中共安阳市委宣传部部长张启生是河南大学中文系毕业生,市委宣传部副部长兼市社会科学联合会主席杨振清系河南大学政教系毕业生。他们认真贯彻江泽民总书记为安阳的题词:"弘扬民族文化,建好古都安阳"的精神,积极支持殷商文化的宣传和研究工作,使安阳在改革开放以来出现了一股"甲骨热",为殷商文化的研究提供了一个良好的氛围。

安阳市政府地方志办公室编辑王家骏毕业于河南大学中文系,他注意收集甲骨文资料并运用到工作中去,出色地完成工作任务。他编辑的《安阳古都研究》一书中不少文章都利用了甲骨文和殷墟考古的资料,促进了安阳地方史研究的深入。他的论文《试论殷墟甲骨文对中国文化的影响》(与郭胜强合作,《中外学者论安阳》1997年),从一个新的角度探讨了甲骨文的重要意义,受到学术界的重视。

安阳市税务局原局长曹应午,1966年毕业于河南大学政教系。他对殷商文化研究很重视,结合自己的工作利用甲骨文资料探讨我国赋税史,撰写了《试论我国赋税制度的形成和早期发展》、《商代赋税制度刍议》(与郭胜强合作《殷都学刊》1986年)等论文,指出商代赋税有三种形式,即实物赋税、力役赋税和货币赋税,已形成了一套完备的赋税制度,把我国的赋税史上溯了数百年。

先后在安阳市外贸局和税务局工作的孟昭彦,1967年毕业于河南大学外语系。他在外贸局工作时任《安阳市外贸志》主编,为溯本求源,他查阅大量历史文献,并到安阳博物馆、中国社会科学院考古研究所安阳工作站等单位参观考察、收集资料,得出殷商时代就已有了外贸的结论:"安阳对外贸易源远流长。公元前14世纪,商王盘庚迁都于殷(今安阳),此间达到了商王朝的鼎盛时期,成为全国政治、文化和商业贸易活动中心。据考古发现和古籍记载,当时青铜冶铸、陶瓷烧造、玉石加工、骨刻牙雕、制皮酿酒、编纺、丝织、车船制造等,均已达到了相当水平。手工业的发达带来了商业的发展。……贸易范围已超过了它的疆域,东北达到了朝鲜,东南达到了浙江,西南达到了四川,西北达到了新疆。"⑥《外贸志》完成后受到好评,被评为安阳市史志优秀成果二等奖。从此他热爱上殷商文化,后来又撰写了《试论殷代的商业贸易》、《谈"商人"、"商业"的来源》等文章,极大丰富了我国古代商业贸易史研究的内容,受到专家学者的好评。

孟昭彦调到税务部门担任纪检监察工作后,撰写了《谈殷商时代的税赋》(与郭胜强合作《河南税务报》1998年4月22日),对我国的赋税史开始进行探讨。根据工作的特点,他还撰写了《殷都兴废感言》(《纪律与监察》1997年第8期),《古都狼烟的余惊——谈盘庚迁殷和纣王亡国对今人的启示》(《铜镜》1997年第5期),以殷商王朝兴盛衰亡的经验教训,告诫领导干部要自省自律、廉洁从政。《古都狼烟的余惊》当年被评为全国税务系统优秀征文。1999年为纪念甲骨文发现100周年,他撰写了《从史籍和卜辞看商王朝政权的性质》(与郭胜强合作《殷都学刊》纪念甲骨文发现100周年论文专集1999年),以大量的文献和甲骨文资料论述了殷商政权奴隶主专政的性质。

《河南大学学报》是全国高等学校中最早的学报之一,创办于1934年,是以反映本校教学科研成果为主的综合性学术刊物。学报现分社会科学版和自然科学版两类,社会科学版被评为中国人文和社会科学核心期刊和河南省优秀期刊。《史学月刊》原名《新史学通讯》,是在我国著名史学家、河南大学校长嵇文甫教授倡导和主持下于 1951 年创刊的,是我国建国以来最早的史学刊物之一,1957 年改名为《史学月刊》,现被评为全国中文核心期刊、中国人文与社会科学核心期刊和河南省社科类优秀期刊,在全国中文核心期刊历史类中名列第五。河南大学出版社创建于 1985 年,是以出版高校教材和学术专著为主的综合性出版社。他们坚持为教学和科研服务的出版方向,始终把社会效益放在第一位,曾出版了不少殷墟甲骨文商史研究的论著。

在纪念甲骨文发现 100 周年的时候,《史学月刊》开设了纪念专栏,发表了一些高水平的纪念论文。其中既有朱绍侯、王宇信、杨升南等名家的大作,也有一些年青作者的文章。在全国众多的社科刊物中,只有《历史研究》、《殷都学刊》和《史学月刊》三家开设了甲骨文百年纪念专栏。李瑾教授的《殷周考古论著》、郑慧生教授的《古代天文历法研究》等著作,专业性很强,发行量少,书中的生僻繁体字、甲骨文字更增加了印刷上的困难。河南大学出版社克服了这些困难予以出版,使作者十分感激,他们在前言或后记中都作了说明。

注释:
① 胡厚宣:《五十年甲骨文发现的总结》第 3 页,北京,商务印书馆,1951 年。
② 李济:《殷墟建筑遗存·序》,台北,中央研究院历史语言研究所出版。
③ 夏鼐:《悼念尹达同志》,《考古》1983 年 11 期。
④ 胡厚宣:《八十五年来甲骨文材料之再统计》,《史学月刊》1984 年 5 期。
⑤ 孙心一:《董作宾先生在开封》,《河南大学学报(社科版)》36 卷 2 期,1996 年 3 月。
⑥ 安阳市对外经济贸易委员会编:《安阳市外贸志》第 12 页。

第二章 殷墟科学发掘的开创人，甲骨学一代宗师——董作宾

一、调查殷墟甲骨文出土的情况

董作宾(1895～1963年)，河南省南阳市人，原名作仁，字彦堂，一字雁堂，别署平庐。自幼勤奋好学，初入塾读经史，后入学堂学习，与著名考古学家郭宝钧为同窗。他学习十分刻苦，熟读经籍，打下了坚实深厚的国学基础，成为他日后取得成功的重要前提。因家境贫寒，少年时代的董作宾即在课余帮助其父从事家庭手工业生产、印制衣袖等物，并书写对联、篆刻印章以换取微薄收入以补家庭生计。1912年他18岁时因生活拮据辍学经商，经营书店并与人共同设馆授徒。每进新书必先读而后出售，坚持学习各种知识。这种较早接触社会生活的经历，丰富了他的社会阅历，也培养锻炼了他不畏困难、不断进取的性格。强烈的学习欲望使他在三年后以优异的成绩考入南阳县立师范讲习所，以第一优等成绩毕业后留校任教。后游学省府开封，考入河南育才馆，毕业后在《新豫日报》任编校。

1922年董作宾28岁，入北京大学作旁听生，开始接触甲骨文，用油纸影写《殷墟书契前编》拓本。不久北京大学研究所国学门成立，董作宾为研究生，师从王国维学习甲骨文，这时他已产生

去安阳殷墟作考古考察的想法。①从1925年开始,他先后在福州协和大学国文系、河南大学文学院、北京大学研究所国学门、广州中山大学文学院任讲师、副教授、教授,一边从事教学,一边进行甲骨文研究。在广州中山大学期间,他结识了时任中山大学教务长的著名学者傅斯年先生(1895～1950年),傅特别赞赏董作宾的学识。

1928年开始,董作宾被中央研究院历史语言研究所聘为通信员、编辑员、研究员,走上了殷墟考古发掘和甲骨学研究的道路。这时距1899年王懿荣发现甲骨文已近30年,经历了甲骨学发展史上的"甲骨文非科学发掘阶段和甲骨学的草创时期",②30年来出土甲骨文约10万片左右,③刊行了《铁云藏龟》(1903年)、《殷墟书契》(1911年)等甲骨文著录著作,出版了《契文举例》(1904年完成,1917年出版)、《殷墟书契考释》(1914年)等甲骨文研究著作,再加上对甲骨文出土地的探索、甲骨文时代和安阳小屯为殷墟的确定,甲骨学已初具规模。但同时也还存在着不少尚待解决的问题,其中最急迫的是由于私挖滥掘造成的对殷墟地层关系及遗迹遗物的严重破坏和甲骨文资料的大量流失。

自从甲骨文被发现以后,其身价倍增,由原来几文钱一斤的中药"龙骨",提高到每个字值一至三两白银的"宝物"。这样一来小屯及其附近的村民,都争相挖掘出售甲骨,古董商人也大肆收售贩卖以图暴利。中国社会科学院历史所研究员孟世凯据《甲骨年表》、《五十年甲骨文发现的总结》等资料统计,从1904年至1928年殷墟科学发掘以前,有姓名可考且知道甲骨文下落流向的私人挖掘就有9次之多。④所得甲骨文除一部分由国内学者收藏外,不少都流失到国外。据胡厚宣统计殷墟科学发掘前,外国人收购的甲骨文共约5万5千多片。⑤

1928年以蔡元培先生(1868～1940年)为院长的国民政府中央研究院成立,他主张"思想自由、兼容并包",积极创设专门研究机构,罗致专家学者,使中央研究院在短期内取得若干引起世界瞩目的成绩,而对殷墟的科学发掘就是其中重要一项。研究院下设历史语言研究所,傅斯年被聘为研究院筹备委员、史语所所长。史语所成立后所开展的第一项工作,即着手对殷墟进行科学发掘。时董作宾在广州中山大学任副教授,被研究院史语所聘为编辑员,并被派往安阳调查殷墟甲骨文出土情况。是年夏,董作宾因母亲病逝正在家乡南阳,受命后遂从南阳取道北上,经洛阳、温县、辉县至安阳。

董作宾此行至关重要,原因在于30年来甲骨文大量出土,以至不少学者都认为,殷墟地下甲骨文已经不多了,殷墟发掘似乎已无价值。以前罗振玉曾派其弟罗振常专程到安阳坐地收购甲骨,后来他也曾亲自到安阳殷墟考察并收购了一些甲骨,他也认为小屯地下"宝藏一空"矣。李济曾指出:"此时(1928年),以罗振玉为首的大部分金石学家认为经过30年对甲骨文的收集,埋藏的珍品已全部被发现,再进一步搜集是徒劳无益的,而且这种企图也是愚蠢的。"⑥古董商人为屯积居奇,牟取暴利,更是大造甲骨已告罄的舆论。殷墟地下究竟还有没有甲骨,也就是还有没有发掘的必要,是这次调查的主要任务。董作宾完成这项任务是有充分条件的,正如李济所说:"1928年他30岁刚出头,是'五·四'运动天然的追随者,富有新思想并急于为自己的研究收集资料。傅所长派董赴安阳进行初步调查有两个简单原因:董系河南人,这在许多方面将有利于他的工作;再者他虽不是传统意识中的古物学家,但他理智灵活。"⑦

1928年8月12日董作宾到达安阳,他首先向当地文化界的一些人士作了调查,拜访了彰德第一中学校长张尚德。张曾在开封任教,对殷墟甲骨文很留意,曾带领学生到殷墟小屯远足旅行。他告诉董近年在殷墟仍不断有甲骨陆续出土,在小屯田地中无字甲骨随处可见,用木棍在地下挖掘尺余,或能得到有字甲骨。在小屯买甲骨很容易,妇女儿童都会聚拢来出售,他曾以一元钱买得甲骨一捧。董作宾又向安阳城内几家古玩商店的老板调查收售甲骨情况,但古董商却多不吐实言、或推说不知,只有尊古斋的店主王嘉瑞告诉他殷墟小屯最近几年仍有大宗甲骨出土,所得甲骨文还有未出售的,并出示其所藏甲骨文数片,有寸许大的,也有如手掌大的,大的索价五六十元。他还告诉董作宾要注意识别假片,安阳有一个制假能手叫蓝宝光,他刻制的甲骨文能以假乱真,并拿出假片让董辨认。故董作宾记道:"肆主王嘉瑞君、甚诚恳,谓若愿购求甲骨,彼可代为蒐集。"⑧

次日在安阳友人徐绍洁做向导陪同下,董作宾去小屯殷墟实地调查,在小屯村南的花园庄他们拜访了一位私塾先生阎金声,阎介绍了甲骨文出土的情况,并动员他的学生从家拿来甲骨文。董从儿童手中购得几片有残字的碎甲骨,然后到小屯村北寻找甲骨出土地。途中又用3元钱购买了百余片有字的小块甲骨。村民告诉董说,村中几乎家家都有一些"字骨头",过去古董商到村里收购时不要小碎片,他们就捡起存放起来。偶尔也有较大的字骨,但价太高未能购买。董作宾雇请曾参加过挖掘甲骨文的村民霍文元的孩子为向导,至村北洹水西岸出土甲骨的地方。在河岸沙滩靠近棉田的地方发现几处新挖掘又被回填的坑,在一个坑边还捡得无字之骨一版。

根据这些情况,董作宾得出甲骨挖掘未尽的结论,并向研究院历史语言研究所提交了《殷墟甲骨调查报告发掘计划书》,提出了自己的意见。后来又在《民国十七年试掘安阳小屯报告书》中呼吁:"甲骨既尚有留遗,而近年之出土者又源源不绝,长此以往,关系吾国古代文化至巨之瑰宝,将为无知之土人私掘盗买以尽,迟之一日,即有一日之损失,是则由国家学术机关以科学方法发掘之,实为刻不容缓之图。"⑨

董作宾不虚此行,圆满完成了殷墟先期调查任务,以此为契机开始了殷墟考古发掘。正如李济所指出:"读了董作宾第一次初访安阳报告后,傅所长毫不犹豫,马上采取措施,开始在小屯进行初步发掘……董第一次安阳之行后的报告不仅结束了旧的古物爱好者'圈椅研究的博古家时代',更重要的是为有组织地发掘这著名的废墟铺平了道路。"⑩在甲骨文发现100周年的时候,王宇信也指出:"正是由于董作宾1928年8月赴河南安阳殷墟调查甲骨文出土情况,得出'甲骨挖掘之确犹未尽'的结论,才促成了前中央研究院自1928~1937年历时10年之久,先后15次的大规模科学发掘工作。"⑪

注释:

① 董玉京:《董作宾(彦堂)与第一次殷墟发掘》,"纪念甲骨文发现100周年国际学术研讨会"论文。

② 王宇信:《甲骨学通论》第4章第2节,北京,中国社会科学出版社,1989年。

③⑤ 胡厚宣:《五十年甲骨文发现的总结》,北京:商务印书馆,1951年。

④ 孟世凯:《百年出土甲骨文述要》,《甲骨学一百年》第2章,北京,社会科学文献出版社,1999年。

⑥⑦⑩ 李济:《安阳》(中译本),北京,中国社会科学出版社,1990年。

⑧《中央研究院十七年度工作报告》,见胡厚宣:《五十年甲骨文发现的总结》六,《科学发掘的甲骨文字》。

⑨ 董作宾:《民国十七年试掘安阳小屯报告书》,《安阳发掘报告》1929年第1期。

⑪ 王宇信:《前辈学者的成果和经验,是可资借鉴的文化遗产》,《甲骨学一百年》第9章。

二、主持和参加殷墟科学发掘

1998年10月,中共中央政治局委员、中国社会科学院院长李铁映给在安阳召开的"殷墟发掘70周年学术纪念会"贺信中指出："安阳殷墟是中国考古学的发祥地。70年前开始的殷墟发掘,是我国学术机关第一次独立进行的考古发掘,标志着中国近代考古学的兴起,在我国学术史上具有划时代的意义。它并且证实,早在3000多年前的商代,已经存在高度发达的青铜文明,为因疑古思潮而陷入迷茫的中国古代研究开辟了广阔天地。"①

随着时间的推移,更可以看出20世纪20年代开始的殷墟科学发掘的重要意义,李济、石璋如、胡厚宣、李学勤、吴浩坤、郑振香等学者都曾从不同的角度予以论述,②王宇信在总结借鉴前人研究成果的基础上,从四个方面进行了概括:

首先,殷墟科学发掘是一次完全由中国学者主持和参加工作的,改变了以往一些考古工作受外国人控制,或不能对资料进行研究的局面。当时的发掘工作由李济、董作宾、梁思永、郭宝钧、石璋如等人主持,在工作中锻炼和培养了一批有影响的考古学家……可以毫不夸大地说,殷墟发掘为中华民族培养了几代考古学者。

其次,殷墟的15次大规模科学发掘工作,积累了大批珍贵的考古学资料并形成一套严格的科学发掘方法,奠定了我国田野考古学的基础。

第三,安阳殷墟的15次发掘工作发现了商朝后期的宫殿和王陵等重要遗址。解放以后又继续进行了20多次科学发掘工作,并取得了许多科学资料。50多年来殷墟的发掘和研究,查清了殷墟的范围和布局。

第四,1928年以来的殷墟科学发掘工作,为我国考古学,特别是殷商考古学奠定了基础。而田野考古学的科学方法论,对甲骨学研究发展的影响是极深远的。自此以后,甲骨学研究突破了传统金石学只重文字而不注意与文字同出的遗物、遗迹的藩篱,取得了很大的发展。③

董作宾不但是殷墟科学发掘工作的重要策划者,而且亲自挥锄执铲,也是殷墟科学发掘工作的组织者和实践者。在1928年至1937年中央研究院历史语言研究所对殷墟15次发掘中,董参与了10次,其中第1次、第5次、第9次是主持人,负责全面工作;第2次、第3次、第4次、第6次、第7次是重要参加者,全力支持协助主持人的工作;第11次、第15次则是以中央古物保管委员会委员的身份,对发掘进行巡视监察。

傅斯年所长在批准董作宾的发掘计划报告后,马上筹措经费、购置设备,组成了董作宾为首的殷墟发掘团,其成员有六人,包括有李春昱、赵芝庭、王湘、张锡晋等专业人员和工作人员。河南省政府为便利董作宾的工作,选派两名人员以地方当局代表的身份参加了发掘团,其中一人便是董的同乡同学时任省政府教育厅秘书的郭宝钧。

1928年10月13日至30日,在董作宾主持下进行了殷墟第一次科学发掘。地点在小屯村东北和村中,分三个发掘区,开探坑40个,发掘总面积约280平方米。共发现甲骨文854片,另有青铜、陶、骨、蚌、玉、石等器物,人和猪、羊等动物的骨架。④根据发掘情况,董作宾写出《民国十七年试掘安阳小屯报告书》,并精选部分甲骨文编成《新获卜辞写本》刊载在《安阳发掘报告》第1期上。

殷墟第一次发掘尚属小规模的试掘,但他有着重要的意义,孟世凯指出:"自此,闻名于世的'殷墟发掘'帷幕拉开了,我国近代考古学的辉煌成就也就逐渐展现于世界各民族面前。殷墟考古发掘,被当时有的学者称之谓'科学发掘',这与私挖乱掘来说是有着天壤之别的,而与中国考古学的前身——金石学,在研究资料的收集和研究方法上也大不一样。中国近代考古学,是中国传统学术和西方近代考古学方法相结合的产物。因此,从它一开始,就具有鲜明的中国特色。"⑤

第一次发掘就获得丰富的成果,给人以极大鼓舞。董作宾一边认真地总结经验,整理发掘资料,一边积极筹备来年春天的第二次发掘。就在这时中国著名考古学家李济来到中央研究院历史语言研究所。

李济、字济之(1896～1979年),湖北钟祥人,曾任中央研究院历史语言研究所考古组主任、历史语言研究所所长、中央研究院院长。1918年毕业于清华学堂,1918～1923年赴美国留学,专攻社会学和人类学,获哲学博士学位。归国后先后在天津南开大学、清华国学研究院任教,1926年曾到山西夏县主持了西阴村古文化遗址的发掘。1928年再度赴美,拟争取弗利尔艺术陈列馆与中国学术机关合作开展田野考古工作。当年回国后,在广州与傅斯年会面,傅当即邀请他担任研究院历史语言研究所考古组负责人。李济了解到董作宾在安阳的新发现和已开展的工作情况后,即接受了这一邀请。

对于这一决定,董作宾是衷心拥护的。毋庸置疑,未受到近代考古学正规训练的人,在开始从事田野发掘工作时,难免会存在着一些疏漏,著名考古学家夏鼐(1910～1985年)曾讲到:"我在1935年参加殷墟发掘时,还听说过一个关于董作宾1928年主持初次发掘时、挖到和尚坟的故事。书斋中出来的董作宾,从来没有看见过出土的骷髅头,只从笔记小说中知道死人身上头发是最不易腐朽的。所以,他发掘到一座时代不明的古墓时,便认为头上无发的墓主人一定是一位和尚。骷髅头狰狞可怕,所以仍被埋起来。到了李济、梁思永主持发掘时,才注意到人骨标本的采集,并且用科学的采集方法和保存方法。"⑥

因此,董作宾将与李济的合作看做是一次学习的机会,当李赶赴开封与董会面时,他详细地介绍了殷墟的状况和前段自己的工作情况。两人密切合作共同制定了殷墟第二次发掘计划,并做出了董作宾重点研究出土的甲骨文,李负责其他出土遗物的分工决定。近半个世纪后,李济回忆与董作宾的第一次会面,说:

"回到北京后,我迫切的任务是赴开封与从未见过面的董作宾协商。当然关于任命我的事,傅斯年所长已通知了他。在开封我了解了所有董作宾能告诉我的关于小屯遗址的现时情况及他试掘的结果。直到现在,我与这位令人敬佩的同事第一次会面时的情景仍历历在目。他的头脑机智灵活,富有实践知识。他的主要学术兴趣和最近的成功似乎使他相信仍有埋藏的甲骨值得发掘……我们还达成协议:董研究文字的记载,而我负责其他遗物。实践证明此协议对我们的个人关系与合作是重要的。因为考察这个遗址的第一位先锋董作宾应该有机会研究这批最重要的科学发现物,而有字甲骨是安阳发掘的关键珍品。另外,董的铭刻学研究能力是无容怀疑的。"⑦

两人合作制定的第二次发掘计划的要点主要有下列几方面:

1. 对遗址进行测绘,准确绘出以小屯为中心的详细地形图。

2. 以挖探沟的方法进行试掘,了解地表下地层情况,找到未触动过的甲骨堆积层的特征。

3. 系统的记录和登记发掘出的每件遗物的确切出土地点、时间、周围堆积情况和层次等。

4. 每个参加发掘的主管人员坚持写关于个人观察到的及田野工作中发生情况的日记。⑧

董作宾与李济的合作,表明中国传统学术与西方近代学术的进一步相结合,这一计划的制定和实施,表明中国传统的金石学向近代考古学转向的初步完成。(见附图)

1929年3~5月,在李济主持下董作宾参加了殷墟第二次科学发掘,同时参加的人员还有裴文中、王湘、王庆昌、董光忠等考古学家。地点分别在小屯村北、村中和村南,开探坑43个,面积约280平方米。这次发掘根据计划开始注意到地层的关系和对灰

1929年秋中研院史语所第三次殷墟发掘时摄,后排左起第三人为李济先生,第四人为董作宾先生

坑、墓葬等遗迹现象的考查,并着手测绘以小屯为中心的殷墟遗址地形图,于当年秋季第三次发掘时最后完成。发掘共发现甲骨文740片,另有陶器、石器、青铜器和陶苑、兽骨等物。

1929年10~12月,董作宾参加了由李济主持的殷墟第三次发掘。地点为小屯村北和西北两处,采用开纵横探沟的方法以了解地层情况。在村北开探沟21条、探坑118个,面积836平方米。发掘出墓葬24座、灰坑11个。出土甲骨文3012片,还出土有青铜器、石器、骨蚌器、陶器等。陶器中的一些釉陶、白陶尤为珍贵。在村西北发现墓葬6座及殷代文化堆积。

第三次发掘曾一度中断,原因是在这期间河南省政府也向安阳派出了一个殷墟发掘团,双方发生冲突被迫停止工作。董作宾等从中斡旋,作了大量的协调工作,才使史语所恢复了殷墟发掘工作。

这个事件的发生,再加上自殷墟科学发掘以来,不仅出土了大量甲骨文,还有不少其他珍贵的古器物,这就引起了军阀统治的地方势力的眼红,也使私挖乱掘者盗宝之心重新萌动。因此,自1929年开始,董作宾、李济等考古学家和其他学者纷纷上书和呼吁,要求国民政府制定一个"古物保护法"。1930年6月,立法院通过这一"保护法"。1935年3月,国民政府内务部和教育部联合正式向中央研究院下达对殷墟发掘的"批准书"。

在殷墟第三次发掘中的重要发现,是在小屯村北张家18亩地中段发掘了著名的大连坑。在大连坑南段一长方形的坑中,发现了四大版刻辞卜甲,这是在殷墟科学发掘中第一次发现比较完整,刻辞较多,内容重要的大版卜甲。(见附图)董作宾认真研究了这

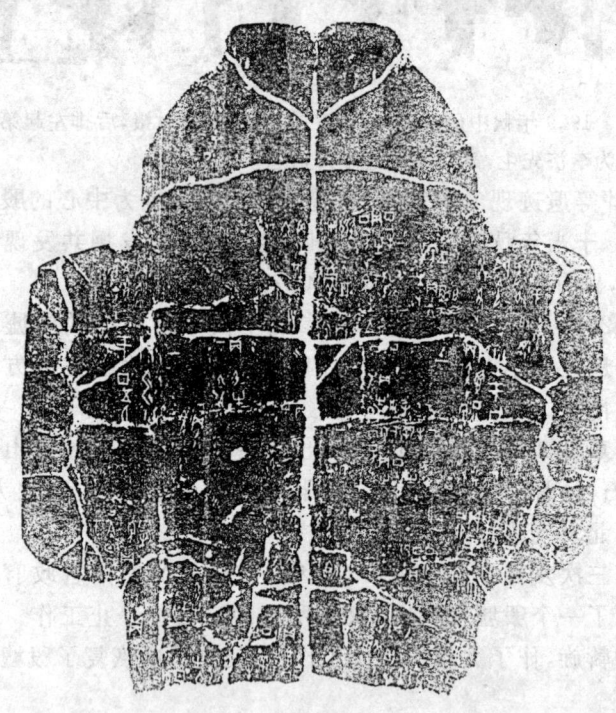

1929年第三次发掘殷墟所得武丁时"大龟四版"之一
(据殷墟文字甲编)

几版卜甲,写出了著名的《大龟四版考释》(《安阳发掘报告》第3期1931年6月),首次提出了"贞人"说,揭开了他甲骨文分期断代研究的序幕。

在大连坑西南的一个圆坑中,发现成层的大块牛胛骨、鹿角、牛角、蚌壳和陶片等,还有一个刻辞的鹿头和一个刻辞的牛头。当时董作宾称这个牛头骨为"白麟",发表了长篇论文《获白麟解》(《安阳发掘报告》第2期1930年),引起学术界的注意。方国瑜发表《获白麟质疑》(《师大国学丛刊》第1卷第2期)、唐兰发表《获白兕考》(《史学年报》1932年4期)、裴文中发表《跋董作宾获白麟解》(北京《世界日报》1934年3月18日)形成了一个讨论热潮。

1930年中央研究院历史语言研究所由广州迁到北京,应北京大学之聘董作宾担任北大兼职教授,为史学系讲授"甲骨文字研究",董去安阳发掘的时候,则由著名甲骨学家唐兰先生代课。除"甲骨文字研究"之外,董还开设"先秦文化史"和"古史新证"等课,使北京大学培养了一批历史学家和古文字学家,著名甲骨学家胡厚宣先生就是那时北大史学系的学生。

1931年3月至5月,董作宾参加了由李济主持的殷墟第四次发掘。这次发掘增加了新的人员,我国著名考古学家梁思永(1904~1954年)从美国留学归来,首次参加了殷墟发掘;郭宝钧也正式转入研究院史语所专业从事考古,再次加入殷墟发掘行列;特别是在董作宾的影响和大力支持下,河南大学部分在校师生也参加了殷墟发掘的队伍。原来殷墟发掘在当时社会上产生很大影响,作为河大校友的董作宾应邀和傅斯年、郭宝钧等到河南大学作殷墟发掘和甲骨学研究的学术报告,更引起师生的强烈反响,不少师生纷纷要求参加殷墟发掘工作。经河大校方和董作宾等人多方奔走努力,答应了这一要求,河大史学系著名教授马非百,学生石璋如、刘燿(尹达)、冯进贤、许敬参等人都参加了殷墟发掘。

这次发掘地点以小屯为中心,根据"要了解小屯,必须兼探四境"⑨的原则,扩大到四盘磨、后岗。在小屯开始将遗址划分为A、B、C、D、E五个工作区,分别由董作宾、梁思永、郭宝钧等负责发掘。开探沟175个,面积约1470平方米。发现大片版筑基址、房子、灰坑及墓葬,出土甲骨文782片,另有青铜器、陶器、玉石器、骨蚌器等。在后岗发现了小屯、龙山、仰韶文化直接叠压的关系,从而确立了这三种文化的时代序列,解决了我国新石器时代考古史上的一个重要问题。在后岗还发现字骨一片,这是小屯以外发现甲骨文的第一次。

1931年11月至12月,董作宾主持了殷墟第五次发掘,参加人员有梁思永、郭宝钧、刘屿霞、马元材、石璋如、刘燿等。地点在小屯和后岗,在小屯村北除原五区外又增开F区,共开探坑93个、发掘面积818平方米,出土甲骨文381片。发现有窖穴、墓葬和夯土台基,在台基边缘有"几排未加工的大小适度的砾石沿夯土边缘规则地排列着。这些明显是用作支撑柱子的基石。"⑩此外,还首次发现版筑基址叠压大圆坑的地层关系。

1932年的春季和秋季,董作宾又参加了殷墟第六次和第七次发掘,共出土甲骨文30片,另有青铜器、陶器、石器等器物。还发现大片的夯土建筑基址,"一处面积为30×10米的版筑基址,上有三座门及排列整齐的柱础石,学者们断定为宫殿遗迹。"⑪

1934年3月至5月,董作宾主持了殷墟第九次发掘,参加人员有石璋如、刘燿、李景聃、尹焕章等人,地点在小屯村和侯家庄。小屯北地工作区有D、F两处,开探坑28个,发掘面积约300多平方米,发现版筑基址、灰坑、灶各一处,出土甲骨文441片,另有青铜器、陶器、玉石器等物。

在小屯发掘之际,侯家庄农民侯新文等人在侯家庄南地"盗宝",挖掘出甲骨文几十片,欲秘密去古董店"求善价而沽之"。董作宾得知这一消息,当机立断停止了小屯工作,全体人员调往侯家庄南地紧急发掘,并说服侯新文,以10元的价格买下他手中的甲骨文。在侯家庄南地开探沟120个,面积1271平方米,发现有夯土基址、窖穴和墓葬。出土有甲骨文16片和青铜器、陶器、玉石器等。甲骨文中有"大龟七版",(见附图)是自1929年第三次发掘得

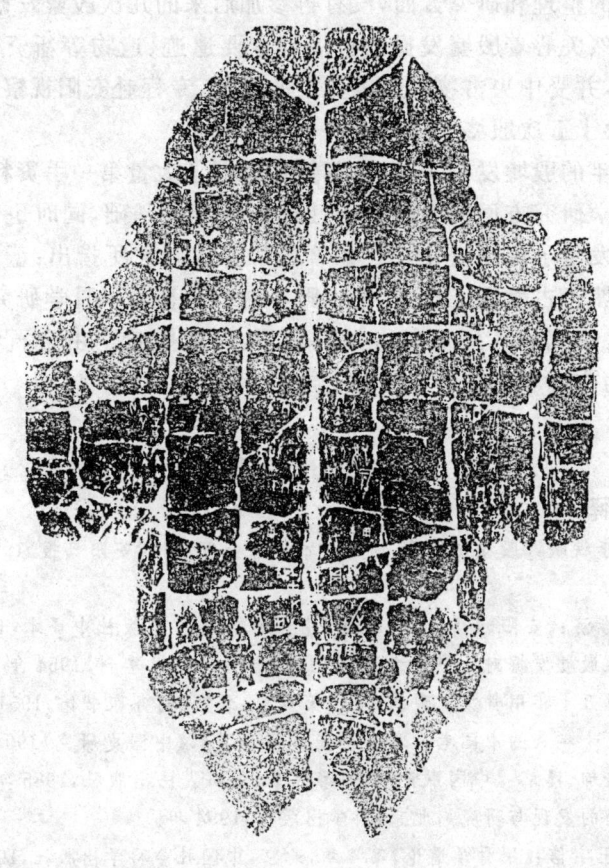

1934年第九次发掘殷墟所得廪辛康丁时"大龟七版"之一(据殷墟文字甲编)

到"大龟四版"后又一重要发现,据此,董作宾写出《安阳侯家庄出土之甲骨文字》(《田野考古报告》1936年第1册)。自此,出甲骨文的地点自小屯、后岗外,又增加一处侯家庄南地。

第九次殷墟发掘之后,董作宾把主要精力放在科学发掘所得甲骨文的整理和研究方面,没有再参加后来的几次殷墟发掘工作,但他仍然关心着殷墟发掘的进展和重要遗迹、遗物等新资料出土的情况,并受中央古物保管委员会的委托,专程赴安阳视察了第十一次、第十五次殷墟发掘。

多年的殷墟发掘实践,使董作宾掌握了大量第一手资料,为他在甲骨学研究方面能取得突破性进展奠定了基础,同时也使甲骨学自身发生了深刻变化。正如著名学者张岂之所指出:董作宾在从事殷墟考古发掘工作中,把田野考古方法移入甲骨学研究领域,"把甲骨研究纳入历史考古学范畴,从而使甲骨学由金石学的附庸,成为中国考古学的一门分支学科。"⑫

注释:

① 李铁映:《殷墟发掘70周年学术纪念会贺信》,《安阳日报》1998年10月20日。

② 李济:《安阳》4、5、6章,北京,中国社会科学出版社中译本,1990年。石璋如:《殷墟发掘对于中国古代文化的贡献》,《学术季刊》1954年2、4期。胡厚宣:《五十年甲骨文发现的总结》第6章,北京,商务印书馆,1951年。李学勤:《五十年来的中国考古学与古代文明研究》,《中国史研究》1994年第4期。吴浩坤、潘悠:《中国甲骨学史》第2章,上海人民出版社,1985年。郑振香:《殷墟的发现与研究》,北京,科学出版社,1994年。

③ 王宇信:《甲骨学通论》第4章,北京,中国社会科学出版社,1989年。

④ 1928年至1937年殷墟发掘资料引自胡厚宣《殷墟发掘》,学习生活出版社1955年。李济:《安阳》(中译本),北京,中国社会科学出版社,1990年。中国社会科学院考古研究所《殷墟的发现与研究》1994年,以下同不再注出。

⑤ 孟世凯:《百年出土甲骨文述要》,《甲骨学一百年》第2章,北京,社会科学文献出版社,1999年。
⑥ 夏鼐:《安阳殷墟头骨研究·序言》,中国社会科学院历史研究所、考古研究所编著,北京,文物出版社,1985年。
⑦⑧⑩ 李济:《安阳》(中译本),北京,中国社会科学出版社,1990年。
⑨ 李济:《安阳最近发掘报告及六次工作之总结》,《安阳发掘报告》1933年第4期。
⑪ 中国社会科学院考古研究所:《殷墟的发现与研究》1994年。
⑫ 张岂之主编:《中国近代史学学术史》,北京,中国社会科学出版社1996年。

三、整理著录科学发掘甲骨文资料

甲骨文的著录和刊布是甲骨文脱离金石古玩私人收藏走向学术界,为更多的学者所认识所接受,并投身甲骨学研究或利用卜辞资料的重要保证,"罗振玉谓材料之收集,尤重于研究,郭沫若谓秘而不宣,与藏之地下何异"。①故早期的甲骨学家都十分重视甲骨文的著录刊布。1903年,距甲骨文发现仅四年,刘鹗就出版了《铁云藏龟》,并由此派生了《铁云藏龟之余》、《铁云藏龟拾遗》、《铁云藏龟零拾》、《铁云藏龟新编》等多部甲骨文著录著作。1911年,罗振玉出版《殷墟书契》,接着,又出版了《殷墟书契后编》、《殷墟书契菁华》、《殷墟书契续编》等多部著录著作。

科学发掘所得甲骨文,其考古学价值和史料价值比传世甲骨更为重要,因此引起学术界极大关注。1928年12月,在第一次殷墟科学发掘后,董作宾从所获得的854片甲骨文中,精选381片发表题为《新获卜辞写本》(载《安阳发掘报告》第1期1929年)。甲骨著录采用了按出土顺序分类编排的体系,即大体分为祭祀、行止、田猎、征伐、农事、气象、杂卜等类。

1934年第九次殷墟科学发掘之后,董作宾把主要力量用在前九次发掘所得甲骨文的整理和研究上,前九次发掘共得甲骨文6513片。②经过墨拓、登记、编号,选出3942片,于1935年编辑完成《殷墟文字甲编》图版部分,并和商务印书馆签订了出版合同。1937年春,商务印书馆印出《甲编》部分图版样稿,但不久日本发动全面侵华战争,上海被日军侵占,图书毁于战火,第一次出版失败。1939年又与商务印书馆达成协议,《甲编》在香港出版,书印出后连编者都还未见到,又因1941年12月,日军入侵香港,而再一次毁于战火之中。抗日战争胜利后,史语所由四川回迁南京,商务印书馆已重返上海,1946年《殷墟文字甲编》出版计划再次付诸实施,经历一波三折,种种磨难,终于在1948年4月正式出版。

《殷墟文字甲编》的出版前后历时14年左右,一些不了解实情而又急于早日见到这批材料的学者颇有微词,责备发掘者将甲骨"秘藏椟中"、"包而不办"等等。董作宾百折不挠,忍辱负重,在极为困难的条件下将《甲编》出版,为甲骨学做出巨大贡献,最后为了让"事实足可以替我们辩白",在《甲编·自序》中道出了事情的原委。

《殷墟文字甲编》在编纂体例上与传世甲骨分类编排不同,既不分期,又不分类,而是依照甲骨文出土的先后顺序排列,每个片号下注有:发掘次数、种类(字甲为0,无字甲为1,字骨为2,无字骨为3)和出土时的编号。据此,我们在研究甲骨出土情况或与遗迹、遗物关系时,就可以从发掘报告中查明,为甲骨文的考古学考查提供了极大方便。

《殷墟文字甲编》原拟作考释同时出版,由胡厚宣担任。胡厚宣回忆说:"1935年我回到南京,继续研究甲骨。先协助董作宾先生编辑《殷墟文字甲编》,然后根据拓本、对照实物,撰写《殷墟文字甲编释文》,并有简单的考证。抗战结束,回到南京,夏鼐代理所长,曾计划付印,后来迁到台湾,因为我已经离开,就由屈万里以

《考释》名义出版了。"③这就是1961年6月台湾中央研究院、历史语言研究所出版的《殷墟文字甲编考释》。

在完成殷墟文字《甲编》编辑出版的同时,董作宾在屈万里、李孝定、张秉权等甲骨学家先后协助下着手编辑《殷墟文字乙编》,对殷墟最后三次发掘(第十三次至第十五次)所得甲骨文进行整理著录。后三次发掘共出土甲骨文18405片,其中主要是第十三次发掘在小屯北地YH127坑出土的一整坑甲骨文。当时在工地清理不方便,就连泥带土运到南京,在历史语言研究所作室内发掘。在董作宾领导下,由胡厚宣带着技工关德儒、魏善臣等经过八个月努力方告完成,共清理出甲骨文17096片。这是殷墟发掘以来甲骨文最大的收获,内容非常丰富,提供了十分宝贵的资料,在甲骨学史上有着重要意义。王宇信指出:"127坑整坑甲骨的发现和其他大量科学发掘所得甲骨文,大大丰富了学者们对甲骨学的认识。过去,传世所得甲骨大多支离破碎,学者们据此难以确知甲骨的'全豹'。而现在,只此一坑就有完整大龟三百多版,再加上缀合材料就更多了。因此学者们眼界大开,思路广阔了。与分期断代说一起,甲骨学其他方面,诸如卜法文例,记事刻辞、卜辞同文、卜辞杂例等等甲骨学本身规律的研究,也取得了很大进展"。④

《殷墟文字乙编》分上中下三辑,上辑和中辑由商务印书馆分别于1948年10月和1949年3月出版,下辑由台湾艺文印书馆于1953年12月出版。《乙编》编排体例与《甲编》相同,共收入甲骨文9105片。董作宾在序中指出:"《乙编》所收材料,超过《甲编》的四倍以上,出土的坑位简单明晰;内容新颖而且丰富,研究的价值,也远在《甲编》之上"。

董作宾在序中还提出了所谓"揭穿了文武丁时代卜辞的谜",引起了甲骨学界一场持续多年的热烈争论,贝塚茂树、伊藤道治、陈梦家、李学勤、肖楠、谢济等国内外学者都参加了讨论。⑤直到70年代,由于甲骨文新资料的出土和研究的深入,才真正解开了文武丁时代卜辞之谜。

1956年6月,台湾艺文印书馆还出版了董作宾编著的《殷墟文字外编》,著录甲骨文464片。拓片分藏家顺序编通号,是选自原历史博物馆、中央研究院、历史语言研究所、刘铁云、梁思永、徐旭生、陈中凡、商承祚、严一萍等14家公私所藏甲骨的拓片。

《殷墟文字甲编》、《殷墟文字乙编》是从殷墟科学发掘所得24918片甲骨文资料中精选出来而编成的,这个数字占甲骨文总数111545片⑥的近1/4,不仅材料来源广泛,而且有材料出土的考古记录,更具有重要的学术价值。他创立的编辑体例在甲骨学史上也具有重要意义。正如孟世凯所指出:"《殷墟文字甲编》和《殷墟文字乙编》按甲骨的质料(即龟、骨)和出土顺序(即发掘次数、原骨出土号)类次,与以往传世甲骨著录的编纂体例完全不同。这种考古学方法著录甲骨的新体例,是甲骨学史上的创举。它不仅体现了近代田野考古学方法引入甲骨学研究领域取得了辉煌成果,也为以后著录科学发掘所得甲骨文提供了范例。与此同时,推动了殷墟甲骨文的考古学研究的进一步深入,是甲骨学从形成时期向全面继续发展时期前进的里程碑。"⑦

注释:

① 胡厚宣:《甲骨六录·自序》,成都,齐鲁大学出版社,1945年。
② 据《甲骨学一百年》第45页,《殷墟发掘甲骨文简表》统计。
③ 胡厚宣:《人生漫漫为甲骨》,《我与中国20世纪》中国知识分子丛书,郑州,河南人民出版社,1994年。
④ 王宇信:《甲骨学通论》第89页,北京,中国社会科学出版社,1989年。
⑤ 贝塚茂树、伊藤道治:《京都大学人文科学研究所藏甲骨·序论》。
陈梦家:《殷墟卜辞综述》第147页,北京,科学出版社1956年。 肖楠:《安阳小屯南地发现的"自组卜甲"》,《考古》,1976年第4期。 谢济:《武丁时另种类型卜辞分期研究》,《古文字研究》第6辑,北京,中华书局,1981年。

⑥ 胡厚宣统计为 16 万片,孟世凯最新统计为 111545 片,见《甲骨学一百年》第 2 章,《百年出土甲骨文述要》第 55 页。
⑦《甲骨学一百年》第 3 章,《甲骨学研究基础工作的不断加强》第 71 页。

四、甲骨文分期断代的研究

李济曾引用傅斯年为《殷历谱》所作序言中的内容指出:"许多杰出学者对甲骨文进行了研究,但只有四个成绩卓越的阶段,每一个阶段都有一个作出贡献的著名专家,由他率领学者们在前进的征途上向前迈步。实际上这些专家的著作都是综合性的。这四部里程碑的著作是:(1)王国维的《殷卜辞中所见先公先王考》;(2)董作宾的《甲骨文断代研究例》;(3)郭沫若的《卜辞通纂》;(4)董作宾的《殷历谱》。四部巨著中,董是其中两部的作者。他的贡献与其他著作的主要区别是,他掌握的新考古资料为他的研究奠定了新的基础。"①殷墟科学发掘的实践是董作宾取得断代研究成果的重要前提,他自己也曾说过:"从安阳县小屯村殷墟的地面下发掘出来了甲骨文字的断代方法。"②

甲骨文的分期断代是甲骨学研究的一个重要课题,是学者们准确利用甲骨文资料的前提和保证,正如学术大师郭沫若所指出:"无论作任何研究,材料的鉴别是最必要的基础阶段。材料不够固然大成问题,而材料的真伪或时代性如未规定清楚,那比缺乏材料还要更加危险。因为材料的缺乏,顶多得不出结论而已,而材料的不正确便会得出错误的结论。这样的结论比没有更要有害。"③因此,甲骨学大师都非常重视这一问题。早期的甲骨学家首先进行了甲骨文"大时代"的断定:刘铁云认定了甲骨文是"殷人刀笔文字"(《铁云藏龟·自序》),罗振玉认定是"夏殷之龟"(《铁云藏龟·

序》),并访知甲骨文确切出土地点是安阳小屯,更确定安阳小屯为晚商都城。王国维则进一步明确甲骨文是"殷代后期从盘庚迁殷至纣辛灭国八世十二王这一段时间的遗物。"④

八世十二王甲骨文至此仍是"混沌一团",正如董作宾所说:"举二百七十三年之甲骨文字,熔于一炉而冶之,虽有见于殷代文化之一斑,实无当于殷代信史之全豹也。"⑤每片甲骨文究竟是属于哪世哪代的东西,这仍然是需继续探索的问题。

1917年王国维发表《殷卜辞中所见先公先王考》及《殷卜辞中所见先公先王续考》,开始用卜辞中的"称谓"来判定甲骨文的具体时代。他把新史学观点和方法融入传统的金石考据学之中,因此就较乾嘉以来的学者前进了一大步,使他在甲骨学研究中"最早地闪耀了以'称谓'判断时代的火花。"⑥但由于他还没有能彻底突破传统学术的藩篱,也未能取得最终的突破。

与罗、王同时代的意大利学者明义士也进行了以"称谓"为线索的分期断代研究。他在1928年撰写但未公开发表的《殷墟卜辞·序》中,记载了他对在1924年从小屯村农民手中直接购得的300多片甲骨整理的情况,就有意识的以"称谓"来划分这批甲骨文,将其分为武丁、祖庚、祖甲、康丁、武乙几个不同时代,这就比罗、王大大前进了一步。因此,王宇信指出:"明义士1928年最早进行的甲骨文分期断代整理,是他将中国传统的金石学方法与西方近代考古学的类型学理论相结合的天才实践,因此可以公正地说,他在甲骨文分期断代研究和整理方面走在了同时代学者的最前头。"⑦但他的研究当时没有引起人们的足够重视,同时,也因为他缺乏殷墟考古的实践,因此也难以有更大的进展。这样,"真正把近代考古学方法和理论引入到甲骨学研究领域,并完成系统之综合分期断代研究的历史使命,自然地落到殷墟科学发掘的创议者和发掘主持者之一的甲骨学一代宗师董作宾的肩上。"⑧

董作宾很早就考虑到甲骨文的断代问题。在殷墟发掘中,他处处留心注意观察研究发掘的情况和新获得的资料。1928年在第一次发掘中从三个不同区域里分别出土了一些甲骨文,董认真进行观察,发现就字体方面来看"三区各自成为一组,各有特异之点",在第一区第九坑中多为规整小字,也有雄伟大字;第二区第六坑中却没有小字的,但有一种较为细弱的书体;第三区第二十四坑书体与一、二两区又大不相同。由此受到启发开始由字体的演变入手,酝酿分期断代的依据和标准。他指出:"我们假定殷墟是盘庚之都,到帝乙之世,已有二百余年。这二百余年中间,龟骨的用法,契刻的文字,都应有相当的变迁。至于他们先后的顺序,也只有向地层中寻找了。"⑨

1929年在殷墟第三次科学发掘中,于第四区发掘到著名的大连坑,出土了大龟四版。四版之中原编号为3·O·1861(即《甲编》2122)龟版卜辞中,卜字之下,贞字之上有六个不同的字。此类字过去学者众说纷纭,或以为地名,或以为事类,或以为官名,莫衷一是。董经过深入研究,完成《大龟四版考释》,判定此类字是"贞人",否定了地名说和事类说,对易于混淆的官名也作了正确的分析,他指出:"可知其决为卜问命龟之人,有时此人名甚似官,则因古人多有以官为名者。又卜辞多有'某某王卜贞',及'王卜贞'之例,可知贞卜命龟之辞,有时王亲为之,有时史臣为之,其为书贞卜的人名,则无足疑。"⑩

董作宾认定"大龟四版"上共有六个贞人,即宾、𠂤、争、兊、𠙴、𠙵等,而时间共九个月,六位贞人轮流主持占卜,因而在这九个月中他们都是活在世上的。他们之中"最老的和最少的,相差也不能五十年","凡见于同一版上的贞人,他们差不多可以说是同时。"因此,"可以由贞人以定时代。"同时,提出了分期断代的八项标准:

一、坑层, 二、同出器物,
三、贞卜事类, 四、所祀帝王
五、贞人, 六、文体

七、用字　　　　　　　　八、书法。

"贞人"的发现对甲骨文分期断代有着重要意义,它和其他几项标准的设想,为其发表《甲骨文断代研究例》奠定了基础,也就为甲骨文分期断代的解决奠定了基础。后来他自己也曾说到:"余自民国17年试掘殷墟遗址,即感觉各地区所出甲骨文字,必有时代之异,而苦于无法区别之。18年大龟四版出,'贞人'之说创立,一切断定时期问题无不迎刃而解。"⑪

1933年甲骨学史上划时代的里程碑著作《甲骨文断代研究例》发表,董作宾系统提出一个整理全部273年甲骨文的新方案,也正如他自己所说:"我第一次发掘殷墟时候,那是中华民国17年(西历1928年),我就开始注意到小屯村中、村北及洹水南岸各地方出土的甲骨文字,书法、字形、文例都有显著的不同,我就感到这必有时代的先后问题。于是发奋从许多方面研究甲骨卜辞如何可以断代。又经过了四次发掘,到了民国22年(西历1933年),才找到了断代研究方法","这就是应用十个标准,分盘庚到帝辛为五期的研究方法,也简称分期研究法"。⑫ 十项标准是:

一、世系,　　　　　　　二、称谓,

三、贞人,　　　　　　　四、坑位,

五、方国,　　　　　　　六、人物,

七、事类,　　　　　　　八、文法,

九、字形,　　　　　　　十、书体。

依据十项标准,将甲骨文划分为五期:

第一期:盘庚、小辛、小乙、武丁;

第二期:祖庚、祖甲;

第三期:廪辛、康丁;

第四期:武乙、文丁;

第五期:帝乙、帝辛。

十项标准之中,世系、称谓、贞人、字形和书体是最为常用的。

所谓世系就是商人祖先的世次,有了世系才能把商代的历史从纵的方面竖立起来,改变了原来八项标准中"所祀帝王"横向的静止观察,从而确定每一帝王的先后位置,其他标准才有了判断的依据。称谓是占卜时的王对自己亲属的称呼,据此就可以在商世系中将这个王所处的时代推断出来。贞人是代表时王占卜并记事的史官。不同的贞人供职于不同的商王,一代商王身边总有一个或几个贞人,当时董作宾统计,第一期贞人有11人,第二期有6人、第三期有8人,不能确定时代的有8人,共计有贞人33名。由贞人判定时代,是甲骨文分期断代的一个重要标准。世系、称谓、贞人三位一体,是甲骨文分期断代的基础和核心,因此也被称之谓"第一标准"。

依据"第一标准",就可以定出时代明确的甲骨片,通过这些标准甲骨片的整理和归纳,派生出其他各项标准。如书体就是甲骨文书写的风格,由于时代和贞人的不同,甲骨文书写的风格也不同。董作宾把各期的书法特点概括为"第一期的雄伟","第二期的谨饬","第三期的颓靡","第四期的劲峭","第五期的严整"等,当遇到不具备"第一标准"及其他标准的甲骨文时,就可以依据书体来判定其时代。

《甲骨文断代研究例》从1933年发表至今已经历了近70年,在长期的甲骨文断代研究实践中,董作宾提出的"十项标准"和"五期说"一直行用不衰。除了有一小部分甲骨文分期稍欠精确需要重新加以研究调整外,还没有任何一个新的方案可以取而代之。

1945年抗战胜利后,胡厚宣收集抗战期间安阳出土流散的甲骨文,共得甲骨文13800多片,成《战后宁沪新获甲骨集》等四部甲骨著录著作,其分期断代采用了"四期法":

第一期:盘庚、小辛、小乙、武丁;

第二期:祖庚、祖甲;

第三期:廪辛、康丁、武乙、文丁;

第四期:帝乙、帝辛。

"四期法"中第三期包括了廪辛、康丁、武乙、文丁四王,实际上是合并了"五期说"中的第三、四期。胡对董的"十项标准","五期说"实际上是赞同的,他之所以这样是为了调和"无名组"卜辞这一矛盾现象。这批文字书体全同、不具贞人名、没有称谓的甲骨,究竟是属于廪辛、康丁,还是属于武乙、文丁,这成为一个棘手的问题,胡采取了这样变通的办法。但有学者认为这样不妥,"所分的第三期包容了三世四王,究竟太长。"⑬因此,后来胡厚宣在其主持编纂集大成的甲骨文著作《甲骨文合集》时,分期断代仍采用了"五期"分法。

与董作宾同时进行甲骨文断代研究的另一位甲骨学大师是郭沫若(1892～1978年)。大革命失败后他蛰居日本,潜心研究甲骨文,正编著甲骨学的另一部"里程碑的著作"《卜辞通纂》,以分期理论整理甲骨文,并准备在书后附以卜辞断代表。郭沫若"也非常重视殷墟考古的每一进展并较早接受了西方考古学的影响,因此他在进行甲骨文研究时,才会对分期断代有贡献。"⑭由于在日本材料匮乏,就向国内友人容庚等写信求助。董作宾得知后,不避郭正受通缉之嫌,即将《甲骨文断代研究例》三校稿寄往日本。郭沫若看后十分欣喜,遂取消了原在《卜辞通纂》后附卜辞断代表的设想,并在《卜辞通纂·后记》中对《研究例》予以很高评价:"本书录就,已先后付印,承董氏彦堂以所作《甲骨文断代研究例》三校稿本相示,已反复诵读数遍;既感其高谊,复惊佩其卓识,如是之系统之综合研究,实自甲骨文出土以来所未有。文分十项,如前序中所言,其全体几为创见之充满;而使余尤私自庆幸者,在所见多相暗合,亦有余期其然而苦无实证者,已由董氏由坑位、贞人等证实之,余读此文之快味,固有在寻常欣赏以上也。"⑮后来,郭沫若又进一步指出:"继王国维之后,在这一方面贡献最多的要算董作宾……由于董氏的研究,我们可以知道每一辞或每一片甲骨属于哪一王朝的绝对年代了。这样,更增加了卜辞的史料价值。"⑯

1937年日本发动全面侵华战争,郭沫若别妇弃子只身还回祖国参加抗战。1942年是我国抗战最艰苦的日子,时中央研究院历史语言研究所隐居四川宜宾南溪镇李庄栗峰山村,董作宾到重庆专程拜访了郭沫若,两人神交多年始得会面。郭沫若欣喜异常,当即泼墨挥毫、赋诗相赠:"卜辞屡载正尸方,帝乙帝辛费考量。万蠕千牛推索遍,独君功力迈观堂。"后来,董作宾在《跋鼎堂赠绝句》中称:"昔疑古玄同创为'甲骨四堂之说',立庵和之,有"雪堂导夫先路,观堂继以考史,彦堂区其时代,鼎堂发其辞例'之目,著在篇章,脍炙学人。今者,观堂墓木盈拱,雪堂老死伪满,惟彦堂与鼎堂,犹崛然并存于人世,以挣扎度此伟大之时代也。三十一年春,访沫若于渝,十年神交,握手言欢。彼方屏置古学,主盟文坛,从事抗建之役。余则抱残守缺,绝学自珍。一生事业,其将以枯龟朽骨之钻研而为余之止境乎?兴念及此,搁笔太息!"(《董作宾全集》乙编,第5册)两位甲骨学大师之恭谦礼让之美德和淳朴诚挚之友谊,跃然于纸上。

陈梦家先生(1911~1966年)很早也进行了甲骨文分期断代的研究,1949年完成《甲骨断代学》四篇,收入其甲骨学名著《殷墟卜辞综述》中。他对董作宾的"十项标准"和"五期说"进行了修改,提出了"三个标准"和"三期、五期、九期综合分类法":

第一标准:世系、称谓,贞人;
第二标准:字体、词汇、文例;
第三标准:祭祀、天象、年成、征伐、王事、卜旬。

可以明显看出,"三个标准"中各项具体内容有些与董的"十项标准"中某些项目完全相同,有些则包含在"十项标准"之中。陈的"综合分类法"中,"九期"是将甲骨文从武丁以后分到每个王之下,"五期"是保留了董作宾的"五期说","三期"是将甲骨文分作早、中、晚三个大概时期。

对此,也有学者提出异议,认为"陈梦家的'三个标准'和'九期'说法,以内容和方法方面看,与董作宾的'五期'说和'十项标准'并没有什么实质上的不同。"并指出"董氏的'五期'分法已包括了在可以细分的情况下,将卜辞分在九个商王名下的'九期'说。而陈梦家的'三期'说,则大可不必。因为'五期说'可以划分全部卜辞,还没有哪些卜辞不能被'五期说'所范围而需要采用更加笼统的'三期'说的。"⑰

《甲骨文断代研究例》的发表有着重要意义,当时,甲骨学界就流传着著名甲骨学家唐兰先生(1901～1978年)的四句名评:

  雪堂导夫先路,观堂继以考史,

  彦堂区其时代,鼎堂发其辞例。⑱

这里所说的"彦堂区其时代",即是指董作宾的甲骨文断代研究。

半个世纪后中国社会科学院考古研究所研究员刘一曼先生指出:"《甲骨文断代研究例》的发表,是甲骨文研究中的一件划时代的大事,它使过去混沌一片的15万片甲骨,成为可以划分为五个不同时期的历史资料,使殷代后期的历史文化的研究、建立在较科学的基础之上。"⑲王宇信也指出:"可以毫不夸大地说,这篇甲骨学史上的名作,振聋发聩,钩深致远,为甲骨学商史研究开辟了一个全新时期。50多年来,历年长新,是几代甲骨学者的基本入门教科书。所谓甲骨文分期断代研究,就是董作宾断代学说的继承和发展。"⑳在纪念甲骨文发现100周年的时候,王宇信进一步总结指出:"董作宾《甲骨文断代研究例》的发表,是甲骨学形成的标志。自此以后,甲骨学研究进入了一个全新的阶段,学者们高屋建瓴,钩深索隐,以使甲骨学成为具有专门的研究对象和丰富的研究资料,并有着自己学科较为严密的规律和许多重大研究课题的一门新兴学问。而一系列研究课题的解决和新问题的提出,又使甲骨学自身规律更为系统和严密。"㉑

董作宾这一成就的取得,除其参加殷墟科学发掘的实践外,与其对问题善于观察思考作综合研究和严谨、缜密、勤奋的学风也是分不开的。傅斯年先生曾说过:"彦堂天资高迈,精力过人……一人每日可为之事,当常人三四。"㉒他为人谦虚谨慎,从不固步自封,在发表《甲骨文断代研究例》时就一再声明:"这不是断代研究成功后的一篇结论,这乃是断代研究中的几个例子。"希望大家开展批评讨论,使之日益完备起来,他本人后来也曾提出"新派"和"旧派"的断代法。

1945年董作宾积十余年之功完成了又一鸿篇巨制《殷历谱》,"此书虽名《殷历谱》,实则应用'断代研究'更进一步之方法,试作甲骨文字分期、分类、分派研究之书也。"㉓他详细论述了殷代八世十二王在祀典、历法、文字、卜事等方面的区别,指出:"由断代研究所得之结果,知殷代礼制,乃有新派与旧派之大别,此一新观察,初由于研究历法所启示,更验之一切制度,殆无不皆然也。此种新观察,须打破余旧日分卜辞为五期之见解、而别自树一标准也。"㉔在此认识基础上,他将盘庚、小辛、小乙、武丁、祖庚、武乙、文丁划为"旧派"一系;将祖甲、廪辛、康丁、帝乙、帝辛划为"新派"一系。后来又具体将"旧派"与"新派"分为四期:

第一期旧派:盘庚、小辛、小乙、武丁、祖庚;

第二期新派:祖甲、廪辛、康丁;

第三期旧派:武乙、文丁;

第四期新派:帝乙、帝辛。㉕

不少学者对此又提出异议,认为"董作宾的'旧派'与'新派'四期的划分,反倒不如原来的'五期'精确。"㉖"所标的新派旧派不但是不需要的,也是不正确的。"㉗更多的意见还是主张维持他的"十项标准"和"五期"说。因此,孟世凯总结指出:"董作宾的断代研究就是为甲骨学研究建立起一个科学的坚实基础,至今他的'五期'断代法尚无人突破。虽然有的学者对他所定的标准框架做些调整,或力图构筑成功一个新方案,但并不为大多数学者所接受运用。从

《甲骨文合集》、《英国所藏甲骨集》这批七八十年代出版的著录书，仍然采用他的'定律'式的'五期'断代法。可以预言，今后如无新的，更加证明能突破他的分期法的新甲骨文资料出土，则'五期'断代法还将长存。"㉘

注释：

① 李济：《安阳》中译本第7章，北京，中国社会科学出版社，1990年。

② 董作宾：《为书道全集详论卜辞时期之区分》，《中国现代学术经典·董作宾卷》，石家庄，河北教育出版社，1996年。

③ 郭沫若：《古代研究的自我批判》，《十批判书》，北京，科学出版社，1956年。

④ 王国维：《说殷》，《观堂集林》12卷，北京，中华书局，1959年。

⑤㉓ 董作宾：《殷历谱·自序》，北京，中国书店。

⑥⑦⑧㉑ 王宇信：《甲骨文的分期断代》，《甲骨学一百年》第5章，第136页，第137页，第149页，北京，社会科学文献出版社，1999年。

⑨ 董作宾：《甲骨文研究的扩大》，《安阳发掘报告》第2册，1930年。

⑩ 董作宾：《大龟四版考释》，《安阳发掘报告》第3期，1931年。

⑪ 董作宾：《殷历谱》上编卷1，《中央研究院历史语言研究所专刊》，1945年。

⑫ 董作宾：《为书道全集详论卜辞时期之区分》《大陆杂志》第14卷第9期，1957年。

⑬ 陈梦家：《殷墟卜辞综述》，北京，科学出版社，1956年。

⑭ 张岂之主编：《中国近代史学学术史》第513页，北京，中国社会科学出版社，1996年。

⑮ 郭沫若：《卜辞通纂·后记》，《郭沫若全集·考古编·2》，北京，科学出版社，1982年。

⑯ 郭沫若：《十批判书》。

⑰⑳㉖ 王宇信：《甲骨学通论》第183页，第162页，第207页，北京，中国社会科学出版社，1989年。

⑱ 唐兰:《天壤阁甲骨文存·自序》,北京,辅仁大学,1939年。
⑲ 刘一曼:《甲骨文的科学发掘与研究》,《殷墟的发现与研究》七,第167页,北京,科学出版社,1994年。
㉒ 傅斯年:《殷历谱·序》,《中央研究院历史语言研究所专刊》,1945年。
㉔ 董作宾:《殷历谱》上编卷一。
㉕ 董作宾:《殷墟文字乙编序》,《中国考古学报》第4期,1949年。
㉗ 陈梦家:《殷墟卜辞综述》第155页,北京,科学出版社,1956年。
㉘ 孟世凯:《甲骨学研究基础工作的不断加强》,《甲骨学一百年》第69页。

五、甲骨学自身规律和基本问题的研究

王宇信指出:"由于董作宾等学者用近代考古学的方法全面整理甲骨文,为我们复原商代的占卜和文字契刻规律奠定了基础。因此,今天具有严密规律的甲骨学,比甲骨学'金石文字时期'的'罗王之学'大大前进一步。"①董作宾对甲骨学的自身规律和一些基本问题,如甲骨的整治与占卜程式、甲骨文例、甲骨的缀合复原和辩重、识伪等等,也都做了不少发凡启例的研究工作。

对于我国古代的占卜,不少历史文献都有记载,《史记·龟策列传》云:"自三代之兴、各据祯祥:涂山之兆从而夏启世;飞燕之卜顺故殷兴;百谷之筮吉故周王。"《礼记·表记》载:"昔三代明王皆事天地之神明,无非卜筮之用。"《易·系辞上》载:"探赜索隐,钩深致远,以定天下吉凶,成天下之亹亹者,莫大乎蓍龟。"龟骨和蓍草是我国古代最常用的两种占具,灼龟骨视其坼兆和揲蓍草观其数列,则是两种主要的占卜方法。但《史记》等文献的记载,往往是以秦汉卜法例先代,至于是否切合夏商周时代的实际,也难以确信。

甲骨文的发现,为人们揭开三代占卜之谜提供了契机,"使人们有幸再睹3000年前甲骨占卜的实物,直接观察商代人的龟卜与骨卜等一系列内容及卜法的奥秘,既可弥补文献记载的空白,并由

此而延展视野,发展到寻找甲骨占卜的源流。"②据王汉章(王懿荣之子)说,王懿荣发现甲骨文之后,就认定其为"商代卜骨,"③这种认识很快就成为学者的共识。④1904年孙诒让在其《契文举例》叙中,引《诗》、《礼》等文献资料对甲骨的占卜方法进行了探索。与此同时,罗振玉在《铁云藏龟·序》、《殷墟贞卜文字考》中也作了同样的探索。孙罗的探索虽然也取得一些成绩,但他们所凭借的多为零星、分散和间接的材料。三代占卜的真正解秘人,还是亲身参加殷墟发掘,掌握大量和集中的第一手资料的董作宾。

1929年殷墟第一、二次科学发掘结束后,董作宾根据两次发掘所得1500多片甲骨实物,开始对商代占卜方法进行较为系统的研究,完成了《商代龟卜之推测》(《安阳发掘报告》第1期1929年)。他根据对甲骨实物的认真观察,结合历史文献资料的记载,提出了商代龟卜的十项程序:

> 今欲于商代龟卜之法作系统之研究,则须先决次各问题:贞卜之龟,何从得之?是为"取用"。种类、大小何由别之?是为"辨相"。生龟不能用,必祭而杀之,是为"衅燎"。杀之之后,剔其腹下甲而"攻治"之。此筹备卜事于始也。
>
> 筹备既竣,乃可从事于贞卜。而所卜维何?又须前定,是为"类例"。于是"钻凿"焉,"燋灼"焉,"见墨"也,而后"书契"于文辞兆侧以识其事。此卜事之全也。
>
> 贞卜既已,"庋藏"龟册,而卜事终矣。

上述十项程序之中,前四项实际上是占卜的准备工作,对龟甲进行整治加工。其加工工艺也较为复杂,如"攻治"一项,须借助锯、锉、刀、凿、钻等五种工具。先锯去背甲而留用腹甲,再锯去腹甲两旁之上下突出部分,使其(即今所谓"甲桥")成弧形,然后除去龟之表皮胶质鳞片,再刮平坼文,以便于见兆和刻辞。又进一步锉平高厚处,使之全版匀平,最后作进一步刮磨,使之有光泽。第五项至第九项是实际上的占卜过程。第五项"类例",商人有卜祭、卜告、卜行止、卜田猎、卜征伐、卜年、卜天象、卜旬等多种占卜,须确定要进行哪种占卜。第六项"钻凿",即预先在龟甲的背面钻凿出圆形和椭圆形的坑洼,以便于烧灼时正面出现坼裂,钻呈圆形易于横裂,凿呈竖椭圆形易于直裂,纵横交错形成卜兆。第七项"燋灼",燋是木炭,用炭火在钻凿处烧灼使正面坼裂,以见兆文。第八项"兆璺",即烧灼后正面形成纵横之文,甲骨文"卜"字乃兆璺之状。第九项"书契",即在正面契刻上占卜的结果,乃是所谓的"卜辞"。第十项"庋藏"是占卜后对龟甲的处理,一般按时间排比,过一段时间集中存放。

"书契"是占卜结果的记录,是当时占卜中重要的一环,也是今天甲骨学研究的主要内容。董作宾对"书契"进行了详细的探讨,将一个完整的龟腹甲划分为九部分:

(一)中甲, (二)首右甲,
(三)首左甲 (四)前右甲,
(五)前左甲 (六)后右甲,
(七)后左甲, (八)尾右甲,
(九)尾左甲。

1. 中甲
2. 首右甲
3. 首左甲
4. 前右甲
5. 前左甲
6. 后右甲
7. 后左甲
8. 尾右甲
9. 尾左甲(见附图)

再将零星残破的甲骨文依此定位,经过对大量同部位甲片的分析排比,整理发现其规律,确定了卜龟的文例、字例和书契方法。其

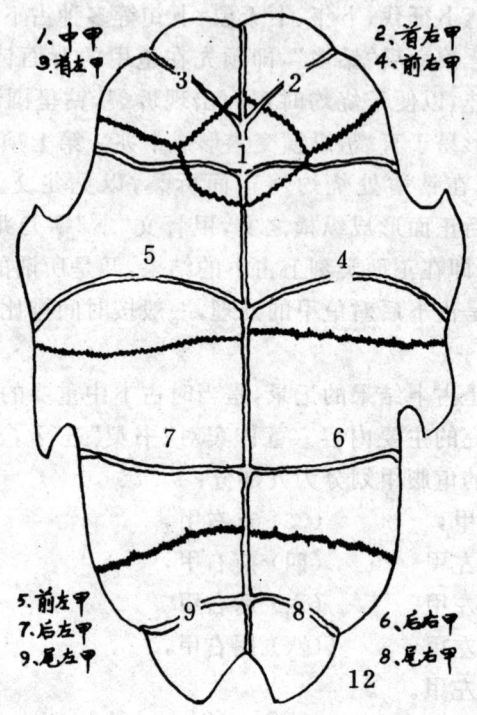

文例如下:

中甲刻辞自中缝起,在右者右行,在左者左行。

首右甲刻辞,由右边始,左行。

首左甲刻辞,由左边始,右行。

前右甲刻辞,除前足叉之上由右边起者左行外,其余一律右行。

后右甲刻辞,除后足叉之下由右边起者左行外,其余一律右行。

尾右甲刻辞,自右边起,左行;但尾甲不刻辞者为多。

前左甲,后左甲,刻辞与右方对称,其左右行适相反。

总而言之,沿中缝而刻辞者向外,在右右行、在左左行;沿

> 首尾之两边而刻辞者向内,在右左行,在左右行。
>
> 卜辞之文例,以下行为主,因分节段,不能不有所左右;故有下行而右,下行而左之分。其单行而完全向左或向右者,则变例耳。

就字例而言,有正反二面刻辞者,有涂朱涂墨者,段落或有划分。书契之法有单锋、双锋,平锋之别,文辞在龟版的次序盖自下而上,笔顺先直后横、斜笔一次成书。

《商代龟卜之推测》一文的发表有着重要意义。它不仅探明了龟卜程序,也为甲骨文例的确立奠定了基础,正如中国社会科学院历史研究所研究员、先秦史研究室主任宋镇豪所指出:"董氏一文的阐述,内容远居罗氏之上,是甲骨学界第一篇系统讨论商代龟法的长文。所论龟卜法的十个程式,不仅是对商代占卜法的一次较全面深入的董理,还纳入了龟的生物学、卜用龟的整治、龟卜的钻凿形态和卜辞契刻、文例行款等许多属于甲骨学研究中的基础性命题,因此称得上是一篇继往开来的启动后来研究的提纲挈领性质的序章。此文的发表,遂使'多所遗失'的商人龟卜法之'精微深妙',脱离了混沌迷惘状态,变得经纬有序而犁然贯通。"⑤

1936年董作宾又发表《骨文例》(《中央研究院历史语言研究所集刊》第七本一分册,1936年),对骨卜之法、钻凿形态及其有关卜辞文例进行了考察。通过对科学发掘所得大量卜骨的观察研究,并采用现代牛肩胛骨做实验定标准,论定了卜骨文例:"凡完全之胛骨,无论左右,缘近边两行之刻辞,在左方,皆为下行而左,间有下行及左者。在右方,皆为下行而右,亦间有下行及右行者。左胛骨中部如有刻辞,则下行而右,右胛骨中部反是,但亦有下行而右者。"这样,通过数年的观察与研究,董作宾终于用"定位研究法"把卜辞文例在龟甲牛骨上的行文惯例全部揭示出来,遂成为甲骨学的基本知识。

董作宾在开始进行这项研究时,所见完整甲骨并不多,及至

"大龟四版"、"大龟七版"及YH127坑大批完整的甲骨出土,证明他的论断基本是正确的。又经胡厚宣、陈梦家等学者的不断补充完善,⑥王宇信、宋镇豪等学者的全面系统的整理总结,⑦这就使甲骨文例确立了起来。了解甲骨文例就会使千头万绪、"漫无章法"的甲骨文序列清楚,一目了然,极便于人们的认识和掌握。故王宇信指出:"依甲骨所在部位推断其文例的方法,即所谓'定位'法,是董作宾氏的天才发现,对我们读通卜辞是很有意义的。"⑧

孟世凯曾指出:辨伪、校重、缀合,是甲骨文整理的三项基本工作,也被视为甲骨学的三项基本功。如果不会辨别甲骨上所刻文字的真伪,则易以假当真产生不应有的错误结论。如果不会校对拓本、摹本和照片上重复出现同是一片内容的甲骨文,则在研究有关问题时,容易资料庞芜和重复,科学性不强。拼兑缀合甲骨碎片,也是不可少的硬功。缀合后使刻辞内容更加完整,研究有关内容更加准确和全面。⑨许多老一代甲骨学家在甲骨文的辨伪、校重、缀合方面都作了大量工作,付出许多辛勤劳动,取得不少成果,其中成就最突出的仍然是有着殷墟科学发掘实践的董作宾。

安阳是甲骨文的故乡、山东潍县是自清末以来我国著名的文物集散地。古董商人对文物不仅精于鉴别而且也善于伪造,两地成为当时甲骨文制假售假的中心。在安阳伪造者在殷墟出土的无字甲骨上刻字,然后和真品一齐出售、往往容易得手。

1928年董作宾首次赴安阳调查甲骨文出土情况时,也特别注意了解甲骨文伪造的情况。他了解到安阳的造假者是蓝葆光,便在当年10月殷墟第一次发掘时,专门抽时间找到了蓝,详细了解造假的情况。也许是"真人面前不说假话",蓝如实谈到了有关情况,董作宾后来也作了详细的记载:"伪刻之多,到处皆是,数量着实惊人。作伪的人自然不止一个,但成绩最好的要数蓝葆光。蓝葆光是一个河北省人,像一个文弱书生。他是心灵手巧的,可惜自幼染上抽大烟的恶习,不务正业,流浪彰德府已经多年……他就是靠造假古董换钱吸白面,他在古董商用廉价买来的无字甲骨上刻字,销路非常好,直到民国17年(1928年)还在不断大量伪刻出售……蓝君有一个册子,临摹了许多甲骨文字。刘氏罗氏出版各书,他都抄过,但他始终一个字也不认识。他从碎片上抄些单字,抄的时候放置颠倒了,就写一个倒文,甚至全片都可以写倒……他送给我一个完整腹甲,背面钻灼都是原来的,正面刻上几条卜辞,刻的工夫也不错,能以假乱真,外行人完全看不出来……据我所见的伪品,在民国初年和光绪末年所作的,大部分不成句读,杂乱无章,中间还有倒字,这是一种作风;后来就有人造出似通不通的句子,最后又变为全文的仿刻。"⑩

董作宾揭示了甲骨文造伪的内幕情况和特点,提高了人们辨伪识假的能力,对甲骨文辨伪做出了贡献。

1935年商务印书馆出版了英国教士方法敛、美国纽约大学教授白瑞华编纂的《库方二氏藏甲骨卜辞》,书中著录甲骨文1687片,但其中伪品很多。董作宾认真进行了辨伪,陈梦家、胡厚宣、郭沫若、于省吾等也都先后进行了这项工作,共剔除伪刻甲骨70片,部分伪刻44片,提高了该书资料的价值。

甲骨文缀合是将支离破碎,身首异处的甲骨重新组合在一起,以更增加甲骨文的史料价值。这是一项繁重复杂、学术性极强的工作。董作宾对这项工作十分重视,看做是甲骨学深入研究的重要内容之一,并将之与分期断代并列为"甲骨研究新方案"的"两种原则"。他在撰写《殷历谱》时对甲骨文断片多有缀合。对《殷墟文字甲编》、《殷墟文字乙编》的残片缀合工作十分重视。张秉权根据YH127坑原骨对《乙编》进行缀合,共缀合龟甲349版成《殷墟文字丙编》,与董作宾的提倡和支持有很大的关系。大陆学者郭若愚、曾毅公、李学勤等缀合《甲编》、《乙编》得482版,成《殷墟文字缀合》,董作宾看到后颇为赞赏。

注释：

① 王宇信：《前辈学者的成果和经验，是可资借鉴的文化遗产》，《甲骨学一百年》第354页。

②⑤ 宋镇豪：《甲骨占卜和卜辞文例文法》，《甲骨学一百年》第194页，第196页。

③ 王汉章：《古董录》，《河北第一博物院通报》第50期，1933年。

④⑧ 王宇信：《甲骨学通论》第61页，第133页，北京，中国社会科学出版社，1989年。

⑥ 胡厚宣：《武丁时五种记事刻辞考》，《甲骨学商史论丛》初编第3册，成都，齐鲁大学国学研究所专刊。胡厚宣：《卜辞同文例》，《中央研究院历史语言研究所集刊》第9本，1947年。陈梦家：《殷墟卜辞综述》，北京，科学出版社，1956年。

⑦ 王宇信：《甲骨学通论》第6章，北京，中国社会科学出版社，1989年。宋镇豪：《甲骨占卜和卜辞文例文法》，《甲骨学一百年》第6章。

⑨ 孟世凯：《甲骨学研究基础工作的不断加强》，《甲骨学一百年》第56页。

⑩ 董作宾：《甲骨学六十年》第60页，台北，艺文印书馆，1965页。

六、中国古史年代学的研究

中共中央政治局常务委员、全国政协主席李瑞环在"夏商周断代工程"专题报告会上的讲话指出："夏商周三代是我国文明国家的形成时期，也是我国文化底蕴的奠定时期。这一时期的文明成果影响了中国几千年。然而非常遗憾的是，这时期我们却没有确切的纪年。我国的确切纪年只能追溯到公元前841年即西周共和元年。在此之前都是有王无年，出现了'五千年文明、三千年历史'的不正常现象。历史是按照年代的顺序来记叙的，年代学是历史学的骨架，没有准确的年表，历史学就无法建立起来。自西汉以来，历代学者对三代纪年作过艰苦的探索，可是一直没有定论。"①

傅斯年先生也曾指出过:"欧洲治古史学者,率以年代学为其骨干,此犹建屋之先布栋梁,而后土石砖瓦有所著也。自罗马帝政以前,列国分列,其年代犹以希腊著邦为最纷,今日之晓然可知者,斯数百年学人远求实征冥收义解之效也……今日谈中国古史,而共和以前全付之冥冥之境……此固差胜于希腊史家之遗后人者,然若今人不能突破共和之大限,资用新书之记录,则古史之浑浑尔噩噩尔者,将终古而不革也。"②

因此,以断定夏商周三代纪年为中心的中国古史年代学是中国历史上一个至关重要的问题,三代年表的确定,不仅能为科学研究我国五千年文明史创造有利条件,也将是对世界历史研究的突出贡献。自西汉以来三代纪年的艰苦探索者,既有古代杰出的学者司马迁、刘歆、皇甫谧等人;又有近代著名的学者吴其昌、丁山、王国维、董作宾等人;更有当代优秀的学者李学勤、李伯谦、张培瑜、田昌五、何幼琦、安金槐等人。在当代以前的众多的研究者中,董作宾是一个佼佼者。这不仅是因他花费的时间长,从20世纪30年代开始,一直到60年代先后近30年的研究,同时也因其研究成果最为丰富,先后发表学术论著近30篇,其中最重要最具代表性的是甲骨学史上的里程碑著作《殷历谱》。

董作宾曾深有感触地谈到:"殷周年代,乃古今史学界一大疑案,两千余年以来,异说孔多,悬而不决。并世治史者咸避而不谈,或谈而不能有所定,定于一说者即不免有谬误,实因年代之考定,必资历术,历术艰涩,钻研为苦。而前人论述,各自成说,抉择非易,无所适从也。"③为此,他从殷代的历法入手开始进行研究,1931年发表《卜辞中所见之殷历》(《安阳发掘报告》第3册1931年);1934年发表《殷历中几个重要问题》(《中央研究院历史语言研究所集刊》第4本3分册1934年),而后"试作殷商年代史料之总清理",于1936年发表《殷商疑年》(《中央研究院历史语言研究所集刊》第7本1分册1936年)。在他完成了《甲骨文断代研究

例》之后,开始把主要精力放在攻克"殷周疑案"难题上,倾注十余年的心血完成了鸿篇巨制《殷历谱》。(见附图)

《殷历谱》于1945年4月以《中央研究院历史语言研究所专刊》名义发表,1963年台北艺文印书馆又影印出版。书前有傅斯年序和董作宾自序。傅序长达3800多字,对作者在抗战

董作宾《殷历谱》书影

期间漂泊流离的环境中,能完成这部巨作予以高度评价,指出"当世甲骨学之每进一步,即是彦堂之每进一步",④同时还论述了年代学的意义,并分析了董取得事业成就的原因。同样篇幅的作者自序介绍了全书的内容,写作目的和写作经过与方法,强调"此书虽名《殷历谱》,实则应用'断代研究'更进一步之方法,试作甲骨文字分期、分类、分派研究之书也。余之目的一为借卜辞中有关天文历法之纪录,以解决殷周年代之问题,一为揭示用新法研究甲骨文字之结果。"⑤

全书分上下两编,上编四卷:卷一殷历鸟瞰,卷二历谱之编制,卷三祀与年,卷四殷之年代。下编十卷:卷一年历谱,卷二祀谱,卷三交食谱,卷四日至谱,卷五闰谱,卷六朔谱,卷七月谱,卷八旬谱,卷九日谱,卷十夕谱。其中上编卷四殷之年代又分作五章:

第一章　殷商总年

第二章　盘庚迁殷后之年

第三章　各王之年

第四章　周总年及共和以前之年
第五章　殷周之际年历考

董作宾提出了研究古史年代学的三个原则,即"线、点、段"。"线"是指古往今来合于"天行之历"的一条时间纵线;"点"是指根据真实的史料在时间纵线上确定的据点;"段"则是由据点推出形成一个历史年代。"段之构成在点,点之寄托在线",以此来推证历史年代。作者参阅了《左传》、《史记》、《通鉴外纪》、《太平御览》、《皇极经世》、《通志》、《帝王世纪》、《大衍历议》等大量文献资料,研究了大量甲骨文和天文学资料,提出了自己的见解:殷商总年为629年。盘庚迁殷后之年为273年,盘庚以后各王在位时间为:

盘庚　28年　公元前1398～1371年
小辛　21年　公元前1370～1350年
小乙　10年　公元前1349～1340年
武丁　59年　公元前1339～1281年
祖庚　7年　公元前1280～1274年
祖甲　33年　公元前1273～1241年
廪辛　6年　公元前1240～1235年
康丁　8年　公元前1234～1227年
武乙　4年　公元前1226～1223年
文丁　13年　公元前1222～1210年
帝乙　35年　公元前1209～1175年
帝辛　64年　公元前1174～1112年

盘庚至帝辛八代十二王总计287年。盘庚是在继位后15年即公元前1383年迁殷的,除去在原都的14年,迁殷后总年仍是273年。周代总年为867年。武王伐纣之年为公元前1111年,共和以前为281年。

关于殷代的历法,董论定是当时世界上较先进的一种阴阳合历。以太阴圆缺一次为一月,月有大小之分,大月30日,小月29日,大小月相同,也有两个月连续为大月被称之"频大月"。以太阳之温凉寒暑嬗变一次为一年,一年为365又1/4天。用闰月调整阴阳之差,即三年一闰、十九年而七闰。武丁、祖庚时于年终置闰,称"十三月"。祖甲以后始变为年中置闰,即置闰于当闰之月,并改称一月为正月。

《殷历谱》出版以后,并没有像《甲骨文断代研究例》那样很快被学术界所接受,"信则信矣,疑则疑矣。不少学者对《殷历谱》进行了辩难和质疑。"⑥陈梦家就认为:"董作宾汇集了很丰富的甲骨材料,建筑在有限的殷代历法基础之上,他所作的《殷历谱》是工程浩大的著作,但其基础很不坚强。"⑦究其原因,固然诚如王宇信所指出:"年历谱的编制,是极为艰巨繁重的工作。不仅需要大量的资料汇集与整理,而且还需要精通天文历法知识。个人的知识再渊博,也难免受到局限。"⑧但另外还有两个重要原因,其一是傅斯年早已预料到的:"必评论此书之全,则有先决之条件:一其人必通习甲骨如彦堂,二其人必默识历法如彦堂,三其人必下几年工夫然此绝无之事也。"⑨此先决条件一般人是难以达到的,似乎没有引起热烈反响,也似乎就没有被学术界所接受。因此,李济明确指出:"自从日本投降后,学术界几乎完全忽略了这部巨著。可是我认为,这种忽略与其说主要归因于当今一代在这方面的兴趣的改变,不如说是缺乏有才能的继承人。"⑩其二应当说当时人们还缺乏对解决我国古代年代问题重要性的足够认识。今天,"夏商周断代工程"被列为国家"九五"科技攻关计划的"重中之重"项目,为了解决这个问题,我国学术界采用核物理学、天文学等现代自然科学手段,与历史学、考古学、古文字学等相结合的方式,组织了170多名优秀的社会科学家和自然科学家联合进行科学攻关。经过三年的努力,方取得可喜的成果,得出初步的结论,判定商王武丁在位大致年代应在公元前1250~1192年之间,武王伐纣之年应在公元前 1050～1020 年之间。⑪这个时候我们回过头来再看 50 多年前的《殷历谱》,当能认识到他的重要意义。

在完成《殷历谱》之后,董作宾继续进行古代年代学的深入研究,特别是到台湾以后,从 50 年代初直到他逝世前、从未停止,正如他自己所说:"近 20 年,对于古史年历的研究,耗费了我的一大部分时间"⑫相继发表了《殷历谱的自我检讨》(《大陆杂志》第 2 卷 10 期 1951 年 5 月)、《武王伐纣年月日今考》(《文史哲学报》第 3 期 1951 年 12 月)、《关于古史年代学的问题》(《大陆杂志》第 13 卷 6 期,1956 年 9 月)、《中国上古年代》(《台湾大学考古人类学刊》第 11 期 1958 年 8 月)、《中国年历总谱》(香港大学出版社 1960 年 1 月)等论著。

董作宾在《〈殷历谱〉的自我检讨》中说道:"《殷历谱》这部书,虽然我曾下过十年研究功夫,在四川李庄,手写了一年又八个月,印成了四大本,连图表共占有 70 万字的篇幅。在我看这算不得一回事,这只是'甲骨学'里研究方法进一步的一个小小尝试。若把甲骨文字的总数作 10 万片计,这部书用的甲骨,9 谱共约 580 片,占全部材料,不及 6‰。研究的结果,也不过是殷代'年'与'历'的两个问题而已。如果我自己认为:我的一生,此一研究即是重要贡献,即是重要著作,以此为满足,实在有点瞧不起我自己。"⑬因此,他并不以已取得的成就为满足,而是根据"友人惠函商讨、问难析疑,匡正违失"提出的问题,或"自己偶然发现应加订补或足供参证之材料"⑭,不断地对《殷历谱》补充、修订和完善。

如根据第十三次殷墟发掘所得一版龟甲,卜文有"十三月雨""上甲耆雨",补充完善了文武丁日谱。又根据抗战期间传说在安阳出土的三件著名铜器"邲其三卣"铭文,补证了帝辛初叶的祀谱。三卣铭文是由郭沫若送给马叔平、马又寄送给董的。在郭沫若、马叔平研究的基础上,董作宾确定其为帝辛时代器物,从而补证了帝辛祀谱,他指出:"叔平、鼎堂两先生皆精于鉴定,此三器形制及出土地虽不详,而其必为真实史料则无足疑。余以之对证祀谱,知当属帝辛之世。"⑮

《武王伐纣年月日今考》是董作宾研究古史年代学的又一篇重要论文。武王伐纣是中国历史上一个重大事件,是三代历史这条"线"上的一个重要"点",搞清了这个"点",许多历史时"段"就都可以推算出来。该文分作上下两篇,上篇进一步论述了武王伐纣的时间是在公元前1111年殷2月5日甲子。指出此问题"曾在《殷历谱》中上编卷四《殷之年代》一节讨论过,十年以来,愈觉此说不可易,随时又添些新的证据。"⑯下篇批驳了古今学者将伐纣之年定在公元前1122、1116、1070、1067、1066、1050、1047、1030、1027年等9种说法,指出了他们的错误所在。

董作宾的古史年代学的研究自成一家之言,在学术界产生了较大影响,推动了年代学研究的深入和发展。他的研究成果,特别是他的研究方法,对今天的"夏商周断代工程"也有着重要的借鉴作用。

中共中央政治局委员、中国社会科学院院长李铁映指出:"三代的年代问题只是中国古代文明众多需解答的问题中突出的一个。今后要在拓宽研究范围,更新科研手段的基础上,把中国古代文明的研究深入下去。阐明中华文明,必然会增强我们民族的凝聚力,提高我们民族的自信心和自豪感"。⑯董作宾对古史年代学的研究,特别是在他的晚年倾其精力和心血,孜孜不倦的努力探索、锲而不舍的苦苦追求,充分体现了这位不朽学者的拳拳爱国之心。

注释:

①⑰ 李瑞环:《在"夏商周断代工程"专题报告会上的讲话》,《人民政协报》1998年12月16日。

②④⑨ 傅斯年:《殷历谱·序》,《中央研究院历史语言研究所专刊》1945年。

③ 董作宾:《殷历谱》上编卷4,《中央研究院历史语言研究所专刊》1945年。

⑤ 董作宾:《殷历谱·自序》。

⑥⑧ 王宇信、杨升南:《甲骨学一百年》第354页,北京,社会科学文献出版社,1999年。

⑦ 陈梦家:《殷墟卜辞综述》,北京,科学出版社,1956年。

⑩ 李济:《安阳(中译本)》第97页,北京,中国社会科学出版社,1990年。

⑪ 李小霞:《"夏商周断代工程"专题报告会在京举行》,《人民政协报》1998年12月16日。

⑫ 董作宾:《西周年历谱》,《董作宾全集》甲编第2册,台北,艺文印书馆,1977年11月。

⑬ 董作宾:《〈殷历谱〉的自我检讨》,《董作宾全集》甲编第1册,台北,艺文印书馆,1977年。

⑭⑮ 董作宾:《殷历谱·后记》,《董作宾全集》甲编第1册,台北,艺文出版社,1977年。

⑯ 董作宾:《武王伐纣年月日考》,《董作宾全集》甲编第1册,台北,艺文印书馆,1977年。

七、为甲骨学深入发展指出方向

由于长期工作在殷墟科学发掘的第一线,掌握了大量的第一手资料,因而董作宾始终站在甲骨学研究领域的最前沿,高屋建瓴、统筹全局,能把握着甲骨学发展的趋势,"为甲骨学的深入研究和甲骨学的发展指出了方向"。① 他不仅以《甲骨学断代研究例》(1933年)和《殷历谱》(1945年)为甲骨学树立了两个里程碑,也随时在每个发展阶段上为甲骨学指出研究方向。

1928年开始的殷墟科学发掘,仅前三次发掘即获得大量甲骨文(共计4606片)。而这些有坑层伴出遗物和遗迹的甲骨文,远比传世的甲骨文更具有重要的学术价值,这就给甲骨学研究提出许多新的问题。蔡元培先生在《安阳发掘报告〈第1期〉·序》中曾指出:"从民国17年(即1928年)的秋天,国立中央研究院发掘殷墟以来,甲骨文的研究范围,有自然而然要扩大的趋势,于是渐渐地由拓片上文字的研究,进而注意到实物(甲与骨)的观察;由实物而又注意到地层、注意到参证其他遗物;注意到比较国外的材料。换句话说,就是从文字学古史学的研究,进而至考古学的研究了。"②董作宾在认真总结了前人30多年研究基础上并根据他科学发掘甲骨文的实践,撰写了《甲骨文研究的扩大》(《安阳发掘报告》第2期1930年),提出了一系列重要课题,为甲骨学研究指出了方向。他说:"我草拟了一个甲骨文研究的范围愿与治'契学'的同志一一讨论之",见下表所列:③

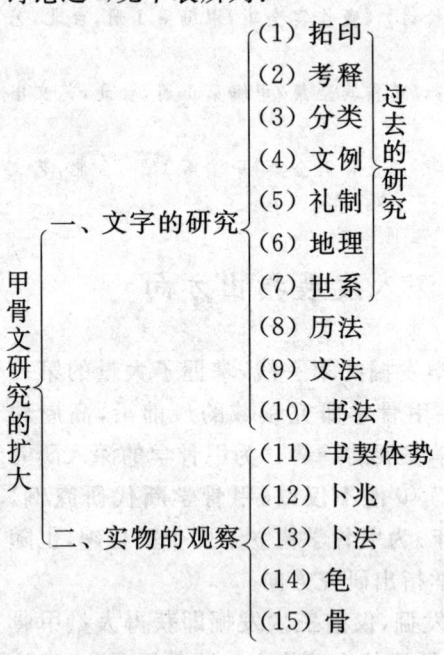

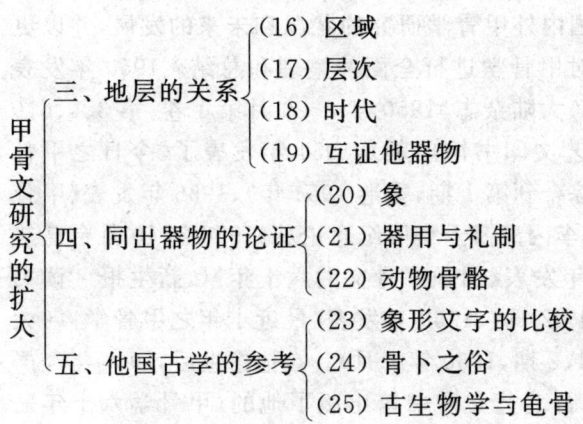

董作宾提出的五大类 25 项课题基本上囊括了甲骨学研究的各个方面的问题,不仅指导推动了当时的甲骨学研究,直至今天仍然具有现实意义。正如王宇信在纪念甲骨文发现 100 周年时所指出:"董作宾以他科学的实践和睿智、深邃目光所提出的 25 个课题,经纬了甲骨学研究的各个方面。经过学者们 70 多年的追索,其中,有的问题已经解决,或又有补充和丰富;有的问题还正在探索,直到目前尚没取得较为一致的意见。也有的问题虽然董作宾时就已经提出,但至今仍较少有人涉及,成为甲骨学研究薄弱的环节。这是我们在已经来临的新 100 年甲骨学研究中所应注意和加强的。"④

1949 年董作宾 55 岁时随中央研究院迁往台湾,任历史语言研究所所长,并被聘为台湾大学文学院教授。1955 年曾赴韩国汉城大学讲学,被汉城大学研究院授于文学博士。当年 8 月受香港大学东方文化研究院之聘,赴香港大学任研究员。1958 年返台,任历史语言研究所甲骨文研究室主任。

董作宾去台湾后,"这位殷墟科学发掘的奠基者和卓越的甲骨学家,在远离甲骨文的发祥地——殷墟的田野考古工作以后,使他离开了不断推动他思考、前进的田野考古的第一手新鲜资料,"⑤

但他仍然关心着国内外甲骨学研究的状况和未来的发展,并以更多的时间和精力对甲骨学进行全面的整理和总结。1950 年发表《甲骨学五十年》(《大陆杂志》1950 年 8～9 月第 1 卷,第 3、4、6、9 期。1955 年台湾艺文印书馆出版),1954 年发表了《今日之甲骨学》(《金匮论古》综合刊第 1 期,香港 1954 年)、1956 年发表《甲骨学前途之展望》(《李丙焘博士华甲纪念论丛》1956 年 10 月台湾艺文印书馆)、1959 年发表《回顾甲骨文的六十年》(《新生报·读书周刊》1959 年 5 月 22 日)、1960 年发表《最近十年之甲骨学》(《大陆杂志》第 21 卷 1、2 期,1960 年 7 月)。在他逝世后,1965 年经严一萍先生的整理,台北艺文印书馆出版了他的《甲骨学六十年》。《甲骨学六十年》分作六章:一、解题和概说,介绍了甲骨文的命名、字数、片数等基本情况;二、殷代文化宝库的开发,分作了私人发掘和研究院科学发掘两个阶段;三、前期研究的经历(1899～1927 年);四、后期研究的进程(1928～1949 年);五、甲骨文材料的总估计;六、最近十年的甲骨学。

"这些论著,特别是《甲骨学六十年》全面系统地叙述了甲骨文发现发掘、收集流传和研究的历史和现状,概述了甲骨学的基础知识和基本理论,非常科学准确地以 1928 年殷墟科学发掘为界,将甲骨学研究分为前后两期。前期的主要成就是字句的考释和篇章的通读,后期主要是分期的整理和分派的研究。"⑥并用发现的新资料对早期著作中的一些问题做了修正和补充。如在《甲骨文断代研究例》中,原统计历代贞人共 33 名,这一统计当时所依据的材料有限,同时也仅限于共版或有系联关系者,因此提出的"贞人"并不多。在《甲骨学六十年》里,董作宾在进一步整理甲骨文的基础上,把"贞人"补充增加,第 1 期为 25 人,第 2 期为 18 人,第 3 期为 12 人,第 4 期为 14 人,第 5 期为 4 人,共计 73 人。

在对甲骨学全面整理、总结的基础上,董作宾对甲骨学发展又进一步指出方向。他在 50 年代曾说:"50 年来的甲骨文字研究,现在可以说略得门径,也可以说是初登征程。全部整理与研究的结果,尚须还有所待。"⑦60年代他也说过:"真正科学的甲骨学研究,至多是刚刚开始,也许是尚待起头。60年,也不过如此。"⑧因此,他在《殷墟文字甲编·自序》和其他著作中,多次谈到甲骨学今后的设想,指出:"一首先应该把材料集中,把所得十万甲骨,汇为一编;二、用分派、分期、分王的方法,整理全部材料;三、尽量下拼合复原的工夫,把全部材料,化零为整;四、作成字典、辞典、类典等索引,以便从事各方面的研究;五、要应用隅反的原则从一鳞一爪中去推测殷代的文化。"而以上诸项工作,以"结集资料第一,次为缀合复原,又次为索引工具之编纂,而研究方法,除依旧分期、分类,而更应注意于'分派'观察"。⑨

这一时期,董作宾对祖国大陆和国外学者甲骨学研究的状况也十分关注。1955年,中国科学出版社将郭若愚等先生对《殷墟文字甲编》、《殷墟文字乙编》的缀合成果出版,董作宾看到后指出:"民国43年,北平的郭若愚、曾毅公、李学勤、张政烺、陈梦家诸氏,曾将拼合之残版,名曰《殷墟文字缀合》,共482片,出版问世"。颇为赞赏。

"科学无国界。"甲骨文被发现以后,引起世界各国学者的重视,他们纷纷投入甲骨学研究行列,使甲骨学很快成为一门"国际性学问"。与我们一衣带水的日本,由于与我国有着共同的文化渊源,特别是其文字更是直接来源于汉字,因此,对甲骨文研究非常重视。从早期的林泰辅、富冈谦藏、内藤虎次郎,到后来的岛邦男、伊藤道治、松丸道雄等等,在甲骨学研究方面都取得卓著的成就。因此,介绍、总结他们的研究方法和学术成果也是一项重要的工作。1955年,董作宾发表《甲骨学在日本》(《中日文化论集·第1册》,台北中华文化出版事业委员会1955年4月)1960年发表《近年来甲骨学在东亚研究之成绩》(台湾大学《考古人类学刊》第15、16期,1960年11月)对日本、韩国、香港地区的甲骨学研究作了全面的评介。

董作宾不仅是一个著名的甲骨学家,同时也是一个著名的甲骨文书法家,对甲骨文书法艺术有着很深的造诣。他对甲骨文书法十分重视,在第三次殷墟科学发掘后,他所撰写的《甲骨文研究的扩大》中,就把甲骨文书法列为甲骨学文字研究的十项内容之一。⑩

在我国源远流长,绚丽多彩的书法艺术园地里,甲骨文书法应当说是一支刚刚萌发绽放却又是枝繁叶茂的新花,她以其古朴峭美的独特风格引起人们的喜爱。"甲骨文书法的出现,与甲骨学研究的草创阶段的完成是分不开的。甲骨文字经过释读,才有可能出现把甲骨文字作为艺术品看待的甲骨书法。"⑪ 1921 年前后,早期释读甲骨文的著名学者罗振玉首先集甲骨文字用毛笔书写成楹联,甲骨文书法艺术开始出现。以后从事甲骨文书法艺术创作的有两部分人,一部分非甲骨学家,"因为作者既不懂甲骨文,也没有摹写过甲骨拓本,所以写出了不像甲骨文的甲骨书法。"⑫ 另一部分是甲骨学家如董作宾、严一萍、商承祚、唐兰、于省吾等前辈学者。

董作宾长期从事甲骨文的发掘和研究,观察、墨拓、临摹了大量甲骨文实物资料,他的甲骨文书法作品不仅形象逼真,保持了甲骨文的风韵,同时气势雄伟、严谨秀丽,成为人们争相收藏的书法珍品。1950 年汪一庵先生将董作宾和他本人的甲骨文书法作品收集在一起,成《集契集》写本,并于 1978 年 10 月由台北艺文印书馆影印出版。1950 年,前中央研究院历史语言研究所所长傅斯年先生逝世时,为悼念共事数十载的同事和挚友,董作宾用甲骨文字撰写了 400 多字的长篇挽联。⑬ 由于董作宾的巨大成就和在学术界的崇高声望,以至有人居然伪造仿写他的甲骨文书法作品。

受其父的影响,董作宾的长子台湾著名心脏医生董玉京先生也酷爱和精于甲骨文书法。1994 年为纪念董作宾诞辰 100 年,董玉京撰写了《成语·格言、对联、诗词选》(《殷商史的解谜者——董作宾百年冥诞特辑》台北艺术家出版社1994年12月),以其甲骨文书法作品表示对父亲的怀念。为纪念甲骨文发现100周年,在由江苏甲骨文学会主办的"首届海峡两岸甲骨文书法联展"上,董氏父子的作品同时展出,参观者莫不交口称赞。在由中国社会科学院历史研究所、考古研究所,安阳师范学院和安阳市人民政府联合在安阳召开的"纪念甲骨发现100周年国际学术研讨会"上,董玉京提交的《甲骨文非四字成语集》受到出席会议专家学者的一致好评。

"董作宾一生都献给了学术事业,是我国近代考古学和甲骨学的奠基者之一。他涉猎广泛、知识渊博,在古文字学、考古学、历史学、古史年代学、地理学、文学艺术等学科都颇有造诣,成为著作等身,享誉海内外的著名学者。"⑭

1963年董作宾因病医治无效逝世于台湾大学附属医院,享年69岁。他的逝世是我国学术界重大损失,海内外学术界对他都深深怀念。他一生笔耕不辍、著作丰富,给我们留下专著10多部,论文200余篇,在他逝世后由严一萍先生编成《董作宾全集》甲乙编共12册于1977年由台北艺文印书馆出版。在他逝世3周年、7周年、14周年忌展和100年冥诞,学术界都发表出版纪念文章和文集。据宋镇豪、常耀华《甲骨学百年论著目》统计,从他逝世以来,包括台湾、祖国大陆、香港、日本、韩国等在内的海内外学者共有100多人,撰写了纪念文章114篇。⑮

注释:

① 王宇信、杨升南:《甲骨学一百年》,北京,社会科学文献出版社,1999年。

② 蔡元培:《安阳发掘报告·序》第1期,中央研究院历史语言研究所,

1929年。

③ 董作宾:《甲骨文研究的扩大》,《安阳发掘报告》第2期,1930年。
④ 王宇信:《甲骨文的分期断代》,《甲骨学一百年》第149页。
⑤ 王宇信:《前辈学者的成果和经验,是可资借鉴的文化遗产》,《甲骨学一百年》第354页。
⑥ 郭胜强:《董作宾先生对甲骨学的贡献》,《殷都学刊》1996年第4期。
⑦⑧ 董作宾:《甲骨学六十年》第103页,台北,艺文印书馆,1965年。
⑨ 董作宾:《甲骨学六十年》,《中国现代学术经典·董作宾传》第293页,石家庄,河北教育出版社,1996年。
⑩ 董作宾:《甲骨文研究的扩大》,《安阳发掘报告》第2期,1930年。
⑪⑫⑬ 王宇信:《甲骨学通论》第446页、第447页,北京,中国社会科学出版社,1989年。
⑭ 王宇信、杨升南:《甲骨学一百年》第352页,北京,社会科学文献出版社,1999年。
⑮ 宋镇豪、常耀华:《甲骨学百年论著目》,第9982～10093条,北京,语文出版社,1999年。

第三章 殷墟科学发掘的主将，中国考古事业的奠基人——郭宝钧

一、参加殷墟科学发掘

郭宝钧(1893～1971年)，字子衡，河南南阳人。其祖父、父亲都是缫丝工人，祖父辛劳一生将儿子抚养成人后不久便故去，父亲挑起家庭生活重担，因积劳成疾，身染肺病，终在扛丝包时力不能支吐血暴卒。祖母、母亲两代遗孀，靠做针线、纺纱，含辛茹苦，维持生计。为南阳城中有名的"三顿汤"家（南阳人称吃晚饭是喝汤），一年之中只有在除夕、八月十五、端午节三个晚上能够吃上晚饭，平时只能勉强吃两顿饭，当时家境贫苦是可想而知的。

其祖母、母亲虽生计艰难，但性格坚强，教子有方，仍能省吃俭用千方百计供郭宝钧读书。在这样的家庭环境中，他学习勤奋刻苦，成绩优秀。在上小学堂时，与同样家境贫寒的同学董作宾结成好友，俩人在一起经常交流学问，互相鼓励。当董作宾一度辍学经营书店时，郭宝钧就常去书店读书，学到了许多新知识。小学毕业后郭宝钧因成绩优异被保送进入中学，后又考取了公费的北平国立师范大学国文系。在学生时代，他既能饱读诗书，打下了坚实的国学基础。在北京读大学时期，正是"五四"运动前后，接触学习了不少新事物、新思想、新学问，使他在日后的治学道路和人生道路

上,能迅速的"转型",不断取得进步。

由于家庭的贫困,郭宝钧上学读书也是时辍时继,直到1922年他29岁时才从大学毕业。

毕业后郭宝钧回到河南,在家乡和当时的省会开封任教。由于出色的工作被聘为南阳第五中学校长,并参与创办南阳宛南中学,后进入河南省政府教育厅任视学、秘书等职。

郭宝钧的青少年时代,经历了我国近代学术史上的一个重大事件——殷墟甲骨文的发现,此时正处在甲骨学史上"甲骨文的非科学发掘阶段"和"甲骨学的草创时期"(1899～1928年)①他对这门新兴的学问产生了浓厚的兴趣,在工作之余,时常注意了解殷墟甲骨文的出土和甲骨学研究的情况。

"甲骨文的非科学发掘"实际上是"盗掘",这就给殷墟遗址造成了极大的破坏,同时也造成国家珍贵文化遗产甲骨文的大量流失国外。因此,由国家学术机构采用科学方法对殷墟进行有计划的发掘,实在是当务之急。

1928年以蔡元培先生为院长的国民政府中央研究院成立,下设以傅斯年为所长的历史语言研究所。研究院史语所成立后所开展的第一项大型学术活动即是对殷墟的科学发掘。在蔡元培院长和傅斯年所长的大力支持下,组成以董作宾为首的考古发掘团,开始对殷墟进行科学发掘。

1928年10月,董作宾带着南京中央政府关于殷墟发掘的批件,率领考古发掘团到达了河南省会开封。河南省政府为了协助考古发掘,特选派两名职员以地方政府代表身份参加发掘工作。与董作宾同乡同学的郭宝钧,主动请缨参加了发掘团。10月7日发掘团抵达安阳,经过数日的工作准备,于10月13日发掘工作正式开始。

第一次发掘尚属"试掘",发掘主要目的还是为了寻找甲骨文。发掘地点开始选择在曾出土过甲骨文的小屯村东北洹水岸边(今殷墟博物苑所在地)。由于是初次发掘,对小屯埋藏甲骨的情况尚缺乏了解,同时由于当时我国的考古学尚处在"萌芽时期",无论是董作宾、郭宝钧,还是其他队员,都没有受过正规考古学训练,还没有掌握有关科学地层学的知识,因此采取的发掘方法不符合小屯殷墟地下甲骨文埋藏的实际情况,经过几天的发掘,收效甚微,仅得到一些大者方寸许,小者如指甲的残碎甲骨。

董作宾和郭宝钧商定改变发掘目标和方法,他们通过"明察暗访",向曾经进行过甲骨文发掘的当地人了解情况,逐渐把发掘目标转移到小屯村中,选择了三个发掘地点:"村长张学献宅对属之小菜园内"、"菜园墙东麦场南之田中"、"韩家宅畔之道路上"。②果然是苍天不负有心人,有了较大的收获,在编号为24坑、37坑、36坑中,都有大批甲骨出土。24坑在菜园北"深五尺以下为灰色土,六尺,出有字骨版15块,骨质坚明而黝黑,字极清晰,由六尺乃至八尺,皆有字骨,土灰而含细沙,有绳纹陶片及木炭屑,八尺以下,有兽骨兽牙等,此坑确未经人翻过,故地层未乱。"③ 36坑在韩家住宅之南的大路上,此坑共出土龟版310版,其中字龟135片。至10月30日,第一次发掘始告结束,共得甲骨文784片,此外还有不少骨器、玉石器、青铜器、陶器等重要遗物。

首次发掘即获得丰富的成果,给我国学术界以很大鼓舞。中央研究院历史语言研究所创办了《安阳发掘报告》,及时发表殷墟发掘和研究的成果,以满足国内外学术界急于了解发掘情况的要求。并聘请受过近代考古学、人类学正规训练的李济先生为历史语言所考古组组长。

郭宝钧也从首次发掘中受到鼓舞,开始下定毕生从事考古事业的决心,努力进行历史学、考古学和人类学专业知识的学习和研究。由于有着深厚的国学基础并参加考古工作的实践,很快成为行家里手。1930年经董作宾推荐,正式转入研究院史语所,专业从事考古发掘工作,成为我国现代考古学的奠基人之一。是年他已38岁实现了他学术道路和人生道路的一次重大转折,开始了他40多年从事考古工作的生涯。他从事考古后给自己拟了一副对联,上联是"古不考秦汉以下",下联是"心常在田野之间",并说他这一辈子至少要挖一千座墓葬。

到史语所后,郭宝钧又先后参加了殷墟的第四、第五、第八和第十三次科学发掘,并主持了其中的第八、第十三次科学发掘。殷墟发掘极大地推动了河南考古事业的发展,1931年中央研究院与河南省联合组织了"河南古迹研究会",郭宝钧负责主持这项工作。以河南大学史学系师生为主体,开展对河南各地文物古迹的调查和发掘,如浚县大赉店史前文化遗址、洛阳附近的西周墓葬、卫辉(汲县)山彪镇战国墓葬等,就是在这一时期发现和发掘的。在这期间,郭宝钧还在河南大学兼任教授,为文学院的学生授课。特别是他和傅斯年、董作宾先生为河大师生作殷墟发掘和文物保护的专题讲座,更引起强烈反响,不少师生都要求参加殷墟发掘,当时正在河大读书的尹达和石璋如,就是在这时开始走上从事考古事业道路的。

这一时期,郭宝钧还参加了山东历城龙山镇城子崖的发掘工作。中央研究院与山东省政府联合组成"山东古迹研究会",在山东开展考古发掘,在龙山镇附近发现华北东部的黑陶文化,遂开展发掘。郭宝钧与梁思永等编写了发掘报告《城子崖》,首次提出"龙山文化"概念。这次发掘有着重要意义,正如胡厚宣先生所指出"这个发现,除了它自身的重要外,并供给了发掘殷墟和研究殷墟问题一批极重要的比较材料,好些疑难问题,因此得了一个可靠的解决的根据。这大大的推动了殷墟第四次以后发掘工作的开展。"④

1931年3月,郭宝钧参加了第四次殷墟发掘工作。发掘地点在小屯村北、后岗和四盘磨,发掘分A、B、C、D、E五区进行,分别由梁思永、郭宝钧、董作宾等人负责。共开探沟175个,发掘面积约1470平方米。出土甲骨文782片,发现大片版筑基础、一些墓葬和灰坑。其中坑E10出土大量兽骨,有鹿头刻辞、虎头骨、象牙杯、鲸肩胛、牛骨等,尤以象骨及鲸鱼骨的发现,对于研究商代的动物群以及当时的气候、生态环境与交通更具重要意义。

郭宝钧负责发掘的B区相当于后来宫殿建筑基址乙组,在B区共开探坑55处,面积约近400平方米。⑤

郭宝钧第三次参加殷墟发掘是在1931年11月由董作宾主持的研究院史语所第五次殷墟科学发掘。地点在小屯村中、村北和后岗,即第四次发掘时划分的B、E两区和新增的F区三处。这次发掘出土甲骨文381片,发现殷人居住的圆穴洞及储藏器物的地窖,内有分散零星的甲骨,还新发现黄土台基和版筑基址叠压大圆坑的地层关系。郭宝钧仍负责B区的发掘,开探坑41个,总面积约490平方米。⑥

研究院史语所对殷墟的前三次大规模的发掘,还仅限于寻找甲骨和其他遗物,地点也只限于小屯村周围。而第四、五次发掘,由于增加了发掘专业人员,改进完备了工作方法,发掘范围进一步扩大,并一改过去单纯遗物的发掘而集中精力于殷墟遗址的发现研究。这样一来,不仅发现了殷墟宫室建筑遗址,也解决了我国古代文化的地层关系及殷墟成因等问题。

郭宝钧根据这两次发掘情况编写了分区发掘报告《B区发掘记之一》和《B区发掘记之二》,发表在研究院院刊《安阳发掘报告》1933年第4期上。这两篇报告科学地总结了二次发掘的成果,在大量实物充分论证的基础上,提出许多新见解,具有很高的学术价值。特别根据对出土遗迹的分析并结合文献记载,肯定了殷墟文化层内的"聚凹纹"是版筑遗迹,否定了先前认为的是"波浪遗痕"的说法。

原来在前几次发掘的时候,在地下发现⌒⌒⌒形的痕迹,董作宾依据甲骨在地下分布的情况,认为这是大水冲刷波浪遗留的痕迹,并提出了殷墟为大水"漂没说"。李济参加发掘后,虽然立意要"清楚了解地表下地层的情况",并对"漂没说"曾有过怀疑,他记述到:"大多数队员在参加城子崖发掘中,都收益很大……城子崖遗址有一已坍塌的墙,此墙是用夯土建的。仔细审查夯土使我回忆前三次在安阳小屯发掘中出现的地层与此惊奇的相似,这在当时被董作宾和张蔚然解释为洪水沉淀层。"⑦但他后来仍做出了"地下的文化层是由洪水冲积而成的"判断。当时社会上不少学者也都主张这种看法。曾参加过殷墟第三次发掘的张蔚然先生在其论文《殷墟地层研究》中也力主此说。

郭宝钧通过主持B区发掘大胆的提出了不同见解,他记述道:"原'淹没说'之创始,始于吾友董作宾先生,作宾先生在开封所作之《新获卜辞写本后记》,首标'漂流冲积'之目。彼时以试掘期浅,观察未精,致有疏失。迨张蔚然先生作《殷墟地层研究》祖述其说,因仍未改。然殷墟地下实况,有不可以漂流冲积之解释者,于是创为'四次大水之说'以迁就之。余因张先生之暗示,于此次发掘之处,即注意四次大水界。顾迟之又久,所谓冲积之迹者,杳不可得,而所得为居穴、为堂基、为版筑迹,与前说适成其反。"⑧他首先从正面、剖面经过对遗址认真的观察,并结合龙山文化夯土基址的经验分析对比,从七个方面做了有力的论证。如证三"波浪遗痕之底床,虽然层层增高,不能层层等厚"。如证五"波浪遗痕,只能成立于精沙或细沙水岸。今殷墟所发现之印纹,均在红褐土上,工人发掘时,其坚有可折钩者,若以波浪遗痕释之,恐无是处。"⑨同时又根据文献《孟子·告子下》、《史记·殷本纪》等关于"傅说版筑"的记载,及《殷墟书契后编》中一条甲骨文"父甲一牡,父庚一牡,父辛一牡"的考证:父甲、父庚、父辛即阳甲、盘庚、小辛、皆为武丁的父辈,最后得出结论"是今卜辞出土之殷墟,正起用傅说为相之帝武丁所居。此地有版筑,实为可能之事……由实地考之,地下残留之版筑迹即如彼;由载籍考之,殷人之已善版筑术又如此,使此地而非殷人故都则已,如为殷都,则文化层内⬚⬚⬚形之遗留,其为版筑遗迹,已无庸再用其游疑。"⑩再根据殷人居住穴洞和地窖中有分散零星之甲骨,证明"甲骨原在地,显系堆积而非漂没",从而彻底推翻了殷墟为洪水"漂没说"。

在《B区发掘记之二》中,郭宝钧除进一步论述了上述观点外,还探讨了两个问题:"一,覆穴窦窖之推断,二,黄土堂基之发现"。⑪"覆穴窦窖"实际上就是今天所说的灰坑或窖穴,其作用原有三说"一,穴居说,二,窖藏说,三,埋祭说"。他用发掘资料论证,前两种是符合实际情况的,即是殷人居穴和窖藏,而否定第三种说法。"黄土堂基"即是今天的夯土台基,前几次发掘中,遇到黄土往往认为发掘到底了,不再会有什么遗物而停工了。他经过认真的观察,并根据文献《周礼·考工记》、《桓谭新论》的记载,及参考王国维的《明堂寝庙通考》认为,此黄土堂基就是殷宫殿建筑的基址。从而肯定了殷人居住有两种形式,即穴居和宫室居,证明这是前后相继的两个阶段,有时代早晚的区别,殷代正处在由穴居向宫室居过渡的阶段。

郭宝钧的新发现、新观点有着重要意义。从此殷墟的科学发掘开始进入了发掘建筑基址的新阶段,正如他自己所说:"安阳经此两次发掘,于殷墟遗迹考察,稍作端倪。虽未能将宫室范围明确划定,但已证明今日工作之地,确有建筑遗迹保存。倘工作不懈,不难使殷人明堂宗庙路寝之制,重入吾人眼帘,是在吾人之继续努力耳。"⑫

李济、董作宾对此也大为赞赏。李济曾说到:"郭君曾参加过第一次安阳发掘,他是我们同仁中最不怕困难,最能想办法动脑筋的人。"⑬他们修正了自己的观点,并强调指出:"版筑的存在证实后,我们对于商朝建筑的研究,又鼓起新的兴趣来。这是我们发掘殷墟的历史中一个极重要的转点。"⑭王宇信在《论殷墟发掘第一阶段在我国考古学史上的地位》中也指出:"直到1931年第四次发掘时,再把这种现象结合1930年对城子崖龙山文化夯土城址的经验分析、比较,才知道了殷墟文化层中的这一现象为建筑遗存的'夯土',从而修正了'漂没说',这标志着殷墟遗址历史考古学'地层学'的形成,从而把殷墟发掘第一阶段'草创时期'的水平,推向了殷墟科学发掘的第二阶段(1931～1934年第四次至第九次发掘),即我国历史考古学的'形成时期'"。⑮

注释：

① 王宇信：《甲骨学通论》,第71页,北京,中国社会科学出版社,1989年。

②③ 董作宾：《民国17年试掘安阳小屯报告书》,《安阳发掘报告》第1期,1929年。

④ 胡厚宣：《殷墟发掘》第57页,北京,学习生活出版社1955年。

⑤⑧⑨⑩ 郭宝钧：《B区发掘记之一》,《安阳发掘报告》第4期,1933年。

⑥⑪⑫ 郭宝钧：《B区发掘记之二》,《安阳发掘报告》第4期,1933年。

⑦ 李济：《安阳》(中译本),第54页,北京,中国社会科学出版社,1990年。

⑬⑭ 李济：《安阳最近发掘报告及六次工作之总估计》,《安阳发掘报告》第4期,1933年。

⑮ 王宇信：《试论殷墟发掘第一阶段在我国考古学史上的地位》,《史学月刊》1994年第6期。

二、主持殷墟科学发掘

1933年10月～12月,郭宝钧主持了研究院史语所对殷墟的第八次科学发掘。参加发掘的有刘燿(尹达)、石璋如、李景聃、李光宇、马元材等人,马元材系河大史学系教授,这一时期作为河南省政府的代表参加发掘。工作地点在小屯村北和后岗四盘磨。

在小屯村北集中发掘D区,目的在沟通B、E区,D区即在后来划分的甲组基址与乙组基址之间。在 D 区开探坑 136 个,面积约 3000 平方米,出土甲骨文 257 片,还发现建筑基址东西两座,东址长 30 米,宽 9 米,基址之上有柱础,除石柱础外还有 10 个铜柱础。铜柱础有的是不规则的铜片,这可能是铸造其他器皿剩下的碎铜,有的则是专门铸造的,中间平整微凹,周边铸有花纹,相当精致。西址长 20 米,宽 9 米,基址之下还发现龙山文化时期的窖穴。这两座基址展现出宏伟的规模和气派,远非殷墟一般窖穴居住遗址所能比拟。此处当系殷代宫殿宗庙遗址,这就证明了郭宝钧在《B 区发掘记之二》中的预言:"倘工作不懈,不难使殷人明堂宗庙路寝之制,重入吾人眼帘。"①

李济和董作宾、郭宝钧及发掘团的同事们都认为"要了解小屯,必须兼探四境","都想用由外求内的方法,发掘小屯四境,以解决小屯。"② 在第四次发掘时已扩大了发掘范围,这次继续在小屯西北的四盘磨和东南的后岗进行发掘。在四盘磨开探坑两个面积约 20 平方米,发现殷墓一座,随葬物有陶瓿、爵和小玉器一件。

在后岗分东西两区进行,岗顶为东区,西区在岗下河神庙一带。在东区发现殷代的夯土墓两座,其中的一座出土铜甗一个,通耳高 41 厘米,口径约 26.5 厘米,这是八次发掘以来第一次发现的最大最完整的铜器。在后岗西部发现一座带两条墓道,呈中字形的大墓。该墓全长 38.6 米,墓室为长方形竖穴,口大底小,墓口长 7 米、宽 6.2 米、深 8.5 米。南北两条墓道直通墓底,北墓道呈台阶状,南墓道呈坡形。墓底有腰坑,墓室为亚字形由木条叠成。墓内器物早年被盗,只在南墓道中残留几件车饰。墓室填土中有人头 28 颗,这些头骨有的无下颚骨,有的尚带数节颈椎。从出土的情况看,这些死者显然是被统治者杀殉祭祀的牺牲品。此墓的发现,引发了人们寻找殷王陵的念头,后来果然如愿以偿,中国社会科学院考古研究所研究员郑振香先生指出:"1933 年,又在此遗址(后岗)发掘到有两条墓道的大墓,虽经盗掘,但从残存的遗物和杀人祭祀现象看,可以确定为殷代贵族墓,使发掘者受到启迪,认为洹滨一带有发现殷王陵的可能,遂提出寻找殷陵的课题。经查访和实地调查,推断侯家庄西北岗一带大概是殷王陵所在地,经发掘这一推断被证实。"③

1934年至1935年郭宝钧主持了辉县琉璃阁和汲县山彪镇等地的考古发掘。1936年春重返安阳,主持殷墟第13次科学发掘。

第13次发掘是中国社会科学院考古研究所安阳工作队所划分的殷墟科学发掘第三阶级(第13次至第15次)的开始④,李济称之为"第二次世界大战前在小屯的最后三次田野发掘。"⑤这一阶段已完全采用了现代考古学技术,由过去的由点到线,至多是小范围的面,而采用大面积的"平剖法",以完成"与甲骨文同时的建筑基址的考查","复原殷商王朝最后一个都城的建筑基础。"⑥这是研究小屯最科学、最彻底的办法,使地下面貌一目了然,因而有许多空前的发现。也正因为如此,发掘规模空前浩大,正如李济所指出的:"我们在安阳的最后三次发掘面积比前九次总的发掘面积还要大。发掘的总面积为12000平方米,而前九次总发掘面积是8000余平方米。如果我们比较地下住宅和窖穴的数目,前九次发掘的总数为123个,而最后三次则清理这类建筑479个。"⑦

第13次发掘于1936年3月18日开始,到6月24日收工,历时99天,参加人员有石璋如、李景聃、祁延霈、王湘、高去寻、尹焕章、潘悫等,(见附图)地点在小屯村北B、C两区,开10×10米的探方47个,面积4700平方米。发掘发现版筑基址4处,窖穴127个,墓葬181座。墓葬有部分为祭祀坑,内有成排的无头尸骨,每坑3、4具至10余具不等。还有车、马、牛、羊坑。164号墓同埋武士和战马,(见附图)"武士和战马同坑,足以证明骑射之术可能在殷代即已有之。"⑧出土有陶器、玉石器、骨蚌器、铜器和甲骨文。其中"重要的及未预料的发现"⑨是车马坑和YH127坑大批甲骨的出土。

1936年春,殷墟第13次发掘时,发掘团成员在安阳驻地合影。
从右至左:石璋如、高去寻、郭宝钧、李景聃、尹焕章、潘悫

文献中已有殷代车子的记载,《世本·作篇》:"胲作服牛",即殷代先公王亥驾驭牛车。甲骨文中多有车字或横写作,或竖写作。在殷墟的发掘中,已见到车子的痕迹,在西北岗殷王陵发掘中曾发现"车坑",但车的各部分是拆散了放进去的,木质已朽,仅得一些铜质零部饰件。⑩ 这次发掘在 C 区发现车马坑五座,皆南北向,中间三坑,东西两侧各一坑,作品字形排列。其中四坑经后世墓葬的破坏和扰乱,仅残留些少数的铜泡和马骨。20 号墓保存完整,内埋一辆车,四匹马,三个人,车舆内外随葬三套武器和工具,即有石戈、铜戈、石镞、铜镞、铜弓形器、铜兽头刀和玉管制成的马鞭柄。⑪

YH127 坑甲骨的出土,被学者们认为是殷墟 15 次发掘"最高成就和最伟大的业绩"。⑫ 该坑位于 B、C 区之间宫殿基址乙 12 西侧(今殷墟博物苑甲骨文展厅大殿后西侧院墙下),坑底距地表 6 米,直径 1.4 米,其上有三个不同时期的灰坑和一座殷墓。YH127 坑内堆积分三层,上层为灰土,下层为绿灰土,中层为灰土

与甲骨,厚1.6米。坑内发现大批甲骨,甲骨彼此叠压,相互枕藉,由北而南堆成斜坡状,疑是从北面倾入坑内。在甲骨堆中发现一拳曲而侧置的人架紧靠坑的北壁,人架下半部为龟甲叠压,头及上躯在龟甲层外。有学者认为这是当时的甲骨管理人员,YH127坑的甲骨文是有意的存放,是中国最早的档案库。

YH127坑是在1936年6月12日发现的,按照预定计划,要在这天结束发掘工作。郭宝钧叮嘱大家,愈是在这种情况下,愈

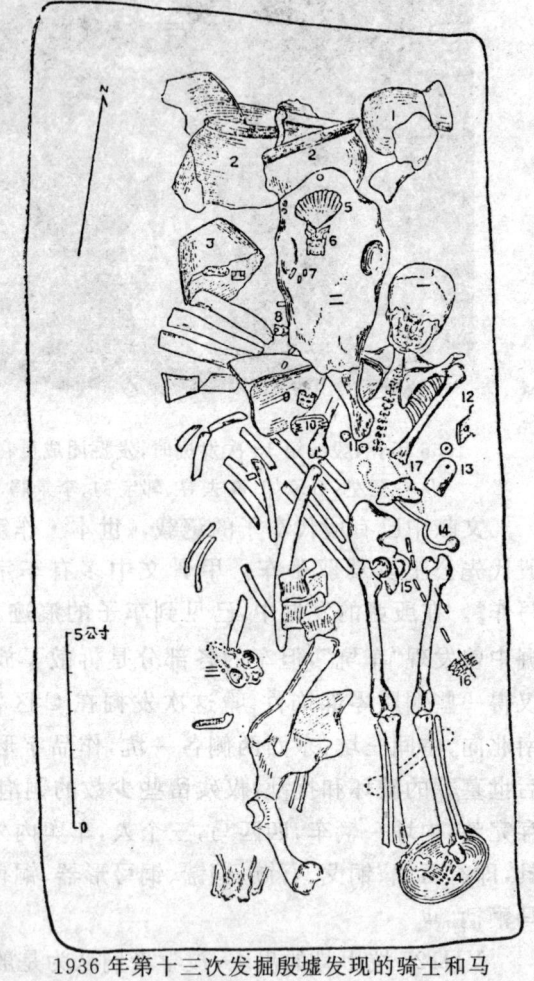

1936年第十三次发掘殷墟发现的骑士和马
(据中国考古学报第二册)

要认真细致的做好收尾工作。在下午4时临近收工时,"有长期从事安阳发掘的经验、最机智的田野工作者之一"[13]王湘先生发现了YH127坑,在收工前的一个半小时内,在0.5平方米的坑中,起出

了3670块龟甲。为此,准备延长一天工作日,以清理完毕。第二天王湘尽一日之力,也只能起出一层,"我们为这个坑搁置了一日工作,预于次日,竭竟日之力把它肃清,谁知事实比我们想象更奇,愉慰超过了我们的希冀。坑中包含的埋葬物,并不是像平常那样的简单,遗物的排列,并不是像平常那样的杂乱,不能以普通的方法,来处理这特殊的现象。"⑭显然,用常规的办法就地一块块取出甲骨是不容易的,"甲骨数量太多,在野外剔剥洗刷,费时甚久,且易破碎又不安全。"⑮郭宝钧和同事们商定,认为应把它整块的挖出作室内处理。

郭宝钧将情况报告南京研究院历史语言研究所总部,作为考古组的负责人李济,即刻专程赴安阳处理这一事宜,也完全赞同整体搬迁室内清理的办法。在郭宝钧的指挥下,全体工作人员紧张地工作四昼夜,将甲骨坑连泥土整体挖出,用厚木板做了一个高1米,长宽各1.7米的大木箱罩上,又用铁丝牢牢加固,慢慢取出,以工人60名,用了二天时间,由小屯村北工作地点运至安阳火车站。于7月12日始运到南京,存放在历史语言研究所图书馆楼下大厅,由董作宾、胡厚宣主持,技工关德儒、魏善臣等人参加,慢慢进行室内清理。(见附图)

殷墟发掘早已引起国内外的重视,这次YH127坑甲骨的重大发现更引起了轰动,当时英国的《伦敦插图新闻报》和国内的一些报刊都作了报道。在安阳发掘现场周围和安阳的群众都蜂拥而至,一睹为快。当时为了安全,保安队派出一个警卫排守护现场。运至南京后前来参观的各界人士也是络绎不绝,汪精卫也附会儒雅前去观看,却又不懂装懂,说整个坑埋的是一个好大的龟,多少年后还成为人们的笑料。⑯

从1936年7月12日至10月15日为止,经过三个月紧张细致的工作,清理全部完成,共出土刻辞甲骨17096片,其中字甲17088片,字骨8片⑰,而整龟或接近整龟达320版。最大的一版

YH127甲骨坑甲骨整体出土的情形

（乙4330＋4770）长44厘米，宽35厘米，是殷墟甲骨文发现100年来绝无仅有的。

YH127坑甲骨出土是一个惊人的发现。过去曾发现过"大龟四版"、"大龟七版"，这次完整的龟甲就达300多版。版中的内容不仅反映了当时的社会生活情景，同时还反映了甲骨文自身的一些新特点。胡厚宣在1937年的旧作《殷墟第十三次发掘所得龟甲文字举例》（未刊稿）列出了12点，1955年作《殷墟发掘》又归结为十点，[13]1989年他在《纪念殷墟甲骨文发现90周年，想到127坑》一文中，又进一步重新归结为14点如下：

一曰，整坑甲骨之丰富
二曰，大龟来源之解决
三曰，刻画卜兆的习惯
四曰，书写卜辞的例子
五曰，卜辞刻文之涂饰
六曰，刮削重刻的卜辞
七曰，卜序之有条不紊
八曰，一事多卜之同文
九曰，自上而下的文例
十曰，卜辞之两面衔接
十一曰，甲桥刻辞之发现
十二曰，贞人人员的签名
十三曰，改造背甲之特点
十四曰，早期卜辞之推定[19]

YH127坑甲骨的发现有着重要意义，20世纪50年代董作宾在《殷墟文字乙编·序》中指出："这真是应该大书特书的一件事，也是十五次发掘殷墟打破记录的一个奇迹。"[20]70年代，李济在《安阳》中指出："当傅斯年所长选择安阳为第一个遗址，以此检验现代考古学的理论和方法时，他主要是被在该地区已经发现最早的书写汉字记录这一著名事实所鼓舞。换句话说,傅做出这个决定的主要目的是了解有字甲骨是否依然存在。果然,在科学方法的指导下,经过八年多坚持不懈的工作之后,于1936年夏季发现了H127龟甲档案。他使基于推论和田野经验积累的事业获得圆满成功。H127的发现并不是侥幸的事,而是有系统的科学工作积累的结果。"[21] 90年代,长期从事殷墟发掘和研究的中国社会科学院考古研究所的专家们在总结殷墟近70年发掘和研究成果时指出:"在甲骨文发掘的历史中,甲骨出土数量最多,刻辞内容最丰富的是1936年6月12日在第十三次发掘中发现的YH127坑。这是殷墟历次发掘以来的最大收获。内容非常丰富,为甲骨文研究提供了十分宝贵的资料,在甲骨学史上是有重要意义的。"[22]

注释:

① 郭宝钧:《B区发掘记之二》,中央研究院历史语言研究所《安阳发掘报告》第4期,1933年。

② 李济:《安阳最近发掘报告及六次工作之总估计》,《安阳发掘报告》第4期。

③ 郑振香:《殷墟的发现与研究·前言》,北京,科学出版社,1994年。

④⑪ 中国科学院考古研究所:《殷墟的发现与研究》,第12页、第139页,北京,科学出版社,1994年。

⑤⑥⑦⑨⑫㉑ 李济:《安阳》,第74页、第75页、第76页、第78页、第86页、第88页、北京,中国社会科学出版社1990年。

⑧⑩⑰⑱ 胡厚宣《殷墟发掘》,第99页、第82页、第100页、第100~101页,北京,学习生活出版社,1955年。

⑬ 李济:《安阳最近发掘报告及六次发掘之总估计》,《安阳发掘报告》第4期。

⑭ 石璋如:《殷墟最近之重要发现附论小屯地层》,《中国考古学报》第3期。

⑮⑲ 胡厚宣:《纪念殷墟甲骨文发现90周年,想到127坑》,《文物天地》1989年6期,第7页、第9页。

⑯《全国商史学术讨论会论文集·小资料》,《殷都学刊》增刊1985年2月,第474页。

⑳ 董作宾:《殷墟文字乙篇·序》。

㉒ 中国科学院考古研究所《殷墟发掘和研究》,第149页,北京,科学出版社,1994年。

三、主持1950年春季殷墟的发掘

正当中央研究院历史语言研究所对殷墟科学发掘进一步深入开展的时候,1937年"七七事变"发生,日本军国主义发动全面侵华战争。当年11月安阳沦陷,史语所发掘团被迫撤离安阳,殷墟发掘工作中断。南京沦陷后,郭宝钧与史语所的同事们精心护卫着殷墟发掘所得实物和发掘记录,历尽艰辛,辗转万里经南京、长沙、昆明、最后迁至四川南溪李庄。在艰苦恶劣的条件下,仍坚持对殷墟发掘资料的整理与研究。

1945年抗战胜利后,为振兴家乡的教育事业,郭宝钧应聘担任河南大学教授。他以渊博的学识、丰富的社会实践,深入浅出把课讲得生动活泼,深受学生的欢迎。从1945年到1948年他在河南大学辛勤耕耘达三年之久,后调入中国科学院考古研究所任研究员。

1948年,中央研究院史语所迁往台湾。当时曾有人劝说郭宝钧一同到台湾去。基于一个知识分子对新生人民政权的信任与热爱,也基于一个考古工作者对孕育中华文明的神州大地的无比依恋,郭宝钧留在了大陆。

日军占领期间,日本侵略者对我国珍贵历史文物进行大肆掠夺,先后组织了所谓的"调查团"、"研究班"等,在东北、华北一带进行"考古"。专门在河南考古的则有华北综合调查研究所等机构。据胡厚宣先生调查统计,日本侵华期间,对安阳殷墟的大型发掘,就有四次之多。① 抗战胜利后,美国人接踵而至。美国各大博物馆、图书馆和研究机构也纷纷派出人员,在中国收购文物。

抗战期间当地的村民也有趁机零星挖掘的,致使殷墟甲骨文和其他珍贵文物又大批散失和流失到国外。1939年安阳武官村农民在村北殷王陵区东部"吴家柏树坟"掘得一件大型青铜器,称之为"马槽鼎"即举世闻名的"司母戊"大方鼎。驻安阳日军得知消息后,即派宪兵多方搜索逼取,幸而村民将大鼎深埋掩藏,另用一只小鼎故意藏在床下被日宪兵搜去了事,才使这件珍贵国宝保留下来。②

中华人民共和国成立后,党和人民政府对科学文化事业十分重视。在建国之初百废待兴的情况下,1950年春中国科学院派出以郭宝钧为首的殷墟发掘团,恢复了已中断达13年之久的殷墟科学发掘。

1950年春季的发掘从4月12日开始,到6月10日结束,共进行了60天。发掘地点分洹北、洹南两区,参加人员有科学院的赵铨、马得志、魏善臣,北京大学研究生安志敏和当时平原省文物管理委员会的裴毓明、王兴之、王珍卿等人。

洹北区侯家庄西北岗殷代王陵区东区边缘,南距武官村810至1050米处,即"吴家柏树坟"一带。这里有一片坟地,周围栽种着一百多棵柏树。当年王陵区发掘时,梁思永、尹达、石璋如等就都认为下面很可能还有殷代王陵,打算进行发掘,但遭到墓主的拒绝。日军占领安阳后,坟上的树木被砍伐净尽。1939年当地群众又在这里挖出了著名的"司母戊"大方鼎。这次在这里打探洞200多个,开挖探坑4个,探沟4条,结果发现了著名的武官大墓和虐杀奴隶以祭祀大墓的排葬坑17座、散葬坑8座。

洹北武官大墓是一个南北略长,带两条墓道,呈中字形的墓葬。墓室南北长15米、东西宽12米；南墓道长15.55米、宽5～6米，呈斜坡状通墓室，以便运送棺椁和随葬品；北墓道长15米，底部有数层呈阶梯状。墓室及南北墓道，共长约45米。在地面下4.7米处露出木椁，椁用整木垒成，底铺整木30根，四壁向上共垒9层。四角接头处都向外伸出呈井字形，椁顶仍用整木平铺盖好。椁的四周与墓壁中间用夯土填平，成为二层台，是集中埋葬殉人殉物的地方。椁内有棺，棺内葬死者。椁下中心有腰坑，腰坑南北长1米、宽0.8米、深1.2米，自地面至腰坑底共深8.4米。（见附图）

殷墟武官大墓出土的情况（模型）

该墓曾被多次盗掘过，但残留的随葬品仍很丰富精美，特别是殉人的现象保留的很完整。在腰坑里埋有一人一铜戈，显然是把武士埋在最底下作为警卫，替主人驱除地下的妖魔。殉葬器物大都摆在棺椁之间，虽经多次盗掘扰乱，并经焚烧过，棺木和墓主的骨骸已损坏无余，但尚有贝、玉、松石、花骨、骨器、石器、铜戈、铜斧、铜镞等器物残存。其中一件白而带青色的大理石制成的石磬，长84厘米、宽42厘米、厚2.5厘米，正面雕一虎形动物，身饰斑条纹，拱身卷尾，作张口欲吞状，线条刚劲而柔和，威武秀美、极具生气。背面光平，但也有几处涂成红色与小部分极细的划纹，似乎是欲刻而尚未刻成。靠背处有一圆孔，若悬挂起来，它上面的斜边与自然垂线成31度角，轻轻敲击，音韵悠扬清越，近于铜声。郭宝钧认为："这件石磬是这座墓葬中出土的最可宝贵的一件东西，也是中国现存的最古最完整的一件乐器。"③（见附图）

武官大墓出土的虎纹大石磬（据中国考古学报第五册）

另有一件碧玉刻刀也极为精美，"颜色碧绿，玉质晶莹，形状好像今天用的钢笔，可以系佩。它是仿照当日的刻契的刀笔制造的，上半扁圆、篆作竹节纹，夹在两指间，刀刃与扁长方向一致，尖端自然向前，颇见巧思。它是三千年前，我们的劳动人民石工方面的精美制造品。"④

碧玉刻刀的用处,过去一般认为是工艺品,但郭宝钧作过试验,"至今锋利仍可刻画龟甲。"⑤1976年著名的殷墟妇好墓又出土玉质刻刀20多件,有学者们认为"当为有实用价值的工艺品"。⑥中国社会科学院研究员王宇信、杨升南1984年11月在安阳筹备中国殷商文化国际学术讨论会期间,曾专访了仿刻甲骨文的郑州工艺厂侯先生。侯谈起玉刀可以刻甲骨之事,并当场手操玉刀进行表演,因此他们得出结论:"可见学者推测的安阳殷墟出土玉刀为刻字工具的说法是有道理的。"⑦

二层台上东侧陪葬男性17人,西侧女性24人。这些人都有被杀或捆缚挣扎的痕迹,而且有的也还有木棺、殉物或殉葬的人或小动物,可见他们生前是接近墓主人的亲信或侍从婢妾。二层台上布满斑斓花土,当是用竹木皮革制成,雕花涂朱的送殡仪仗腐朽后的痕迹。在墓室的中层,随时封土,随时也陪葬一些禽兽,有犬、猴、鹿等。另外还把在墓外杀殉的人头提取一部分,分别放置在墓室四周,共有34个,皆上下直立,面向中央作为拱卫。

南北两墓道也是集中殉人殉物的地方。北墓道有四个殉葬坑,东、西、北三个较大的是马坑,共有马16匹。南边近墓室的殉葬坑稍小,内有两具对蹲人架,1人执戈,1人握铃,当为警卫之义。墓道两边又各埋2犬,也是用作守门。南墓道因有现代坟墓在上,当时没有全部发掘,直到1976年春才全部清理完,其殉葬情况基本与北墓道相同。值得注意的是,墓道守门人和腰坑守卫人所用的铜戈,背面有用松绿石镶嵌的饕餮纹,内面有用松绿石镶嵌的一个"敖"字,即甲骨文"敖"字。郭宝钧认为:"敖字从幸从攵,攵象以手执木枝,幸象械手的刑具,与执字所从之幸同。《说文》敖,捕罪人也。此戈铭既像手执木棍与手铐,则拿此戈的人,可能以此为表示有逮捕的职责的意思。"⑧似可说明殉葬者的身份。总计这一大墓,随葬人头34,全人45,共79人;马22、犬11、猴3、鹿1、其他兽类15,共52只。

在大墓偏东 7 米以南 53 米的地方,又发现排列整齐的小墓葬 4 排 17 座。一墓内的骨架已零乱,其他 16 墓皆俯身无头,亦无明器。除 2 坑各 9 具、1 坑 8 具、1 坑 6 具外,其他的皆埋人骨 10 具,共葬无头人架 160 多具。郭宝钧和一些学者都认为:"各坑面积相若,深浅相若,方向相若,距离相若,排列位置相若,从各方面比较,知为同时所葬。由大墓上层殉葬的骷髅,有首无身,而这里小墓人骨,又有身无首来看,知此小墓中所葬的人,或当为大墓奴隶主的殉葬者。"⑨(见附图)

在排葬坑的南边,又发现了排列无序的葬坑 8 座,彼此之间无一定距离,面积大小,掘土深浅也不等,埋葬人数多寡不定,有些是斩头俯身,有些是头颅集中埋葬。不少学者认

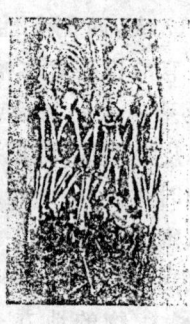

武官大墓的殉葬坑

为:"埋葬在这些散葬坑内的,是奴隶主死后子孙年年祭他所杀的人,在甲骨文里称为'伐'祭。因为分年陆续埋葬,所以坑的相互位置,就没有次序,头骨也多附葬在本坑。"⑩

1950 年春季洹南区的发掘在小屯西部,以四盘磨村为中心,发掘到万金渠、五道沟、花园庄北等处。共打探洞 100 多个,开探沟 31 条。发现居住遗址 3 处,灰坑 4 个,中小墓葬 17 座。

在四盘磨 4 号探坑内出土字骨一版,横列三行有 16 个字,这是在安阳继小屯、后岗、侯家庄之后,出土甲骨文的第 4 个地点。卜骨上的三行文字和一般卜辞行款辞例不同,当时学者们认为"系学徒习刻"之作。⑪后来又有学者认为它是一种已遗失的中国古代文字。⑫1978 年,张政烺先生首先提出殷代和西周甲骨上的这类

数字是古代的易卦⑬,这一看法,引起学术界的重视。以后,又有一些学者对这一问题作了更进一步的研究,并把这片卜骨上的刻辞释读为"七八七六七六曰囗"、"八六六五八七"、"七五七六六六曰囗"⑭。

在洹南区四盘磨一带发掘的17座中小墓葬,分别出土有铜器、玉器、石器、陶器、骨器。这片墓地接近20世纪60年代初始发掘,位于白家坟、孝民屯、郝家店之间的殷墟西区墓地的边沿。也当属西区墓地,也就是中国社会科学院考古研究所安阳工作队所说的殷代"家族"墓地。⑮

在整个发掘过程中,中央和地方的一些报刊经常刊载发掘消息,《科学通报》上连续发表了四篇《发掘简报》。发掘过程中自发前往观看的群众接连不断,发掘工作结束后,就地在安阳展览三天,同时郭宝钧还作了三次介绍和总结报告。出土文物运到北京后,经过初步整理和研究,与历史博物馆联合举行了"一九五零年春季殷墟成果展览",郭宝钧亲自撰写展览说明书,使广大群众普遍受到一次深刻形象的爱国主义和历史主义教育。武官大墓发掘现场,被制作成模型保留下来,至今仍陈列在安阳博物馆殷墟展厅,模型图片还被选入中学历史教材《中国古代史》第1册。郭宝钧在繁忙的工作中,还经常抽出时间为青少年讲解辅导,对青少年进行历史学、考古学的初步教育。

1950年春季的殷墟发掘,由于是中华人民共和国成立后第一次发掘,在殷墟考古史上有着重要地位。正如邹衡、徐自强先生所指出:"1950年春,新中国首次开展田野考古工作,(郭宝钧)先生即以年近花甲之龄,责无旁贷地亲自主持发掘了闻名中外的殷墟洹北武官村大墓以及洹南四盘磨遗址,获得了极其丰富而且珍贵的实物资料,为论证殷代是奴隶社会提供了极为重要的证据,从而在考古学界和历史学界引起了广泛的重视和深刻的影响。"⑯

1951年夏,郭宝钧完成了《1950年春殷墟发掘报告》,发表在

《考古学报》1951年第5册上。他根据唯物史观并受郭沫若研究中国古代社会的启发,在《报告》中提出:"殷代社会确已有剥削行为存在,阶级区别确已悬殊。""殷代社会确已不是共同劳动共同享受的原始社会,而已向前跨进了一步。""殷代社会虽有阶级存在,但我们先民的伟大创造力却不因阶级的压迫而停滞不前。"等一系列观点,为研究我国古代社会发展史做出了贡献。

注释：

①②⑨⑩ 胡厚宣：《殷墟发掘》第117～118页,第119～120页,第130、第131页,北京,学习生活出版社,1955年。

③⑧ 郭宝钧等：《1950年春殷墟发掘报告》,《中国考古学报》1951年第5期,第25页、第39页。

④ 郭宝钧：《1950年春发掘展览说明书》,第5～6页。

⑤ 郭宝钧等：《1950年春殷墟发掘报告》,《中国考古学报》1951年,第5期。

⑥ 《殷墟妇好墓》,第145～146页,北京,文物出版社,1980年。

⑦ 王宇信：《甲骨学通论》第5章第3节第116页,中国社会科学出版社,1989年。

⑪ 胡厚宣：《殷墟发掘》第134页。陈梦家：《殷墟卜辞综述》第24页,北京,科学出版社,1956年。

⑫ 唐兰：《在甲骨金文中所见的一种已经遗失的中国古代文字》,《考古学报》1957年第2期,第34～36页。

⑬ 张政烺：《试释周初青铜器铭文中的易卦》,《考古学报》1980年2期。

⑭ 张亚初、刘雨：《从商周八卦数字符号谈筮法的几个问题》,《考古》1981年2期。

⑮ 中国社会科学院考古研究所《殷墟的发现与研究》第122～128页,北京,科学出版社,1994年。

⑯ 邹衡、徐自强：《郭宝钧考古活动述略》,《考古》1981年第2期。

四、对新中国考古事业的贡献

郭宝钧和老一代的考古学家以其参加殷墟科学发掘的实践,将西方近代考古学的理论和我国的传统的金石考据学结合起来,完成了传统的国学向近现代的转轨,为我国考古学事业的建立和发展奠定了基础。中华人民共和国诞生后,他又以殷墟发掘的实践揭开了新中国考古事业发展的序幕。在20世纪50年代,他不顾年过6旬的高龄,仍长期坚持工作在田野发掘的第一线。他言传身教培养接班人,同时积极参加有关的社会活动,为新中国考古事业做出了贡献。

全国解放后,郭宝钧在马克思主义、毛泽东思想的指导下,开始接受唯物辩证法和唯物史观,并逐步地用来指导中国历史学和考古学研究工作,完成了他学术道路和人生道路上的又一次重大转折。

1950年初,中国科学院邀请郭宝钧、王冶秋、裴文中、徐炳昶、苏秉琦等部分学者召开座谈会。在座谈会上作为科学院研究员的郭宝钧根据亲身参加田野发掘所掌握的第一手资料,首先提出了殷周社会的人殉问题。当时郭沫若先生正在进行商代社会性质的研究,急需人殉资料,便请求郭宝钧叙述一下,郭宝钧以书面形式予以答复。郭沫若先生在1950年2月17日所写的《蜥蜴的残梦》中,将其主要内容予以转录。1950年3月19日,郭宝钧在《光明日报》学术副刊上以《记殷周殉人之史实》为题目全文发表。郭沫若将其作为殷周是奴隶社会的重要论据之一,并于3月21日在《光明日报》发表了《读了〈记殷周殉人之史实〉》,指出:"参加过安阳殷墟发掘的郭宝钧先生所发表的《记殷周殉人之史实》一文(《光明日报》1950年3月19日《学术》副刊)是值得重视的一项史料。虽然是出于追忆,庸或有记忆不正确的地方……如此大规模的殉葬,毫无疑问是提供了殷代是奴隶社会的一份很可宝贵的地下材料"。①

4月26日,杨绍萱在《光明日报·学术副刊》上发表文章《关于"殷周殉人"的问题》,提出了与郭沫若针锋相对的观点,认为殷墟殉人的史实不能成为殷代是奴隶社会的证据。5月24日,陆懋德在《光明日报》发表文章《试答杨君绍萱先生的"殷周殉人"问题》,对杨的观点进行批驳。6月21日,杨绍萱又发表文章进行了反批驳。6月24日,郭沫若发表《申述一下关于殷代殉人的问题》,指出:"这问题要清理起来应该清理得更远,远到我们开始用科学的历史观点来研究中国古代史的初期,而且把问题惹出来的也依然是我。"②

一时间杨向奎、周谷城、翦伯赞、徐中舒、嵇文甫、范文澜、王玉哲、张政烺、杨宽、王亚南等20多位著名学者,都纷纷在《光明日报》、《历史教学》、《大公报》、《文汇报》等报刊杂志上发表文章,阐述自己的观点,形成解放后史学界第一次学术争鸣的高潮。在这期间殷墟武官大墓考古发掘新资料的及时公布和郭宝钧又发表的《发掘中所见的周代的殉葬情况》(《光明日报》1950年3月19日)更促进了讨论的深入发展。"讨论的结果,自然还没有得到最后的结论,但对于殷代为奴隶社会,大家的意见也渐渐差不多了。讨论的引导,是由于杀人殉葬的史实,而这一史实,却正是殷墟发掘所发现的。"③这次讨论中,尽管有个别过激的言论,但基本上都能摆事实、讲道理、实事求是、畅所欲言,对促进我国知识分子运用历史唯物主义、辩证唯物主义的观点来分析解决中国历史问题,促进学术事业的繁荣发展,起了重要作用。

1950年至1953年,郭宝钧还多次参加辉县琉璃阁、赵固、褚邱等地的考古发掘,发现了不少殷代文化遗存,其中琉璃阁的最多。在琉璃阁发掘殷代早期灰坑3处、墓葬53座,出土有青铜器、玉石器、骨蚌器、陶器等。陶器中有极精美的珍品白陶片,还有1

只 6 孔陶埙,音质刚劲浑厚,至今仍能演奏。郭宝钧编写了《辉县发掘展览说明书》,并与夏鼐等同志一道完成了考古学专著《辉县发掘报告》(《中国田野报告集》第 1 号,科学出版社 1956 年出版)。

为了适应新中国考古事业迅速发展的需要,1952 年,中央文化部文物局、中国科学院考古研究所和北京大学历史系联合举办全国第一届考古工作人员训练班,郭宝钧负责讲授殷周部分。他运用自己田野考古的亲身经历,深入浅出,把课程讲得通俗易懂,生动活泼,培养了我国新一代考古工作者。授课结束后,他和夏鼐又带领训练班的学员到郑州和洛阳进行实习发掘。在郑州发掘了二里岗,二里岗是一处重要的早商遗址,发现有建筑遗址、灰坑、炼铜遗址、墓葬和甲骨等。出土有青铜鬲、觚、爵、刀、戈、镞等;陶器罐、尊、鬲、簋等;石器刀、斧、镞等。在二里岗出土卜骨很多,有牛骨、羊骨和鹿骨,也有少量的卜龟,这是与安阳殷墟龟多骨少的情况有所不同的。同时,在整治方法上多保留天然的状态,"占卜的方法,钻多而凿少,甚至有不钻不凿而灼的。"④

在洛阳主要在东郊的泰山庙、东岳庙、粮食公司、摆驾路口等 4 个地方进行发掘。发现一些墓葬和灰坑,虽然大部分墓葬被盗掘过,但仍获得了一些残余的铜器、陶器、玉器。灰土坑里除了陶片外,还发现了铜范碎片和有方凿带"火号"的卜龟。另外,还调查了解到洛阳成周王城一带,是殷周时代的墓葬群,而且大都没有经过盗掘,为以后洛阳王城大规模的发掘奠定了基础。根据发掘的结果,郭宝钧和林寿晋写出《1952 年秋季洛阳东郊发掘报告》(《考古学报》第 9 册 1955 年)

第一届考古训练班结束后,接着又相继举办了三届训练班。郭宝钧继续为训练班授课,同时还为新开设的北京大学历史系考古专业授课,并指导研究生。他讲课所用的讲义《殷周考古》,几经补充修改,成为考古学名著——北京大学历史系考古教研室编著的《商周考古》的雏形。该书的编写组在《编写说明》中曾指出:

"1952年,中央文化部、中国科学院考古研究所和北京大学联合举办了全国第一届考古工作人员训练班。当时讲授'殷周'一段考古的郭宝钧先生(考古研究所),曾经编印了简单的讲义。从1953年至1955年,郭先生继续在我专业任教,进一步编写了《殷周考古》的正式讲义(1954年油印本)。从1956年开始,'殷周考古'更名为'商周考古',由本专业教员邹衡同志讲授。并根据郭编《殷周考古》和邹编兰州大学《考古学通论》讲义中的'商周'(稿本)加以补充和修改,编成《商周考古》讲义(1956年油印本)。"1958年、1960年、1972年又多次进行修改,最后于1977年由邹衡执笔定稿,并于1979年由文物出版社正式出版。⑤

1954年,为配合洛阳的基本建设,郭宝钧又主持了洛阳西郊的发掘,找到了汉河南县城的遗址,提供了探索周王城的线索,开创了我国大规模勘探城址的科学考古领域。1956年先后编写了《洛阳涧滨古文化遗址及汉墓》(《考古学报》1956年第1期)和《1950年春洛阳西郊发掘报告》(《考古学报》1956年第2期)

在20世纪50年代的多次田野考古发掘中,郭宝钧一直以严肃、认真的态度战斗在考古发掘的第一线。正如他的学生所回忆的:"先生虽已年过六旬,但仍然坚持每天到发掘工地,指挥全部现场工作。为了保证发掘工作的质量,同时培养青年考古人员,先生严格要求工作人员并亲自检查每一工序。这种认真负责、一丝不苟的态度,给年轻一代考古工作者树立了榜样,在考古学界曾起到良好的作用。"⑥

在郭宝钧的指导和表率作用的影响下,当年考古训练班的学员和他的研究生如邹衡、安金槐、徐自强、郑光等,也都成为我国考古学界重要骨干,为我国考古事业做出贡献。邹衡研究生毕业后,曾在兰州大学历史系任教,后调入北京大学历史系任教。他长期从事考古学的教学和研究,并多次参加殷墟和其他地区的考古发掘,提出和解决了考古学方面许多重大理论和实践问题。如他在

20世纪60年代撰写的《试论殷墟文化分期》(《北京大学学报》〈人文科学版〉第4、第5期1964年)根据30年代和50年代殷墟考古发掘的资料,对殷墟文化进行了全面的分析研究,将殷墟文化划分为4期,这一研究成果为商周考古学者所重视,"在殷商考古学史上占有重要地位,蜚声中外,在一定意义上,与董作宾《甲骨文断代研究例》有着同样的重要价值。"⑦

长期以来,郭宝钧一直担任《安阳发掘报告》、《中国考古学报》、《考古》等专业杂志的编委工作,以其渊博的考古学学识、丰富的实践,严肃认真且又满腔热忱的工作态度赢得了同行学者和后学们的好评。郭宝钧还应聘担任了中国历史博物馆特约研究员,为历史博物馆的设计、展品的征集与陈列等做了大量工作。

郭宝钧先生一生兢兢业业、勤勤恳恳,把全部身心都投入到祖国的考古事业中去,对我国现代考古学的创立和发展,做出了不朽的贡献。在1964年召开的第四届中国人民政治协商会议上,他当选为全国政协委员。此后利用各种机会,多次呼吁加强对殷墟和全国文物古迹的保护与研究,履行了一个政协委员的职责。

郭宝钧秉性鲠直、不善交际,解放前未参加过任何党派的政治活动。他毕生潜心于学术研究、不愿做官、不图钱财、廉洁奉公。

郭宝钧孝敬老人。直到晚年都在深深怀念养育自己的祖母和母亲。他更注重对子女的教育,言传身教、晓以大义,使子女个个讲道义、重学业,并根据各人特点,任其充分发展,使之都成为国家有用之才。受祖父的影响,其长孙郭鹏在大学毕业后进入中国社会科学院考古研究所安阳工作队,从事殷墟的考古发掘。1991年10月在著名殷墟考古学家刘一曼的指导下,参加了花园庄东地甲骨坑的发掘,获得甲骨1583片,有刻辞的579片,其中字甲574片,字骨5片,是解放后继1973年3月小屯南地甲骨出土以来,出土甲骨文最多的一次发掘。

注释：

① 郭沫若：《读了〈记殷周殉人之史实〉》，《郭沫若全集》历史编·3，北京，人民出版社，1984年。
② 郭沫若：《申述一下关于殷代殉人问题》，《光明日报·学术副刊》1950年6月24日。
③④ 胡厚宣：《殷墟发掘》第136页、第140页，北京，学习生活出版社，1955年。
⑤ 北京大学历史系考古教研室商周组：《商周考古》北京，文物出版社，1979年。
⑥ 邹衡、徐自强：《郭宝钧先生考古活动述略》，《考古》1987年2期。
⑦ 王宇信：《甲骨学通论》，第184页，北京，中国社会科学出版社，1989年。

五、丰硕的学术成果

郭宝钧在毕生从事田野考古发掘工作实践的同时，还进行考古学、历史学的科学研究，取得丰硕的成果。他的学术活动以50年代后半期为界，可以分前后两个阶段，郭寓珉曾指出："先生在1956年以前的几十年中，在以主要精力从事田野发掘工作的同时，还利用机会，根据新发现的资料，对有关问题进行了科学研究"①"从50年代后半期开始，先生把自己的主要精力从田野发掘转入科学研究，尤其是对中国古代青铜器的继续研究。"②在前期他研究的范围较广，凡考古发现之器物，如玉器、漆器、青铜器等都有所涉及，并逐渐集中到青铜器研究方面。在后期则以研究青铜器为主，也兼及其他方面如陶器、车制等。

1935年郭宝钧发表了《古器释名》(《中央研究院历史语言研究所集刊·外编》1935年)，这时他已多次参加殷墟和其他地区的田野考古发掘工作，获得大量器物。因所获器物多形制特异，不易识别和命名,故而作者根据对大量实物的观察,借助文献资料的记载,对角、斝、爵、觯、觚等饮器,鼎、鬲、甗、甑等炊煮器,皿、瓿、盘、盆等盛器,就其起源、形制和用途及命名的演变进行了分析研究。最后得出结论"器物起源,其初皆利用天然物,其继为天然物之仿制品;其后为原始形制之演化。其演化方向,视用途而异。往往器形已变,而字与名尚存其溯,故吾人于语根义训上,犹可寻得演化之消息。"③

同年郭宝钧还发表了《戈戟余论》(《中央研究院历史语言研究所集刊》第5本第3分册,1935年)对戈、戟的起源、用途、区别、演变进行了研究,指出:"盖戈戟之辨,在有刺无刺之分,无刺为戈,有刺为戟,其事至明。物之有刺者莫若棘,棘从并束,束木芒也,故有刺之兵,亦以棘名,棘即戟也。"④还指出:"戟制较戈制为进化,夫人知之;介戈戟之间,尚有一物,为戟制所从出,而为学人所未曾道及者,则钩是已。钩之形制如其名,援胡与内,皆如戟制,惟其上不为刺而为钩,侧视之若鹰首回顾,勾喙反曲,故曰钩。"⑤而钩不便于刺杀,演而为戟,所以在考古发掘中,钩不甚多见。

以后郭宝钧又编著了《中国古器物学大纲——铜器编》(又名《中国古铜器学大纲》1941年写成,未刊印,北京图书馆存稿本)、《由铜器所见到古代艺术》(《文史杂志》第4卷,3、4期合刊1942年)、《薛氏款识齐侯钟铭读法考》(《说文月刊》第4卷1940年)等文章和专著,对我国古代的青铜器作了一些比较系统的概括和初步的综合研究。

1948年郭宝钧发表了《古玉新诠》(《中央研究院历史语言研究所集刊》下册1948年),对玉器的发生、发展进行了探讨。他把玉器的发展分作四个阶段:第一期,石器时代;第二期,殷末周初;第三期,春秋战国;第四期,西东两汉。通过对各个时期玉器的种类、用途及人们对玉重视喜爱程度的分析,科学地概括出各个时期的特征,并画龙点睛地对各期予以命名,指出"第一期又名实用时期,此时人类视玉如视石,实用之意多,赏玩之意少。第二期又名玩好期,此时已进入金石并用时代,玉石之界划渐分,一切石制利器,自有青铜器取而代之,而玉器转为赏玩之用。第三期又名组列期,此时思想解放,学术昌明,一切传统事物,皆欲加以排列,予以新组合,故特钟组为编钟,特鼎组为列鼎。第四期又名仿制期,秦汉之交,社会巨变,文化失其联系者近百年,汉人欲有制作,不得不凭遗言传说为蓝本,而汉玉形制,转多与晚周文献合,模仿故也。"⑥

20世纪50年代,由于郭宝钧运用辩证唯物主义和历史唯物主义来指导科学研究,使他在研究工作中有了新的更大的收获。50年代初,除参加殷周殉人和殷代社会性质问题讨论外,还相继发表了《关于戟之演变》(1952年作,见郭沫若《殷周青铜器铭文研究·附录二》人民出版社1954年),《新郑"莲鹤方壶"的研究》(1952年郭沫若《殷周青铜器铭文研究·附录二》人民出版社1954年)等论著。

《关于戟之演变》应当说是30年代《戈戟余论》的续篇,作者根据考古发掘所获得的新资料,对原作进行了补充和修正。根据1937年春季辉县琉璃阁战国墓地的资料,肯定了郭沫若"戈矛分体"的推测,文中记道:"辉县琉璃阁墓葬于1937年春季发掘,大概为魏贵公子墓地。在第75号墓中,出编钟、编磬、列鼎、壶、鑑、兵器、车器、杂具等百余器。其中铜戟一对,位于南侧,与矛紧相联属,联属处秘痕涂白质,呈露甚显,这正是先生所谓'秘朽脱落,判为二器'的戟制实证。当时甚为兴奋,妥为摄存(附图七),既佩先生高识,复感古兵制新阶段的实迹被我们发现,表示快慰。"⑦并进一步论述总结,得出如下的论断:"殷周冶铸技术,有两种不同方式,一是通体合铸,一是分铸钎接,前者通行于春秋以前,后者新起于春秋以后……戟制发生于春秋初年,在合铸风气中,自不能超时代逸出合铸范畴,故刺援同体。演至战国,分铸风气盛,戟亦不能例外,故分戈矛而二之。两者异点,只是时代先后不同,制造习惯各别,而勾刺的基本功用则一,不必丹是而素非,这是我对于戟体分合的解释。"⑧

1956年以后,郭宝钧已年过六旬,同时新中国已培养出一大批考古工作的新生力量,他有机会坐下来对自己一生科学活动和学术成就进行全面系统的总结,把主要精力从田野发掘转入科学研究。1956年发表《陶器与文化》(《历史教学》1956年第7期),1957年发表《山彪镇与琉璃阁》(《考古学专刊》乙种11号),1960年完成《殷周车制的研究》(专刊待印),1961年发表《殷周的青铜武器》(《考古》1961年2期)等一系列论著。《殷周的青铜武器》是作者对我国青铜器时代战争武器的一次全面总结,指出"我国青铜武器,多出在殷周时期的遗址和墓葬中,其功用大概不外勾、刺、劈、杀和射远等数类;戈是勾兵,矛是刺兵,戟是勾刺两用兵,斧钺是劈兵,大刀是杀兵,剑是刺杀两用兵。另外,还有甲、胄、盾、侯等防御武器和习射武器。"⑨读后使人对当时的武器的种类、用途等有一个全面的了解。

60年代前半期,是郭宝钧著述的高峰,《中国青铜器时代》和《商周铜器群综合研究》上编就是在这一时期出版和完稿的(见附图)。《中国青铜器时代》由三联书店于1963年7月第一次出版,1978年北京第二次印刷。全书共21万字,分作六章,书后附有图像来源注释表,书中插图15幅,书后图版32幅。

在第一章绪论中,作者首先论述了生产力是决定生产关系的主导力量,而生产工具又是衡量人类生产力发展水平的尺度。历史上生产工具的发展在古代经历了石器时代、青铜时代、铁器时代三个不同的阶段,每个阶段都有其不同的文化特征及文化生产的推动力。"中国的青铜器时代,略当历史上的夏、商、西周下至春秋战国之时,也与中国奴隶制的发生、发展和瓦解相终始。这从文字、文献上都可得到显明的印证;尤其有力的是地下实物史迹的证明。"⑩并说明本书的宗旨是:"依据这些地下资料,参以先秦文献和文字的写实,在历史唯物主义的思想指导下,拟分门别类,通商殷两周的史迹发展,"⑪综述当时的生产、生活、社会组织和文化。

郭宝钧《中国青铜器时代》、《商周铜器群综合研究》书影

第二章青铜器时代人们的生产,论述了青铜铸造和青铜工具,以及当时的农业、手工业、畜牧业和商业发展的情况;第三章青铜器时代人们的生活,论述了当时人们的衣、食、住、行、娱乐、丧葬和战争;第四章青铜器时代的社会组织,论述了当时的婚姻、继承关系和阶级、政治状况;第五章青铜器时代的精神文化中,论述了当时的宗教、文字、艺术和学术;在第六章结束语中,作者指出"总之,周秦之交,中国局面由分裂的而归并为统一的,由青铜器时代而递嬗为铁器时代,由奴隶制而转变为封建制,周秦之交,实为其关键,而战国一段为其过渡期,为其临盆的前夕,到秦的大一统,销铜兵,始为其呱呱坠地之时。"⑫

郭宝钧完成这部著作应当说是轻车熟路、水到渠成的,但也经过长期酝酿,反复修改,不断充实完善。因此该书内容丰富、资料翔实、繁略得当、论述透彻,具有很高的学术价值。不仅如此,该书既写政治、经济,又写一个时代的社会生活,开创了一个良好的治史先例,在同时代所出版的关于奴隶制时代的几部专著中,应当说是比较有特色的一种。后来因"左"的思想影响,人们只注重政治、经济,以至现在有不少社会生活史的专著问世,以弥补一个时代的不足。

该书写成于20世纪60年代,受当时学术研究整体水平的限制,难免存在一些局限。如殷代"众"、"众人"身份的问题,又如奴隶社会的下限问题,在今天都有一些新认识,所以我们必须有分析地加以利用和借鉴。

郭宝钧在完成《中国青铜器时代》之后,为了使多年的心得能够得到进一步的深化,又提出了两项综合性的研究计划,即《商周铜器群综合研究》和《〈考工记〉注释》。

《商周铜器群综合研究》分上下两篇:上篇为礼、乐器;下篇为兵、车器。作者从1962年开始收集整理材料,1965年8月写出上篇初稿,但不久发生了"文化大革命",打乱了作者的写作计划。既是这样,他还是排除干扰在1969年和1970年对上篇初稿作了一次校订和修改。1971年,夏鼐先生审阅了原稿,并提出一些宝贵意见,可惜郭宝钧这时已病卧不起。邹衡、徐自强前去探望,他将原稿和夏鼐的意见书见示,并说:"如果我的病情好转,可以再加修改,实在不能起床,你们可代为整理。"⑬当年11月1日,郭宝钧不幸逝世。遵照他的遗言、家属的委托和出版社的邀请,邹衡、徐自强对遗著进行了整理,于1981年由文物出版社出版。

《商周铜器群综合研究》共分六章,前有绪论,后有附录、补遗、引用考古材料目录和邹衡、徐自强的《整理后记》及周一良教授翻译的英文提要。书中插图42幅,后附图版96幅。

作者共收集选用了从中商二里岗至战国晚期寿县朱家集和信阳长台关经考古发掘所得青铜器2千多件,进行了分群综合分析研究。在研究中,采用"界标法",即"先选出几个地点可靠、时代明确的分群,定为划定时代的界标,作为进一步比较其他器群器物类型的尺度"。⑭一共立了六个界标,根据六个界标,从铸造、器形、花纹、铭文等四个方面把中国青铜文化划分为六个发展阶段：

1. 早商；
2. 中商；
3. 晚商及西周前期；
4. 西周后期及东周初年、春秋早期；
5. 春秋中期以至战国；
6. 战国中末期。⑮

前五章分别论述了中商铜器群、晚商铜器群、西周铜器群、东周初年及春秋时期铜器群和战国铜器群。

第六章商周铜器群总结，根据前五章各个阶段各地分群的具体研究情况对商周1400年间的青铜器群的演变，试作初步的概括。第一节商周铜器群器物数量的统计，书中辑录铜器共2055件，按时代顺序，中商有56件，晚商有358件，西周有304件，东周初和春秋有499件，战国有838件。从而得出结论："出土的器数，显然有逐渐加多的趋势，这正说明商周时期青铜器的铸造是逐步发展起来的。"⑯从器类说，中商有8类、晚商新增17类，以后各阶段有些种类绝灭了，有些转化，也有新产生的。根据各阶段器物的用途情况，作者将殷代器群器物的组合命名为"重酒的组合"，西周中叶以后命名为"重食的组合"，春秋战国时期为"钟鸣鼎食组合"。

第二节商周铜器群器物铸造的进展，指出铸造基本使用的是模范法。它的制造程序一般是10道工序：(1)制造模型、(2)翻印泥范、(3)合拢型腔、(4)采矿冶炼、(5)调配铜锡、(6)鼓风销熔、(7)浇注、(8)修治验用、(9)大部分美术加工、(10)小部分铭文刻铸。

第三节商周铜器群器物形制的演变，详细论述了炊煮器、饮食器、乐器等器物从中商到战国末的演变过程，其中各个不同阶段形制各异的鼎，就列举了20种，簋列出了17种，爵从早商到西周中叶列出了8种（西周中叶后爵逐渐绝灭）。

第四节商周铜器群器物花纹的风尚，作者指出："商周铜器群的花纹,因时代不同而各有特点,这固然是源于时代的不同风尚,也是由于生产力的不同发展,人们智慧的逐步提高,铸造技术的不断改进,故所制成品,也就显出各自的面貌。"⑰中商是"拍纹时期",从拍制绳纹、方格纹、篮纹进而拍制兽面纹。晚商进入了"雕纹时期",西周承袭晚商但有所转变。春秋中期是"印纹时期","省工省时,最为便利,故成器较速,有执简御繁之功"。战国之末进入"划纹时期",能工巧匠创为狩猎纹、攻战纹、园林宴乐纹,别开生面,使人耳目一新。

第五节商周铜器群器物铭文的刻铸,指出:"铜器上附以花纹,为的是增加美观。铜器上附以铭文,为的是增加识别。铭文的有无和长短,与文字的发生发展有关,与铸造技术的进步有关。"⑱早商和中商是"无铭时期",晚商称"简铭时期",这时的字虽简单,而刻铸颇端严工整,笔画有波捺、字槽皆平整,铭文书法称之为"波捺体"。传到西周更为提高,称"钟鼎体"。西周为铭文的发展期,也即是"长铭期",如"大盂鼎"铭长达291字,书法端严、典重朴茂,且保存不少重要史料,人们视为"宝书",故这时的铭刻也称"宝书期"。因书法无波捺,两端平齐,被称为"玉箸体"。东周以后,诸侯擅权,各自制器,无人再以接受册命为荣,铭文与西周截然不同、故称"自作期"。

第六节商周铜器群器物用痕的遗留,指出大部器物都有烟炙水锈、折损接补和残余物等,都是使用过的痕迹。

虽然郭宝钧先生的逝世使我们未能见到《商周铜器群综合研究》的下篇而深有遗憾,但值得庆幸的是邹衡、徐自强先生的精心整理将《商周铜器群综合研究》上篇奉献给广大读者。该书的出版有着重要意义,它是郭宝钧先生长期从事考古发掘和青铜器研究的心血结晶,是郭先生遗留给我们的一份珍贵的文化遗产。首先,它汇集了大量丰富的材料,把当时商周时代的主要是发掘出土的青铜器,基本上都收集到,给考古工作者及广大读者以极大方便;

其次是他科学研究法的创建,正如邹衡、徐自强所指出:"遗著在研究青铜器的方法上是有所创建的。过去研究青铜器的学者,往往着眼于单个的铜器,这固然是必要的,但若仅注意于此而忽略了单个铜器之间的联系,也不易作出正确的结论。遗著则从铜器的群和组的角度出发,尤其是还联系到出铜器的墓葬,这样就可以避免孤立地进行研究的毛病。同时,遗著取材于发掘品,其根据一般是比较可靠的。在这种基础上采用界标法,的确是一个比较科学的方法。中国青铜器发展的历史好比全部旅程,在这漫长的旅程中,树立一些里程碑,只要看一看里程碑,就知道走了多少路。当我们研究一群铜器时,只要把它同前后两个界标(即两个标准器组)比一比,就可确定它处于哪个发展阶段了。"⑲

第三,他研究的结果,如提出的青铜器发展的6个界标和6个阶段,青铜技术发展的6个阶段,青铜器形制、纹饰、铭文的发展演变等等,基本上都是准确科学的,符合客观实际情况,经受了时代的检验,得到广大学者的认可,今天仍有重要价值。

第四,该书出版于1981年,那时我国经历了"十年动乱"、"三年徘徊",一切工作正处在重新恢复发展时期,该书的出版满足了我国考古事业恢复发展的需要,成为广大考古工作者的必读教材,又培养了一代考古工作者。中国社会科学院考古研究员、考古所安阳工作队原队长杨锡璋曾深有感触地说:"1982年,我在苏州买到了郭宝钧先生的这部著作,放置案头,以后经常参阅。像该书收集资料齐全、采用综合研究方法,对我国青铜器进行全面研究,至今也是不多见的。无论是当时还是现在,该书都是有很高的学术价值。"⑳

注释:

①② 郭寓珉:《郭宝钧生平及传略》,《中国当代社会科学家》第1辑,第

294 页、第 295 页,北京,书目文献出版社。

③ 郭宝钧:《古器释名》,中央研究院历史语言研究所《史语所集刊外编》1935 年。

④⑤ 郭宝钧:《戈戟余论》,中央研究院历史语言研究所《史语所集刊》五本第三分册,第 314 页、第 317 页,1935 年。

⑥ 郭宝钧:《古玉新诠》,中央研究院历史语言研究所《史语所集刊》下册,1948 年。

⑦⑧ 郭宝钧:《关于戟之演变》,郭沫若:《殷周青铜器铭文研究》附录二,第 196 页、第 198 页,北京,人民出版社,1954 年。

⑨ 郭宝钧:《殷周青铜武器》,《考古》1961 年 2 期。

⑩⑪⑫《中国青铜器时代》第 3 页、第 4 页,北京,生活·读书·新知三联书店,1963 年。

⑬⑲ 邹衡、徐自强:《整理后记》,《商周铜器群综合研究》第 191 页、第 196 页,北京,文物出版社 1981 年。

⑭⑮⑯⑰⑱ 郭宝钧:《商周铜器群综合研究》第 3 页、第 197 页、第 121 页、第 157 页、第 159 页,北京,文物出版社,1981 年。

⑳ 与杨锡璋谈话记录。

第四章　参加殷墟发掘的河大教授马非百

一、参加殷墟发掘前的马非百

1928～1932年、1947～1949年马非百先生曾两度任河南大学教授,当时他已是国内著名的历史学家,20世纪30年代初他多次带领河大学生参加殷墟科学发掘,又成为著名的考古学家。

马非百原名元材、字若村,祖籍湖南省新化县高平长鄄村(今湖南隆回县六都塞区长鄄乡),1896年出生于一个号称"三代秀才"的知识分子家庭。其父马国霖是在1898年戊戌变法废除八股以后,以策论考取的秀才,受维新思想影响很深,重视新学,曾将当地"扶凤义塾"改为高等小学,实行新的教学内容。他对马非百要求很严,使马非百在少年时代除了熟读《四书》、《五经》等古籍外,也开始接受新文化新思想的影响。

1912年,马非百因学习成绩特别优秀,被新化县督学亲自推荐,保送进入新化速成中学。中学毕业后在家乡埋头读书,刻苦自学了两年,重点钻研前四史、《资治通鉴》、《古今文综》及严复翻译的西方各种社会科学书籍和康有为、梁启超的政论文章。他十分重视领会各种书籍的精神实质,在心得体会中独抒己见,并从《左传》中编选了《左传辞令录》等读书笔记。他在自己的书室门口写了一副对联,曰:

察万物之自然　尽群书乃快乐

表达了他最初治学思想,奠定他一生从事著述、乐以忘忧的精神。

1919年4月,马非百在当时新文化、新思想的激励下,同三弟马式材(后名子谷,解放后曾任湖南省民政厅副厅长)、表兄袁伯扬离开家乡前往北京求学。当年6月,他以优异的成绩,同时被北洋大学和北京大学录取,经过选择,准备进入北京大学学习。

按当时北京大学新生入学的规定,新生必须找一个京官在保证书上签名盖章,作为担保。来自偏远乡村,与京官无任何联系的马非百只好写信给北大校长蔡元培先生,说明这种担保制度与当时的民主运动精神不合,并坚决表示,如一定非实行不可,我宁愿退学,也不愿低头求人。蔡元培当即回了一封很恳切的信,说明此制度系经教授会议研究所决定,我一人不便擅改。如先生不以我为不合格,就到校长办公室找徐宝璜秘书,代我签名盖章作保。马非百于是得以进入北京大学文科,先后在英语系和经济系学习。

1919年4月,马非百在由家乡新化去北京的途中,在长沙岳麓山下蔡和森同志的故居"妫庇寄庐"住了两个月。毛泽东的母亲正好也住在蔡宅,马非百得以结识毛泽东和蔡和森,对他们留下深刻印象和敬仰。进入北京大学后,又以邓中夏为首一起组织了学生公寓——曦园。公寓是"五四"运动的产物,是倾向革命进步青年经常聚会的地方,成员中有罗章龙、杨人杞、张国焘、易克嶷等。1920年1月,毛泽东来北京后,也经常到曦园来。马非百在毛泽东、邓中夏等革命青年影响下,关心国家前途命运,向往民主科学,积极探求真理,开始有了明确的进步倾向,初步奠定了他后来成为一个著名历史学家的思想基础。

在北京大学期间,马非百更加刻苦认真地学习,同时接受了李大钊、陈独秀、辜鸿铭等各种学派的影响,在思想方法和治学方法上逐渐形成了自己独到的见解和选择。一次在考试《伦理学》时,他并不照卷面回答,却写了这样一段话:这样的题目有什么考试意义,现在大家在谈先秦诸子的伦理学,但没有谈老子的。我现在特地把老子的伦理学写出一个轮廓,供你们参考。如可用就请采纳,否则也希望你们另写一篇补充。结果得了满分。

1924年,马非百因母亲、父亲相继病故,家庭经济状况急剧恶化,他不仅放弃了去德国留学的打算,也不得不中止了在北大的学习。为生计所迫,四处谋求职业、养家活口,开始了数十年如一日的教书治学生涯。

1926年马非百来到当时全国革命的中心广州,应黄埔中央军事政治学校入伍生部普通学总教官成仿吾的公开招聘,当上了入伍生部的少校普通学历史教官。同时还在何香凝、邓颖超主办的"中国妇女运动讲习所"兼任中国革命史教员。在广州他与领导省港大罢工的邓中夏仍保持着密切联系,并结识了黄埔军校政治教官萧楚女等人,在政治思想上受到很大影响。1927年马非百升任校本部中校政治教官。大革命失败后,他坚定革命立场,积极支持广州起义,许多革命者都在他的住所化装参加巷战,使住所成为广州起义的一个重要联络点。起义失败后,他又多方掩护参加起义的同志撤退,最后他自己也逃亡到上海,后又跑到开封。

1928年马非百到开封时,正值河南大学由中州大学改为中山大学之际,学校急需延聘人才,他遂应聘担任河南中山大学教授,讲授《中国三民史》和《清史》课程。其间曾于1929年暑假后一度到山东曲阜第二师范学校任教,但很快又于1930春重返开封,受聘中山大学,担任《世界经济史》和《中国经济史》两个科目的教学。马非百的讲义是以日本进步学者山川均的《唯物史观世界经济史》和郭沫若的《古代社会》为基础自己编写的,并公开宣布以商务印书馆印行的英文本《资本论》为重要参考书。

由于观点新颖明确、分析精辟透彻、讲述生动活泼,马非百先生授课深受广大学生欢迎。马少侨先生曾回忆到:"由于他新颖的论点、雄辩的辞令,使听课者由开始时的十余人突增至一百余人。

随着听课人数的增加,讲课教室也一连换了三次。马非百自此名噪中州。"①《河南大学校史》第二章第二节在记述中山大学时期教师阵容之壮大时,也重点介绍了马非百的事迹,最后总结指出:"这些知名的教授、学者莅校任教,不仅提高了教学质量,也大大提高了学校的声誉。"②

1930年马非百重返中山大学后不久,学校正式确立了河南大学的名字,"学校进入了新的历史阶段"。③这一时期,学校十分重视教学质量的提高,十分重视科学研究工作,十分重视社会实践,课程的设置及教学内容和方法都有新的发展。"如历史系的课程从侧重外国史逐步转向中国史,并从中国通史深入到河南地方史,既使学生掌握密切联系现实的知识,又能培养他们的爱国主义感情。"④

这一时期,随着近代资产阶级文化教育事业的发展,在我国学术界出现了许多"新学问"。史学大师王国维指出:"古来新学问之起,大都由于新发现。"⑤19世纪至20世纪之交,敦煌写经、流沙坠简、内库档案和殷墟甲骨文并称中国近代史上的"四大发现",由此产生了四大新学问。其中时代最久远、影响最大的,当属殷墟甲骨文。正如甲骨学家王宇信所指出:"1899年殷墟甲骨文的发现,开辟了中国近代学术史的新纪元。经过国内外几代优秀学者的努力,甲骨学已成为一门具有严密规律,并积累了丰富研究资料和多方面研究课题的成熟学科。甲骨学和语言文字学、历史学、考古学及古代科学技术史等学科有着密切的联系。可以说,甲骨学研究已涉及中国古代文化的方方面面,为发掘中国优秀文化遗产和弘扬华夏文明做出了重大贡献。"⑥

到20世纪30年代,甲骨学已经历了"甲骨文的非科学发掘阶段和甲骨学的草创时期"(1988~1928年),进入了"甲骨文的科学发掘和甲骨学的发展时期"(1928~1937年)。这一时期,"由于近代考古学的科学方法引入了甲骨学领域,甲骨学研究突破了传统金石学和史料学的局限,进入了全面发展时期。"⑦1928年至1937年中央研究院历史语言研究所对安阳殷墟15次大规模科学发掘,表明中国历史考古学的形成;同时,发掘所获得的大量甲骨文资料和丰富的遗迹、遗物为研究商代的政治、经济、军事和文化提供了极其重要的科学资料,使甲骨学在文字的考释、甲骨学分期断代研究、甲骨学自身规律研究等方面,也取得了突破性的进展。

安阳殷墟就在河南,作为当时河南惟一高等学府的河南大学,对甲骨文的发掘和研究十分重视。1930年学校利用研究院历史语言研究所发掘殷墟的间隙,邀请研究所所长傅斯年,殷墟发掘的主持人、河大校友董作宾,河大兼职教授、时任省教育厅秘书的郭宝钧到校作甲骨学研究、殷墟发掘和文物保护的专题报告;同时聘请王国维的学生、甲骨学家朱芳圃到校任教,开设甲骨学商史研究课程,在广大师生中引起强烈反响,极大地激发了师生的兴趣,不少师生都要求参加殷墟发掘工作。经河大校方及董作宾、郭宝钧及在京的河南学人李敏修、徐旭生等先生的多方奔走磋商,河大师生这一要求终得应允。

注释:

① 马少侨:《历史学家马非百》,《中国当代社会科学家》第10辑,第19页,北京,书目文献出版社,1987年。

②③④ 河南大学校史编辑室:《河南大学校史》1912~1984年,第19页,第16页,第20页。

⑤ 王国维:《最近二三十年中国新发现之学问》,《学术》第45期,1925年。

⑥ 王宇信,杨升南:《甲骨学一百年》第1页,北京,社会科学文献出版社,1999年。

⑦ 王宇信:《甲骨学通论》第79页,北京,中国社会科学出版社,1989年。

二、参加殷墟科学发掘

　　1931年3月,马非百带领史学系学生石璋如,国文系学生刘燿、许敬参、冯进贤等赴安阳参加殷墟发掘。这是中央研究院历史语言研究所自1928年以来对殷墟的第四次发掘,是胡厚宣先生划定的殷墟科学发掘第二阶段(第4~6次发掘)的开始,①也是王宇信先生划定的第二阶段(第4~9次发掘)的开始。②这一阶段发掘,"人员和经费增加了,范围也扩大了,一切都有了改进,"③王宇信认为,中国近代真正科学意义的历史考古学,也就是在这一时期形成的。④发掘工作由史语所负责人李济主持,考古学家董作宾、郭宝钧、梁思永、王湘、李光宇、吴金鼎、刘屿霞等也都参加了发掘。郭宝钧是在正式进入研究院后第一次参加殷墟发掘,梁思永从美国哈佛大学攻读考古学、人类学毕业归来,也是首次参加殷墟发掘。由于经过前三次发掘也取得了不少经验和新的认识,所以李济先生指出:"第四次田野发掘队是在新的基础上组织起来的,包括不少考古工作者。带着一些新的观点和对遗址更多的了解,我又走向田野。在队员中我有许多经过较好训练的新助手……有了这些新的认识和新队员,使我欢欣鼓舞,遂拟扩大安阳第四次田野发掘。我与考古组的成员及所长认真协商后,决定采用'卷地毯'的方法全面发掘小屯遗址。我确信已找到了关键所在,通过绘制夯土地区图的方法,可以追溯殷墟中殷商王朝的建筑基础。"⑤

　　发掘从3月21日至5月12日,历时共52天,地点在小屯村北、四盘磨和后岗。在小屯出土甲骨文782片,另有青铜器、玉石器、骨蚌器、陶器等多件。还有大量兽骨的出土,尤以象骨和鲸骨的发现,对于当时气候与交通的研究,更具有重大意义,古籍中记载"殷人服象",由此可以证实了,可见古代中原地区气候温和,水草丰盛,也有大象的生存。小屯发掘另一重要收获是版筑遗迹的发现,从而揭开了寻找、发掘殷墟建筑遗址的序幕,并由此也修正了前三次发掘所假定的殷墟系漂流淹没的学说。

在后岗共开探坑25个,发掘面积约216平方米,发现建筑基址、灰坑、墓葬等,出土有陶器、石器、骨蚌器等,并出土一块字骨,这是小屯以外发现甲骨文的第一次。后岗发掘最重要的收获是发现了殷代、龙山、仰韶三层文化直接叠压的关系,从而确定了这三种文化的时代序列,解决了我国考古学上至关重要的问题。

马非百和河大的学生分别参加了小屯村北的发掘,刘燿还参加了后岗的发掘,"河大师生参加这次发掘尽管是初出茅庐,但表现突出。马非百教授知识渊博,将理论与实际结合起来,往往提出许多独到见解。实习生尹达、石璋如等服从分配,总是脏活累活抢着干,勤学好问,善于发现和思考问题,深受李济、董作宾等前辈的赞许,为以后的工作奠定了基础。"⑥

1931年11月7日至12月9日,马非百带领河大学生参加了殷墟第五次科学发掘。发掘工作由董作宾主持,郭宝钧、梁思永、刘屿霞、王湘等都参加了发掘。实习人员除河大的学生外,还有清华大学的张善。

发掘地点在小屯和后岗,在小屯开探坑93个,发掘面积约818平方米。发现甲骨文381片,其中有牛肋骨刻辞一版,在殷墟还是首次发现。这次小屯遗址的发掘,进一步证明地下堆积为废弃所致,而不是如先前所说漂流来的,"甲骨原在地,显系堆积而非漂没。"⑦这样,"一至三次所假定的殷墟甲骨漂流淹没的学说,第四次发掘后已经修正,到这次发掘,才根本推翻了。"⑧

后岗发掘开探坑20个,发掘面积385平方米,在上次发掘的基础上继续发掘工作。这次发掘发现龙山文化时期的夯土墙一道,此墙宽2~4米、长约70余米,直到1934年第九次发掘时,才在刘燿主持下找到尽端。小屯、龙山、仰韶三层文化的堆积更为明显,下层仰韶文化的彩陶与中层龙山文化的黑陶及上层小屯灰陶泾渭分明,其先后堆积所代表的时代,成为毫无问题的定论。

1932年以后,马非百进入河南省政府秘书处担任文教方面的工作,同时还担任河南大学兼职教授,坚持他的治学事业。1932年至1935年,他以河南省政府代表的身份,又四次参加了殷墟发掘,即研究院历史语言研究所对殷墟第七、第八、第十、第十一次发掘。

第七次发掘由董作宾主持,参加人员还有石璋如、李光宇,从1932年10月19日至12月15日,历时58天。第八次发掘由郭宝钧主持,参加人员有石璋如、刘燿、李景聃、李光宇,从1933年10月20日至12月25日,共进行了67天。这一阶段的发掘,地点集中在小屯村,"主要目的仍是继续复原建筑基础,当然也考察其他地下建筑物。这几次发掘季更集中努力深入研究'夯筑法'发展的不同阶段。"⑨

在第八次发掘中,出土甲骨文257片。发现小屯文化与龙山文化上下两层堆积的情况,出土大批的石器、陶器和骨蚌器。还发现两处重要的版筑基址,其中一处长30米、宽9米,基础前排列有整齐的柱础,除石础外,还有铜础10个。这两次发掘的建筑基址,相当于后来划分的甲组建筑基址,石璋如曾指出:"全组基址看不出含有宗教意味的痕迹,可能住人的。"⑩中国社会科学院考古研究所安阳工作队也认为:"从基址的规模、间数等方面考察,可能是'寝殿'和享宴之所。"⑪

1934年秋,马非百参加了由梁思永主持的殷墟第十次科学发掘,这是胡厚宣划定的殷墟科学发掘的第四阶段(第10~12次发掘)的开始,⑫也是中国社会科学院考古研究所安阳工作队划定的第二阶段(第10~12次)的开始。⑬"这一阶段发掘规模宏大,采用了新技术、改进了工作方法,提高了发掘水平,取得了辉煌的发掘成果。"⑭其主要收获是发现发掘了殷代王陵,正如当年曾参加这一阶段发掘的胡厚宣先生所指出:"1934年至1935年殷墟第10

至12次发掘侯家庄西北岗的工作,两年三次发掘,规模空前浩大,共发现大墓十座,小墓一千余座。大墓一般有四个墓道,仅墓室部分就占地四百多平方米。虽然屡经盗掘,但残存的遗物还是很多,收获极为丰富,并确定了这是殷代的王陵。"⑮

从1934年10月3日至1935年元旦,发掘共历时91天,参加人员还有刘燿、石璋如、祁延霈、尹焕章、胡厚宣等人。这次发掘,原计划与前几次一样继续寻找殷商时期的建筑基础,并对洹河谷一带进行全面考察。但当得知在侯家庄一带有人盗掘古墓,挖出不少精美的青铜器,联系到殷王陵很可能就在侯家庄一带,梁思永遂采取果断措施,调动人员集中一切力量到侯家庄进行发掘。

工作地点集中在侯家庄西北岗,以岗顶为起点,分东西两区发掘,平均每天用工300名,发掘面积约3000平方米。在西区发现了四座大墓,即1001墓、1002墓、1003墓、1004墓。1001墓墓室平面呈亚字形,其他三座平面为长方形,四边各有一条墓道,规模宏大。除1004墓略小外,三座墓面积都在400平方米以上。(见附图)在东区有密集的小墓群,这次发现63座,发掘了32座。按

20世纪30年代,安阳殷墟西北岗发掘的殷王陵

其大小形制和内容,可分为 6 种,有葬完全人骨架的、有葬无头肢体骨的、有葬无肢体头骨的等等。

这些大小墓葬虽然在古代和近代被多次盗掘,但出土遗物仍很丰富,有青铜制品、石玉制品、骨蚌制品等。其中一件白色大理石雕刻成的立体抽象动物,形状似虎,但曲膝跪坐,与虎又有差别,离真实动物的形象已经很远,胡厚宣先生认为这就是我国古书上所说的"饕餮",⑯是我国最古老的艺术资料,在中国艺术史上占有重要地位。(见附图)

殷墟第十次发掘有着重要意义,首先证实了侯家庄西北岗为殷代王室墓地,为以后对殷王陵的发掘和研究奠定了基础。胡厚宣先生曾指出:"殷代帝王陵墓之所在,在过去不见于记载,不闻于传说。这次不但发现了一部分殷代墓葬之所在,并且得以知道它的形制和内容,这是考古学对于古代文化史的极大贡献。"⑰其次,证实了中国古代存在着杀人殉葬之习俗,过去,人们一般还不太相信,就连去古未远的孔

殷墟王陵大墓中出土的白色大理石动物雕刻

子都说过:"始作俑者,其无后乎!"⑱这次在西区大墓道中发现排列整齐的无肢体人头骨和无头的肢体骨,在东区小墓中发现专埋人头或专埋肢体的墓葬。这些身首异离的死者显然是被虐杀的牺牲品,这就揭示了我国古代存着人殉人祭的残酷现实,对研究我国古代社会形态有着重要意义。

第十一次发掘从 1935 年 3 月 15 日至 6 月 15 日,历时 93 天。参加人员又增加了李光宇、王湘,夏鼐由清华大学毕业考取英国留学生,也作为实习生参加了发掘。

在侯家庄西北岗西区继续发掘上次所开挖的四座大墓,全部挖到底,出土不少遗物,以 1004 墓最为丰富,计有青铜大方鼎 2 件、石磬 1 件、铜戈 370 把、铜矛 360 个、铜盔 100 多个,还有一些皮甲。1004 墓是由胡厚宣负责发掘的,在 1996 年胡厚宣逝世一周年的时候,年过九旬当年负责 1003 墓发掘的石璋如先生曾撰文《胡厚宣先生与侯家庄 1004 大墓发掘》予以纪念,文中对大鼎出土的经过作了极为精彩的描写:

> 1935 年 3 月 10 日,第 11 次发掘开始,厚宣先生继续发掘他的 1004 大墓。……5 月 9 日的下午,一向以不出重要器物闻名的 1004 大墓,突然大放异彩,在南墓道口的东南角未被盗坑波及的一块夯土中,深 7.90 米出了两个大方鼎,鹿鼎小,在东;牛鼎大,在西。李济之、郭子衡、梁思永三位先生闻讯马上赶来工地,李先生带来的新式照相机,也得到开光的机会而派上用场。梁先生说:'牛、鹿大鼎不但是中国考古史上第一大发现,也是中国时代最早的青铜大鼎第一次出土。'这两个大鼎都有精美的纹饰,鹿鼎四面鹿头,牛鼎四面牛头,尤其头部的器官浮于器面格外动人。⑲

第十、第十一次发掘的主持人是梁思永。但梁先生大病初愈,带病坚持工作,每天只能到工地看看,作关键性的技术指导。石璋如、刘燿、胡厚宣、祁延霈等年轻的考古工作者,每人负责一座大墓的发掘。马非百协助梁思永进行统一组织和协调,同时作为地方政府的代表,他还负责临时征用土地,召集民工等,作了大量的工作。

由于马非百先生热心考古事业,多次参加殷墟发掘,因此被同事们戏称为"考古主席"。几年考古工作的实践,更加丰富拓宽了他的知识领域,丰富充实了他教学科研的内容,使他由著名的历史学家又成为著名的考古学家,开辟了他以考古资料论证历史的新途径。1930 年他撰写发表了《卜辞时代的经济生活》《《飞跃》双周刊1930年2卷1期),1941年撰写发表《卜辞时代的商氏族的史影》(《力行》第3卷第4、6期,第4卷1期1941年4、6、7月),以大量的卜辞资料和最新的考古学资料对商代的经济、社会组织等问题进行了探讨,在当时学术界产生了较大影响,今天仍有重要参考价值。

在此期间,他还创办了《河南政治月刊》,该刊名曰"政治",实际上侧重于学术,他的《秦始皇帝传》初稿,就是在这个刊物上分期刊载的。这一时期他还利用在省政府任职的政治身份,先后保释过邓拓同志和保护过嵇文甫同志等共产党著名人物和学者多人,表现了作为一个历史学家强烈的革命正义感。

注释:

① ⑧ ⑫ 胡厚宣:《殷墟发掘》,第49页,第61页,第50页,北京,学习生活出版社,1955年。

② ③ ④ 王宇信:《论殷墟发掘第一阶段在我国考古学史上的地位》,《史学月刊》,1994年第6期。

⑤ ⑨ 李济:《安阳》,第55页,第58页,北京,中国社会科学出版社,1990年。

⑥ 郭胜强:《河南大学对殷墟科学发掘的贡献》,《河南大学学报》1999年第1期。

⑦ 李济:《安阳最近发掘报告及六次工作之总结》,《安阳发掘报告》1933年第4期。

⑩ 石璋如:《殷墟建筑遗存·中国考古报告集之二·小屯第一本·遗址的发现与发掘》,台北,中央研究院历史语言研究所,1959年。

⑪ ⑬ ⑭ 中国社会科学院考古研究所:《殷墟的发现与发掘》,第56页,第11页,北京,科学出版社,1994年。

⑮ 胡厚宣:《追怀史语所前辈师友考古学与历史学整合的先进经验》,《中国考古学与历史学之整合研究》,中央研究院史语所会议论文集之四,台

北,1997年7月。

⑯⑰ 胡厚宣:《殷墟发掘》第76页,第78页。

⑱《孟子·梁惠王(上)》

⑲ 石璋如:《胡厚宣先生与侯家庄1004大墓发掘》,《胡厚宣先生纪念文集》,中国社会科学院甲骨学商史研究中心编,北京,科学出版社,1998年。

三、抗战以后的学术活动和学术成就

抗日战争期间,马非百曾受聘为陕西省立政治学院教授兼文科主任、山西大学教授兼历史系主任,主持筹办过"鲁苏豫皖边区政治学院"。1943年离职去重庆,定居于川东新村一座草房,每日闭户读书,专心从事著述。

抗战胜利后,1946年经傅斯年先生介绍,马非百进入北京大学,在秘书处担任秘书。在北大得有充分机会和时间与著名学者如陈垣、余嘉锡等先生接触交谈,并充分利用图书馆的丰富藏书潜心钻研学问。

1947年9月,马非百应河南大学校长姚从吾先生之聘离京去开封,担任历史系教授兼训导长。他以一个学者的修养认为必须喻导于学,便仿照蔡元培先生的"以美育代宗教"的口号,提出了"以讲学代训导"的方针。后辞去训导长的名义,改任历史系主任。

1948年8月,河南大学南迁至苏州,受各方面条件的制约,不仅教学工作受到影响,师生生活也无法保障,师生对校政意见很大。12月校长姚从吾先生辞职,师生共推马非百和郝象吾、张静吾先生组成"三人小组"负责校务,一直维持到1949年3月。

1949年3月,傅斯年出任台湾大学校长,电请马非百担任教务长、训导长或总务长,并希望他立即赴台。由于长期受到革命思想的影响,他认为解放全国,建立民主统一的新中国是历史发展的必然趋势,否则就是倒退、就是分裂,遂当机立断,予以谢绝,并毅然北上,分三段乘车来到已解放的北京。后来,他常对夫人游若愚女士说:"我要是为了升官发财,傅斯年出任台湾大学校长,三长之中,任我择其中一长,可谓重要职务。我说祖国山河辽阔,台湾不过是弹丸之地,再说我没有这个义务。"①

到北京后,经当年学生尹达(刘燿)、老同事成仿吾的介绍,马非百参加了华北大学政治研究所的学习班,结业后在中国历史博物馆担任设计员兼办公室主任。他对于历史文物的收集收藏十分重视,对殷墟出土的甲骨文、青铜器等文物尤为关注,曾说殷墟科学发掘的精品大都运到台湾去了,我们要把散失在民间的东西尽量收集起来。在博物馆工作的数年中,由于更广泛地接触了文物,更进一步扩大了他历史研究的领域,为他提出许多独到的见解找到了实物证据。

1957年马非百被错划为右派,但丝毫没有动摇他对党的信仰和治学不倦的顽强精神。他由博物馆调到中华书局哲学组担任编辑工作,又以他丰富的学识和严谨的态度成为杰出的古籍整理专家。文化革命中他受到冲击,但始终保持了乐观情绪,对社会主义祖国前途充满信心。多年以来,他无论是处于顺境或处于逆境,都一直埋头治学,或整理他的旧著或撰写新的著作,愿以此作为对祖国对人民对世界文化事业的贡献。1984年12月9日,马非百先生病逝于北京,享年89岁。直到他逝世前半个多月,还坚持写完了他的最后一篇论文《〈诗·桃夭〉新证》。

20世纪40年代以后,马非百把主要精力放在以研究秦始皇为中心的秦史研究和以研究桑弘羊为中心的秦汉经济思想史研究上,并取得了丰硕成果。在秦史研究方面,他出版了《秦始皇帝传》(上下册　上海商务印书馆出版1941年1月)、《秦史纲要》(上册　重庆大道出版社1945年4月)、《秦集史》(上下册　中华书局1982年8月)等论著。在秦汉经济史研究方面,他完成了《桑弘羊年谱》(1934年11月 上海商务印书馆)、《桑弘羊及其战时经济政策》(重庆大道出版社 1945年4月)、《桑弘羊传》(中州书画社 1981年10月)、《盐铁论简注》(中华书局 1984年10月)。在商史和殷墟研究方面,他虽然没有留下更多的东西,但他数年参加殷墟发掘的实践,在他一生学术生涯中留下了光辉一页,在殷墟发掘和研究史上,也占有一席重要地位。

注释:

① 马少侨:《历史学家马非百》,《中国当代社会科学家》第10辑,第22页,书目文献出版社,1987年。

第五章 尹达与殷墟发掘和研究

一、参加殷墟科学发掘

尹达(1906～1983年),我国著名的历史学家、考古学家,新中国历史学、考古学事业的领导人。原名刘燿、字照林,又名虚谷。1906年10月17日生于河南滑县牛屯集一个书香世家,父亲是清末举人,曾任滑县高级小学校长。尹达幼年入私塾读书,后入本乡粹化小学,16岁考入汲县省立第十二中学。父亲对他要求很严格,使他学业进步很快。1925年考入河南大学予科,后因战争一度辍学在家。1928年继续升入河大本科,先修哲学,后转国学系。

尹达在河大期间学习刻苦认真,注意接受新事物,留心阅读进步书刊,开始接触唯物主义史观。1931年的一天,他在开封一个书摊上买到中国历史科学发展史上划时代的作品,"以唯物史观的观点研究中国历史的第一部巨著"①郭沫若的《中国古代社会研究》。他认真研读深受教益,正如后来他所说:"1927年大革命失败以后,白色恐怖笼罩着全国,不少的青年知识分子大都彷徨歧途,无所适从,他们对中国革命的信心是减低了,对中国社会发展的规律和动向存在着一些糊涂观念。这时候,正迫切的要求着这一问题的解答。正是这个时候,郭沫若先生就印出那本《中国古代社会研究》。在那里明确指出,中国存在过氏族社会和奴隶社会,证明中国社会的发展,并不曾逃脱一般社会发展的规律,同时指出了未来的动向。且以锋利的文学手法,把枯燥的中国古代社会写得那样生动,那样富有力量,对当时的青年知识分子,正像打了针强心剂。"②并强调指出:"30年代,我读了郭沫若同志关于古代社会的著作后,就很自然地吸引着我了,从此,我就逐步进入古代社会研究这个阵地了。我之所以学习考古,而且走向革命,都同样是受到了郭老的影响。"③

　　《中国古代社会研究》出版之后大受欢迎,很快就再版、三版,在理论界、学术界起着很大的推进作用,影响极大。这就引起反动统治者的警惕,他们动员一切力量对其进行围攻,成为反动统治者文化围剿中长期的、重点的对象。尹达不畏白色恐怖,开始尝试运用马克思主义研究中国历史,撰写了论文《关于社会分期问题》发表在开封《飞跃》双周刊上,旗帜鲜明地支持郭沫若关于中国古代社会分期观点。

　　尹达在河南大学学习期间,我国年轻的考古学界正在进行着令国际学术界所瞩目的一件盛事——中央研究院历史语言研究所对安阳殷墟进行大规模的科学发掘。优异的学习成绩、善于接受新事物的特性和得天独厚的地利人和优势,使尹达还在学生时代即投入到殷墟科学发掘工作中去,并终生从事历史学考古学工作,为我国的学术事业做出巨大贡献。

　　1931年3月,尹达首次参加了殷墟发掘,这是由我国著名考古学家史语所考古组主任李济先生主持的殷墟第四次科学发掘。参加这次发掘的还有董作宾、郭宝钧、王湘、吴金鼎、梁思永等。发掘从3月21日至5月20日,历时52天,地点在小屯村和四盘磨、后岗。在小屯出土甲骨文782片,还有青铜器、玉石器、骨蚌器等多件,发现版筑基址的存在,揭开了发掘殷墟建筑的序幕。

　　从4月16日至5月12日,尹达还参加了由梁思永主持的后岗发掘。后岗在小屯东南1.5公里处,是西、北、东三面濒临洹河的一片高地。从安阳城内到小屯,这里是必经之地。遍布岗上的绳纹陶片,早已引起了人们的注意,萌动了在这里进行发掘的念头。这次发掘以岗顶为中心向四方面展开,共开探坑25个,面积约216平方米。发现龙山文化时期的白灰面房址、窖穴等,出土有陶器、石器、骨蚌器多件和一块字骨,这是小屯村以外第一次发现甲骨文。

这次后岗发掘主要的收获是发现了殷商、龙山、仰韶三叠层文化(见附图),从而确立了这三种文化的时代序列,解决了我国考古学上至关重要的问题。后来,尹达对这次发掘曾给予很高评价,指出:"1931年的春天和秋天,思永先生主持河南安阳后岗遗址发掘工作,在这里找到了小屯文化、龙山文化和仰韶文化之具体的层位关系,从这样显明的堆积现象上,确定了龙山文化早于小屯文化而晚于仰韶文化;最少也应当说,在河南北部这三种文化的时代序列是基本上肯定了。这好像是一把钥匙,有了它,才能打开中国考古学中这样的关键问题;有了它,才把猜不破的谜底戳穿了。这是中国新石器时代考古发掘中一个极重要的转折点。这功绩应当归之于思永先生。"④

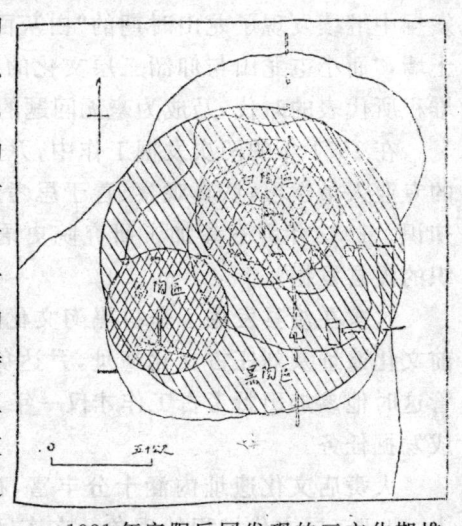

1931年安阳后冈发现的三文化期堆积的平面分布(据安阳发掘报告第四期)

1931年秋季,尹达参加了由董作宾主持的第五次殷墟科学发掘。从11月7日至12月19日,历时43天,工作地点在小屯和后岗。在小屯出土甲骨文381片,另有陶器、石器、骨蚌器等遗物。还发现殷人居住的圆形地穴、储藏器物的地窖,其中散见有甲骨文,证明是"甲骨原在地,显系堆积而非漂没"⑤。从而纠正了前几次发掘假定的殷墟为洪水淹没,甲骨因河患而漂流冲积的错误。

尹达仍参加了梁思永主持的后岗发掘,从11月3日到12月4日,工作了25天。分东南、西南、西北三区进行,继续在上次发掘的基础上扩大发掘,开探坑20个,占地约385平方米。在这次发掘中继续发现了龙山时期的"白灰面",又新发现了同时期的夯土墙,"而小屯龙山与仰韶三层文化的上下堆积更为明晰,其先后堆积所代表的时代,乃成为毫无问题的定论。"⑥

在1931年的两次发掘工作中,尹达工作努力,虚心向有经验的专业人员学习,认真观察、善于思考,较快地掌握了考古学基本知识。1932年尹达参加了研究院史语所和"河南古迹研究会"组织的浚县发掘。

这次在浚县发掘了辛村黑陶文化遗址和西周墓地、大赉店史前文化遗址及刘庄古文化遗址,尹达负责主持大赉店的发掘。尽管这时他参加田野考古工作才仅一年,却能把握全局,较出色地完成发掘任务。

大赉店文化遗址内涵十分丰富,存在着类似后岗的小屯、龙山、仰韶三层文化堆积的现象。在东区是仰韶层堆积在龙山层之下,在西区是两者的相间分布。这就说明在东区其纵的分布,仰韶文化早于龙山文化,在西区由其横的分布中,知道他们不会是同一系统的文化,而各有其独立的特性。尹达以其敏锐的观察力,准确地揭示了这一问题,成为驳斥安特生新石器时代分期错误的又一力证。他曾指出:"安阳后岗遗址发现之后,我们确知仰韶早于龙山而龙山早于小屯;这样的时代先后的系列,已经得到了具体的明确的事实上的证明。继之,侯家庄、大赉店和同乐寨亦有同样的发现,益证这一系列并非偶然的现象。"⑦

后来尹达根据大赉店的发掘写成考古报告《河南大赉店史前遗址》,发表在当时全国考古学最高刊物《田野考古报告》上(1936年第1期)。原来中央研究院历史语言研究所办的《安阳发掘报告》,出刊至第4期后,发掘工作不仅由小屯扩大到它周围的村落,而且也从安阳扩大到浚县、辉县等地,进而扩展到山东各地,原刊物因难以囊括全部发掘工作而停刊,重新创刊了《田野考古报告》,后来又改名为《中国考古学报》。

1932年尹达以优异的成绩从河南大学毕业,即正式进入研究院史语所为研究生,一边研读研究生的课程,一边继续参加殷墟和各地的田野考古工作。1934年完成学业,留史语所为助理研究员。经过严格的专业培训和第一线田野考古实际锻炼,尹达已成为优秀的考古工作者。

1933年秋季,尹达参加了由郭宝钧先生主持的殷墟第八次发掘,从10月20日至12月25日,历时共67天。工作地点在小屯和后岗、四盘磨。在小屯出土甲骨文257片,还有大量的石器、陶器、骨蚌器等。发现较大的版筑基址两处,除石础之外,还有铜础10个,当为王室宫殿。

在后岗进行了第三次发掘,尹达已成为发掘工作的主持人,参加人员有石璋如、尹焕章等。发掘分东、西两区进行,以岗顶为东区,以河神庙一带为西区,共开探坑57个,发掘面积300平方米。这次发掘有重要的收获,除龙山时期的版筑土墙外,在岗顶东区发现殷代的夯土墓两座。其中一座出土铜甗一个,通耳高40.1厘米,口径约26.5厘米,这是殷墟8次发掘以来发现的最大最完整的铜器。

在西区发现殷代大墓一座,墓室长方,并有南北两个墓道。墓道南北长38.6米,东西宽6.2米,木椁成亚字形。此墓曾经早晚两次盗掘,仅在未经翻动的四隅发现殉葬的人头28个,在墓道及乱土中发现残余的陶、石、金、玉、铜、骨、蚌等器物和贝及车马装

饰、石兽等,都十分精美。由它的规模来看,知为殷代统治阶级的墓葬无疑。(见附图)

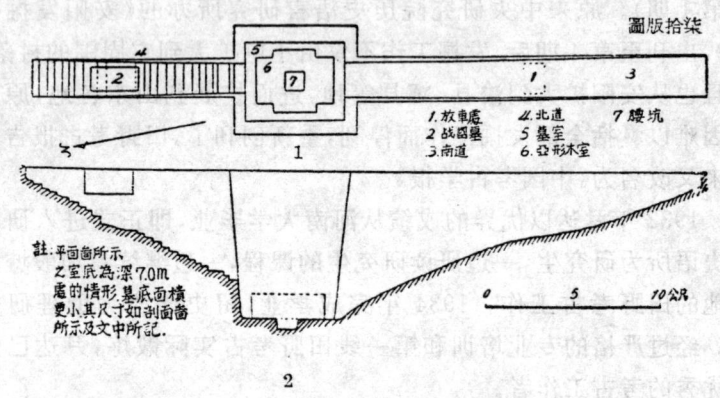

1933年尹达主持发掘的殷墟后冈大墓
1. 平面图 2. 侧面图

在第八次发掘中,尹达、石璋如还在小屯的外围进一步进行调查,在洹河上游3.5公里处的秋口西南紧临洹河的同乐寨发现一处古文化遗址。遗址东西长约150米、南北宽约100米,当时在断崖上观察,只见到小屯和龙山文化遗物,他们断定其下还存在有古文化的堆积。1934年10月,在梁思永先生主持的殷墟第十次科学发掘中,在发掘殷王陵的同时,梁思永、石璋如、胡厚宣等先生对同乐寨遗址进行了发掘,又一次发现小屯、龙山、仰韶三层文化叠压的现象。

1934年3月,尹达参加了由董作宾先生主持的殷墟第九次发掘;地点在小屯、后冈,后又增加侯家庄南地。在殷墟第九次发掘中,尹达仍主持后冈的发掘。这次主要在1933年秋季后冈第三次发掘未完工基础上,开探坑30个,面积约308平方米。结果找清楚了龙山时代的大墙,墙宽2~4米,长70余米,围绕在黑陶文化遗址的西南两面,墙基版筑中有彩陶文化的遗存。在西区将殷代大墓挖到了底,墓底南北长7米,东西宽6.2米,深8.7米。南墓道长20米,宽2.5米,作为斜坡,由道口直通墓底。北墓道长11.6米,宽2.2米,作为台阶,尚残存30级。

尹达主持的后岗两次发掘有着重要意义。不仅将龙山文化的夯土墙全部揭露出来,更重要的是找到了殷代大墓,并以此为契机,开始了殷王陵的发掘。正如曾参加过这两次发掘的石璋如先生指出:"殷代的墓葬是这两次发掘后岗的绝大收获,虽然被扰乱了,虽然没有残遗,但是给我们以巨大的启示和肯定的信念,认识安阳这个地方不仅是殷都所在,而且也有为殷陵所在的可能。从此便精心调查、到处寻找,洹北侯家庄西北岗殷代墓地的发现与发掘,便是这个种子的萌芽。"⑧

1934年10月至1935年12月,尹达参加了由我国著名考古学家梁思永先生主持的殷墟第十、第十一、第十二次发掘。这是被后来划为殷墟科学发掘的第二阶段,"这一阶段发掘规模宏大,采用了新技术,改进了工作方法,提高了发掘水平,取得了辉煌的发掘成果。"⑨考古学家李光宇、王湘、石璋如、高去寻、胡厚宣、夏鼐等都分别参加了这几次发掘。地点在洹水北岸侯家庄西北岗,发掘总面积达20600平方米,发掘了11座大墓和1200余座小墓及祭祀坑。还发掘了秋口同乐寨、范家庄和大司空遗址。

由于工程浩大、参加人员多,发掘中采取了集中领导、分工负责的办法,在梁思永统一主持下,尹达、石璋如、高去寻、胡厚宣等分别负责一座大墓的发掘。胡厚宣先生在殷墟发掘60年座谈会上曾回忆,当年他与尹达等被称作史语所"年轻十兄弟",在梁先生指导下分别主持各座大墓的发掘,大家通力协作、认真清理、准确判断,遇到问题就在一起切磋研究,促进了科学发掘和学术水平的提高。

尹达主持发掘的1001号大墓在11座大墓中是较大的一座,该墓南北走向带四条大墓道,墓室口大底小,自墓口至底深10.5

米,墓室上口东西带耳室长达 21.3 米,四条墓道呈坡状直通墓底,南墓道长 30.7 米。墓底和四壁铺嵌柏木版,木版被涂成红色并雕刻有花纹,墓底分布有 9 个小坑,每坑内埋一人一犬一戈。此墓在古代、近代多次被盗掘过,但仍残存着不少遗物,"出土物之丰富为西北岗各大墓之冠。"

据粗略统计有石玉制器、蚌器、骨角牙制器、金属器、陶器等五大类近 500 件。其中石玉器包括完整的器物和器物碎片 200 多件、铜器 133 件、金叶有 10 片。墓中殉人极多,在墓室和墓道及墓东侧,共殉 225 人。

石器之中,石虎、石枭等石雕的出土在殷墟尚属首次,引起考古队员的极大兴趣。当晚大家就进行了热烈讨论,被称为"石虎之夜"。60 余年后石璋如绘制了尹达和 M1001 号大墓图(见附图),并回忆:

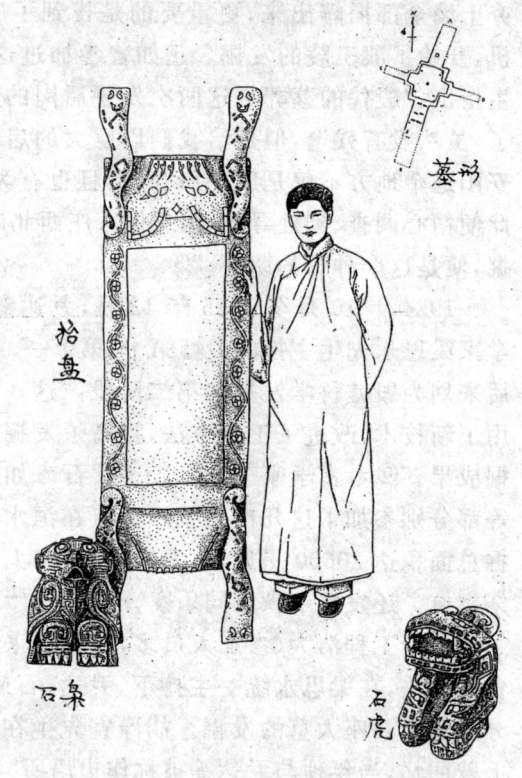

石璋如设计、赖淑丽绘制的尹达与侯家庄 1001 大墓。尹达画像是根据石璋如保存的尹达在中央研究院时所摄照片所绘。

"当天大家异常兴奋,依惯例,有新发现的即予命名。有人主张叫'孑民石虎',以蔡元培院长的号'孑民'呼之,为研究院的最大发现,也是该石虎的最高荣誉。有人主张安阳发掘是历史研究所的工作,应该以本所所长傅斯年的号'孟真'名之为'孟真石虎'。又有人主张这是第三组负责发掘,应该名之以三组主任李济的号'济之',称之为'济之石虎'。还有人主张,现任殷墟发掘团团长是梁思永先生,应该以梁先生的名字称之为'思永石虎'。梁先生则谦虚地说:这是照林(尹达)亲手发掘的,应该叫它'照林石虎'"⑩

根据尹达 1001 号大墓的发掘记录,梁思永先生在抗战初期写出了发掘报告的初稿。1954 年梁先生逝世后,经高去寻先生整理辑补,于 1962 年正式出版《侯家庄 1001 号大墓·中国考古报告集之三·河南安阳侯家庄殷代墓地·侯家庄第二本》,全书上下两大巨册,上册为正文,下册为附图,正文分作六章,附图有图版 270 幅、插图 98 幅,表格 89 幅。

西北岗发掘收获丰富,不仅获得了大量精美的青铜、陶、玉石、骨角等器物,更主要的找到了殷王陵,并基本搞清了王陵布局和殷代墓制,初步揭示了殷代人殉人祭制度,为进一步研究殷代社会提供了丰富的资料。李济对西北岗发掘曾给以很高的评价,指出:"侯家庄所得对于中国上古史的重要贡献,这似乎是不能用数目字估计的一件事……就我个人的感想,侯家庄发掘的重要成绩可以概括地列举如下:

1. 版筑在殷商建筑所占的地位;

2. 由一个陵墓的经营所看出的殷商时代的埋葬制度及对于人工组织的力量;

3. 杀人殉葬的真实性与它的规模;

4. 物质文化之发展阶段及统治阶级之享受程度;

5. 石雕的发现及装饰艺术的成就;

6. 青铜业的代表产品。"⑪

胡厚宣也曾指出:"这一阶段的发现,在中国考古学、在殷墟学上、在中国古代史上,都是非常重要的发现。因为过去九次发掘的是殷都,而这三次发掘,却发现了殷陵。殷陵出土的东西比殷都出土的更丰富、更珍贵,由于这些重要的遗迹遗物的发现,我们就可以解决考古学、殷墟学、古史学上的一些问题。"⑫

1936年,尹达和梁思永、祁延霈在山东、日照两城镇作考古发掘,得龙山文化遗存,收获丰富,其中陶器最多。尹达负责撰写发掘报告,已完成9/10,后抗战爆发,他投笔从戎,未能最后完稿发表。尹达手稿现存台北中央研究院历史语言研究所资料室,成为一份珍贵的历史资料。

注释:

①②③ 尹达:《郭沫若与古代社会研究》,《尹达史学论著选集》,第415页、414页、413页,北京,人民出版社,1989年。
④ 尹达:《悼念梁思永先生》,《文物参考资料》1954年第4期。
⑤ 李济:《安阳》,北京,中国社会科学出版社,1990年。
⑥ 胡厚宣:《殷墟发掘》第62页,北京,学习生活出版社,1955年。
⑦ 尹达:《中国原始社会》,《尹达史学论著选集》第104页。
⑧ 石璋如:《六同别录·上》,《中央研究院历史语言研究所集刊·外编》第三种,1945年。
⑨ 中国社科院考古所:《殷墟的发现与研究》,北京,科学出版社,1994年。
⑩ 石璋如:《照林与侯家庄1001大墓》,《中国历史博物馆馆刊》,1995年第1期。
⑪ 李济:《1001号大墓·序》,历史语言研究所,1962年。
⑫ 胡厚宣:《殷墟发掘》第96页,北京,学习生活出版社,1955年。

二、对安特生错误理论的批判

安特生(J. G. Andersson,1874~1960年),瑞典地质学家、考

古学家、探险家,1901年获瑞典乌普萨拉大学博士,任该校教授,并兼瑞典地质调查所所长。1914年来华,应聘任中国北洋政府农商部矿政司顾问。他在北京西南周口店发现大量古生物化石,遂开始进行发掘,探索"北京人"的踪迹。但两年中除发现几颗牙齿外,无任何大的收获。1921年秋他转移到河南,在豫西渑池县仰韶村进行考古调查和局部发掘,挖出不少的石器和陶片,发现原始人的村落,认为这是中国新石器时代末期的文化遗存,命名为"仰韶文化",并写出论文《中华远古之文化》(《地质汇报》第5号,1923年),声称:"不容置疑,我们已找到了亚洲大陆上第一个石器遗址,看来世界上公认的中国没有发现石器遗址的时代应该结束了。"①

1923年至1924年,他又在甘肃一些地区进行考古调查和小规模采掘,写出《甘肃考古记》(1925《地质专报》甲种第五号),他以仰韶文化的材料作基础,提出所谓"单色陶器早于着色陶器"的理论,对甘肃等地新获得的材料进行分析,将我国新石器时代文化分为六个时期。

应当说安特生在华的考古活动是有一定的积极意义的,正如尹达先生在40年代所指出的:"在中国境内第一个作考古发掘并加以研究的要算是瑞典人安特生了。他对于中国史前史有极大的贡献,这是不可否认的事实"②。李鸣生、岳南先生也撰文指出:"无论中国的还是外国的学者,一致认为安特生发掘的仰韶,是中国考古学的源头,它不仅促成了中国的第一个考古学文化——仰韶文化的诞生,而且为中国学者带来一套欧洲先进的田野发掘方法,这套方法在整个20世纪都被中国考古学家沿用。"③也正因为如此,安特生及其理论当时在我国史学界颇有一定的影响,甚至被一部分学者奉为圭臬。

然而,安特生的"仰韶文化"只是一个初步的模糊不清的概念,他所说的"仰韶文化"实际上包含了"仰韶文化"和"龙山文化"两种内涵,他把两种不同时代的文化混为一谈了。在中国新石器时代分期问题上,仅以陶器的色泽作为判定时代的标准,将属于龙山文化的文化遗存放在了仰韶文化之前,次序完全颠倒了,因此他的中国新石器时代分期的理论完全是错误的。

为此,我国学者对安特生的错误理论展开了批评,他们根据殷墟和各地考古发掘的资料,对其进行了有力批驳。在这方面梁思永有首创之功,而尹达继之,进行了更为全面、透彻、深入地批评。从 20 世纪 30 年代中期到 50 年代,尹达发表的多篇论著和讲话,都涉及这个问题。

1930 年,中央研究院历史语言研究所与山东省政府组成了"山东古迹研究会",开始在山东进行考古发掘。在济南东南历城龙山镇城子崖发现了华北东部新石器时代的黑陶文化,出土了与仰韶文化完全不同风格的遗物,提出了"龙山文化"这一新的概念。

1931 年以后,梁思永、尹达对安阳殷墟后岗遗址进行了多次发掘,发现了小屯、龙山、仰韶三叠层文化的堆积。梁思永在《后岗发掘小记》中已明确揭示了三种文化的关系,后来又发表重要论文《小屯、龙山与仰韶》,进一步指出:"自从安特生发现仰韶文化之后,它的时代和文化的关系始终未曾确定。格拉尼在他 1930 年出版的《中华文化》里还说我们没有确实的证据来证明,仰韶不是与殷周青铜文化同时的石骨文化……二十年(1931 年)春季我们在后岗工作,第一次得到小屯与龙山文化关系的线索,但还不分明。同年秋季我们在第 241、第 243、第 244 和第 283、第 284 坑掘得这三期文化先后次序的确然的证据。我们于是知道龙山文化的时代早于小屯、而仰韶文化又早于龙山……我们所得的证据就是考古学上最实在最简单的地下自然的层次。"④故尹达指出:"这是中国新石器时代考古发掘中一个极重要的转折点。这功绩应当归之于思永先生。"⑤

1932 年以后,尹达、吴金鼎、王湘、石璋如、胡厚宣等,又相继在浚县大赉店、刘庄、侯家庄高井台子、秋口同乐寨等地都发现三层文化的堆积,从而证明后岗三层文化的发现并非偶然现象,这就基本上澄清了安特生的错误。

如果说安特生的错误在 20 世纪 20 年代是受考古发掘资料的限制和方法论上受到形式逻辑的局限还有情可原,那么在 30 年代,在龙山文化和殷墟三叠层文化已被人们所认识以后,他仍固执己见并继续重弹"中国文化西来说"老调,则完全是出于民族偏见,就需要我们予以彻底批判。

1934 年,安特生出版《黄土底儿女》,依然是过去的看法,说:"在我们首次发现仰韶遗址的河南以及在更富于仰韶期遗址的甘肃,我们辨认出一些缺少最足表现纯粹仰韶期的彩色陶器的文化遗物群。在河南,离仰韶村西不过数英里的不召寨遗址,就代表着一个前于仰韶时代的遗址。这两遗址在时间上不会有很久的距离,因此我们可以简短地总结说:不召寨除掉没有彩陶这一点以外,和仰韶村相似的。"

实际上不召寨遗址完全是龙山文化遗址,尹达、石璋如等先生曾根据安特生所公布的不召寨遗址的资料仔细地进行研究分析,其陶器龙山文化的特征十分明显,和河南北部所发现的龙山文化遗址的陶器确属一个系统。尹达在见到实物后,更明确地指出:"我在南京时曾经看到了其中的陶器,事实上不召寨遗址正是纯粹的龙山文化遗存。"⑥后来,安特生也不得不承认不召寨遗物中含有"晚期型式"的东西,也不能不说不召寨遗址很可能晚于仰韶村遗址了。⑦1951 年,中国科学院考古研究所在不召寨作考古调查,证实我国学者早年的判断是正确的。曾参加过调查的夏鼐先生指出:"陶面有光面黑陶,压印方格纹陶、篮纹陶、绳纹陶、鬲腿、器把等,几乎都是灰黑色陶、红陶片极少,彩陶尚未发现过。显然的,这遗址的文化是属于龙山文化系统的。"⑧

1937 年安特生再次来华,在南京地质调查所作讲演,还到中央研究院史语所参观。尹达、石璋如等向他出示了龙山文化和安阳殷墟后岗等地的新资料,就我国新石器时代分期问题提出不同的意见。开始安特生还坚持自己的意见,但经过反复的辩论,在事实面前也不得不承认他的看法有自相矛盾之处。然而在他回国后发表的论著《中国史前史研究》(《远东古物馆刊》第15期1943年)和《河南史前遗址》(《远东古物馆刊》第19期1947年)中,仍然坚持其错误的理论,基本观点并没有改变,并且还继续发展。他甚至不顾事实辩解说:"仰韶和龙山的确实关系还不十分清楚,因为后岗一地的层位关系,有人以为仰韶早于龙山,但是仰韶村、西阴村、沙锅屯和其他遗址,甚至甘肃的遗址,都有黑陶与彩陶同时存在的事"。⑨安特生的旧说在我国的影响尚未清除,其新著却又在我国一部分历史学者中发生了影响。

事实上发现仰韶早于龙山的层位关系的,岂止安阳殷墟后岗一处,浚县大赉店和刘庄也都有类似的发现。安特生所说的其他地方,也只是一般调查所得印象,还有待进一步的探究。

为此,我国学者继续对安特生的错误开展深入的分析批判,特别是尹达相继撰写发表了《龙山文化与仰韶文化之分析——论安特生在中国新石器时代分期问题中的错误》(1937年作,载1947年3月《中国考古学报》第2册),《中国原始社会》(1943年作者出版社出版),《论中国新石器时代的分期问题——关于安特生中国新石器时代分期理论的分析》(1955年9月《考古学报》第9册)等论著,成为批判安特生错误理论的力作。

尹达以其长期从事殷墟考古发掘所得第一手资料为依据,采用"综合研究"的办法,对仰韶遗址、安阳后岗遗址和不召寨遗址、齐家遗址及大赉店遗址等我国新石器时代文化遗存进行全面研究。对出土的器物,特别是陶器从形态、制作、色泽、纹饰四个方面进行分析对比,指出了仰韶文化与龙山文化的区别。并强调:"在研究新石器时代的陶器时,假如只是片面地强调颜色,从而孤立地把它作为主要的断代标准,就必然会走上迷途,造成混乱"⑩,这正

是安特生旧说错误的症结之所在。最后,尹达得出如下的结论:

安特生对于中国新石器时代分期的基本点,建筑在"单色陶器"早于"彩色陶器"之上,从我国考古学的新资料中证明这样的理论是错误的。

不召寨这个以"单色陶器"为特征的中国新石器时代的遗址,不属于仰韶文化系统,而属于龙山文化系统,它是晚于仰韶文化系统的遗存,不能把它和仰韶文化混为一谈。

就安特生发现的材料分析,仰韶遗址中确有龙山文化的墓葬,就遗址中的陶器说,有龙山式的,也有仰韶式的,弄清这一复杂现象,尚有待于未来的发掘工作。

齐家坪遗址确属另一系统的文化遗址,不得和仰韶文化混为一谈。目前所知,它晚于仰韶文化。安特生把齐家期放在仰韶期前面是错误的。

安特生由于在这些遗址的认识上有了错误,因之,他为甘肃新石器时代的各期所安排的"相对年代"也就错了。

由于安特生对我国新石器时代的相对年代安排错了,所以他关于绝对年代的估计也就必然是错误的,我们必须予以抛弃。

我们应当用科学的方法,综合大量的关于我国新石器时代的新资料,早日建立起我国新石器时代分期的标准来。⑪

通过这些批判,进一步肃清了安特生错误理论在我国史学界的影响,同时在批判中逐步确立了新石器时代分期的标准,为确定我国新石器时代文化序列奠定了基础,而"综合研究法"则成为尹达后来始终坚持的学术研究原则。

侯外庐先生对此曾给以很高评价,指出:尹达"于 1937 年写成了《龙山文化与仰韶文化之分析》一文,批评了安特生在中国新石器时代分期问题上的错误。他代表了年轻的中国考古学者对外国学术权威的挑战……在抗日战争时期的延安乃至建国以后,尹达同志又发表了一系列研究新石器时代的论文,不但继续清算了安特生的分期理论,而且进一步清算了他所散布的'中国文化西来说'。对于安特生错误理论的批判,肃清其在中国学术界的影响,是尹达同志的一个历史性功绩。"⑫ 林甘泉、叶桂生先生也指出:"应当指出的是:第一,发现龙山文化,以及确认龙山文化和仰韶文化的堆积关系,虽然并非尹达创见,在他之前,吴金鼎、梁思永等人均作过贡献,这在尹达文章中是屡次提到的。但尹达把一次次单独的发掘,一个个孤立的遗址联系起来,加以综合的比较和分析,从而得出关于新石器时代文化分期的带规律性的意见,并且从根本上动摇了安特生权威学说。在这一点上,显示了尹达治学的独创性。第二,尹达根据对陶器的形态、制作、色泽、纹饰等四个要素的综合分析,避免了仅从'单色'和'彩色'陶器的不明确区分所带来的片面性,从而强有力地说明不同文化遗存带有不同时代特征,为新石器时代的分期提供了可靠的依据。"⑬

关于中华民族的起源,17世纪中叶以来,一些西方学者一直在杜撰着"中国文化西来说",为西方殖民主义服务。1758年法国的哥奈斯(Sosenh de Guines)曾倡言中国人发源于埃及的一个殖民地;以后列格(James Leqqe)认为中国人也是诺亚(希伯来人家长)的子孙,原来居住在黑海和里海之间;德国的李赫特霍芬(Baron Von Richofen)认为中国民族的发源地在东土耳其斯坦西南;保尔(C. J. Ball)则认为中华民族起源于中亚细亚的高原地带。如此种种的"西来说",由于是主观的臆断,所拼凑的证据极为脆弱并难以自圆其说,于是不攻自破,喧嚣一阵之后就销声匿迹了。

20世纪20年代安特生在河南渑池和甘肃一带进行考古调查和局部发掘后,即将河南和甘肃等地出土的着色陶器与亚诺及苏萨的着色陶器加以比较,看到了纹饰上有部分相似之处,因而又企图复活陈腐已久的"中国文化西来说"。他在《甘肃考古记》中说:"著者因联想李赫特霍芬之意见,谓中国人民乃迁自中土耳其斯坦,此即为中国文化之发源地。但受西方民族之影响。"⑭以为中国民族原来是住在土耳其斯坦,并且接受了西方民族之影响,到了新石器时代,他们开始向中国的西域地方移动,更向甘肃前进,终于到达了河南及其它各地。安特生的一些追随者也大肆鼓噪,阿尔纳(T.J.Arne)曾说:"要之,安特生博士所发现,不啻消除东西文化之独立,而确定之李赫特霍芬中华民族西来之旧说也。"⑮

安特生用形而上学的方法,将根本不同的文化加以部分比较,必然会得出荒谬绝伦的结论。我国和西方一些公正的学者立即对这种谬论展开批判,尹达先生除上述几篇论著外,还专门撰写了《中华民族及其文化之起源》(1940年7月《中华文化》第1卷第5期)对安特生复活"中华文化西来说"的谬论进行批驳。文章第一部分从考古学上所见到的中华民族及其文化发展的过程,利用当时考古所发现的我国原始人类与现代人类的体质特征,特别是头骨的对比分析,指出:"中国华北地带在几十万年以前就有了人类的足迹,以后使用着旧石器的人类在那里生活了相当年代。那时的人类很可能就是中华民族的前身。中国新石器时代末期已经有了不少的材料,在广大的华北区域以至于华中、华南都有它的遗存,且有其长期发展的迹象。就人类学的材料讲,它无疑的是现在华北居民的祖先。"⑯

文章第二部分利用金文、甲骨文资料证明古代传说的真实性。中华民族是黄帝的子孙,帝喾、颛顼、尧、舜等都是杰出的氏族首领。这些传说中的人物,经金文、甲骨文资料证明都是确实存在的真实人物,进而最后得出结论:"总之,从古人类学、考古学和中国古代的传说中,得到了不少的材料,使我们确信中国这块广大的地带就是中华民族和其文化的摇篮,中国的文化就在这块土地上发荣滋长起来,这是我们对于中华民族及其文化之起源问题的结语。"⑰

文章的第三部分对于"东来"和"西来"说的批判,指出"关于中华民族来源的问题,西欧和日本的学者有不少的臆说,'东来'、'西来'、'南来'、'北来'的说法都有"。其中以'西来'说为最有力,虽然,其中也有些分歧的地方,但其中心问题都是要证明中华民族来自西方,中国的文化并非本土的文化,而是从西方传来的东西。"⑱

尹达系统地剖析了17世纪中叶以来从哥奈斯到拉格柏列(Terrien delacounerie),从李赫特霍芬到保尔等等,所散布的一系列"西来说"的产生、消亡、再产生、再消亡的过程,接着对安特生"西来说"进行批判,一针见血地指出:"安特生在这个问题上,并不曾将各地文化遗存之各方面的具体事实弄个清楚,然后作仔细的详尽的分析和比较,只是把握这各不同地域的文化之相同的部分,遽而肯定的做出那样的结论,自然会演出荒谬的悲喜剧。"⑲

针对着色陶器的花纹和亚诺及苏萨相似这一点,尹达转引了西方进步学者佛兰克富(H. Fankfurt)对安特生批评的一段话:"这一些混杂的地名排在一起却代表根本上不同的文化,那惟一的相同点就是碰巧这些地方都有画陶器的艺术。虽说是这种艺术需要些机械的知识,但是现在我还看不出为什么这在几千年中各民族争相前进的时候,这种知识不能两次三次的不约而同的悟到……"⑳

在大量铁的事实面前,安特生的谬论不攻自破,中国文化"西来说"的臆断,再一次遭到彻底破灭。

注释:
① 安特生:《中华远古之文化》,《地质汇报》第5号,1923年。
②⑥ 尹达:《中国原始社会》,《尹达史学论著选集》第55页、第59页,北京,人民出版社,1989年。
③ 李鸣生、岳南:《寻找"北京人"》,《大河报》2000年4月14日。
④ 梁思永:《小屯龙山与仰韶》,《庆祝蔡元培先生六十五岁论文集》,

1935年。

⑤ 尹达:《悼念梁思永先生》,《文物参考资料》1954年第4期。
⑦ 安特生:《河南史前遗址》,《远东古物馆馆刊》第19期,1947年。
⑧ 夏鼐:《河南渑池的史前遗址》,《科学通报》1951年第2卷第9期。
⑨ 安特生:《中国史前史研究》,《远东古物馆馆刊》第17期,1945年。
⑩⑪ 尹达:《论中国新石器时代的分期问题》《尹达史学论著选集》第268页、第275页,北京,人民出版社,1989年。
⑫ 侯外庐:《深切悼念尹达同志》,《中国史研究》1983年3期。
⑬ 林甘泉、叶桂生:《尹达评传》,《尹达史学论著选集》第455页,北京,人民出版社,1989年。
⑭ 安特生:《甘肃考古记》,《地质专报》甲种第5号,1925年。
⑮ 《尹达史学论著选集》第315页。
⑯⑰⑱⑲⑳ 尹达:《中华民族及其文化之起源》,《尹达史学论著选集》第310页、第310页、第313页、第316页、第315页。

三、延安时代的学术活动和成就

抗战爆发后,殷墟发掘被迫中断。1937年8月,研究院历史语言研究所全体同事撤离南京向西南大后方转移。撤离前考古队员们将殷墟出土文物及发掘记录等认真清点装箱、确保安全转移。由于运输的紧张,不少人将自己的衣物用品都丢弃了。当最后一批物质装上汽车准备出发时,胡厚宣发现没有见到刘燿,就下车跑到刘燿的屋子,见他还在收拾东西,拉着就往外跑。刚离开房子天花板就被轰炸震塌了。途径长沙时又遭遇日本飞机的轰炸,激起了人们极大义愤,不少人都准备投笔从戎。史语所的同仁在长沙郊外"清溪阁"小酒店聚会,大家畅谈理想,饮酒话别。李济先生曾回忆:"1937年12月的一天,历史语言研究所考古组的绝大多数成员聚集在长沙路旁一个小客店里,每人都说了自己在战争期间的打算,尔后一些人离开研究所参加了抗战工作。"①

刘燿早年阅读进步书刊,受到过革命思想的启迪,同时又受其早已投身革命时任莫斯科东方大学第八分校校长的哥哥赵毅敏(刘焜)的影响,毅然决定投奔革命。他后来回忆:"日本对长沙的轰炸,使我下定决心离开这个学术机关,参加了抗日。"②他设法领取了一张中央研究院的"特别通行证",改从母姓,化名尹达,历尽艰辛辗转到延安。

到延安后尹达先在短训班学习,不久延安马列学院开学,进入第一班与李先念、邓拓等同班同炕学习马列主义。1938年4月光荣加入中国共产党,是年11月被分配到陕北公学任教,又调任马列学院历史研究室研究员并兼陕北公学总教员。1941年调任中共中央出版局出版科长,1946年任北方大学教员,1948年任华北大学教务处长,1949年任北平文化接管委员会文物部长。

在延安尹达开始全面运用马列主义观点来研究历史,并把考古资料与史学研究结合起来进行综合研究。来延安之前为了轻装,尹达将自己多年积累的全部中外文书籍资料存放在老家,为了开拓党的史学工作,他冒着生命危险在党组织的安排下,从敌占区河南滑县运回了这部分书籍资料。在敌人长期围困封锁艰苦卓绝的环境中,这批书籍资料发挥了很大作用。

1940年2月,著名史学家范文澜来到延安,受中共中央委托编撰史学名著《中国通史简编》,尹达负责编写秦汉至南北朝部分。应当说尹达长期从事商周和原始社会的考古发掘工作,对先秦史更为熟悉。但他以工作大局为重,无条件服从组织分配,立即动手收集了大量秦汉至南北朝的资料,认真编写圆满完成了任务。

在研究院史语所期间,尹达主要是从事田野考古发掘工作,可以说是进行的资料的收集和积累。到延安后他利用工作的间隙,"以最大的努力运用了科学的方法,把这些材料组织起来,希望从这里看出中国原始社会发展的线索"③除前述批评安特生错误理论文章外,他还写了一部专著和多篇文章,汇总成《中国原始社会》。

1943年延安作者出版社出版了他撰著的《从考古学上所见到的中国原始社会》(简称《中国原始社会》)。该书运用辩证唯物主义和历史唯物主义,运用当时所能掌握的丰富的考古资料,结合近世出土的甲骨文字、丰富的古代文献典籍及神话传说,叙述了中国境内开始出现人类直到殷末社会的漫长历史,论述了我国原始社会各个阶段的社会结构和生产生活状况,阐述了原始社会发生、发展和逐渐崩溃的过程,开创了研究中国古代史的新途径。正如他自己所述:"运用马克思主义有关原始社会的精神原则,深入钻研大量的新资料、新现象、新问题;从这些丰富的实际资料中,综合、概括、提炼,去解决复原氏族制度所必须解决的考古方面的关键性问题。"④

因此,夏鼐先生曾指出"郭沫若是结合古文字学和古铭刻学的资料运用马克思主义来研究中国古代史的第一人;尹达是结合考古实物资料运用马克思主义来研究中国古代史的第一人。"⑤

该书分三部分。第一部分导言,概述了中国原始社会之发生发展及其崩溃的历程;第二部分从考古学上所见到的中国原始社会;第三部分从古代传说中所见到的中国原始社会。作者认为,从生产工具的演进系统看,旧石器时代相当于氏族制以前的社会,新石器时代相当于氏族制社会,其中小屯文化期反映了氏族制社会走向崩溃的阶段。从古代传说系统来说,五帝前是氏族制前的社会,五帝是氏族制的母系氏族阶段,禹到夏桀是氏族制的父系氏族阶段,殷代是氏族社会趋向于崩溃的阶段。

第二部分约占全书的3/4,是全书的主体部分。"在这一部分里,尹达发挥其专业特长,萃集了从旧石器时代考古至殷墟发掘几乎所有有价值的材料。"⑥如新石器时代的遗址分布,作者划为长城以北和长城以南两个区域。长城以北又分为东三省、热河、绥远、察哈尔、外蒙古；长城以南又分华北、华中和华南，基本囊括了全部中国。在论述我国新石器文化的同时，对安特生错误的分期理论继续进行分析批驳，进一步对中国新石器时代文化的分期作了较合理的估定。

需要指出的是，这时尹达过分强调了殷代石制工具的作用，从而低估了殷代的生产力和生产关系，把殷代当作"崩溃过程中的氏族社会"。50年代后，尹达已认识到这一点，承认过去对殷代后期社会发展的程度估计是"偏低了"，并准备着手重新进行研究。由于工作繁忙和身体的原因，我们未能看到他对殷代社会研究的最新成果。尽管如此，该书还是有许多可取之处。在殷代部分论述了当时的社会经济结构、社会组织结构和意识形态，以其参加殷墟发掘的亲身经历，披露了大量的殷墟发掘新材料，仅甲骨文就引用了140余条，丰富了人们对殷代社会的认识。因此，林甘泉、叶桂生先生指出："《中国原始社会》一书中的不少结论和材料在今天看来都显得陈旧了。然而，这本书在30年代所取得的成就，以及它在中国马克思主义历史学发展过程中曾经占有的地位和起过的作用，是不应抹煞的。"⑦

在延安期间，周恩来同志号召解放区的学者积极撰写文章，声援国统区文化战线上进行艰苦斗争的郭沫若同志。尹达率先响应，撰写了《郭沫若先生与中国古代研究》，于1945年3月刊载于延安《解放日报》，后重庆的《群众》予以转载。尹达高度评价郭沫若在中国古代史方面的研究成果和研究方法，指出：郭沫若的《中国古代社会研究》，"在中国，这是以唯物史观的观点研究中国历史的第一部巨著。从中国历史科学的发展上看，它确是一部划时代的作品；由于它的诞生，才把陈腐的中国古代史料点活了。"⑧

文章进一步指出："郭先生研究中国古代社会的态度是非常审慎的，他深刻地了解古籍的特点，并不曾醉心于那些真伪莫辨的古书，而别辟生面，从最可靠的史料着手研究。总之，我们说郭先生的治学精神是严肃的、积极的、前进的和科学的精神。这种精神是值得每一个新史学家学习的。"⑨

对于郭沫若在甲骨文研究方面所取得的成果,尹达更是给予很高的评价,指出郭沫若的《甲骨文字研究》"出版之后,很快的就轰动了国内外的古文字学家,他们看到了这许多新颖的创见,也不能不惊叹不止,甘拜下风了。"⑩郭沫若的另一部研究甲骨文著作《卜辞通纂》,则是"中国空前的、综合性的关于甲骨文字的杰作,每一个研究古代社会和古文字学的人,都依靠着它作为最可靠、最珍贵的读物。"⑪

在甲骨文断代研究方面,尹达在高度评价董作宾的辉煌成果的同时,指出郭沫若在资料匮缺、环境条件极为困难的情况下却能与董作宾先生不谋而合,同样能够发现这一断代的方案。"由此可知,'断代'的方案虽出于董先生之手,而郭先生也有同样的看法,就两人所处的不同条件看来,我们不能不敬佩郭先生学识的卓越。"⑫

周恩来在重庆看到这篇文章很重视,不久他返延安,写信给尹达要了尹达的著作,在回重庆时转送给郭沫若。1946年春,尹达从延安到了晋冀鲁豫的北方大学任教,八月间接到从延安转来的郭沫若的来信和《十批判书》,从此这两位马列主义史学大师建立了直接的联系。1949年北京解放,郭沫若从东北来到北京,两人得以会面。1953年尹达调入中国科学院协助郭沫若筹建历史研究所,郭沫若兼任所长,尹达任副所长,从此两人共同工作了近25年。因此,尹达深有感触地说:"从30年代起,我就在郭老的影响下,逐步走上了用新史学观点探索古代社会的道路。在相当时间里,在我虽说在从事具体的考古发掘,但由于郭老的影响,我始终尽最大可能读了一些进步的理论书籍。应当说,在治学的精神上,我已成为郭老的私淑弟子。"⑬

注释：

① 李济：《安阳（英译本）》第90页，北京，中国社会科学出版社，1990年。
②《尹达史学论著选集》，第373页，北京，人民出版社，1989年。
③ 尹达：《中国原始社会校后记》，《尹达史学论著选集》第457页。
④ 尹达：《从考古到史学研究的几点体会》，《尹达史学论著选集》第375页。
⑤ 夏鼐：《悼念尹达同志》，《考古》1983年第11期。
⑥⑦ 林甘泉、叶桂生：《尹达评传》，《尹达史学论著选集》第458页、第461页。
⑧⑨⑩⑪⑫⑬ 尹达：《郭沫若与古代社会研究》，《尹达史学论著选集》第415页、第415页、第421页、第415页、第416页、第423页。

四、对新中国历史学考古学建设的贡献

1949年北平和平解放，尹达任文化接管委员会文物部长，为保护北京古都和中华民族文化瑰宝作了大量工作，对商周青铜器和甲骨文的收集尤为重视。加拿大传教士明义士早年在安阳传教，收集了大量甲骨文，号称5万片，实际上有3万5千余片。①后来他到北京华语学校任教，将其一部分甲骨文藏在华语学校图书馆，这时由文物部清出，交故宫博物院妥善保存，共计19400多片，占明义士所藏甲骨文的一半以上，材料十分珍贵，后大都收入《甲骨文合集》中。

1950年，尹达任中国人民大学研究部副部长、兼中国历史教研室主任。1953年任北京大学副教务长，当年年底调入中国科学院，协助郭沫若筹办中国科学院历史研究所第一所，任副所长。1958年历史研究所一、二所合并为历史研究所，尹达任副所长，同时任考古研究所副所长、所长。1954年创办并主编全国性史学刊物《历史研究》，并参与编纂《考古学报》。1955年任中国科学院编

译出版委员会副主任委员、哲学社会科学部常务委员。他在建国后从事科学组织工作,曾先后担任过60多个职务,还被选为一二三届全国人民代表大会代表和第五、第六届全国政协委员。

1955年,三联书店出版了尹达的《中国新石器时代》,1963年增订改名《新石器时代》。该书是他从事考古研究以来20余年的成果汇集,其中除30年代的两篇文章外,还有50年代的《论中国新石器时代的分期问题》、《论我国新石器时代的考古研究工作》等论文。从时间上来看这些论文虽然相隔很久,但它们却总是围绕着一个中心,即批判安特生关于中国新石器时代分期的错误理论,"以建立我国新石器时代的体系"。

作者把我国新石器时代分作了四个不同的文化系统,即长城以北的细石器文化;河南西部和北部、山西、陕西、甘肃、青海一带的仰韶文化;东海沿岸、黄河中下游、淮河流域及辽东半岛一带的龙山文化;长江以南、东南沿海一带的硬陶文化。在时代先后序列上,"大体上可以说仰韶文化早于龙山文化;且可以肯定的,在河南北部的仰韶文化遗存早于龙山文化遗存。东南沿海一带以硬陶器为特征的古代文化遗存,大体上晚于龙山文化遗存。长城以北的细石器文化的特征,较仰韶文化为原始,就社会发展的进程上,应当早于仰韶文化。"②

1963年尹达还根据考古所编纂的《新中国的考古收获》所提供的资料,写成了长达5万字的重要文章《新石器时代研究的回顾与展望》,指出:"考古学是历史科学的一个构成部分,它的目的是为了研究过往的历史,而不是其他。新石器时代遗址的考古调查、发掘和研究的最终目的,应当是为了更具体、更深入地了解祖国原始社会氏族制度的历史,而不是其他。这就为我们新石器时代考古学者规定了明确的科学目的性。"③我国的氏族制度史好像一部"无字地书",千万年来,一页页地被叠压在大地之下。然而,它是我们的祖先用实际生活写下的最真实、最可靠的好书,应当万分珍视它,读好它。林甘泉、叶桂生先生认为,该文的发表,是尹达自己从事新石器考古研究的一个总结,"它标志着,尹达在学术探求的道路上走过20多年的艰辛历程,已经成为一位成熟的马克思主义的考古学家。"④

解放后尹达一直担负着新中国历史学建设和发展的组织领导工作,由他经手和参与领导了许多重要项目,为此付出了巨大的劳动。1956年他参加制订科学发展12年规划,和吴晗、谭其骧一起负责组织绘制《中国历史地图集》,1958年代表郭沫若组织编写《中国史稿》,协助郭沫若主编《甲骨文合集》,1960年和邓拓一起领导筹建中国历史博物馆等。

被国务院古籍整理出版规划组组长李一氓称做是"建国以来文化上最大的一项成就"⑤的《甲骨文合集》是我国科学发展12年规划的重点项目,由郭沫若任主编、胡厚宣任总编辑,先后参加工作的有20余人,历时20多年完成的。尹达从计划的制订实施、人员的组织安排、资料收集整理、编写体例的审订、到最后的印制出版,他都亲自过问,解决了许多关键问题,保证编辑工作的顺利进行。

著名甲骨学家、《甲骨文合集》编辑工作组组长、总编辑胡厚宣先生曾回忆:"我的爱人桂琼英当时正在上海师范学院(现为上海师范大学)教书,我的学生裘锡圭复旦刚刚毕业又考上了我的研究生,也一同调来科学院的历史所,都在我所主持的先秦史组工作。先秦史组我任组长,后改先秦史研究室,我任主任,我也是所学术委员会的委员。《甲骨文合集》原来准备我们三人合作,尹达副所长建议先秦史组除了参加《中国史稿》的人员以外,全部都参加《甲骨文合集》。他对我说:'只要你完成了《合集》,又培养出一批人来,既出了成果,又出了人才,这就是你的贡献。'这样,《甲骨文合集》就成了集体的工作。"⑥

胡厚宣出色地完成了"出成果,出人才"的任务,是对甲骨学和殷商史的巨大贡献。1977年桂琼英在《合集》编辑即将完成时,积劳成疾不幸病故,胡先生也于1995年以85高龄溘然长逝。但我国学术事业后继有人,《合集》编辑组的同志们都已成为著名的甲骨学、殷商史学者,由此也可见尹达的远见卓识。

在收集甲骨文资料过程中,胡厚宣曾多次向尹达谈起,希望尽可能收集齐全。尹达一方面赞扬他对工作尽了最大的努力,同时又耐心地告诉他:"80年来这些甲骨失散于国内国外,不可能搜集齐全,况且还会继续发现新资料,只能做到相对的'全';书出之后,还可以根据新获资料编出《续集》。"⑦

在1982年13巨册《甲骨文合集》全部出齐后的17年,由甲骨学家,中国社会科学院历史研究所研究员王宇信、杨升南主持的国家哲学社会科学重点课题"甲骨学一百年"三大成果之一,由彭邦炯、谢济、马季凡编纂的《甲骨文合集补编》于1999年2月出版,全书共收甲骨文13450片,将《合集》出版以来新出土的或散失国内外的甲骨文资料基本收齐。

20世纪70年代末,《甲骨文合集》将完成时,编辑组的人员开始进行专题研究,并很快取得成果。80年代初论文集《甲骨探史录》和《甲骨文与殷商史》的出版,就是这些成果的展现。这些成果的取得,也是与尹达分不开的。《甲骨文与殷商史》编后记中记述:"尹达同志勉励大家要珍惜编辑《甲骨文合集》的有利条件,利用第一手资料从多方面考察殷商历史,逐步做出了较全面地了解殷商社会的性质和特点,并且建议我们要及时将自己的研究成果和学术界见面以就正于学者和专家……这就是本集产生的由来。"⑧

《甲骨文合集》样书印出后,胡厚宣请郭沫若审阅并写"前言",郭老欣然承诺,但后因病情加重,未及动笔就与世长辞了。胡又请尹达写"前言",记述了《合集》编辑出版的经过,指出:"这项集体的学术资料工作,从1959年起,先后参加工作的有20余人,旷日持久,屡作屡辍,拖延了近20年,走过这样那样的曲折道路,摆脱了形形色色的干扰,终于完成了这项'智者不为'的繁重的科学任务,它是在风风雨雨里成长起来的集体果实。"⑨尹达高度评价了《合集》出版的意义和胡厚宣及编辑组全体成员所付出的辛勤劳动,并为今后甲骨学的研究工作指出方向,成为"这部大型项目编纂的总纲和总结"⑩就在尹达写就"前言"后不久,亦即《甲骨文合集》出齐后的第二年,尹达也不幸逝世了。

尹达始终对殷墟的考古发掘工作十分重视。自1950年中国科学院派郭宝钧先生主持发掘殷墟武官大墓,使中断了十多年的殷墟发掘恢复以来,除"文革"中断了几年外,至今

中国社会科学院考古研究所安阳工作站

殷墟发掘从未间断。1958年在尹达的关心下,中国科学院考古研究所组建了安阳工作队,从1958年到1961年尹达亲自兼任安阳工作队长。"安阳队的建立为有计划有目的地发掘殷墟,为加强殷墟文化的研究,起了组织保证作用。"⑪(见附图)1961年,经郭沫若、尹达等学者首先提名,安阳殷墟被列为第一批全国重点文物保护单位,划出了保护范围,制定了具体保护措施。

在尹达兼任考古所安阳工作队队长期间,安阳队配合基本建设对殷墟进行了全面发掘。在小屯西地等13个地点发掘了7000余平方米,进一步搞清了殷墟的范围与布局,根据明确的地层证据,首次提出殷墟遗存的分期问题。在小屯西地还发现一条长达800米,最宽达10米的灰沟,是殷代王宫周围的一种防御设施。

在北辛庄南地发现制骨作坊遗址一处,出土了大量的骨料、半

成品、成品以及制骨工具。在苗圃北地发现一处大型铸铜作坊遗址，面积在1万平方米以上，生产区内出土成堆的坩埚碎片、熔炉残壁、炼渣，出土陶范陶模19000多块，是殷墟发掘以来一项新的发现，为研究殷代的手工业提供了丰富资料。在武官村北地发掘了

戍嗣子鼎和鼎铭

殷墓一座、祭祀坑十座，并钻探发现了传出司母戊鼎的大墓。在后岗发现圆形祭祀坑一座，坑内埋73具无头人架、铜器10件、陶器32件，其中戍嗣子铜鼎腹内壁有铭文30字，为殷墟出土的殷代铜器中铭文最长的一件。⑫（见附图）

尹达十分重视对殷墟发掘资料的整理与研究。1973年中国社会科学院考古研究所安阳工作队在小屯南地进行发掘，出土大量陶、石、骨器和甲骨文5000多片，这是解放后殷墟发掘中出土甲骨文最多的一次。这些甲骨文有可靠的地层关系，并常和陶器并存。"小屯南地甲骨，不但出土数量多，刻辞内容也很丰富，包括祭祀、田猎、农业、天象、征伐、旬夕、王事等。其中有不少新见的人名、地名、方国名、新的字和词，还有军旅编制、天文等方面的新材料，为甲骨文和商代历史研究又提供了一批宝贵的资料。"⑬引起了国内外学界的高度重视。

尹达得知这一消息后非常高兴。尽管这时他正处逆境，受"四人帮"迫害被停职检查，但他仍奔走呼吁抓紧整理、尽快发表这批资料。粉碎"四人帮"他恢复工作后，对这项工作更加重视。到

1980年经考古所整理,中华书局出版了《小屯南地甲骨》上册,1983年又出版了下册。同时,李学勤的《小屯南地甲骨与甲骨分期》(《文物》1981年第5期)、王贵民的《晚商中期的历史地位》(《中国史研究》1983年第3期),姚孝遂、肖丁的《小屯南地甲骨考释》(中华书局,1983年)等利用这批新资料的科研成果也都相继问世。

1981年夏,著名学者杨希枚教授回国定居,带回30年代殷墟西北岗发掘所获全部头骨原始测量记录及部分未经发表的标本图片。早在1934年,在殷墟发掘进行中,史语所创设了人类学组,开展对殷墟骨骼的整理与研究。后来抗战爆发,这一工作陷入停顿。1947年,杨希枚接管了史语所的骨骼标本、仪器和研究资料,但由于频繁的迁徙和环境的困难,直到60年代初杨先生才正式受李济的委托,全面整理研究这批资料。与此同时,大陆的人类学家也对解放后殷墟发掘新获得的不少人骨标本进行了研究。

杨先生回返北京,加强了海峡两岸的学术交流,对促进这项研究工作开展有着重要意义。尹达和当时的考古所所长夏鼐对此非常重视,在他们的支持下,组成以杨先生为首的课题组,《安阳殷墟头骨研究》很快问世。夏鼐先生在《安阳殷墟头骨研究·序言》中曾记述了这一情况:"这一本《安阳殷墟头骨研究》论文集的编集,是杨希枚到中国社会科学院研究所报到后谈到工作计划时才决定的。历史所所长尹达和我一样,都是30年代初殷墟发掘的旧人。他和我一样,都曾亲自在墓坑中剥人骨架、提取、洗刷、写标本号,甚至于糊麻纸的工作,也都曾做过。对于这批材料的整理和发表,他是非常关切的。于是,我们商得院领导和有关各方面的同意,决定请杨希枚主编本论文集,由韩康信与潘其风二位协助。"⑭

粉碎"四人帮"恢复工作后的尹达夜以继日拼命工作,尽力挽回十年内乱造成的巨大损失。他还组建了史学理论、史学史研究室,招收研究生,从事马克思主义史学理论和中国史学史研究并主编《中国史学发展史》,该书在他逝世两年后,于1985年由中州古籍出版社出版。

1982年在河南大学70周年校庆前夕,尹达回到阔别50年的母校。4月22日上午,他到龙亭西院寻访了当年河南古迹研究会旧址,并到龙亭、潘家湖发掘工地参观指导。下午,他以异常

尹达在母校河南大学发表演讲

兴奋的心情,支撑着虚弱的身体,向母校师生发表了热情洋溢的演讲《从考古到史学研究的几点体会》,回顾了自己在河大学习,并走上田野考古发掘工作,进而走上史学研究的历程。介绍了自己在史学、考古学研究方面的主要成绩,强调研究历史必须以马列主义、毛泽东思想为指导,把握好理论与史料的关系,继承祖国的优秀文化遗产,这样"就一定能够写出新的更加合乎历史实际的史学巨著来。"⑮(见附图)

最后他指出:"河南地处中原,历史上被称为中国文化的摇篮,地下、地上有着大量的、丰富的历史资料可供我们研究。从史学发展的情况看,许多重大问题,不论是考古的,还是社会历史研究方面的,往往是从河南这个地方的社会历史中提出来的。河南在历史学领域是大有作为的地方,河大又有悠久的历史,有丰富的教学、科研经验,大量的历史资料。"⑯希望母校师生通过对祖国历史的学习,对祖国优秀文化遗产的继承,激发起更强烈的爱国主义热情,努力为实现高度文明和四个现代化的美好前景而学习和工作!

他还在郑州各地发表讲演,指出:"河南是中华民族古老文化的发祥地,是我们从事史学研究、考古研究的肥沃土壤。古往今来,中原大地的人民气质非常高昂,又有着大量的地上、地下的历史资料,相信同志们、同学们一定会对祖国的社会主义物质文明、精神文明建设做出更大的贡献。"⑰尹达的演讲给人以很大的鼓舞,有力地推动了史学研究和考古事业的发展。

1983年7月1日,尹达因病医治无效不幸逝世。他的逝世是我国史学事业的巨大损失。根据尹达生前遗愿,他的骨灰撒在哺育了中华民族远古文明的黄河里。

为了表达对尹达的怀念,在他逝世后,由叶桂生,曲英杰选编,人民出版社出版了《尹达史学论著选集》,共收入尹达的论著17篇。并附有林甘泉、叶桂生写的《尹达评传》和翟清福整理的《尹达著作目录》,目录列出尹达论著46篇。1986年在尹达诞辰80周年的时候,田昌五、石邦兴主编,文物出版社出版了《中国原始文化论集——纪念尹达80诞辰》,收入著名学者严文明、贾兰波、李伯谦等人怀念尹达的文章和学术论文31篇。

注释:

① 胡厚宣:《关于刘体智、罗振玉、明义士三家旧藏甲骨现状的说明》,《殷都学刊》1985年第1期。

②③ 尹达:《论我国新石器时代的考古研究工作》,《尹达史学论著选集》第256页、第464页,北京,人民出版社,1989年。

④ 林甘泉、叶桂生:《尹达评传》,《尹达史学论著选集》第476页。

⑤ 程亦军:《一部文化巨著的诞生》,《光明日报》1983年7月24日。

⑥ 胡厚宣:《人生漫漫为"甲骨"》,《我与中国20世纪》,中国知识分子丛书,郑州,河南人民出版社,1994年。

⑦⑨ 尹达:《〈甲骨文合集〉前言》,《尹达史学论著选集》第444页、第441页。

⑧ 胡厚宣主编:《甲骨文与殷商史·编后记》,上海古籍出版社,1983年。
⑩ 王宇信、杨升南:《甲骨学一百年》,第79页,北京,科学文献出版社,1999年。
⑪⑬ 中国社会科学院考古研究所:《殷墟的发现与研究》第16页、第160页,北京,科学出版社,1994年。
⑫《殷墟发掘与研究》第17~18页。
⑭ 夏鼐:《安阳殷墟头骨研究·序言》,北京,文物出版社,1985年。
⑮⑯ 尹达:《从考古到史学研究的几点体会——1982年4月22日在母校河南大学的谈话》,《尹达史学论著选集》第379页、第381页。
⑰ 尹达:《关于史学研究中的几个问题——在郑州大学历史系的学术报告》《郑州大学学报》(哲学社会科学版)1982年第3期。

第六章 殷墟发掘的"活档案"石璋如

一、参加殷墟科学发掘

石璋如先生是我国著名考古学家、历史学家,台湾中央研究院历史语言研究所研究员、研究院第十二届人文组院士、第十一届人文组评议员。1902年出生于河南偃师县,自幼刻苦攻读,在家乡念完中学后,于1928年考入河南大学史学系。

在大学里他学习更加努力,认真学好各门课程,对河南地方史尤感兴趣。悠久的河南历史文化深深地吸引了他,每到假日里,他常常邀集同伴在家乡附近进行文物古迹的调查寻访。

20世纪之初至20、30年代,我国学术界发生了一件举世瞩目的重大事件,即安阳小屯殷墟甲骨文的发现和科学发掘。凭着自己优秀的学习成绩和兴趣爱好,石璋如在学生时代就以实习生的身份参加了安阳殷墟的科学发掘。

石璋如第一次参加殷墟发掘,是由我国著名考古学家、历史语言研究所考古组主任李济先生主持的殷墟第四次科学发掘。考古学家董作宾、郭宝钧、王湘、吴金鼎、梁思永和河南大学的部分师生马非百等也都参加了发掘。这次发掘不少学者都认为是殷墟科学发掘第二阶段的开始,① 由于人员和经费的增加,发掘范围的扩大,发掘方法的改进而取得突破性的进展,"这标志殷墟遗址历史考古学'地层学'的形成,从而把殷墟发掘第一阶段'草创时期'的水平,推向了殷墟发掘的第二阶段(1931～1934年第四次至第九次发掘),即我国历史考古学的'形成时期'"②。

发掘从1931年3月21日开工至5月12日结束,共历时52天。工作地点以小屯为中心"兼探四境","小屯村西边有个小村四盘磨,以出铜器墓葬出名,1929年秋,就曾有人在此掘出这类的墓葬。小屯村东边的后岗,去发掘小屯村时,天天要走过那里,看它隆然高起,遍布着古代的绳纹陶片,就动了发掘的念头。"③因此在发掘小屯的同时,也发掘了四盘磨和后岗。

发掘中在小屯村东北,就第三次发掘地区继续工作,重新测量,确定永久标点。这次发掘出土甲骨文782片,另有大量的青铜器、陶器、玉石器和骨蚌器等。还发现一些版筑遗迹,使发掘者"对于商朝建筑的研究,又鼓起新的兴趣来。这是发掘殷墟历史中一个极重要的转折点。"④

在四盘磨,发现有大片的灰坑和夯土墓葬,出土有无字甲骨、铜矢、陶觚爵、骨矢、骨铲、石刀和蚌器等器物。学者们认为,这里是殷墟之外郊,"或为当时平民居址"。⑤

在后岗发现了黑陶时期的"白灰面",类似小屯的灰坑和夯土,出土有陶器、骨蚌器和石器,还发现一块字骨,是小屯以外地区第一次发现甲骨文。在后岗最重要的是发现了小屯、龙山、仰韶文化的成层堆积,即所谓"三叠层文化",成为解决我国新石器时代文化分期问题的重要依据。

1931年11月7日至12月19日,石璋如参加了由董作宾主持的殷墟第五次科学发掘,发掘地点在小屯和后岗。在小屯发掘工作集中于三区,即B区、E区和新增辟的F区。董作宾负责F区,郭宝钧负责B区,刚刚第二次参加殷墟发掘,还是实习生的石璋如负责E区发掘。E区相当于后来的甲组建筑基址,宫室寝殿众多,地下的情况十分复杂。以后几次发掘,石璋如继续E区的工作,终于探明了地下详细情况,并写出分区发掘报告《第七次殷墟发掘E区工作报告》(载《安阳发掘报告》第四期 1933 年)。

在E区石璋如发现一处重要地下建筑基址,引起殷墟发掘团的重视。李济曾指出:"第五次发掘时在B区和E区发现一个更明显的夯土区。E区发现的一个夯土区是由纯黄土作成的台基。这个台基呈方形,方位向北,但遭到晚期的破坏。我认为这很重要,所以随后的第六次发掘由我负责。"⑥

1932 年 4 月 1 日至 5 月 31 日,石璋如参加了由李济主持的殷墟第六次发掘,发掘地点在小屯以及小屯以外洹河北岸的侯家庄高井台子和小屯西南的王裕口、霍家小庄。

在小屯为寻找建筑基址,工作地点集中在B、E两区,采用密集开坑或小规模的"平翻",共开探坑82个,占地约 900 平方米。结果在E区发现探明一处保存较完整的殷代建筑基址,其上有排列整齐的柱础石,石璋如曾回忆:"到民国二十一年春(1932 年)殷墟第六次发掘的时候,我自己在E区发现了一座完整的基址(甲四),周围并有行列整齐的石础,于是对于寻找基址的工作,兴趣更为浓厚。自此以后,小屯各区的发掘都把寻找基址列为首要的业务。"(《殷墟建筑遗存·自序》)李济先生也

20 世纪 30 年代石璋如参加殷墟发掘,在甲四基址前与同事们合影(左二为石璋如)

指出:"这次发掘重要的是发现了建筑工程,即几排未加工的大小适度的砾石沿夯土边缘规则地排列着。这些明显是用作支撑柱子的基石。"⑦还指出:"这组重要遗存是1932年5月第六次发掘时于E区发现,许多考古队员在此合影留念"⑧。(见附图)胡厚宣也明确指出:"这里无疑是殷代的宫殿遗址。而这种建筑基址和础石排列的方向,均为磁针的南北,尤为耐人寻味之事。"⑨

1932年10月19日至12月15日,石璋如参加了由李济主持的殷墟第七次发掘,地点集中于小屯A、B、C、E四区,开探坑173个,面积约1612平方米。发现多座建筑基址,有矩形,有凹形,有条形,一般长20余米,最长者达60米,之上都有排列整齐的柱础石,南北都成准确的子午线方向。如此规模的建筑基址,说明这地方确为殷代的宗庙宫室之所在。

还发现有窖穴、房基、墓葬等。窖穴中出土大量的文物,如坑E161出土有成层鹿角,坑E181出土有陶、骨、铜、玉、金等类器物5801件。出土甲骨文29片,另有字陶一片尤为珍贵,上边有一墨书"祀"字,笔锋毕露,知道殷代已有了毛笔书写。

石璋如根据发掘的情况,写出了《第七次殷墟发掘E区工作报告》。报告分两部分,第一部分概述,第二部分分述。概述部分记述了从1931年秋季殷墟第五次发掘以来,两次在E区发掘的基本情况,其中主要是发现的遗迹和出土的遗物。分述部分重点记述了第七次发掘的经过及主要收获,收获有发现的遗址、遗物和墓葬。遗址分四类:即:基、础、穴和窖。遗物分五类:石玉、陶、骨角、贝壳和铜金等器物。

1932年石璋如以优异的成绩从河南大学毕业,即进入研究院史语所为研究生,一边研读研究生的课程,一边继续参加殷墟发掘工作。1934年完成研究生学业,留史语所为助理研究员。经过严格的专业培训和第一线的田野考古实际锻炼,他逐渐成为优秀的考古学家。

1933年10月20日至12月25日,石璋如参加了由郭宝钧主持的殷墟第八次科学发掘,这次在小屯集中全力于D区进行发掘,目的在沟通B、E两区,并进一步窥察黑陶、灰陶文化的关系。开探坑136个,占地约3000平方米。发现版筑基址东西两处,东址长30米,宽9米,除石础外还有铜础10个;西址长20米,宽8米。版筑之下,发现龙山期穴居之圆坑,地层上有清晰的小屯期与龙山期上下两层的堆积情形,出土甲骨文257片和陶、石、骨蚌等器物。

　　石璋如还参加了尹达主持的对后岗的第三次发掘,最大的收获是在西区发现了一座殷代大墓,墓室长方形,带有南北两条墓道,虽经盗掘但墓中残留遗物仍很丰富精美,特别在四隅发现杀祭的人头28个,断定是殷代统治阶级的墓葬。在第九次发掘中,将之清理到底,更见其规模宏伟,由此激发了人们寻找殷王陵的信念。正如胡厚宣所指出:"由于殷墟第八、第九次发掘,在后岗发现了殷代的大墓,由它规模的雄伟看来,知为殷代统治阶级奴隶主的墓葬无疑。这就启示了发掘工作者一个新的线索,安阳这个地方,不但是殷都,而且有发现殷陵的可能。刘燿、石璋如两君怀着这一信念,各处调查侦察,结果认定侯家庄西北岗必有大墓,应该发掘。这样就从1934年秋到1935年秋,展开了殷墟第十次至十二次的规模宏大的发掘工作,证实了这里真是殷代的'皇陵'"。⑩

　　在第八次发掘中,根据"兼探四境,以外求内"的原则,石璋如和尹达在小屯的外围进一步扩大调查,在洹河上游3.5公里处的秋口西南紧临洹河的同乐寨发现一处古文化遗址。遗址东西长150米、南北宽约100米。当时在断崖上观察,只见到小屯和龙山文化遗物,他们断定其下还有古文化层的堆积。1934年10月,在梁思永主持的殷墟第十次科学发掘中,石璋如和胡厚宣等在同乐寨进行发掘,果然在小屯、龙山文化层下找到了仰韶文化遗迹,再一次发现了后岗型的"三层文化叠压"现象。

1934年3月9日至5月31日石璋如参加了由董作宾主持的殷墟第九次发掘,工作地点在小屯、后岗和洹河北岸的侯家庄南地及武官村的南霸台。

在小屯集中D、G两区进行发掘,开探坑28个,面积约300多平方米,发现版筑基础、窖穴等,出土甲骨文441片和一些陶、石、骨蚌器物。在后岗分东西两区进行,在东区将龙山时期大墙挖到尽端,在西区将殷代大墓挖到底,清理完毕。

南霸台在武官村南为一高地,隔河与四盘磨相对,其上多有古文化遗迹。石璋如主持了对南霸台进行发掘,开探坑8个,占地约93平方米,发现小屯与龙山两期的堆积。

根据第八次、第九次的发掘,石璋如后来写出了发掘报告《小屯后五次发掘的重要发现》和《小屯文化层》(《六同别录》上册1945年)、《河南安阳后岗的殷墓》(《历史语言研究所集刊》第十三本,1948年)。

1934年10月至1935年12月,石璋如参加了由梁思永主持的殷墟第十、第十一、第十二次发掘,这是中国社会科学院考古研究所划分的殷墟科学发掘的第二阶段。考古学家马非百、尹达、胡厚宣、李景聃、李光宗、尹焕章、祁延霈、王湘、高去寻、潘悫、夏鼐等,都先后参加了这一阶段的发掘。地点在洹水北岸侯家庄西北岗,发掘总面积达20600平方米,发掘了11座大墓和1200余座小墓及祭祀坑。同时还发掘了秋口同乐寨、范家庄和大司空村遗址。

第十次发掘原计划与前几次一样,在小屯北地进行发掘,并对洹河谷一带进行全面考察。但当时盛传又有人在侯家庄附近盗掘了大量青铜器和其他珍品,其中有3件不知形状体积很大的青铜器,很快在古玩市场上被卖掉,盗掘者成了暴发户。后来东京根津博物馆展出3件分别高71.2厘米、72.1厘米、73.2厘米形状奇特的盉,尽管他们的《殷墟青铜器编目》中没有提及它们,但人们一看便知这是安阳殷墟出土的器物。(见附图)

根据这种情况,再根据后岗殷代大墓的启示,发掘主持人梁思永遂改变计划,调动人员集中一切力量,前往侯家庄寻找殷王陵。在侯家庄村、武官村以北一处微凸的土岗,本地人称"西北岗",果然找到了殷王的墓地。

西北岗王陵区东西长约450米、南北宽约250米,一条南北小路从中穿过,将遗址分成两部分,路西为西区,集中分布着8座大墓,只有少量小墓;路东为东区,主要为小墓区,但也有数座大墓。

1934年秋季的第十次发掘,在西区发掘了4个大墓,即M1001、M1002、M1003、M1004,在东区发现

东京根津博物馆展出的于铜盉

小墓63座,发掘了其中的32座。这些大小墓葬虽然经过古今的多次盗掘,但出土遗物仍极为丰富精美,总计有10类1万余件:

(一)青铜制品,成形铜器124件,铜器残片300多块。

(二)石制器千余件,其中最宝贵最重要的为一件白色大理石雕刻的立体神话动物"饕餮",是中国艺术史上最珍贵最古老的资料;

(三)玉制品4件;

(四)骨制品3千多件,最珍贵者为"花骨"。

(五)松绿石制品千余件;

(六)牙制品800多件;

(七)蚌制品500余件;

(八)白陶千余片;

(九)龟版多件;

（十）人骨、头骨百余个，肢体骨数十副。

根据以上遗迹遗物的发现，发掘者得出这样的结论"西北岗实为殷人之墓地，西区的四座大墓应为殷代统治者帝王之'陵'。因为这种墓葬规模宏大，内容豪奢，绝非一般平民或王公所能有。且墓中所出遗物，像铜器、花骨、白陶、石刻、蚌、牙、石饰等类，前此仅发现于殷代帝王首都宫室所在地之小屯村，都是殷代帝王所单独享用之物。"⑪

1935年3月春季至6月的第十一次发掘，规模更加宏大，在我国考古史上也是不多见的。李济曾指出："1935年春的第十一次安阳发掘是我们田野工作的高潮。虽经费开支大，但重要的是收获丰富。这次发掘是最完善的组织工作和最高的行政效率的典范。"⑫在西区除将上次的四座大墓掘完，全部挖到底外，又发现大墓一座，即M1217，在东区还发掘了小墓410座。出土遗物更为丰富精美。M1004出土大方鼎两件，铜戈370把，铜矛360个，铜盔100多个（详见第四章）。另有金制品，如M1001、M1004都发现有金叶，学者们推断是作镶嵌用的，说明人们对于金属的认识又有新的发展。

在西北岗殷代大墓发掘中，主持人梁思永先生是大病初愈，带病坚持工作，每日只能到工地看看，作关键性的技术指导。实际发掘工作由石璋如、尹达等当时尚年轻的考古工作者来完成。尹达负责M1001，祁延霈负责M1002，石璋如负责M1003，胡厚宣负责M1004，大家齐心协力，既分工又合作，经常在一起交流情况，切磋研究，促进了科学发掘和学术水平的提高，圆满地完成了任务。

石璋如主持发掘的M1003，墓室平面呈方形，占地面积约400平方米，四边各有一条墓道，墓深12米，地面下8米露椁痕，椁高4米，墓底中心有"腰坑"。该墓早年被盗一空，在西墓道北壁发现石簋断耳一个，有铭文两行12个字，字体颇类似铜器铭文，十分精美，这是殷代石器上第一次发现这样长的铭文。

1935年秋季的第十二次发掘,从9月5日开工到12月16日共历时99天。在西区又发掘了3座大墓:M1217、M1500、M1550;1座假大墓M1567,该墓挖好后没有葬人。在东区也发现发掘了数座大墓:M1129、M1400、M1442,另发掘小墓700多座。

这次发现的遗物在数量上虽然不及上次发掘的多,但种类多有不同,且有极重要者。M1400大墓东墓

1935年殷墟M1400大墓出土的铜人面具

道里,出土青铜盥洗用具一套,包括有壶、盂、勺、盘、陶搓和人面具。(见附图)盂是用来盛水的,盖和底上都铸有"寝小室盂"四字,壶用以汲水,勺用以取水,盘用以承水,陶搓用以去垢,面具则是装饰品。由此,可以看出当时的人们,特别是贵族的生活情况。M1022中出土的提梁卣,造型优美、设计独特,周身刻有精细的花纹,全器共分四段,下为卣身,上有一觚,觚上有盖,盖系于提梁,出行时可以提着,喝酒时,打开盖,取下觚,就可以酌饮。(见附图)

李济先生对西北岗王陵区发掘的重要意义曾多次进行论述(参见第五章第一节),并对发掘的参加者石璋如、尹达等给予很高的评价。指出:"在这次发掘中,协助梁的是五位富有经验的青年考古工作者:石璋如、刘燿、祁延霈、胡福林和尹焕章。这几位在田野技术上经过良好的训练,对竭力找到墓地的确切地点信心十足。

他们成功地找到了墓地的位置——侯家庄村西北一处微凸的土岗,本地人称'西北岗'"。⑬

1935年第十二次发掘殷墟侯家庄西北冈1022墓出土的青铜提梁卣(据《考古学报》第7册)

注释：

① 胡厚宣：《殷墟发掘》第49页,北京,学习生活出版社,1955年。石璋如：《殷墟最近之重要发现附论小屯地层》,《中国考古学报》第2册,1947年。

② 王宇信：《论殷墟发掘的第一阶段在我国考古学史上的地位》,《史学月刊》1994年第6期。

③⑨⑩⑪ 胡厚宣：《殷墟发掘》第59页、第63页、第74页、第78页,北京,学习生活出版社,1955年。

④ 李济：《安阳最近发掘报告及六次工作之总估计》,《安阳发掘报告》第4期,1933年。

⑤ 吴金鼎：《摘记小屯迤西之三处小发掘》,《安阳发掘报告》第4期,1933年。

⑥⑦⑧⑫⑬ 李济：《安阳〈英译本〉》第57页、第58页、第185页、第62页、第61页,北京,中国社会科学出版社,1999年。

二、主持殷墟科学发掘

1936年春至1937年春,石璋如又参加了殷墟第十三、第十四、第十五次发掘。自从1931年初次参加殷墟发掘,"此后历次发掘,他都无不参与。第十五次发掘,更是他亲自主持,可以说,他的大半生时间,都是和殷墟发掘相始终的。由于多次亲自参加发掘,石先生已经成了一部殷墟发掘的'活档案'"。①在老一代参加殷墟发掘的考古学家中,他参加的次数最多,前后共有12次。后来他也曾回忆说:"自民国20年我开始参加殷墟发掘,直到民国26年,我从没离开安阳田野第一线。"(《殷墟建筑遗存·自序》)在长期的田野考古中,他掌握了大量第一手资料,积累了丰富的实践经验,这一阶段他已成为殷墟发掘工作的负责人。

第十三、第十四、第十五次发掘,胡厚宣和石璋如先生将之划为殷墟科学发掘的第五阶段,②中国社会科学院考古研究所划作殷墟科学发掘的第三阶段,③李济先生则直接称做是"第二次世界大战前在小屯的最后三次田野发掘。"④

胡厚宣曾指出:"第五个阶段的三次发掘,吸取了前一阶段在侯家庄西北岗发掘殷陵的经验,回到小屯,又发掘殷都,在方法上有了相当大的改进。因为实行'平翻',结果发现了很多极重要的遗迹。"⑤李济也明确指出:"1937年日本侵略中国以前,安阳发掘继1935年冬梁思永决定中止侯家庄西北岗王陵的发掘后,又进行了三次,它们分别以安阳发掘的第十三、第十四、第十五次而闻名。并集中在小屯遗址运用了一套有系列的'卷地毯'的方法,复原殷商王朝最后一个都城的建筑基础……第二次世界大战前,我们在安阳的最后三次发掘面积比前几次总的发掘面积还要大。在小屯的东北揭露出大批祭坛、宗庙、宫殿、作坊和住宅的建筑基础,对于商史学科来说,它们成为主要考古贡献之一。"⑥

1936年3月28日至6月24日,郭宝钧、石璋如主持了殷墟第十三次科学发掘,参加人员还有李景聃、祁延霈、王湘、高去寻、尹焕章、潘悫和河南省政府的代表孙文青。工作地点在小屯村北,集中于B、C两区。以1600平方米为一工作单位,每单位中央设测量仪器一套,由两名工作人员带领数十名工人采用"平翻法"进行发掘。以 100 平方米为一小单位,打破了历次坑位的限制,发掘总面积约 4700 平方米。

遗迹方面,发现版筑基址 5 处,即乙五、乙六、乙七、乙八、乙十,⑦穴窖 127 个,墓葬 180 座。不少基址之上有础石,础石都排列整齐,并有一定的距离。基础之下,还分布有水沟。墓葬除人坑外,还有车、马、牛、羊坑。

众多的墓葬从分布情况看,大致可分两类:一类在基址的上面或压在基址的下层,石璋如称之为"基上墓"和"基下墓"。另一类在乙七基址之南,为成行的密集小葬坑。其中有车马坑五座,车马坑周围分布着许多小墓,大部分为砍首而葬的"馘墓",每坑埋 3~5 人,也有 6~7 人的。另有童墓两座,一座埋 7 人,一座埋 9 人。

出土遗物也很丰富,除常见的陶器、骨器、蚌器、石器外,还有青铜器、玉质佩带、金叶和绿松石装饰品。其中最重要的是车马坑和 YH127 甲骨坑的发现。

YH127 坑位于宫殿基址乙区的西侧,深 6 米、直径 1.4 米,在中层有一厚 1.6 米的甲骨堆积层,经清理共出土有甲骨文 17096 片,是甲骨文发现以来,至今出土甲骨文最多的一次。且内容丰富、坑位层次清晰,有着极高的学术价值,在甲骨学史上具有重大意义(详情请参阅第三章第二节)。

学者们从文献记载中早已知道商代已有带轮的车子,《墨子》、《左传》都有"奚仲作车"的记载。《世本·作篇》:"胲作服牛",即殷代先公王亥驾驶牛车。《尚书·牧誓》:"武王戎车三百辆,虎贲三百人,与受战于牧野",说明殷末车子已广泛地运用于战争之中。

甲骨文中也有车子的记载,《菁一》载:"癸巳卜,殻贞:旬亡祸?王占曰:有祟,若称。甲午,王往逐兕,小臣叶车马硪驭,王车子央亦隆。"大意是说癸巳这天进行占卜,问十天内是否有灾祸?看了卜兆王认为有问题。第二天甲午日,王乘坐小臣叶驾驭的车子途逐兕牛,结果车子在路上坏了。甲骨文中车字的写法有多种,李孝定教授的《甲骨文字集释》列出了 11 种,徐中舒教授的《甲骨文字典》列出了 10 种,都是车子的象形。

在殷墟科学发掘中,常发现车子的痕迹。1933 年秋季第八次发掘时,在后岗殷代大墓中,发现有车马装饰品。1935 年春季第十一次发掘中,在侯家庄西北岗王陵东区发掘得到车坑。车的各部分大约是拆散了放进去的,木质已朽,仅得马络头饰和车饰数百件。在殷王陵前后墓道中,也常有车马的殉葬,但也是拆散的且朽蚀严重,只见痕迹,无法看到全貌。

这次在乙七前发现的 5 座车马坑中,4 座遭到不同程度的破坏,只有一座 M20 保存完好。

M20 车马坑中,虽然车子的木框架、皮革装束都已腐烂,但仍能辨别出轮廓,而一些金属零部件和人畜遗骨则保留完好。经过艰苦细致的发掘整理,发现了:

(1) 三具人骨架;
(2) 四匹马骨架;
(3) 马头、马身上的装饰品碎片;
(4) 车身上的青铜装置、车辕和轴末端的青铜饰;
(5) 武器:三套戈、削和箭头;
(6) 马铃;
(7) 鞭;
(8) 车辕和车轴的木架和皮带痕;
(9) 轭和衡;
(10) 一块石璧和一些杂物。⑧(见附图)

石璋如对殷代的车制进行了长期耐心的研究,到 70 年代完成了殷代车子的复原。⑨

石璋如后来回忆殷代车子发现的过程,指出:"殷代之有车已经是不成问题的一回事。但是车到底是怎样一个结构,还没有人很清楚地说出来,仅仅文字方面有车的轮廓样子……在洹北侯家

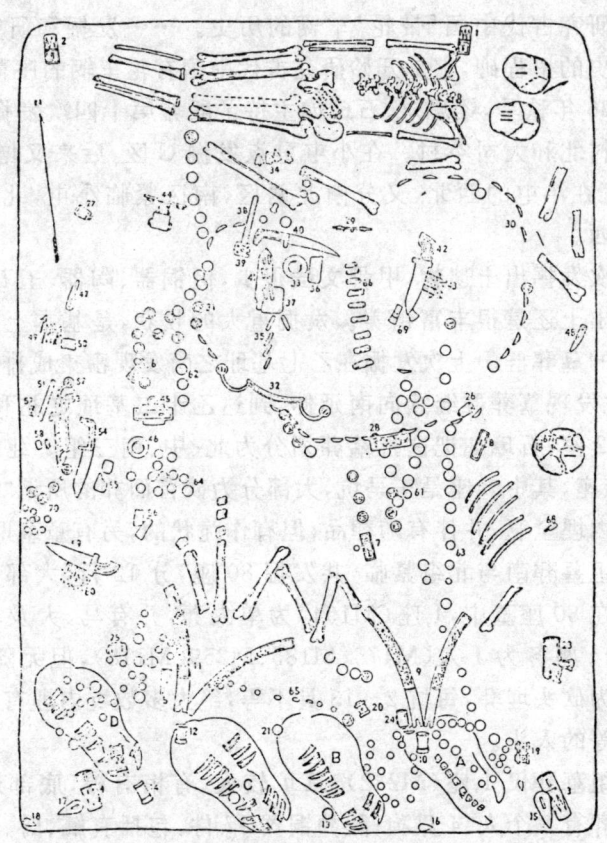

1936年第十三次发掘殷墟发现的战车(据中国考古学报第二册)

庄西北岗发掘的时候,发现了很多车上的用品,附近并有马坑,所以我们叫他车器。第十三次在小屯发掘,也发现了与西北岗相同的车器,而整个的形制确与甲骨金文等车字相像,所以我们便叫它'车'"。⑩

对于M20车马坑的发现和研究,李济也给予很高评价。指出:"直到现在,M20仍是少量的双轮车最早的田野资料之一,可

· 179 ·

依据它研究古代中国'带轮'车辆的历史。……发掘和研究 M20 是个历史的里程碑,它是开始研究古代中国有轮车辆的序幕。"[11]

1936 年秋季,梁思永、石璋如主持了殷墟第十四次发掘,地点在小屯村北和大司空村。在小屯重点发掘 C 区,后来又增加了 I 区。I 区在小屯的西北,又分南北两区,南区紧临小屯,北区在 B 区的正西。

这次发掘出土遗物,甲骨文虽很少,但铜器、陶器、玉石器、骨蚌器的出土还是很丰富精美。发掘重大的收获,是基本上搞清了这一带的墓葬群。上次发掘在乙七基址之南发现密集成排的小墓葬,这次发现墓葬群继续向南延伸,到达乙十二基址之北和以西,共有 132 座,石璋如把这批墓葬划分为北、中、南三组。北组发掘了 40 多座,其中 5 座是车马坑,大部分为砍首而葬的所谓"鹹墓",少数坑内埋全躯,并伴有随葬品,但有作跪状的,另有童墓两座。

中组墓葬南与北组紧临,共发掘 80 座,分 12 行,大部分为南北向。在 80 座墓中,1 座(M164)为单人葬,并有马、犬及较多的随葬品;4 座各为 1 人(M175、M185、M259、M118),但无随葬品;大部分为砍头埋葬,每坑 2~13 具不等,绝大多数坑内埋有与躯体数量相等的人头。

南组墓葬仅 1 座(M232),墓圹较大,有棺有椁,底部还有腰坑。殉葬有 8 个人、4 只狗;随葬铜器 17 件,包括有觚、爵、鼎、甗、戈等,另有玉石器,骨角器等物品。

关于三组墓葬的性质,石璋如最早提出:"这三组墓葬也可以说是一个较大的结构,代表着军事的组织。"[12]后来他修正了自己的观点,1970 年编写的报告中认为:"北组墓葬群是一个以车为中心的完整组织,其他墓葬都是配合着车墓先后五次而埋入的。……这可能是一个告庙献车的典礼。"[13]

1937 年 3 月 16 日至 6 月 19 日,石璋如主持了殷墟第十五次发掘,参加人员有王湘、高去寻、尹焕章、潘悫及王建勋、魏鸿纯、李永淦、石伟等人,河南省政府代表张光毅也参加了发掘。工作地点集中在小屯村北的 C 区,正如石璋如所说:"殷墟第十五次发掘,预定计划是接着第十四次发掘的坑位,依次向南推进。把所有员工全集中在 C 区,希望在最短的期间,把这一块肃清,以观察基址与墓葬究竟成什么关系,因为这里是基址的中心地带。"⑭

这次发掘也有重要发现,其中版筑基址 24 处、窖穴 220 处、墓葬 103 座。出土甲骨文 599 片,另有青铜器、陶器、玉石器、骨蚌器等多件。

版筑基址中,有 7 处属于乙组,即乙十三、乙十五、乙十六、乙十七、乙十八、乙十九、乙二十、乙二十一。这些基址大小不一,小者如乙十七,东西长约 5 米,南北宽约 4.5 米;大者如乙十三,南北宽约 9 米,东西长约 47.5 米,东端尚未发掘到头。乙二十南北宽 15 米,东西长约 31 米,东部也尚未发掘,已发掘的面积仅占全址的 1/2。这两座基址规模宏大,内涵丰富,足以代表殷都建筑的水平。

乙十三基址发现础石 42 个,由南向北分作 5 行,基上有窖穴 1 处、墓葬 5 座,基下有穴窖 8 处、墓葬 16 座。乙二十基址有础石 61 个,基上穴窖 3 处、墓葬 12 座;基下有穴窖 9 处、水沟两条。乙二十基址之上又有乙二十一基址,它本来与乙二十是一个整体但又独立存在,呈方形,每边长约 7 米,其上有 20 个础石。石璋如对这座基址复原设想,认为:"乙二十一基址地上建筑的部分是一座二层楼房,下部周围有走廊,面东,五间,并有向东的门;上部门向北,有楼梯可攀登。"⑮并推想在乙二十一的西边,还有一座与之对称的同样建筑物。他认为"这两座建筑可能相当于后世的塾、观、阙之类。下面以便稽查,上面以便瞭望。"⑯

这次在乙组建筑基址的西南,也是整个 C 区的西南,又发现 17 座建筑基址,它们独立自成体系,石璋如将之划作丙组。丙组建筑基址分布在南北长约 50 米,东西宽约 35 米的范围内,其中 9

座清出全形,并挖至生土;8座尚未全部清理。17座基址中,只有一座丙一较大,南北宽17米、东西长20米,略近方形,北部有础石8个。其余16座面积都较小,有长方形和近方形两类,多数没有础石,由于面积过小至少有一部分其上不可能建有房子。

特别值得注意的是,整个丙组基址以丙二、丙十一为中轴线,分作西东对称的两部分。从北而南,丙五与丙六、丙三与丙四、丙七与丙八、丙九与丙十二、丙十与丙十三、丙十四与丙十五、丙十六与丙十七,两两相对。有些基址之上,有黑土坑,并伴有羊骨灰和牛骨灰,石璋如将之与甲骨文中的"賓祭"联系起来,指出:"这些黑土坑不是平常的窖窨,很可能与賓祭有关。"[17]从而认为整个丙组基址是个"祭祀区域",最小的呈方形的丙三、丙四、丙五、丙六是"祭坛",长方形的丙九、丙十、丙十二、丙十三可能是住人的,而狭长的丙十六、丙十七"可能为路或廊"[18]。

殷墟建筑基址从殷墟第四次、第五次发掘被人们发现、确认和证实;从第六次至第九次发掘继续进行寻找复原,到第十三至第十五次集中大规模的发掘,至此,初步搞清楚了它的规模与布局:在小屯村的东北地,靠近洹水湾的地方,从东北略偏西南,共分布着53座建筑基址,它们被分作甲、乙、丙三组。其中甲组基址15座,乙组基址21座,丙组基址17座。乙组基址的东部可能被洹水冲毁了一部分,难以确定其全貌。甲基基址是寝殿和享宴之所,乙组基址是宗庙,丙组基址是祭祀场所。在基址的上下和四周,还分布着许多的窖穴、墓葬、祭祀坑和水沟。(见附图)

由于受发掘的面积及时间限制的影响(1937年春季发掘后中断),致使一部分基址还没有被发现,一部分基址还没有全部揭露出来(如乙七)。1950年春恢复殷墟发掘后,继续在宫殿区进行发掘,多有收获。特别是1981年春,为配合村民建房,中国社会科学院考古研究安阳工作队在乙组20号基址东南约80余米处钻探出三排房基连成一体的殷代大型宫殿建筑基址,占地约5000平方

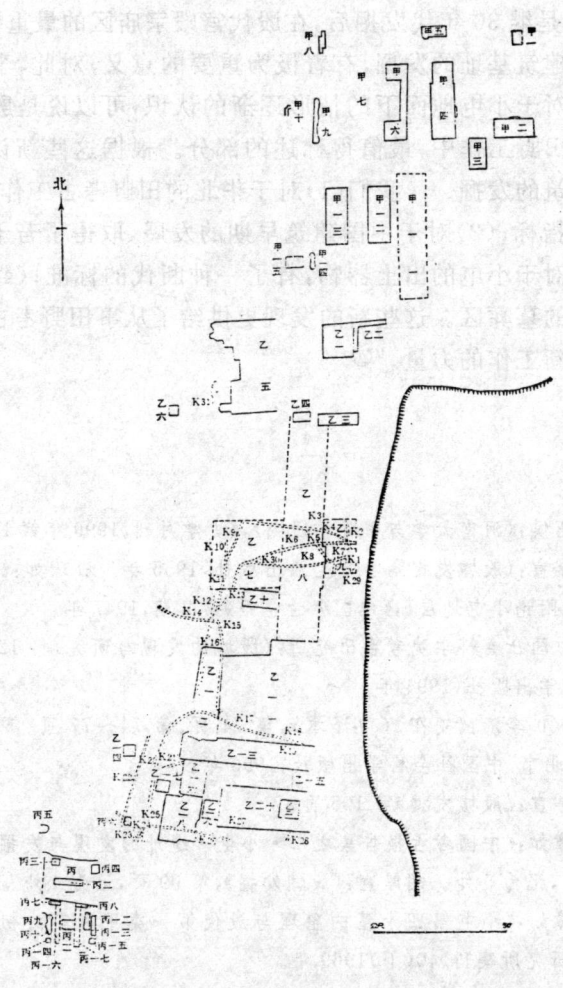

殷墟宫殿区甲、乙、丙三组基址分布图

米。1989年进行发掘,揭示出南、北、西三面各一排,整体呈凹字形,缺口向东,濒临洹水,半封闭状的建筑群。⑲这组独具特色的建筑群的发现,使30年代所发掘的建筑基址的范围向南扩展了约有

130多米,是继30年代发掘后,在殷代宫殿宗庙区的最重要发现。

殷墟建筑基址的发掘,有着极为重要的意义,对此,李济曾明确指出:"对于小屯地面下的情形逐渐的认识,可以说是殷墟发掘团在安阳田野工作中,最值得称述的部分。根据这些新认识——尤其是版筑的发掘——我们(1)对于华北的田野考古工作,有了一个可靠的指标;(2)对于中国建筑早期的发展,取得了若干基本的认识;(3)对于小屯的出土器物,有了一种断代的标准;(4)发现了殷商时代的墓葬区。这些新的发现更供给了从事田野考古的人们一种追求新工作的力量。"[20]

注释:

① 朱绍侯:《河南大学与甲骨学研究》,《史学月刊》1999年第1期。

② 胡厚宣:《殷墟发掘》,学习生活出版社,1955年。石璋如:《殷墟最近之重要发现附论小屯地层》,《中国考古学报》第2期,1947年。

③[19] 中国社会科学院考古研究所:《殷墟的发现与研究》第12页、第64页,北京,科学出版社,1994年。

④⑥⑧[11] 李济:《安阳》(中译本),第74页、第74~77页、第84页、第84~85页,北京,中国社会科学出版社,1990年。

⑤ 胡厚宣:《殷墟发掘》第105页。

⑦ 石璋如:《中国考古报告集之二·小屯·遗址的发现与发掘·建筑遗存》第25页,记为5处。胡厚宣:《殷墟发掘》,第99页,记为4处。

⑨ 石璋如:《小屯第四十墓的整理与殷代第一类甲种车的初步复原》,《历史语言研究所集刊》40(下)1969年。

⑩[14]《殷墟最近重要发现附论小屯地层》《中国考古学报》第2册,1947年。

[12] 石璋如:《殷墟建筑遗存》,第229页。

[13] 石璋如:《北组墓葬》(上),第414页。

[15] 石璋如:《殷代地上建筑复原的第二例》,《民族所研究集刊》第29期,

1970年。

⑯⑰⑱ 石璋如:《小屯丙组基址及有关的现象》,《历史语言研究所集刊外编》下册,第792页、第801页,1961年。

⑳ 李济:《殷墟建筑遗存·序》。

三、对殷墟建筑遗址的研究

殷墟科学发掘一直持续到1937年6月19日。正当发掘工作准备进一步深入开展的时候,1937年7月7日卢沟桥事变发生,日本帝国主义发动侵华战争,当年11月安阳沦陷,研究院史语所殷墟发掘团被迫撤离安阳,发掘工作中断。

石璋如由安阳北上北平转大同经归绥(今呼和浩特市)、包头、固阳、五原,取道太原、潼关、洛阳,后返南京。沿途对文物古迹进行调查寻访,古城村、舍必岩、青冢等古文化遗址,大同云冈石窟,五达召之建筑,固阳、五原之窖穴,包头等地出土之青铜器等都在考察之列,后写成《晋绥纪行》(重庆独立出版社1943年)。

南京沦陷后,石璋如和史语所的同事们精心护卫着15次殷墟发掘所获得的珍贵文物和科学资料,辗转万里进行撤退迁移,经长沙、昆明,最后到达四川南溪李庄。在极为艰苦恶劣的条件下,大家坚持对殷墟发掘资料的整理与研究,1945年石璋如发表《小屯后五次发掘的重要发现》(《六同别录》上、《中央研究院历史语言研究所集刊外编》1945)、《河南安阳后岗的殷墓》。(《六同别录》上)

"后五次发掘"指殷墟第八、第九、第十三、第十四、第十五次发掘。《小屯后五次发掘的重要发现》详细地论述这五次发掘中重要收获和重大意义,包括一系列的建筑基址、主要的墓葬和穴窖,如YH127甲骨坑和车马坑等。

《河南安阳后岗的殷墓》论述了在殷墟第八、第九两次发掘中,在后岗发掘出的6座殷墓。①包括东区岗顶4座长方穴墓和岗下西区靠近洹河的1座两条墓道的大墓,1座无墓道墓。对西区大墓的发掘,由此引发了人们寻找殷代王陵的想法,文中对此尤作了详尽的论述。

在辗转迁移的途中,石璋如十分注意对文物古迹的调查和对风俗民情的了解。李济曾指出:"石璋如认识到,通过对昆明仍流行的本地手工技术的观察,是加深对考古现象理解的好机会。他考察了本地的陶器、农田灌溉系统和青铜工业,所有这些都是民族学应探讨的课题。"②通过对云南、四川各地民居的了解,石璋如加深了对古代建筑的认识,他曾记述到:"在西南时虽然环境恶劣,但对于我研究殷代基址却有不少的启发。昆明宜宾是建筑用版筑之区,对于研究夯土非常方便,昆明建筑是用河卵石作础的地带,而且在建筑上有一套四步仪式(破土、发马、上梁、安龙),对于研究乙组建筑的程序有莫大的帮助。李庄的五架梁,简直是丙十一基址的一个后裔。对于竖柱及作墙等办法,也是我解释各组基址有关现象的重要参考资料。"③

抗战胜利后史语所复员迁返南京。1947年石璋如发表《殷墟最近之重要发现附论小屯地层》(《中国考古学报》2期1947年)。该文记载了自1932年第七次发掘以来,殷墟历次发掘的主要收获,并论述了小屯的地层关系。这一部分成为后来重要论文《小屯的文化层》一文的初稿。

1948年底,石璋如随同研究院历史语言研究所搬迁到台湾省,为台湾中央研究院院士、史语所研究员、史语所考古组主任,并在台湾大学考古人类学系任兼职教授。

史语所的到来,使得因日本人撤离而濒临中断的台湾考古学重新得到生机。石璋如和同事们在台湾各地开展了考古工作,"在短短的数年间,便走遍了全省各地,先后调查和发掘了许多重要的遗址。台北附近的圆山、狗蹄山、十三行,桃园的尖山、新竹的红毛港、苗栗的红港、台中的营博、铁砧山、南投的大马磷和洞角、台南的六甲顶和三分子、高雄的半屏山、屏东的垦丁和玛家旧社、台东的卑南、以及花莲的平林和花冈山等。这些考古工作的主要贡献之一,是在于从台北圆山和台中水尾畔的若干遗址的地层中,首先发现并确认了文化堆积的层次,并因而给台湾北部和中部地区的史前文化层序提供了可资对比的标尺。这些地区文化层序的确立,无疑给以后整个台湾史前文化的年代学,建立了良好的基础。"④在这期间,石璋如对这些文化遗址进行研究,发表了多篇发掘报告和论文。

后来,由于已培养出张光直、宋文薰、刘斌雄等一批台湾考古学界的新生力量,史语所的李济、董作宾、石璋如、高去寻等一批老研究员开始把主要精力放在对殷墟 15 次发掘资料进行全面的整理与研究上。以李济为总编辑,董作宾、石璋如、高去寻为编辑,编辑出版《中国考古报告集之二·小屯》、《中国考古报告集之三·侯家庄》,分别就殷墟建筑遗址、墓葬、青铜器、陶器和甲骨文等进行专题研究。

为了全面总结史语所的考古工作,石璋如撰写了《国立中央研究院历史语言研究所考古年表》(《历史语言研究所专刊》35 期,1952 年),将 1928 年研究院史语所成立以来,包括殷墟小屯的发掘、北京周口店"北京人"的发掘,及 40 年代西北的史地考察、西安丰镐村的发掘等等,全部进行了概述。

在《年表》中,石璋如总结多年来的田野考古经验,提出了考古方法:其一调查的方法:先是按图索骥,依古书或县志上所记古迹的位置调查。基于上古的历史多是附会的,故此一办法成绩不佳;进而是调查盗坑,即某处有盗案发生时前往调查,所获较第一阶段多;再者是调查河谷,经调查的结论作——古人多沿河而居;最后是计划调查,在择要而先的条件下作计划的调查,即于区域之内,找出若干重要遗址做区域内标准,其古迹志、出土遗物、神话传说等便是计划的资源。其二发掘的方法：先是点的发掘，进而是线的发掘，再者是面的发掘，最终是体的发掘，并举出殷墟15次发掘为例加以说明。其三整理的方法：先是选择精品；进而选择口部——因代表器物形制的莫过于口部；再者是田野分类，最后是田野整理。其四是研究的方法：以甲骨文为例，先是认字；进而是文例的研究；再进行断代；然后是殷历的研究，最后是殷礼的研究。

石璋如的考古方法和研究方法，是根据多年亲身经历总结出来的行之有效的方法，不仅对当时，而且对现在的考古工作，都具有重要的指导借鉴作用。著名考古学家，原中国历史博物馆馆长俞伟超先生曾指出："石璋如先生当年在殷墟发掘中，首先总结出认土、找边等一套适应我国特点的发掘方法，并成为传统而延续至今。"（《照林与侯家庄1001大墓·附记》）

按照史语所考古组的分工，董作宾、屈万里、张秉权和李孝定负责整理研究甲骨文；梁思永、高去寻承担侯家庄殷王陵发掘报告的整理编纂；杨希枚负责对殷墟人骨的整理研究；石璋如则审核小屯田野纪录，对小屯田野发掘作总结研究；李济负责全局并对陶器、青铜器进行研究。

李济和考古组的成员都认识到，建筑基址是构成小屯文化的主要骨干，基址的辨别追寻与复原至关重要。同时，小屯王宫区基址发掘经历的时间长，发掘的领导者和参加人员变动很大，田野记录经众人之手，资料比较混乱；而且王宫区文化的内涵也十分丰富，涉及政治、经济、宗教、文化等各个方面，因此小屯报告的整理编写是一项艰巨的任务。

"然而，石璋如承担这项任务，具有一定的有利条件，这包括他个人的田野经验和在战时各种研究中所作的努力"，⑤以及"他对于学术热诚、信心、耐性、忠实及恒心。"（李济《史语所考古年表·序》）

石璋如果然不负众望，担当起殷墟小屯王宫区建筑基址资料整理和研究的重任,并很快取得成果。从50年代开始,相继发表了《小屯殷代的建筑遗迹》(《历史语言所集刊》26期1955年)、《河南安阳小屯殷代三组基址》(《大陆杂志》21期1960年)、《小屯殷代丙组基址及有关现象》(《庆祝董作宾先生六十五岁论文集·下》,《历史语言研究所集刊外编》4期1961年)、《殷代的夯土、版筑与一般建筑》(《历史语言研究所集刊》29期1970年)等多篇论文,并出版了专著《殷墟建筑遗存·中国考古报告集之二·小屯第一本·遗址的发现与发掘》(历史语言研究所1959年)

《殷墟建筑遗存》是一部长达28万字,包含有53座基址、31条水沟、264孔窖穴、703个础石、131张图表、117幅插图、22版图版的鸿篇巨制。该书从1945年开始撰写,于1951年完成初稿,几经补充修改,于1959年正式出版。

书前有李济写的序和作者自序。李济先生在序中,强调了建筑基址发现发掘和整理研究的重要意义,指出了作者为此项工作付出的艰苦劳动,高度评价了作者整理研究的成果。李济记述到:"自民国26年抗战起,到现在已经又过了22年了。22年是一个悠久的岁月。在这一时期,成打的,可以与石先生讨论殷商建筑问题的伙伴们,大半都已星散,成了东西南北之人了!但是,石先生呢,他有机会就整理这一批记录,他自己的与他的伙伴们留下来的;那批失去原主人的记录的整理,尤需要他加倍的操劳。这22年中在闲时,他作这一工作,忙的时候他也偷空作;以至疾病时,流亡播迁时,困穷到难以生活时,他仍是念念不忘这一工作。现在,他把这一工作圆满地完成了。这本报告内有117幅插图;我很清楚的知道,每一幅插图都代表了作者的一片精神,或者说一团心血。每一图中的每一个点,每一条线所在的位置都是经他审慎的检查过,细心的布置出来的。"⑥

作者自序中,介绍了该书的撰述经过和主要内容,并对基址研究的重要性进行了阐述。

全书共分七章。第一章总述,介绍了本书所用各种遗迹的名词和标记,以及夯土的发现与特征,基址的种类、分组和发现发掘的经过,使我们对基址整个情况有一个大致的了解。

第二章至第四章是本书的主体部分,分别论述了甲、乙、丙三组基址。每组基址中,又详细论述了每座基址。每一基址从三方面介绍:第一,基址的组成,包括基址的平面面积和主体结构;第二,基址与其他现象,所谓其他现象是指窖穴、墓葬、水沟等三大类;第三,现象的层次,以基址为标准分作上、中、下三层,确定每种现象的位置,至此每一基址的情况就可以一目了然。

第五章水沟,分别介绍了31条水沟的位置、大小、流向、现象、层次等。

曾有学者认为,水沟的作用是测量水平的。石璋如经过认真地观察和研究,提出:"我不坚持前此的水平说法而认为也可能是穴居时代的泄水之遗迹。因为殷人受水灾之害过深,处处怕水,在穴居之时,若无防水的设备,则大雨时水会流入穴中,因此在穴的附近挖沟使水它泄,以减少水害。"⑦

第六章基址与墓葬。实际上该章重点介绍了殷代建筑的程序和仪式。建筑程序,第一步是筑基,因种类和环境及用途的不同,建基的方法也不同,概括起来有8种:

1. 依坚而建　　2. 施夯而建
3. 先平后建　　4. 先挖后建
5. 置础而建　　6. 依旧改建
7. 敷灰而建　　8. 其他

第二步是置础,础是用来竖柱的。殷代的础质地有三种,即石、土和铜。石是利用天然的河卵石,多圆饼形;土质的就是夯土墩,用于一般的建筑;铜质的础形制没有一定,有的是专门铸造的,多数是利用器物的破片。

第三步建门,现仅存门的痕迹。

第四步是修阶,在遗址上观察是位于基址边缘舌状突出的部分。阶是另外作成的,它的厚度与基址本身不同。

在一些基址,特别是乙组基址的上下或附近,还有许多墓葬,埋有人或兽,这和建筑的仪式有关。依其层次地位和性质,可分为奠基、置础、安门、落成四部分。奠基墓是在基址的最下层,即基坑挖成之后,基址未建之前而埋入的墓葬,所用牺牲多用狗,有的用人,而人则是小孩,是用作地下守卫的。置础墓是基址将筑好之际,埋入的牺牲,多用羊、狗等牲畜,也有用人的。安门墓是在基址完成之后,在门的附近埋入的牺牲,依其位置不同有4种:

1. 基前门外　　 2. 基前门内
3. 基后　　　　 4. 基左右

所用牺牲以人为多,每墓中1~9人不等,显然是为主人守卫大门的。落成墓是在建筑完成后,在基址的外围祭祀殉埋,如乙七基址之南的墓葬群,既有殉人,又有兽类和车坑。

第七章基址的时代。作者从四个方面进行了分析:第一,通过从地层看夯土的年代。第二,从包含中,即指基址有关的窖穴中所蕴藏的遗物,铜器、陶器,特别是甲骨文等,看各组基址的年代。第三,从工程上看各组基址的年代,殷代的建筑工程,随时代的发展而有先后的不同,可以通过建筑方法、建筑步骤,与基址的方向来观察。第四,从铸铜上看各组基址的年代,"殷代的工业相当的发达,如琢玉、雕骨、埏陶、嵌镶等,都有高度的发展,不过它们与基址很少有直接关系,惟有建筑与铸铜不但彼此均有灿烂的硕果,而且,彼此有层位的关系。"⑧

经过四个方面的论述,得出结论:"最后我们可以这样说:从地层上观察夯土的年代,它的兴起当在殷代的中叶,早期的建筑遗存,是大量的地下的穴窖。从包含中看各组基址的年代是甲组基址最早,乙组基址次之,丙组基址最晚。从工程上观察各组基址的年代,其次第与从包含中观察者相同。从铸铜工业以观察建筑工程,则铸铜较夯土为早,而各组基址时代的先后,也与前三者不谋而合。从四个角度来观察,结果完全一致,其次第大概可以如此确定了。"⑨

石璋如先生对殷墟小屯建筑基址的整理与研究有着重要意义,"这种对基址的序列、性质确定或时代判断,除部分基址的时代有不同的认识外,至今仍得到学术界的普遍赞同,已成为公认的定论。"⑩特别是殷代宫殿宗庙遗址的进一步确定,"从一个重要方面证明了殷墟是殷王朝的王都,对于50年代以来河南境内发现的商代早、中期王都的建筑遗存有一定的借鉴作用。"⑪

李济先生对《殷墟建筑遗存》给予了很高的评价,指出:"这一错综复杂的现象,石璋如先生费了22年的工夫,把它们清理出来了,并写出来了这一部伟大的报告,这是读中国早期历史的人们应该深深地感谢他的。这本报告的科学价值是极应重视的。细心的读者可以对于报告内所描写的现象,发生不同的解释,但是报告的中心工作是报导殷墟建筑的遗址。作者对于这些遗址发现的朴实地陈述与描写,以及各种插图说明之清新,有条理,是值得称赞的。这些表现,都是在中国最近出版的科学作品中,少有可以相比的。最后,我要说,这是一部极有分量的著作,一部耐人寻味的著作。"⑫

与此同时,为了进一步深入研究殷代建筑遗址,石璋如还进行了殷代建筑复原的尝试,于1954年发表了《殷代地上建筑复原之一例》(《中央研究院院刊》第1辑,1954年),对他当年发现的保存较好的甲4基址进行了复原。地下建筑依据夯土基址和残留在基址上的柱础进行,地上建筑由于已全部消失就依据甲骨文中房子的形象、《大戴礼记》和《周礼·考工记》等文献中的记载,并参照他在四川、云南等地观察到的现存普通民房的结构形式进行。复原后的房子由南往北共7间,每间宽度多在3~4米之间,仅一间宽6米,进深都是6米。周围为版筑墙,基面上立柱架梁,人字形屋顶,覆以茅草。台阶在南段,共五级,设想北段亦有台阶。"南段的中三间前面没有檐墙,故堂内光线强亮,当为'明堂',而两夹各有一窗。北段的一大间门窗俱全,惟堂内光线较暗,当为'玄堂'。内部的组织,则是二堂五室,四旁两夹……"⑬(如附图)

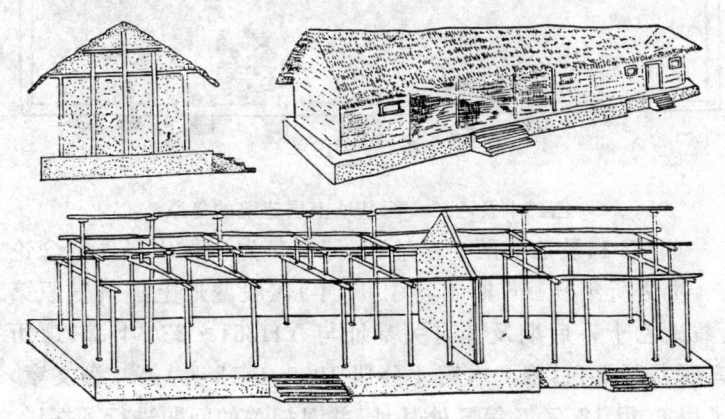

甲基址的复原

1970年石璋如发表《殷代地上建筑复原的第二例》(《民族学研究集刊》第29期1970年),对乙20和乙21基址进行了复原。中国社会科学院考古研究所的专家们认为:"这是一项比复原甲4基址更为大胆的设想。"⑭乙20是一座高出地面的平台,东西长80多米、南北宽15米,面积约1200平方米。周围有护栏,向南中部有一大门,左右对称,各有三座门,每门前各有对应的台阶。乙21是一座建在平台之上的二层楼房,下部周围有走廊,面东开门,有楼梯可攀登而上,上部门向北。乙21西边的平台上,有一同样的建筑与之对应。(见附图)

此后,石璋如又发表了《殷代地上建筑复原的第三例》(《台湾大学考古人类学刊》39、40期1976年),《殷墟地上建筑复原第四例——甲六基址与三报二示》(《中央研究院第二届国际汉学会议论文集——历史考古组》上1989年),《殷墟地上建筑复原第七

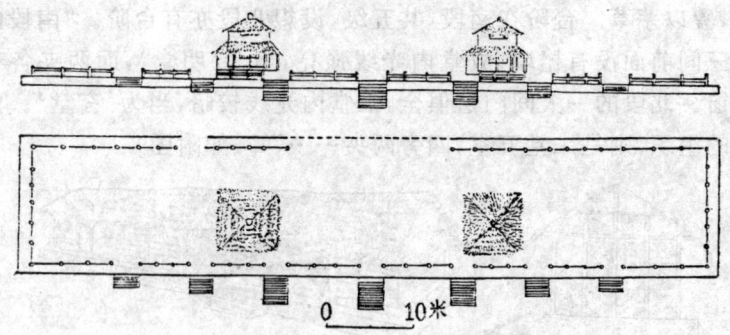

乙二十及乙二一两基址上层建筑的复原

例——论乙1,及乙3两个基址》(《傅斯年先生百岁诞辰纪念论文集》、《史语所集刊》66期4卷1995年),《殷墟地上建筑复原第八例,兼论乙十一后期及其有关基址与YH251·330卜辞》(《历史语言研究所集刊》第7本第4分册1999年12月)等6篇文章,复原了甲6、甲12、乙3等6处基址,并对相关的问题进行了探讨。

　　石璋如的基址复原工作受到海峡两岸考古学界、古建筑学界多数学者的肯定和好评。考古学名著北京大学历史系考古专业的专业教材《商周考古》、李济的《安阳》、中国社会科学院考古所的《殷墟的发现与研究》等在论述商代建筑时,都采用了石璋如的复原图。80年代安阳有关方面在王宫区兴建殷墟博物院,在甲12、乙20的原基址上复原仿建了两座宫殿,古建筑学家杨鸿勋先生在设计蓝图时,也参考了石璋如的复原。

注释:

①　石璋如:《河南安阳后岗殷墓》,《六同别录上》,中国社会科学院考古研究所《殷墟的发现与研究》第129页,北京,科学出版社,1994年。

②⑤　李济:《安阳》(中译本),第94页、第111页,北京,中国社会科学出版社,1990年。

③ 石璋如:《殷墟建筑遗存·自序》,台北,中央研究院历史语言研究所,1959年。

④ 臧振华:《考古学在台湾》,《书卷》1993年4期。

⑥⑫ 李济:《殷墟建筑遗存·序》。

⑦⑧⑨ 石璋如:《殷墟建筑遗存》第268页、第331页～332页、第329页。

⑩ 郭胜强:《石璋如对殷墟发掘与研究的贡献》,《殷都学刊》1999年3期。

⑪⑭ 中国社会科学院考古研究所《殷墟的发现与研究》第69页、第58页。

⑬ 石璋如:《殷代地上建筑复原之一例》,《中央研究院院刊》第1辑1954年。

四、对殷墟墓葬、甲骨坑层等方面的研究

殷墟墓葬研究是殷商考古学中一个重要的课题,石璋如在对殷墟建筑基址研究取得重大成果后,又进行了殷墟墓葬的研究。殷墟墓葬既多且分布又很广,"对研究殷代社会的阶级、等级关系、亲族制度、埋葬习俗、人体特征及工艺水平等,都是极重要的资料。"①据中国社会科学院考古研究所研究员杨锡璋先生统计,截止到20世纪90年代初,殷墟发现的各类墓葬,包括祭祀坑等共约6000座左右。②其中既有30年代中央研究院历史语言研究所发现发掘的侯家庄西北岗王陵区大墓及祭祀坑、小屯北地墓葬群、大司空村东南地墓葬群和后岗墓葬群、又有中华人民共和国成立后由中国社会科学院考古研究所及有关文物考古部门发现发掘的殷墟西区、苗圃北地、三家庄东地、刘家庄、戚家庄等处殷代墓地。

石璋如重点对小屯北地墓葬群进行了研究,后来也涉及西北岗王陵区东区大墓。

小屯北地墓葬群集中分布在乙7墓址以南、乙12基址以北和以西之间的一片空地及乙组基址的上下和丙组基址的范围内。石璋如在《殷墟建筑遗存》中，对小屯北地墓葬曾有所论及（第六章基址与墓葬），但侧重于与建筑基址有关的研究，未能作详细全面的论述。因此，在他完成《殷墟建筑遗存》后，便把精力集中在对这批墓葬研究方面。

1970年石璋如出版了《中国考古报告集之二·小屯第一本·遗址的发现与发掘丙编一·殷墟墓葬之一·北组墓葬（上、下）》；接着，又于1972年出版了《殷墟墓葬之二·中组墓葬》；1974年出版了《殷墟墓葬之三·南组墓葬》，对乙7与乙12基址之间的墓葬进行了全面的研究与论述，对每一座墓葬就其方位、形制、大小、出土物包括人、兽、车等随葬品，都作了详细的论述研究。

1976年，石璋如出版了《殷墟墓葬之四·乙区基址上下的墓葬》，所谓"上下墓葬"，是指基址之上的和压在基址之下的墓葬。基上墓有安门墓和置础墓，基下墓是指奠基墓。按层次安门墓最上，依次是置础墓和奠基墓。按建筑程序则是最先建奠基墓，依次是置础墓和安门墓。奠基墓是在基坑挖成之后，基址未建之前埋入的，乙组21座基址中有6座基址有奠基墓共13个。

置础墓是基础建筑到达一定阶段（将完成时），停止下来埋入墓葬，然后排上础石再向上筑成。乙组基址中有3座基址有置础墓共19个。安门墓则是在基址建筑完成后，在基址门的附近埋入的墓葬，有5座基址有安门墓共30个。《乙区基址上下的墓葬》对这三种墓葬进行了系统的总结研究。

1980年，石璋如又出版了《殷墟墓葬之五·丙区墓葬（上、下）》。丙组基址的墓葬与乙组基址的墓葬有所不同。丙组17座基址中，有9座（丙1、丙2、丙5、丙6、丙7、丙8、丙9、丙11、丙12）有墓葬，包括埋人和羊、犬。石璋如将这9座有墓葬的基址分作了两大类：即面南的基址与面东西的基址。丙组基址上又有若干柴灰坑及烧牛羊骨坑,这也是乙组基址所没有的。《丙区墓葬(上、下)》对此也进行了全面的探讨。

按照史语所的分工,侯家庄西北岗殷王陵发掘资料的整理研究工作由梁思永、高去寻负责。1937年至1939年梁思永已完成了发掘报告的初稿,"这位天才的考古学家关于侯家庄王陵的报告手稿是保存在考古组的珍品之一","而且为中文的科学报告树一样板"。③

1954年4月2日,梁思永因肺病久治无效不幸逝世。以后,高去寻在梁思永手稿的基础上,进一步整理编辑、注释修订,并加入图版、插图和表格。从1962年开始,先后出版了《中国考古报告集之三·河南安阳侯家庄殷代墓地·侯家庄第二本·1001号大墓》、《侯家庄第三本·1002号大墓》(1965年)、《侯家庄第四本·1003号大墓》(1967年)、《侯家庄第六本·1217号大墓》(1968年)、《侯家庄第五本·1004号大墓》(1970年)、《侯家庄第七本·1500号大墓》(1974年)、《侯家庄第八本·1550号大墓》(1976年)。

至此,西北岗殷王陵西区7座大墓(1座假大墓除外)发掘报告的整理出版完成。但高去寻尚未完成王陵东区发掘报告的整理出版,不幸于1991年10月29日因心脏病猝发而辞世。这时在台湾中央研究院历史语言研究所曾参加过30年代殷墟发掘的只有石璋如先生了,"这批无价之宝便只剩下石先生一个人将全部身心投入其中,作整个安阳发掘报告的收尾工作。"④

进行这项工作是相当辛苦的。石璋如曾记述了高去寻先生艰辛劳动的情况:"高先生是1991年10月29日逝世的。生前的辑补工作太费苦心,报告的草稿是梁思永先生用钢笔尖蘸瓦特门墨水在薄打字纸上写成的,幸而墨水尚未退色,但纸张陈旧,尤其他的草书别成一格,颇难认识。抄写他的草稿,必须反复思索才可找出门径,高先生再来校对抄稿与原稿,比单独阅读原稿更困难。"⑤

这也正是石璋如先生自己付出艰辛劳动的真实写照。

1996年,在刘秀文女士全力的协助下,经石璋如最后整理校补,《中国考古报告集之三·河南安阳殷代墓地·侯家庄第九本·侯家庄1129、1400、1443号大墓》出版。该书按王陵东区三座大墓发掘的顺序排列,分作三大部分,既是一个统一的整体,又有各自相对的独立性。

第一部分,1129号大墓。因该墓早年屡经盗掘破坏严重,当时没有发掘到底就放弃了,出土物只有2件:"残花石"、"残铜",而且又在20世纪30年代向后方撤退转移时丢失,究竟为何物不得而知,故此部分叙述简略,只作了扼要介绍。

后两部分为本书的重点,第二部分1400号大墓,分作五章:

第一章:墓葬的位置与发掘经过;

第二章:墓葬上下附近的遗迹;

第三章:墓葬躯体保存情况及其形制与尺寸;

第四章:残存的埋葬;

第五章:墓内出土的遗物。

该部分有图版63幅、插图22幅、表格9幅。1400号大墓出土物较为丰富。计有石玉器10多件、骨角牙器1件、铜器21件、陶器5件。

第三部分1443号大墓,分作五章,与前一部分1400号大墓基本相同。该部分有图版85幅、插图23幅、表格16幅。该墓出土物同样也较为丰富,据书中列出的资料统计,有石玉器85件、蚌器10件、骨牙器45件、铜器37件、金叶数片、陶器数件。

从20世纪80年代初至90年代初,石璋如还用了10余年的时间进行了甲骨坑穴层位的整理研究。科学发掘所得甲骨文,第1~9次共得6513片,经董作宾整理研究编为《殷墟文字甲编》(1948年商务印书馆出版),共收入甲骨文3942片。第13~15次共得18405片,由董作宾及屈万里、李孝定、张秉权编为《殷墟文字乙编》上、中、下三辑,(上、中辑1949年商务印馆出版,下辑1953年中央研究院历史研究所出版),共收入甲骨文9105片。

这两部甲骨文著录著作在编纂体例上也有所创新,与以往传世甲骨的著录完全不同,既不分期,也不分类,而是依照甲骨的质料(龟或骨)和出土的顺序编号排列。这种编纂体例在甲骨学史上有着重要意义,王宇信、杨升南曾指出:"这种考古学方法著录甲骨的新体例,是甲骨学史上的创举。它不仅体现了近代田野考古学方法引入甲骨学研究领域取得了辉煌成果,也为以后著录发掘所得甲骨文提供了范例。与此同时,推动殷墟甲骨文的考古学研究的进一步深入,是甲骨学从形成时期向全面继续发展时期前进的里程碑。"⑥

但这种体例也有不便之处,一般的读者查阅原始的考古纪录还是很困难的。石璋如曾记述到:"有人曾告诉我,读《殷墟文字甲编》的人,不论是图版或是考释,都感觉不知出土的坑位为苦"。⑦1982年,石璋如发表了《殷墟文字甲编的五种分析》(《历史语言研究所集刊》53卷3期1982年),将"《殷墟文字甲编》作一次有限度的特定调查,把其中每一拓号的坑位、深度、类别(甲或骨)、时期以及每坑的数量等五者统统找出来加以分析,称之谓五种分析,也可以称之为考古学分析。"⑧该文共有55000多字,分作引言、拓号与坑位、历次各坑甲骨的分析和结论四部分。为了简洁说明问题,作者花了很大的精力制成七种23个统计表:

1. 拓号与坑位对照表(1幅);
2. 历次发掘坑数与所得甲骨比较表(1幅);
3. 历次发掘坑数与所得甲骨比较表(9幅);
4. 历次各期甲骨分期比较表(9幅);
5. 历次各期甲骨比较表(1幅);
6. 各期甲骨的数量比较表(1幅);
7. 各地区甲骨数量比较表(1幅);

通过对殷墟发掘一次到九次及十一次出土甲骨各次的分析之后,为甲骨文的考古考察提供了极大的方便,更加提高了科学著录甲骨文的利用价值。同时通过历次各期甲骨数量比较,各期甲骨数量比较和各地区数量的比较,作者还得出了以下五种结论:

1. 甲骨数量比较,字甲多于字骨;
2. 各期甲骨比较,以第三期最多,第一期次之,第四期又次之,第二期又次之,第五期最少;
3. 较大量的甲骨,多出于殷代被废弃的穴窖之中;
4. 分区分期的情况,各区有各区的特色;
5. 出甲骨的穴窖与基础的关系,以基旁窖为最多,没有基上窖,有极少数的基下窖与远基窖。

石璋如作了大量的细致的工作,"把每一片甲骨出土的坑位、深度、时期等都已找出并绘有坑位图"⑨在此基础上加以扩大,作更详细的论述,完成了《甲骨坑层之一·中国考古报告集之二·小屯第一本·遗址的发现与发掘·丁编一》及《甲骨坑层之一附图》(历史语言研究所出版,台湾台北 1985 年)。书中除文字叙述外,有表 178 个、插图 153 幅,包括 1~9 次发掘的甲骨坑位总图及较重要的一些甲骨坑图。

1992 年石璋如出版了《甲骨坑层之二(上、下)·中国考古报告集之二·小屯第一本·遗址的发现与发掘·丁编二》,介绍了殷墟第十三次至第十五次发掘甲骨的概况,对每次发掘所得甲骨的详情作了分析与总结,将《殷墟文字乙编》所著录的 9 千多片甲骨文予以论述说明。每片甲骨除注明拓片号、质别(甲或骨)、所在的坑名、出土深度、出土日期、甲骨的期别、贞人等之外,若该片已经缀合,还标出它在缀合著作《殷墟文字丙编》中的号码。全书除文字外,还有大量的插图与表格,特别珍贵的是公布了有关 YH127 甲骨坑的照片 22 幅。

石璋如先生及史语所其他学者们对殷墟早期科学发掘资料的

研究成果的发表有着重要意义。邹衡先生在纪念殷墟科学发掘60年时,对此曾给予很高评价,指出:"在科学研究方面,本阶段已有很多新的进展。值得庆幸的是,第1~15次发掘的正式报告已陆续在台湾出版,并初步做了总结;1950年以来的发掘也不断地出版了大型报告。所有这些资料的发表,都大大充实了殷商考古学的内容,同时也促进了对殷墟文化进行更深入的综合研究。"[10]

石璋如研究的领域很广。20世纪50年代以后,特别是在他晚年完成上述一系列重大科研项目后,还对殷代的铸铜工艺、石雕工艺、车制和头饰等方面进行了研究。

青铜器的冶铸是商代手工业生产中的一个重要部门,在商代社会生产生活中占有很重要地位,反映了殷商时代奴隶制生产发展的水平。因此中国社会科学院考古研究所原所长夏鼐先生曾指出:"商代殷墟文化实在是一个灿烂的文明。具有都市、文字和青铜器三个要素"[11]

石璋如对商代青铜器的研究也十分重视。他参阅其他学者的研究成果,通过对殷墟发掘实物和现代冶铸铜器生产工艺的认真细致观察,又向制售假古董青铜器的商人了解情况,并自己亲手做实验,对商代青铜器生产的工艺进行了探讨。1955年他发表《殷代的铸铜工艺》(《历史语言研究所集刊》26·1955年);1958年发表《殷代的铸铜与雕石》(《中华书报》120·1958年)等文章,系统研究了殷代青铜器生产过程,提出:"殷代的铸铜工艺,已经进步到很精工的阶段"[12]的基本观点,指出了殷代的冶铸工艺主要分为采砂、制范、冶铸和修饰等四个步骤。

第一步采砂:即采集铜矿和锡矿。作者罗列出当时分布在国内23省124处出铜的县份,以距安阳殷墟距离远近进行的比较(锡矿产地也进行了类似的比较),得出结论:"由地形及交通上观察,而推测殷代的铜锡矿砂的来源,可能均取自黄河北岸。远则晋南与河内,近则武陟与本土,不能超过半径千公里距离之外。"[13]

第二步制范,包括造模制范二道工艺。石璋如曾在1954年亲自两次作过实验,认为:"造模制范是殷代冶铸过程上最重要的阶段,模范作的精细了,铸出来的器物也灵巧;模范作的粗糙了,铸出来的器物也蠢拙。"⑭按照冶铸分类,作者把殷代的铜器分作空心器、实心器和杂器三大类,对各种不同形制器物造模制范的工艺进行了探讨。

第三步冶铸:所用的燃料是木炭,所用的熔器是所谓的"将军盔"。不同的器物按不同的配方,将铜、锡矿混合在一起,熔化之后达到一定的火候,浇入外范与内胎严密而牢固结合好的模中,待冷却后,除去外范与内胎即成。

第四步修饰:先凿去错掉器面或棱角等处多余或突出的部分,补铸缺铸之处或破损之处,再经打磨增光发亮。有些器物还要镶嵌绿松石,增加其美观。

石璋如是继英国学者卡盆特(H. C. Carpenter)、瑞典学者高伯克(O. Karlback)和中国学者刘屿霞之后,第一个较系统全面研究殷代铸铜工艺的学者,有着重要的承前启后的作用。50年来,尽管殷墟考古不断有青铜器新资料的出土,不少学者据此也不断有新的研究成果的涌现,但石璋如提出的殷代冶铸工艺,基本上是被肯定了的。

殷墟车马坑,迄今已发现了37座,其中6座是20世纪30年代发掘的,31座是50年代以来发掘的。⑮和50年代以后殷墟发掘所得众多的完整的车相比,30年代发掘所得车的资料并不多,除在后岗殷代大墓中发现有车饰,西北岗王陵东区发现有车坑和车的部件外,仅在乙七基址前发现5座车马坑,其中4座遭到不同程度的破坏,只有一座保存完好。石璋如根据这些有限的资料,对殷代的车进行了深入研究。从60年代末开始,相继发表了《殷代的车》(《大陆杂志》36,10·1968年)、《小屯第四十墓的整理与殷代第一类甲种车的初步复原》(《历史语言研究所集刊》·40下·

1969年),《殷代车的研究》(《东吴大学中国艺术史集刊》9·1979年)等8篇论文,对车的形制、结构、埋葬形式和性质进行了探讨。

《小屯第四十墓的整理与殷代第一类甲种车的初步复原》是一篇长达近5万字的宏篇大作,并有插图11幅、图版9幅、统计表7幅。文章首先介绍了日本学者伊藤道治所绘制的《殷王大送葬图》中的车,英国学者Willian Watson复原的殷代的车和Life杂志所绘制的《纣征东夷图》中的车,指出他们各有短长,"不能说他们完全不对,也不能说他们完全都对"。之所以如此,是因为他们只是根据部分的实物和现象而绘制的。因此作者认为:"我觉得如果使人深切的了解殷代车的种类与形式,最后,对个别的已出土的殷代的车逐一的予以复原,那便有坚强的根据了"。作者根据40号墓中的人、马遗骸、车马的遗迹和饰件对殷车进行了复原(见附图)。根据车轸饰的位置,推断当时的车厢应是椭圆形的。

石璋如复原的殷代车

20世纪80年代,大陆有学者根据20世纪70、80年代安阳殷墟的发掘资料,否定了石璋如的意见,提出了商代的马车车厢应是长方形的。⑯1998年5月,中国社会科学院考古研究所研究员刘一曼等人应邀赴台湾参加中央研究院举办的纪念甲骨文发现100周年学术研究会。5月14日历史语言研究所举办"殷墟考古老少谈",石璋如在座谈会上问刘一曼:"我据小屯所出的车马坑资料复原商代的车,大陆学者说我复原的不对,为什么?"刘解释说:1992年,我们在殷墟刘家庄北地发掘了M339车马坑,车厢的形状近似椭圆形,在同一地点又发现M348中的车厢,形状近梯形,因此殷代车厢应有三种,即椭圆形、长方形和梯形,三种说法都是对的,只是所根据的材料不同。80年代还没有发掘M339车马坑,海峡的长期隔绝使大陆学者对20、30年代发掘的情况了解不全面,这才产生了误会。⑰至此,石璋如的疑窦涣然冰释。后来刘一曼撰写了论文《殷墟车子遗迹及甲骨金文中的车子》对殷墟车马坑的发掘与研究进行了全面总结。该文发表于2000年《中原文物》第二期,受到学术界的关注。

1957年石璋如发表了《殷代头饰举例》(《历史语言研究所集刊》28下·1957年),根据殷墟发掘实物、中国的古画和历史文献的记载,并参以现代国内外各民族的头饰,对殷代的头饰进行了系统研究。指出殷代的头饰有14种,即椎髻饰、额箍饰、髻箍饰、多笋饰、王冠饰、编石饰、雀屏冠饰、编珠鹰鱼饰、织贝鱼尾饰、耳饰、鬓饰、髻饰、其他等。作者首先对每种发饰的标本、现象即出土时的情况进行了说明,然后对发饰的样式和盘结使用方法进行分析论述,最后再以现今世界各民族和古画上的发饰予以论证。通过对殷代头饰的研究,说明殷代人们的生活也是丰富多彩的,增加了殷代社会生活史研究的内容。

注释:

①② 中国社会科学院考古研究所《殷墟的发现与研究》第100页,北京,科学出版社,1994年。

③ 李济:《安阳》(中译本),北京,中国社会科学出版社,1990年。

④ 胡振宇:《石璋如先生与商代文化研究》,《史学月刊》1999年第1期。

⑤ 石璋如:《侯家庄1129、1400、1443号大墓·序》,台北,中央研究院历史语言研究所出版,1998年。

⑥ 王宇信、杨升南:《甲骨学一百年》,第71页,北京,社会科学文献出版社,1999年。

⑦⑧⑨ 石璋如:《殷墟文字甲编的五种分析》,《历史语言研究所集刊》

53・3,1982年。
⑩ 邹衡:《殷墟发掘与殷商考古》,《中国文物报》1988年9月9日。
⑪ 夏鼐:《中国文明的起源》。
⑫⑬⑭ 石璋如:《殷代的铸铜工艺》,《历史语言研究所集刊》26・1955年。
⑮ 刘一曼:《殷墟车子遗迹及甲骨金文中的车字》,《中原文物》2000年第2期。
⑯ 杨宝成:《殷代车子的发现与复原》,《考古》1984年第6期。
⑰ 刘一曼:2000年9月14日给郭胜强复信。

五、对故乡、母校和殷墟的怀念

到台湾后的石璋如先生对祖国大陆,对河南故乡,对安阳殷墟,对母校河南大学十分怀念。在他晚年,甲骨学事业蓬勃发展,安阳殷墟和河南及全国各地商周考古的新发现不断涌现,更增加了他的思乡之情。他通过组织校友会、撰写文章和回忆录、学术交流等各种形式表达了这种情感。20世纪70年代,他联络在台湾的河南大学校友,在台北组织了"国立河南大学校友会",并编撰《国立河南大学校志》(1970年),他亲自撰写了《河南大学与考古事业》一章,对河南大学的考古工作进行了回忆总结,特别对20世纪30年代以河大师生为主体组成的"河南古迹研究会"在安阳殷墟和河南各地的考古发掘工作,给予了充分肯定和高度评价。

从20世纪50年代开始,石璋如撰写发表了《从筵豆看台湾与大陆》(《大陆杂志》第1卷第5期)、《先史时代的台湾与大陆》(《第二届亚洲史学会论文集》台北历史学会1962年)、《从彩陶、黑陶、肩斧、段锛等研讨先史时代台湾与大陆的交通》(《中原文化与台湾》台北市文献委员1971年)等多篇论文,从中国历史早期的发展和文物考古学的角度,论述了台湾与大陆有着不可分割的历史渊源,表达了实现祖国统一的强烈愿望。

在《从笾豆看台湾与大陆》一文中,作者论述了笾与豆在中国古代是广泛用于祭祀、宾客、丧葬等方面的一套礼器。它的产生地在华北地区,尤其是在安阳殷墟一带,以后不断改进并向各地传播。东征经箕子传入朝鲜,南渡流传至长江以南,又经福建传入台湾,最后在台湾安家,并广泛使用流传至今,从而得出结论:"台湾的豆所以能够具有殷代豆的形制,可以说是文化传播的结果……现在在大陆上很少看见笾豆了,尤其是在豆的原生地的中原,简直几乎绝迹了,只是历史上虚悬着空名而已。但在台湾普遍而热烈的使用,与神圣爱惜的情形,可以想到在大陆上当年殷代建都安阳时,笾豆是如何的活跃。现在在台湾使用情形,就是给安阳地下现象的一个有力的说明。我们知道笾豆是线进式的来到了台湾,有路途可找,至于早于笾豆的跃进来的与波进来的文物还多得很呢?现在尚没有觉察到罢了。风俗、习惯、语言、器用,有可研究的地方太多了,尤其是高山同胞们。笾豆不过是一例而已。"①

在《先史时代的台湾与大陆》一文中,作者首先指出:"本文打算就现在摆在我们眼前的若干现象,说明先史时代台湾与大陆的关系……与大陆的出土物相比较,真的!台湾这个宝岛,至少在它的西海岸部分,当先史时代已与大陆有关系了。至于更早的关系如地质的结构与古生物的迁徙,则不在本文讨论之内。"接着通过彩陶、黑陶、肩斧、段锛等遗物在台湾和大陆的分布,及其形状、色泽和使用特点,以大量的实物资料、文献记载、甲骨文资料等,展开分析论述,最后得出结论:

一、长山列岛一带以彩陶为日常生活用具的渔人,可由冬季季风吹到澎湖,在澎湖生活下来,东可到达高雄的桃子园、西南可到达香港;

二、日照石臼所一带,以黑陶为日常生活用具的渔人,也可由冬季季风吹到台湾,但北部因雨大风急不便停舟,所以在

中部登陆,沿着海滨与河流发展;

三、福州至淡水只有一海峡之隔,据说在天气晴朗的时候,在大陆的高山上可以望见台湾的高山,由平潭到南嵌不过等于由台北到台中的距离,在风平浪静的时候很容易渡过。因此肩斧,段锛顺着淡水河发展。

1982 年 9 月,中国社会科学院的夏鼐、胡厚宣、张政烺、杨锡璋等先生应邀赴美国夏威夷参加商文明国际学术讨论会。台湾中央研究院也派出学者参加,石璋如先生年岁已高未能前往,特让出席会议的高去寻、张秉权先生向夏鼐、胡厚宣等致意,表达了对家乡,对殷墟的怀念之情,并希望在今后的学术研究中加强交流与合作。

1987 年经国务院批准在安阳召开"中国殷商文化国际讨论会",引起国内外史学界考古学界的高度重视。年过八旬的石璋如先生得知这一消息后非常高兴,希望能趁此机会到安阳旧地重游,以了却思乡之情。他给住在美国的亲友打电话,让他们与当时正在美国进行学术活动的中国社会科学院历史研究所的人员进行联系,表达他出席这次会议的愿望。后来,虽因种种原因未能成行,但却说明了已是耄耋之年的石璋如先生,对家乡对安阳殷墟的无限怀念。

1994 年 1 月,台湾中央研究院历史语言研究所举办海峡两岸考古学与历史学学术交流研讨会,中国社会科学院历史研究所研究员、著名甲骨学家,当年曾参加侯家庄西北岗大墓发掘的胡厚宣先生和十余位大陆著名学者应邀赴台参加。分别 60 年后又重逢的老同事、老朋友分外激动,他们追怀往事,谈昔论今,共话离别之情。参加学术研讨会后,石璋如还亲自陪同胡厚宣等到史语所文物陈列馆参观,20 世纪 30 年代安阳殷墟考古发掘出土物是陈列馆最珍贵的藏品。站在当年亲手发掘出来的珍贵文物前,他矗立良久再度陷入深思,回忆当年在安阳侯家庄西北岗发掘时紧张的一幕,好久才对大家说:"当时又喜又愁的紧张心情,现在回想起来觉得好像又恢复到20多岁的青春。"②

1998年10月,中国社会科学院考古研究所在安阳举办"殷墟科学发掘70周年国际学术讨论会",向石璋如先生发出正式邀请。石璋如致电大会说明自己因身体状况不能成行,并对大会的召开表示热烈祝贺。

20世纪60年代后,当年参加殷墟科学发掘的不少的老同事相继去世,石璋如对他们尤为怀念。从1963年董作宾先生逝世后至1996年,30年间他撰写了16篇文章对这位殷墟发掘的开创人,甲骨学一代宗师表示怀念。他在《董作宾先生与殷墟发掘》(台北《大陆杂志》第29卷第10、第11期合刊)中首先指出:"大家都知道,董作宾先生是殷墟发掘的开山,是殷墟发掘的台柱。前七次发掘每次必与,后八次的发掘,也常往参加。他向前走一步,殷墟发掘则向前迈进一步,并且扩大一次。"接着就董作宾与殷墟发掘的业务、董作宾的考古方法、董作宾与地方相处三个方面进行了论述介绍。

到20世纪90年代中期,他的最后几位老同事尹达、高去寻、胡厚宣先生也相继过世,他满怀悲伤思念之情写下《照林与侯家庄1001号大墓》(《中国历史博物馆馆刊》1995年第1期)、《高去寻先生与殷墟发掘》(《田野考古》1991年第1、第2期)、《胡厚宣先生与侯家庄1004大墓发掘》(《胡厚宣先生纪念论文集》科学出版社1998年),寄托了他无限的思念和深厚真挚的情谊。

1994年11月,中国历史博物馆馆长俞伟超先生赴台,在台北中央研究院历史语言研究所作短期访问,有机会与石璋如先生多次会面、交谈。石璋如曾对俞伟超说:历史博物馆当年尚属史语所之一部,梁思永先生曾代理主任一个时期,算来我们还有前后同事之缘。③尹达先生的夫人高岚女士在"文化革命"前曾长期担任中国历史博物馆的副馆长,离休前还是中国历史博物馆的顾问,正因

为这些关系,石璋如深情地托俞伟超将《照林与侯家庄1001大墓》带回北京,转送给高岚女士存念。(见附图)

石璋如先生会晤中国历史博物馆馆长俞伟超先生,委托俞将文稿带回祖国大陆

《照林与侯家庄1001大墓》重点介绍了大墓的形制、主要的出土物,并由石老创意请同事赖淑丽小姐设计绘制了尹达与1001大墓及主要出土物墨线图。尹达的画像是根据1936年春在南京所拍照片绘制,那时尹达尚年轻,身着中式棉袍,显得朝气蓬勃。高岚看后思念亲人,同时更为史语所考古组同仁的友谊所感动,而流下自尹达去世后的第一次眼泪。

石璋如还写过一篇《刘照林先生的考古工作》的文章,也送给了高岚女士。文中记述了许多当年史语所考古工作鲜为人知的具体事情。俞伟超索得此稿,将其主要内容和《照林与侯家庄1001大墓》一道在《中国历史博物馆馆刊》上发表,并在附记中指出:"他们对考古学是如此倾心,对国事又是奋不顾身,而且相互之间竟是这样的爱护与尊重。我认为,这是有关殷墟发掘史的珍贵档案,亦将能激发起年青一代考古学者正义的、高尚的情感"。④

石璋如在台湾对祖国大陆的考古事业,特别是对殷墟的发掘和研究十分关注。1992年中国社会科学院考古研究所安阳工作队在殷墟花园庄东地发现一个甲骨坑H3,出土大龟版近300片。社科院考古所研究员刘一曼女士撰写文章《殷墟花园庄东地甲骨坑发掘记》发表在《文物天地》上。石璋如看到后非常重视,马上撰写文章《殷墟大龟版五次三地出土小记》(《安阳文献》11,1995年)在台湾予以介绍,指出:"最近在1993年9月30日出版的《文物天地》双月刊第5期5至7页,读到刘一曼小姐写的一篇非常重要、非常风趣,值得大家熟读的好文章,题目是《殷墟花园庄东地甲骨坑发掘记》。虽然只占了三页篇幅,其中又附了两张工作照片,可是把近三百版的大龟从不平常的发现、不平常的发掘、特殊的装箱、机械的运输、与新方法新技术的挖取,都写的有声有色,尤其封面上的三版样品,更是引人注意。"⑤他将这次发掘与1929年在小屯北地大连坑出土的大龟四版,1934年在侯家庄南地发现的大龟七版,1936年在小屯北YH127坑出土的大龟三百版,1937年在小屯北地YH251坑出土的大龟三十八版等,并列为殷墟大龟版五次三地出土,并对每次出土的情况作了介绍。

1998年5月刘一曼研究员应邀赴台参加中央研究院主办的纪念甲骨文发现100周年学术研讨会。5月12日,大会安排刘一曼在会上宣读论文《殷墟花园庄东地甲骨坑的发现及主要收获》,由石璋如做这篇论文的评论员。刘宣读完论文后,石璋如发言评论,首先对刘的论文给予很高的评价,说论文写得好,是一篇考古文章⑥。接着他谈了自己对花东H3卜辞的看法,认为H3卜辞主人——"子"是王子,是小王孝己,并征求刘一曼对自己看法的意见。5月14日上午,在历史语言研究所举办"殷墟考古老少谈"的会上,刘一曼首先介绍20世纪80年代以来殷墟考古的主要收获,重点仍介绍了花东 H3 甲骨坑,其中谈到采用现代化的高科技发掘手段,很快完成了现场发掘搬迁清理的工作。听了刘的介绍,石璋如马上发言,肯定了 H3 的发掘、搬迁、清理工作做得好,并很感慨地说:"H3 坑太幸福了,H127 坑太痛苦了!"⑦意思是说当年发掘 YH127 坑时,设备差、条件困难,甚至请来了当年曾给袁世凯抬棺送葬的"李杠头",动用了 32 根杠棒,64 人抬都没有成功,后来又费了很大的周折才发掘、搬迁完毕。

1997 年常耀华发表论文《YH251·330 卜辞研究》(《中国文字》新 23 期·台湾),对 30 年代石璋如先生主持发掘出土的两坑甲骨卜辞进行研究。文章引起了石璋如的重视,因常文中涉及他,同时当年发掘中的一些问题还需说明,故石璋如撰写了长达数万字的论文《殷墟地上建筑复原第八例兼论乙十一后期及其有关基址与 YH251·330 卜辞》(《历史语言研究所集刊》第 70 本第 4 分册,历史语言研究所成立 70 周年纪念专号 1999 年 12 月)。文中首先指出:"1997 年常耀华先生发表了一篇大作《YH251·330 卜辞研究》,是一篇很有分量的佳作,全文分为五大段……拜读之后,非常钦佩,文中所提到与我有关的几个问题,如:误编、缺号、坑位以及卜辞的时期等,我都愿意根据层位加以说明。"⑧接着就与两坑甲骨有关的建筑基址及相关的问题进行了论述。

1998 年 5 月,台湾中央研究院召开纪念甲骨文发现 100 周年学术研讨会。中国社会科学院研究员杨升南、刘一曼、胡振宇、郑州大学教授李民、河南省社会科学院研究员郑杰祥等先生应邀赴台参加。见到这么多的大陆同行石璋如先生十分高兴,他虽已近百岁高龄,但仍思维敏捷、谈笑风生。在开幕式上的即席发言中,他清晰地回忆起当年殷墟发掘的情景,并谦虚风趣地说:"我于民国 20 年参加殷墟发掘,一辈子挖的甲骨不少,但我只认甲骨不认文。"⑨他亲为大陆学者的发言做评论员,并建议召开了"殷墟发掘老少谈"座谈会。当得知李民教授是来自故乡的校友时备感亲切,他紧握着李民的手说,你的大作我早读过,用《尚书》研究商史很好,探讨殷墟的环境很有现实意义。两人长时间交谈,还合影留念。

1999年大陆各学术机关、大专院校纪念甲骨文发现100周年。甲骨文的故乡河南省历史学会、河南大学主办的历史专业刊物《史学月刊》特设了"纪念甲骨文发现100周年"专栏。石璋如应邀为母校河南大学和《史学月刊》题词:

> 甲骨出土已百年
> 研究遍布国际间
> 今后成果竞赛看
> 开封河大应领先⑩

刊载在1999年第一期《史学月刊》上。

1999年8月,中国社会科学院、安阳师范学院、安阳市人民政府等单位联合在安阳举办"纪念甲骨文发现100年国际学术研讨会",年近百岁的石老未能亲自参加,特让出席会议的台湾学者带来了讲话录音。他以浓厚的河南乡音首先祝贺大会的成功召开,并对当年从事殷墟科学发掘的老同事表示无限怀念。接着高度评价了甲骨文发现和殷墟发掘的重大意义,盛赞了近年甲骨学研究和殷墟发掘所取得的丰硕成果,对今后的甲骨学研究和殷墟发掘工作提出了希望和要求。

至今,石老每天仍步行上班,继续整理研究当年殷墟发掘的资料。对他勤奋工作的敬业精神,凡接触过他的人都十分敬佩。在新世纪到来之际,在回顾总结百年来甲骨学成就时,我们对石老等老一代的学者更加怀念。他们为弘扬中华民族优秀文化做出的贡献将永远载入史册。正如解放后长期从事殷墟发掘和研究的中国社会科学院考古所安阳工作站的学者们所说:"我们研究殷墟文化的后学们绝不会忘记李济、梁思永、董作宾、石璋如、郭宝钧、高去寻等老一辈考古学家在艰苦岁月中所付出的辛勤劳动与作出的卓越贡献。他们不仅为殷墟考古研究奠定了基础,而且通过殷墟发掘,在国内外引起轰动,使中国考古学这一新兴学科,取得应有的地位。"⑪

注释:

① 石璋如:《从笾豆看台湾与大陆》,《大陆杂志》第 1 卷第 4 期。

② 石璋如:《胡厚宣先生与侯家庄 1004 大墓发掘》,《胡厚宣先生纪念论文集》,第 13 页,北京,科学出版社,1998 年。

③④ 俞伟超:《照林与侯家庄 1001 大墓·后记》,《中国历史博物馆馆刊》1995 年第 1 期。

⑤ 石璋如:《殷墟大龟版五次三地出土小记》,《安阳文献》1995 年 11 月。

⑥⑦⑨ 刘一曼 2000 年 9 月 14 日给郭胜强的复信。

⑧ 石璋如:《殷墟地上建筑复原第八例兼论乙十一后期及其有关基址与 YH251·330 的卜辞》,《历史语言研究所集刊》第 70 本第 4 分册"历史语言研究所成立 70 周年纪念专号 1999 年"。

⑩《史学月刊》1999 年第 1 期。

⑪ 中国社会科学院考古研究所《殷墟的发现与研究》。

第七章 朱芳圃、孙海波的甲骨学成就

一、率先以"甲骨学"揭橥于论著的朱芳圃

朱芳圃(1895~1973年)湖南醴陵人。自幼在家乡读书,1915年毕业于长沙市长郡中学,后考入湖南高等师范学校文史专修科,毕业后应聘到长沙市孔道小学任国文教师。1925年考入清华大学研究院,师从王国维先生学习古文字学、甲骨文和殷周史。

王国维是我国近代著名学者,他先后从事哲学、文学、戏曲史、甲骨金文、古器物、殷周史、木简碑刻、敦煌文献等学科的研究,做出了重大贡献。王国维处在19世纪末20世纪初的中西学术激烈冲撞融合的时代,他所提倡和实践的"二重证据法",不仅是他在学术上取得丰硕成果的保证,也为中国近代考古学的诞生铺平了道路。他在甲骨文研究方面的丰硕成果奠定了甲骨学基础,他奖掖提携了一批甲骨学研究的专门人才,把甲骨学研究推向一个新时代。

朱芳圃与余永梁、吴其昌、卫聚贤、刘节、刘盼遂、戴家祥、周传儒、徐中舒等人共为王国维先生的高足。在名师指导点拨下,学业取得长足进步,很快便在甲骨学界登堂入室,掌握了甲骨学的基本知识,并开始进行文字的考释和运用甲骨文研究商史。朱芳圃发

表的《训诂释例》、《联系字概说》、《释伀》等,就是在这一时期完成的古文字学和甲骨文字考释的文章。

清华大学研究院毕业后,朱芳圃受聘到广州中山大学任预科教授,后又到温州浙江第十中学任国文教员。1931年应聘到河南大学任文史系教授。朱芳圃到河南大学任教,完全是与殷墟发掘和甲骨学研究联系在一起的。

1928年开始的中央研究院历史语言研究所对安阳殷墟的科学发掘,是我国学术机构采用近代科学的办法,首次对古文化遗址的大规模发掘,表明近代考古学在我国的诞生,引起社会各界的普遍关注。当时作为甲骨文故乡惟一的高等学府河南大学的师生,对此反映尤为强烈。学校特邀请历史语言研究所所长傅斯年、殷墟发掘的主持人河大校友董作宾等到校作关于殷墟发掘和甲骨文研究的学术报告。傅斯年、董作宾先生向河大校长李敬斋、许心武先生提出在河大开设甲骨文课程的建议,并推荐朱芳圃担任此课。李、许二位校长欣然同意,朱芳圃遂应聘到河南大学任教。朱芳圃自1931年来河南大学任教,后来虽也曾一度离开过,但以后又重返河大,"从此一直随校颠沛,历抗日战争、解放战争,始终以河大为家,鞠躬尽瘁,死而后已。"①

20世纪30年代甲骨学还处在开始形成和初步发展的阶段,开设甲骨文殷商史研究的课程,这在当时全国高等学校也是不多的。李敬斋、许心武校长选择了这一富有中原特色课程,可谓远见卓识。朱芳圃后来曾指出:"民国20年余教读河南大学时,校中当局以甲骨文出于安阳,关系乡邦文化至为重大,议定专设一科,俾诸生得以从事研习。"②

当时正在河南大学史学系学习的石璋如先生曾回忆:"河南大学虽然没有专设考古学的课程,可有两门课程,却与考古学尤其是在河南考古有重大的密切关系。一门为甲骨学,当时(民国20年)很少大学设这门功课的,一门是中州文化史或称河南文化史。这两门课程,可以说是河南大学的特色,也可以说是富于浓厚的地方色彩。它们都是国文系和史学系学生必修的课程。本校所设的甲骨学是由朱芳圃先生所担任。朱先生是清华研究院毕业,从王国维先生研究甲骨文及上古史颇有心得。"(石璋如:《河南大学与考古事业》,台北,河南大学校友会《国立河南大学校志》,1970年。)

朱芳圃有着深厚的甲骨学功力,更有着强烈的敬业精神,因此,胜任教学游刃有余。《河南大学校史》记载:"朱芳圃先生讲授甲骨学。他在清华大学研究院毕业,从王国维先生学甲骨文,对甲骨文的研究已臻炉火纯青的地步。其全部教材均为自编,主要内容包括导言、文字、文例、事类、商史、卜法、器物、余论。内容精辟,讲授得法,颇受学生欢迎。"③

朱芳圃自己编纂的教材主要有《甲骨学文字编》、《甲骨学商史编》。该二书最初由河南大学石印用作本校教材,后不久,1933年商务印书馆正式出版了《文字编》,1935年中华书局又正式出版了《商史编》。

《甲骨学文字编》有《序例》、《文字编目录》、《摹录诸书目录》、《采集诸家著述目录》,计2册17卷。正编14卷,附录上下2卷,补遗1卷。共收甲骨文单字925个,正编845个。正编按《说文解字》部首顺序排列,每字下皆注明出处,释义广采诸家之说,若诸家著述互相因袭者,只录一家,其说可两通者则并存之。所收甲骨文选自1933年以前出版的《铁》、《前》、《后》、《菁》、《余》、《戬》、《遗》、《龟》、《墟》、《新》等十余种甲骨著录著作,集中了当时甲骨著录的精华。

附录上卷收卜辞之合文,分书和倒书。合文又分为:数名、人名、地名、常语、偶语等5类。附录下卷收罗振玉《殷墟书契考释序》、王国维《殷墟书契考释后序》、容庚《甲骨文字之发现及其考释》(节录)、郭沫若《甲骨文字研究序》、董作宾《甲骨文研究的扩大》(节录)等五篇序论。

《殷墟书契考释》、《甲骨文字研究》等著作,是学习研究甲骨学的必读经典著作。这些著作"或高文大册价重连城,或东鳞西爪散见杂志"(《文字编序例》),一般读者难以见到。同时,这些著作也大都佶屈聱牙、深奥难懂,一般读者也难以理解。因此《甲骨学文字编》作为教材收入这些著作的序论和部分章节,对于人们了解这些著作,促进甲骨学的推广普及和深入研究还是十分必要的。

朱芳圃十分重视商史的研究。在研究中他接受了老师王国维先生将文字资料和地下出土资料结合起来的科学方法,特别是这一时期殷墟科学发掘已大规模展开并取得丰硕成果。他吸收"近年中央研究院发掘并海内外学者钻研之所得"(《商史编序例》)完成了《甲骨学商史编》。

《甲骨学商史编》,计2册10卷。第一卷民族;又分:1.殷氏族起源于东方;2.从古书中推测之殷周民族。第二卷世系;第三卷人物;第四卷都邑,附山川;第五卷方国;第六卷文化;又分:1.律历,2.宗教,3.文字,4.宫室,5.殷墟文化的物质成分,6.殷周文化之蠡测。第七卷制度;又分:1.婚媾,2.官制,3.礼典,4.殷周制度论。第八卷产业;又分:1.渔猎,2.牧畜,3.农桑,4.工艺。第九卷卜法,又分为:1.绪论,2.取用,3.种类,4.衅亹,5.攻治,6.贞卜,7.事类,8.钻凿,9.燋灼,10.兆璺,11.书契,12.皮藏。第十卷附录;又分为:1.殷墟沿革(节录董作宾《殷墟沿革》第三章),2.甲骨年表(节录董作宾《甲骨年表》并续至民国23年),3.坑位(节录董作宾《甲骨文断代研究例》第四章)。

该书以甲骨文和文献资料为依据,参以考古发掘资料,对殷商时代的政治、经济、思想、文化和社会生活进行了全面的论述。作者注意博采众长、吸收当时最新学术研究成果,较真实全面的揭示殷商时代的历史面貌。著名历史学家朱绍侯教授认为,该书是20世纪30年代最早利用甲骨文资料全面系统论述商史的著作,其开创之功是显而易见的。由于该书至今仍有重要的参考价值,故

1973年香港书店又将其重新出版。

两书出版后受到学术界的好评。石璋如先生回忆说:"自这两部书出来,研究古史者莫不争先抢购,诚如朱先生在序言中所说'20余年来诸家研究之结果略具于斯,学者得此,足资研习,无俟他求矣。'"(石璋如《河南大学与考古事业》)1934年戴家祥先生撰写《甲骨学——文字编》(载《出版周刊》新90号),不久又撰写《评〈甲骨学文字编〉》(《天津大公报》图书副刊25期1934年8月4日),对《甲骨学文字编》进行了介绍,并给予了很高的评价,指出:"殷墟甲骨之学,今日时尚所趋,老师宿学,弱冠童年相与怀铅握椠,为探颐索隐之业者,无虑数十家。而考文说字、有系统之作自商承祚氏《殷墟文字类编》外,十年于兹,未闻有所述焉。岂非考古者之遗憾乎……而此十年之间,卜辞研究有一日千里之概。若叶玉森氏、郭沫若氏,颇多新奇可喜之说。若丁山氏、吴其昌氏、董作宾氏,每有独得之见。若徐中舒氏、余永梁氏、唐兰氏、容庚氏,素以多闻缺疑,为诸大师所推重。之数子者,才大心细,足以窥造作之精,然不免矜才立异之蔽。今朱氏顿八弦以掩之,则凡片言只字之善,尽卒无遗。其于商氏《类编》,不啻《说文》之有段注。然则朱氏此书,誉之为初学津梁可也,誉之为斯道大成,亦未始不可也。"

需要特别指出的是,在朱芳圃的著作中,首次采用了"甲骨学"这一命名,对后来"甲骨学"这一名词的广泛使用有着很大影响。当代著名学者,中国社会科学院历史研究所研究员李学勤先生曾指出:"'甲骨学'这个词系何人何时首创,有待考证。然据胡厚宣先生的《五十年甲骨学论著目》,率先以'甲骨学'揭橥于论著标题的,是朱芳圃先生。朱氏是王国维先生在清华的弟子,他在1933年出版专著《甲骨学文字编》,1935年又印行《甲骨学商史编》……此后'甲骨学'作为学科名称便广泛流行"。④

甲骨文发现之初,学者们称之为"契文"、"骨刻文"、"龟版文"或"龟甲兽骨文字",后来又称之为"书契"或"卜辞",直到1921年陆懋德先生才开始提出"甲骨文"这一较为确切的名称。甲骨学家王宇信先生指出:"甲骨文命名与甲骨学的研究是密切相关的,即有一个由知之不多,只涉表面,到逐渐深入,由表及里的过程。在甲骨文才被发现时,人们只能根据对甲骨外形的直观认识,称之为'龟'或'兽骨'、'龟甲';或看到刀刻文字,称之为'契'或'骨刻文字'。而在甲骨文时代和出土地小屯被确定为殷都以后,甲骨文的用途逐渐明确,便称之为'殷墟书契'、'殷墟卜辞'或'殷墟文字'了。当然,'甲骨文'一名为更多人所接受,是由于殷墟科学发掘工作展开以后,人们对殷墟所出的文字材料有了更进一步认识的结果。"⑤

"甲骨学"之名的提出则更晚,1931年周予同先生在开明书店的《中学生杂志》上,发表了《关于甲骨学》的文章,才使"甲骨学"第一次出现在学术界,而在著作中首次使用"甲骨学"这一名字的,则是1933年朱芳圃先生的《甲骨学文字编》。"甲骨学"这一准确、科学命名的提出同样也不是偶然的,也正如王宇信、杨升南先生所指出:"'甲骨学'一名之所以在这时候提出,是1928年的殷墟科学发掘,把甲骨学研究从'草创时期'推进到'发展时期'的必然结果。"⑥自此以后,"甲骨学"之名为学术界所普遍接受,在著作中才相继出现了"甲骨学"的命名,1944年胡厚宣先生出版《甲骨学商史论丛》;再以后,董作宾、严一萍、吴浩坤、潘悠、张秉权、王宇信等学者在自己著作命名中都采用了这一名称。

当然,两书写成于20世纪30年代,受当时整体学术水平和作者个人水平的局限,书中难免多有讹误疏漏之处。同时两书虽注意博采众家之长,但缺少作者个人见解。也正如戴家祥先生所指出:"所惜朱氏成书太骤,谬说显然,无待辨证者,未能尽赴凡例之所愿……只可认为假定之义,朱氏贸然信之,似非多闻缺疑之旨。陈陈相因,一无阐发者,而为悬疣附赘。更有湮没启发之功,致后之作者,有掠美之嫌。"(戴家祥《评〈甲骨学文字编〉》《天津大公报》

1934年8月4日)晚年朱芳圃也觉察到这些问题,他曾对河南大学教授朱绍侯先生说过,过去的东西我都不要了,只要这181个字(指《殷周文字释丛》)。

1937年7月7日"卢沟桥事变"后不久,华北沦陷,日寇铁蹄践踏黄河流域,古城开封危在旦夕,河南大学被迫外迁。八年之中颠沛流离,先后历经信阳鸡公山、镇平、嵩县、淅川、后入陕至西安、又迁至宝鸡。朱芳圃先生始终与河南大学同甘苦共患难,在8年流亡生活中,没离开过学校一步。在这过程中他的衣物用品尽可丢掉,但他的图书资料及珍藏的甲骨拓片却牢牢带在身边,并在极为艰难困苦的条件下,积极开展教学和科研。他曾在小山村旁的大树下为学生讲课,也曾在农舍昏暗的油灯下辨认甲骨拓片。

1940年河南大学文学院在嵩县山区创办《学术丛刊》,旨在"以中原文化之发扬,世界学术之介绍,以及发抒心得,交换所学"⑦,朱芳圃和嵇文甫、任访秋、张邃青等教授都经常在上面发表文章。在第一期上,朱芳圃发表了《殷契卜暵考》。朱芳圃认为,甲骨文中的"暵"与黄、堇、艰三字有关。黄字本义为张开的兽皮,引申为扩大。堇为曝烤兽皮,引申为干燥,再引申为干暵。艰与堇义同,是一个形声字。甲骨文中的"暵"是干旱之意,甲骨文中的黄、堇、艰同为卜暵之辞。

抗战胜利后朱芳圃随学校迁返开封,这时他与嵇文甫、段凌辰、张长弓等教授已是"教坛宿将、学界巨子"⑧。他一人就开设了文字学、训诂学、音韵学、说文研究、铜器铭文研究、子书专著选读等多门课程。在这一阶段,他还利用甲骨文资料进一步开展商史研究,深入探讨商代的先公先王,完成发表了《阳甲考》(《儒效月刊》第2卷1期1946年1月)、《曹圉考》(《儒效月刊》第2卷2、3期)、《殷卜辞中所见先公先王再续考》(《新中华复刊》第5卷4期1947年)、《王皇名号溯源》(《新中华复刊》第5卷6、12期1948年)等多篇论文。

在《殷卜辞中所见先公先王再续考》一文中作者首先指出:"曩者海宁王静安先生撰《殷卜辞中所见先公先王考》及《续考》,用新材料以证旧史实,钩沉汲断,为史学界放一异彩。后亡友吴其昌补其未备,撰三续考,唯收讨虽勤,所获实寡,未足以继踵前证也。余治龟契,多历年所,于殷先公先王为先生所未详未备者,得四人焉,曰夒、曰昌若、曰曹圉、曰冥。"⑨接着,以大量的甲骨文和《尚书》、《山海经》等文献资料,并以音韵训诂学对殷人先祖夒、昌若、曹圉、冥进行了论证。如对于夒的考证,认为夒与夋"声同韵近,得相通转。"进而指出:"卜辞之夒,尊为高祖,其为殷之先后,灼然无疑。余谓夒即夋龙,又夒与契若离,实为一人之分化,蓋殷之始祖也。"⑩

新中国诞生前,朱芳圃先生不仅以其严谨的治学态度、卓越的学术成就和热衷于教育事业而享誉于学术界,受到师生的拥护爱戴,同时也以追求进步、向往光明而称著。《河南大学校史》载:"河南大学自一九二五年建立中共支部至抗日战争,党的工作始终没有间断。党在师生中的影响愈来愈大,革命思想的传播日渐广泛……嵇文甫、李俊甫、陈仲凡、任访秋、关梦觉、苏金伞、张邃青、朱芳圃、陈梓北、邢润雨等进步教师应同学之邀,经常参加学术和政治活动。把革命活动和学术活动紧密结合起来,收到了良好的效果。学生组织和学术团体经常邀请进步教授、专家举办专题演讲,从学术问题入手,阐述革命理论和抗日爱国思想。"⑪

1949年5月,中共河南省委和河南省人民政府决定重建河南大学,河大迎来了自己的新生。当年7月,朱芳圃和搬迁到苏州的1200名师生再返开封,从此,他开始"站在新的立场、应用新的观点方法"⑫从事教学和学术研究。由于原来就具有进步倾向,所以朱芳圃很快就接受了马克思主义,坚决拥护中国共产党的领导,坚持走社会主义道路,成为学校教学科研的骨干。《河南大学校史》载:建国之初,"教师队伍相当充实,不少教授在教学与科学研究方面,有相当造诣。如文史方面,嵇文甫教授在哲学和明清思想史研究上,根底深厚,为国内学者所称道;张邃青教授,长于宋辽金元史,尤精于中原文化史,治学有特色;朱芳圃教授,邃于古文字音韵、甲骨、金石,对殷周文化研究颇为精深……这为开办新大学创建了最重要的条件。"⑬

1949年新中国成立以后,我国的甲骨学研究进入了以马列主义为指导深入研究时期⑭。这一时期甲骨文新材料的继续出土和甲骨文资料整理、集中、公布方面所取得的进展,为文字的考释奠定了基础。朱芳圃对古文字研究更加重视,他认为我国现存的殷周甲金文字,距离文字创造时期虽已遥远,但由流溯源,参互比证,先民制造文字的意图,固历历可考而知。并从唯物史观和社会发展规律的角度来考释文字,指出:"文字者,图画与语言结合之产物也。其形成约在新石器时代之末期,其结构皆社会事状之反映。故为了解古代人类物质生活及精神生活面貌极为珍贵之资料。在考古学上之功用,视地下发掘之遗迹遗物,有过之而无不及。"⑮

从建国之初到1962年,十几年间朱芳圃潜心于甲骨金文的研究,写出了不少考释文章,1962年汇为《殷周文字释丛》,由中华书局出版。是书共收文字181个,其中新释文字甲骨文41个、金文18个,其余的为"纠正旧说,另创新解"⑯。如甲骨文"千"字,《说文》曰:"千,十百也。从十、从人。"徐灏解释说:"人寿以百岁为率,故十人为千。"朱否定了徐说,认为:"千为大数,造字之术穷,故以人代表之。一千作千,二千作千,三千作千,四千作千,五千作千。数至六千,合书不便,乃析为二字矣。"⑰再如"凤"字,《说文·鸟部》:"凤,神鸟也。天老曰'凤之象也,麐前鹿后,蛇头鱼尾,龙文龟背,燕颔鸡喙。五色备举,出于东方君子之国,翱翔四海之外。过昆仑,饮砥柱,濯羽弱水,暮宿风穴。见者天下大安宁。'"对这种解释,人们且信且疑,但凤究竟为何物,人们不得而知。朱芳圃一语道破:"凤,神化之雉也,"并进而指出:"雉为习见之鸟,羽毛华丽,古代东夷部族用以为图腾。由于社会制度之演化,原始意义渐次消亡,因转化为神鸟。"⑱甲骨学家郑慧生教授认为,此种解释"甚为确也."。

这一时期,朱芳圃还完成了《土方考》、《殷顽辨》等论文,以历史唯物主义的观点,对殷商史进行研究。在《土方考》中(《开封师范学院学报》1962,2)作者引用甲骨卜辞中征伐土方记载的48例和《竹书纪年》、《尚书》、《诗经》、《楚辞》、《左传》、《国语》、《史记》等大量的文献资料,证明卜辞之伐土方,即《纪年》之征豕韦。豕韦乃土方之别名,陶唐实土方之本号,陶唐、御龙、豕韦、唐杜,实一名之禅递,其国历虞、夏、商、周,长为一方之侯伯。其地望即春秋时之晋国,位于殷商之西北。

甲骨文资料证明,土方在殷商时代是商西北地区一个强悍的民族,经常对殷商王朝西北的附属部族及殷商王朝的本土发动进攻,为此商王屡屡进行反击征伐。征伐中商王每每亲自率领,而且经常征集兵员,还要乞求神灵的庇佑。该文使我们了解了殷商时代西北边境上的一个重要民族,对今天我们对土方的研究仍有重要参考价值。特别是作者在研究中,上溯虞夏,下联两周,把历史的不同阶段联系在一起,使我们更清晰的看出一个民族的由来和发展,对研究民族史有着重要意义。

《殷顽辨》是在朱芳圃逝世近20年后,由王珍先生整理发表的(《中州学刊》1981年第1期)。文章对范文澜在《中国通史简编》中提出的有关鬲、献民、顽民的观点,提出了不同的意见,这也大概是当时文章未能发表的原因。范著中称:"商贵族(士大夫)当了俘虏,被周人称为献(字形亦作鬲)民、民献,人献或献,他们反抗周的统治,所以也被称为顽民或殷顽。"⑲朱芳圃以大量的金文和文献资料及音韵训诂学论证说明,鬲为俘虏之意,献民或献臣,犹言余孽,二者"形义既殊,音亦远隔,不可混为一谈。"⑳至于顽民一词,始出现于汉代文献中,周人是不会称殷遗民为顽民的。作者认为:

"此种名词,关系古代史实及史料真伪问题颇大,"㉑故作了一番考证解释。

在音韵训诂学和中国古代神话研究方面,朱芳圃也有许多独到之处,他利用音韵训诂对甲骨文的考释和商史的研究成果,足见其功力。他出版的《中国古代神话与史实》一书,将中国古代神话传说中的人物和事迹的有关资料,分门别类加以排列,把古代神话放到历史发展的进程中,利用历史学考古学的确凿证据并结合音韵训诂学的方法,进行整体的分析论证,得出令人心悦诚服的结论。

朱芳圃曾任开封市政协委员,在教学科研方面提出许多积极的建议,积极履行一个政协委员的职责。1958年调到河南省历史研究所任研究员。1973年病逝于湖南株洲市渌口镇故居。

注释:

① 朱绍侯:《河南大学与中国甲骨学研究》《史学月刊》1999年第1期。
② 朱芳圃:《甲骨学文字编·序例》。
③⑧⑪⑬ 河南大学校史编辑室:《河南大学校史》1985年稿第35页、第56页、第67页、第76页。
④ 李学勤:《甲骨学一百年回顾与前瞻》《文物》1998年第1期。
⑤⑭ 王宇信:《甲骨学通论》第63页～第64页、第91页,北京,中国社会科学出版社,1989年。
⑥ 王宇信、杨升南:《甲骨学一百年》第17页,社会科学文献出版社,1999年。
⑦ 《学术丛刊》发刊词,载《河南大学校史》。
⑨⑩ 朱芳圃:《殷墟卜辞中所见先公先王再续考》。
⑫ 胡厚宣:《五十年甲骨学论著目·序》,北京,中华书局,1952年。
⑮⑯⑰⑱ 朱芳圃:《殷周文字释丛·自序》,北京,中华书局,1962年。
⑲ 范文澜:《中国通史简编》,修订本第一编,北京,人民出版社,1964年。

⑳㉑ 朱芳圃:《殷顽辨》,《中州学刊》1981 年第 1 期。

二、两次出版《甲骨文编》的孙海波

孙海波(1909～1972 年)河南信阳潢川人。1928 年毕业于省立第七中学,1929 年考入北京燕京大学国文专修科,1931 年考入北京师范大学研究院,师从容庚先生从事甲骨文、金文的学习研究。1934 年从北师大研究院毕业后,被聘为中央研究院历史语言研究所助理,继续从事甲骨文、金文以及训诂学、音韵学的研究。后曾被聘为北京师范大学、中国大学、东北大学讲师、教授。1942 年至 1948 年,先后在北京师范大学、中国大学、长白师范学院任教授。

1934 年孙海波在北京与容庚、徐中舒、董作宾、商承祚、周一良等先生共同发起成立"金石学会",并创办会刊《考古社刊》。他与容庚、唐兰、于省吾、徐中舒等先生同被选为学会执行委员,成为学会领导成员。学会的骨干成员还有刘节、魏建功、顾廷龙、邵子凤、容肇祖、郑师许等先生。数年之中,学会定期召开年会、经常组织各种学术活动、出版会刊,促进了学术事业的发展繁荣。

19 世纪后半期,在西方文化的影响下,中国传统学术开始向近现代转型,"中国传统学术中蔚为大观的金石学,在西方考古学理论和知识的影响下,也在研究内容、方法和研究目的方面发生了深刻的变化……在近代西方考古学理论的影响下,传统金石学向'古器物学'阶段的发展,离近代真正科学意义的'锄头考古学'的产生已经为期不远。"①"金石学会"在 20 世纪 30 年代聚集了我国一批著名的学者,他们或参与参加近代田野考古工作的实践,或著书立说从事古器物的研究,把西方的考古学和中国传统的金石学结合起来,促进了我国现代考古学的形成,其中不少人成为我国现代学术领域如考古学、古文献学、古文字学等学科的奠基人。

这一时期孙海波从事甲骨学研究主要是进行文字的考释,发表了《释眉》(《行素》杂志第1卷4期1934年)、《甲金文中"说文"之逸文》(《师大月刊》第26期1936年4月)、《释自》(《禹贡》半月刊,第7卷1～3期合刊,1937年4月)等文章。同时,利用卜辞资料研究商史,特别研究商周民族关系,写出了《甲骨文中"周侯"辨论》(与董作宾合作,《新晨报》1930年8月6日)、《由甲骨卜辞推论殷周之关系》(《禹贡》第1卷6期,1934年5月)等论文,根据卜辞中"令周侯"和"寇周"的记载说明殷强盛时对周发号施令,后殷衰,周渐强大不再听命,故殷"寇周"即征伐周,直至最后周人强盛取而代之。

孙海波开始从事甲骨学研究的20世纪30年代,在甲骨学史上已进入"甲骨文的科学发掘阶段和甲骨学的发展时期"②,这一时期中央研究院历史语言研究所对安阳殷墟大规模的科学发掘,不仅获得了大量的甲骨文,而且由于也注重了解甲骨文出土的坑位层位及伴随出土的丰富遗迹和遗物,从而使甲骨学研究建立在更加科学的基础上。甲骨学大师王国维创立的"二重证据法"和董作宾田野考古工作的实践,把近代考古学的科学方法引入了甲骨学研究领域,使甲骨学研究突破了传统金石学和史料的局限而迅速发展。在此基础上这一时期孙海波和不少学者在甲骨学研究方面都取得了卓越成就,正如著名甲骨学家吴浩坤、潘悠在《中国甲骨学史》一书中所指出:"自罗振玉提出欲祛三难,先究文字,'由许书以溯金文,由金文以窥书契'的识字方法后,罗氏弟子商承祚,再传弟子孙海波以及王氏清华研究院的学生余永梁、戴家祥、徐中舒、刘盼遂、朱芳圃、吴其昌等,都直接受罗王之学的熏陶,沿用罗王开创的考证方法,积极从事深入细致的文字考释工作,取得了较多的成绩。"③

著名甲骨学家王宇信曾指出:"甲骨文工具书,是甲骨学科学成果的反映和总结,是甲骨学深入发展所需要的。"④为了总结30年代的甲骨文字考释的成果,便于更多的人认识甲骨文和利用甲骨文开展相关学科的研究,1934年,孙海波编纂出版了《甲骨文编》(《哈佛燕京学社出版、石印本》)。该书共18卷,其中正编14卷、合文1卷、附录1卷,检字1卷,备查1卷,共收甲骨文单字2116个,其中已释字1006个,可以确认的有600多个字,可以说当时所见的甲骨文已经释定和未释定的单字,基本已经齐备了。

该书出版后引起学术界的重视,受到专家学者的好评。1937年4月9日~16日,天津《益世报·人文周刊》连载了云斋先生的《评孙海波甲骨文编》,充分肯定了该书的学术成就。徐中舒先生在50年后也曾指出:"为了便于更多的人开展汉语古文字以及相关学科的研究,有必要把已识或未识的全部甲骨文字字形摹写展示出来,以便观摩辨认。孙海波先生在30年代编著、60年代修订的《甲骨文编》,金祥恒先生的《续甲骨文编》曾在这方面起过重要作用。"⑤

著名甲骨学家王宇信、杨升南先生在回顾总结百年甲骨学成就时也指出:《甲骨文编》"所收文字乃从此书出版前已行世的全部著录书中所辑……虽已释之字各自取舍标准不同,不能认定完全准确,但仍可以反映甲骨文著录、研究的黄金时段,已考释过的单字不仅成倍的增加,而且准确度也是比较高的。众所周知,对于甲骨文这种历史上从未见过的古文字,考释单字并非很容易。大凡能释出者,前30年已为诸大家所释……愈是往后就很难释读生字。要是考释出一个字,不但要在形、音、义上有正确的解释,还要在卜辞或记事刻辞中读得通。因为商代甲骨文字已经是具有严密规律的古文字,并不能随心所欲地破译就能全部认识。从这个意义上来说,这个时段能考释出一二百字,就是很大的成绩。"⑥

在甲骨学研究方面,孙海波还进行了甲骨文辨伪较重工作。王宇信、杨升南先生曾指出:"辨伪、校重、缀合,是甲骨文整理的三项基本工作,也被视为甲骨学研究的三项基本功。如果不会辨别甲骨上所刻文字的真伪,则易以假当真产生不应有的错误结论。如果不会校对拓本、摹本和照片重复出现同是一片内容的甲骨文,则在研究有关问题时,容易资料庞芜和重复,科学性不强。"⑦

30 年代以前,由于殷墟的非科学发掘,甲骨文的私掘滥挖,古骨商人的制假售伪,在辗转收藏、拓摹著录中,出现了不少伪片和重片。刘鹗的《铁云藏龟》,罗振玉的《殷墟书契》,姬佛陀的《戬寿堂所藏殷墟文字》等著名的甲骨文著录著作中,都有这种现象,同时也存在着将真片当作伪品的。因此,30 年代不少甲骨学家如郭沫若、曾毅公、胡厚宣及加拿大学者明义士等先生都注意进行甲骨文的辨伪校重工作。

《殷墟书契续编》是罗振玉系列甲骨著录之一,1933 年 9 月影印出版,共 6 册,著录甲骨文 2016 片。该书重片多而典型,邵子风先生曾指出:"罗氏自纂《殷墟书契》前后编及《殷墟书契菁华》等书,所藏甲骨精品,略已流布人间,其有裨于契学,殆不可估计。方诸当世,亦无与伦比。然罗氏意不自遂,嗣复肆力购求,十余年间,所获墨本约三千纸。癸酉之岁,乃就此三千余纸,重加选剔,存三之二,为之类次排比,成书六卷,颜曰《续编》,所以续前、后编所未及也……惟全书纂录,非尽出罗氏之手。故所录各版,多与其他著录相重。"⑧胡厚宣先生也指出:"其重录者,更多至全书 4/5 以上……展卷翻览,令人眩然。"⑨

孙海波首先进行了《殷墟书契续编》的校重工作,校定其重复者在千余版以上,并多与《戬寿堂所藏殷墟文字》和王襄的《簠室殷契征文》相重,于是对《续编》的重片来了一次大清理。1939 年曾毅公发表《〈殷墟书契续编〉校记》、1940 年孙海波又发表《评〈殷墟书契续编〉校记》⑩,1941 年胡厚宣发表《读曾毅公君〈殷墟书契续编校记〉》,继续进行《续编》的校重。到 20 世纪 60、70 年代经《甲骨文合集》编辑组的最后审校,《续编》共计重 1538 片。⑪

王襄是与王懿荣同时代的甲骨文最早发现者和收集者。1925年他编纂出版了《簠室殷契征文》，著录拓片1125片。按内容将卜辞分为12类：天象、地望、帝系、人名、岁时、干支、贞类、典礼、征伐、游田、杂事、文字等项，是首部将甲骨文分类编排著录的著作。为了分类编排方便，他将拓片裁剪分割，有一分为二者，有一分为三、四者。有的原骨边沿不齐者，也被修剪整齐。有的字迹不清者，则加以修饰。这样，该书出版后引起学术界，特别是甲骨学家的怀疑，认为甲骨拓片系伪作。

开始孙海波也有所怀疑，但到1930年见到原拓影印本，认定《簠室殷契征文》拓片不是伪品。他为此撰写了《〈簠室殷契征文〉校录》一文，发表于1937年6月的《考古社刊》第6期，肯定了书中资料的真实性，还指出此书拓片内容丰富，重要资料不少。尤为可贵的是，王襄自己所藏甲骨未曾倒手赠售过，故与本书出版前的著录书无重片。郭沫若也曾怀疑过此书所录是伪品，后见到孙海波的文章和董作宾在《甲骨文断代研究例》中用《簠》中帝系151片缀合，才放弃自己的怀疑，并认为该书为一可贵之研究资料。

和20世纪30、40年代甲骨学发展时期大多数甲骨学家一样，孙海波也进行了甲骨文的收集、整理和著录刊布工作。1929年至1930春，中央研究院历史语言研究所在进行第三次安阳殷墟发掘时，河南省政府派河南省博物馆馆长何日章至殷墟小屯进行发掘，先后2次，为期3个多月，共出土甲骨文3656片[12]。这些甲骨文关百益曾选拓部分为《殷墟文字存真》，共出8集，每集100片。后又由孙海波选编为《甲骨文录》，共录930片，附考释、索引，于1938年1月由河南通志馆影印出版，1971年台北艺文印书馆又翻印出版。

《殷墟文字存真》和《甲骨文录》编纂时没有甲骨出土编号，科学性远逊于《殷墟文字甲编》和《殷墟文字乙编》。但由于种种原因，《甲编》、《乙编》迟至1948年以后才陆续出版，因此《存真》和

《文录》毕竟较早的公布了殷墟发掘所得部分甲骨文资料,满足了在殷墟科学发掘开始后,人们急于早日见到发掘所得甲骨文的愿望,为学者提供了新的研究资料。

1940年,北平修文堂书店影印出版了孙海波的《诚斋甲骨文字》,该书收入甲骨文500片,并附有考释。这批材料系孙海波多方收求,见于多家,其中包括大收藏家刘体智所藏28000多片甲骨文中的一部分。郭沫若曾据刘体智所藏甲骨文中的精华,编纂出版了《殷契粹编》(日本文求堂书店1937年)。

抗战爆发后,中央研究院历史语言研究所对安阳殷墟的科学发掘被迫中断。抗战期间,安阳沦陷,日伪汉奸和地痞流氓相互勾结,在安阳殷墟大肆进行盗掘,当地村民也有乘机进行盗掘的,致使甲骨文又大量流失。为了保护国家珍贵的历史文化遗产不至于再流失国外,京、津、宁、沪等地的甲骨学家,都注意收集购求战时出土的甲骨文。孙海波当时在北京,也收集到不少甲骨文。

1945年抗战胜利后,胡厚宣先生从重庆北上到京津地区,收集战时出土流失的甲骨文。胡厚宣的这项工作得到京津地区的不少爱国学者、商人及各界人士的大力支持,都纷纷拿出自己的藏品让胡厚宣挑选。有些是以前外国人出高价都不肯售出的珍品,却愿以较低的价格让给胡。孙海波和容庚、曾毅公、于省吾、谢午生等学者,都向胡厚宣提供了甲骨文实物或拓片。胡厚宣曾记述了这段经历:"于省吾先生,曾把所藏全部甲骨,都让我借回寓所,一片片、一条条,仔细抄录,慢慢的研究,并且答应我自由引用和发表……孙海波先生除了几百片甲骨之外,有六册甲骨拓本,我也录了一些下来。"[13]

20世纪30年代,孙海波还利用甲骨文资料进行商史的研究,完成了《说十三月》(《学文》1卷5期1932年5月)、《卜辞历法小记》(《燕京学报》第17期1935年6月)、《甲骨文中"周侯"辨论》(《新晨报》副刊第683期1930年8月6日与董作宾合作)、《由甲骨卜辞推论殷周之关系》(《禹贡半月刊》第1卷第6期1934年5月)等多篇学术论文。

在《卜辞历法小记》、《说十三月》中,作者对商代的历法进行了初步探讨。30年代以来,在对殷代历法的认识上,逐渐形成了两大派意见。一派以董作宾先生为代表,认为殷商历法是由推步方法制定的合天的阴阳历;另一派则是以刘朝阳、孙海波先生为代表的,认为殷商历法是一种"纯粹的政治历"。这种历法月和年的长度都与天象无关,都是人为规定的。每年都为12个月,每月都有30天,没有大月小月的区别,没有闰月,因此一年的长度都同为360天。认为卜辞的"十三月"是积月之误,是一月的别称,并不是闰月。

随着学术研究和讨论的不断深入,殷商历法是"纯粹的政治历"的观点已显得陈旧过时。20世纪50年代以后,不少学者都已放弃了这种观点,孙海波也不再坚持自己的意见。但是对于董作宾的殷历学说,国内外学者也不断提出尖锐否定的批评。"总之,关于殷商的历法问题,虽然经过中外学者近70年的反复研究,发表的各种论作已近两百种,但到目前为止,学者们达成的共识似乎就只有一点:即认为殷商时期行用的是以太阴纪月、太阳纪年的太阴太阳历,即阴阳合历。但对它究竟是一种什么样的阴阳合历意见却不统一。"⑭历法的研究,本身就是一个很复杂的问题,用甲骨卜辞探索殷商历法,显然难度更大。孙海波研究殷商历法的观点虽然未被学术界所接受,但对促进殷商历法研究的深入,逐步建立正确的殷商历法体系,还是有着一定的积极意义的。

随着学术成果的不断积累和在甲骨学界影响的不断扩大,这一时期孙海波还写了不少有关甲骨学著作的评论和介绍的文章。其中主要有《读王静安先生古史新证书后》(《考古社刊》第2期1935年6月)、《评铁云藏龟零拾》(《中和》第1卷第2期1940年2月)、《评〈甲骨缀存〉》(《中和》第1卷第2期)、《评〈甲骨地名通检〉》(《中和》第 1 卷 1 期 1940 年 1 月)等。这些评介肯定了有关作者的学术成就,指出了存在的问题和不足,总结了甲骨学研究的阶段性成果,加强了学术交流,促进了甲骨学研究水平的提高。

总之,在 20 世纪 30、40 年代,孙海波在甲骨学研究领域的许多方面,包括甲骨文资料的收集、整理和刊布,甲骨文的辨伪和校重,甲骨文的考释和总结等,都取得了不少成就,在甲骨学史上占有一定的地位。因此王宇信、杨升南先生指出:"在甲骨学发展史上,郭沫若、董作宾、容庚、唐兰、商承祚、孙海波等等,这些继罗王之后的甲骨学家,他们在 30 年代的著录、研究、论述不仅推动了甲骨学的发展,还从文字考释走向与夏商周三代历史综合研究,开辟出甲骨文研究的新天地。"⑮

1949 年 12 月云南解放,孙海波任云南大学教授。1951 年在华北大学政治研究院学习后,分配到西南师范学院任教。1954 年调往新乡河南师范大学二院历史系任教授。1956 年院系调整,河南师范大学(原河南大学)一院、二院分别改名为开封师范学院和新乡师范学院,孙海波调入开封师范学院历史系任教授兼学报和《史学月刊》编委。

孙海波等一批文科教授的到来,增加了开封师范学院的教学和科研力量。《河南大学校史》记载:"以开封师范学院来说,原来文科教师队伍就比较可观,这时又从二院增加一批文科教师,力量就更雄厚了。孙海波教授长于甲骨文、金石文字、目录学,学术著作出版物有《甲骨文编》19 卷、《续殷文存》、《魏三字石经集录》、《新郑彝器》、《浚县彝器》、《甲骨文录》、《河南古图志賸稿》、《中国文字学》、《殷墟文字》、《卜辞记》、《甲骨书录及校记》、《四库全书金石部分、杂考部分提要考证》等,发表学术论文数十篇,是我国古文字学家之一。"⑯

新中国成立后,我国的甲骨学研究进入了一个新时期。"在这一新的时期,老一辈甲骨学家不断推出力作,并言传身教,培养和造就了一批又一批的甲骨学者。新中国的甲骨学研究,进入了以历史唯物主义为指导的深入研究时期"⑰。孙海波接受了马克思主义,开始用辩证唯物主义和历史唯物主义的观点研究甲骨学和殷商史。1956年发表了《从卜辞试论商代社会性质》(《河南师范学院学报》创刊号1956年)。作者接受商代是奴隶社会的观点,指出"从现存的商代史料看来,在殷商时期,作为压迫人民工具的国家和组织形式已经出现了。在商王国国都中,有脱离生产的巫觋,有复杂的官吏组织机构,有专门军队组织,这些军队在商王的指挥下经常向其他部落进行掠夺性的战争,并将掠夺来的俘虏充当奴隶。这一切证明了商代已进入奴隶社会。"但商代还"停滞于奴隶制的早期阶段",其中并没有孕育新的封建制度因素,因此,"说西周是封建社会也是没有根据的。"

20世纪60年代初,《甲骨文编》已问世近30年。在甲骨学深入研究时期,"甲骨学研究方面所取得的进展,主要是继续出土新材料和在集中材料、整理材料、公布材料方面取得了成功。与此同时,利用甲骨文材料对商代社会性质、阶级结构等方面的研究,也提出和解决了不少问题。随着甲骨材料的集中和不断出土,在文字的考释、分期断代研究方面也有了进一步的深入"⑱。

为适应这一形势,孙海波对《甲骨文编》进行了补充修订。这次补订充分发扬了社会主义大协作的精神,在修订之前,由中国科学院(现社会科学院)考古研究所邀请著名甲骨学家唐兰、商承祚、于省吾、张政烺、陈梦家等先生与孙海波共同商讨了改编的内容和体例,郭沫若先生也提出了书面意见。因此,"改订本较之1934年的初编本有很大的不同,在材料上比较完备,在考订上采纳了许多新的研究成果"⑲。

1964年,中华书局出版了修订本《甲骨文编》,共收甲骨文单字4672个,较原版增加了2552个;已释字1723个;见于《说文解字》可以确认的有941个,较原版600余字增加了300多个。合文增至371个,附录增至494个。作者采用的甲骨著录资料有《铁云藏龟》、《殷墟书契》、《殷墟卜辞》、《殷契粹编》等共40余种,基本囊括了当时已刊布的全部著录资料。

每一个甲骨文单字,也尽量把每种著录中的各种字形资料收集齐全。如"帝"字,共录《甲》、《乙》、《河》、《铁》、《前》、《戬》、《后》、《掇》、《京津》、《粹》、《明藏》、《京都》等12部著录书中的26种字形;"宾"字,共录《甲》、《乙》、《铁》、《前》、《戬》、《后》、《京津》、《明藏》、《林》、《福》、《燕》、《存》、《佚》、《师友》、《珠》、《掇》等16种著录书中的48种字形。

此后又近20年,1980年中华书局出版高明先生的《古文字类编》较《甲骨文编》多收可以确认的字100余个;1988年四川辞书出版社出版徐中舒先生的《甲骨文字典》较《古文字类编》又多收100多个,应当说《甲骨文编》是目前收字较多的字书之一。故著名甲骨学家裘锡圭先生指出:"本书所收集资料比较丰富,编纂工作也做的比较审慎,是学习研究殷墟甲骨文的重要工具书。"[20]

对于《甲骨文编》的编纂体例,特别是正编之后辟有合文和附录,更得到学术界的认可。陈炜湛先生在评价徐中舒先生主编的《甲骨文字典》时,就指出不录合文和附录是《字典》的遗憾。并强调:"合文为古文字之特殊结构形式,甲骨文中使用尤为频繁,《字典》理应有所体现,以便初学。《文编》于相关字之下录其与他字合文之形式,如开卷首页'一'字下便列有一人、一羌、一牛、一羊、一牢、一豕、一月等18个合文,分别注明见合文某页;复于正编之后附以《甲骨文编·合文》,收录371例,甚便研习者。此实《文编》之长,宜加吸取者。"[21]

当然,《甲骨文编》也存在着一些欠缺和疏漏。正如徐中舒先生所指出:"《甲骨文编》(包括《续甲骨文编》)所汇字形重复庞杂,或有摹写失误、识字不当之处,而字汇杂陈,未加分期归类也是不便使用的。"[22]

在20世纪50、60年代的一些政治运动中,特别在"文化大革命"中,孙海波先生遭到冲击,受到不公正的待遇。但他始终无怨无悔,仍然热爱社会主义祖国,坚信中国共产党的领导,顽强执着地追求着自己的事业。晚年他抓紧时间整理自己的论著,笔耕不辍。孙海波先生在甲骨学方面计有专著5部,论文30余篇。在古文字学、目录学等方面也取得不少成果。

1972年2月,孙海波先生不幸逝世,享年71岁。在他逝世前给党组织写信,表示要将自己平生收藏的图书资料、文物字画等捐赠给国家。在他逝世后,根据他的遗嘱其家属将他珍藏的甲骨文、金文、考古、历史等各类书籍1710册,字画24卷,文物图片416张,文物拓片一包、甲骨文残片、古钱币170件全部赠给了河南省历史研究所。

注释:

①⑥⑦⑪⑭⑮⑰ 王宇信、杨升南:《甲骨学一百年》,第1~2页、第67页、第56页、第59页、第656页、第66页、第371页,北京,社会科学文献出版社,1999年。

②④⑱ 王宇信:《甲骨学通论》,第79页、第314页、第91页,北京,中国社会科学出版社,1989年。

③ 吴浩坤、潘悠:《中国甲骨学史》,第320页,上海,上海人民出版社,1985年。

⑤㉒ 徐中舒:《甲骨文字典·序言》,成都,四川辞书出版社,1988年。

⑧ 邵子凤:《甲骨书录解题》,北京,商务印书馆,1935年。

⑨ 胡厚宣:《读曾毅公君〈殷墟书契续编校记〉》,《甲骨学商史论丛》初集4册。

⑩《中和》第1卷第1期,1940年。

⑫⑬ 胡厚宣:《五十年甲骨文发现的总结》,第45页、第52页,北京,商务印书馆1951年。

⑯《河南大学校史》第85页,开封,河南大学出版社,1985年。

⑲《甲骨文编·编辑序言》,北京,中华书局,1946年。
⑳《中国大百科全书·语言文字卷》,北京,中国大百科全书出版社,1988年。
㉑陈炜湛:《读〈甲骨文字典〉兼论甲骨文工具书之编纂》,《徐中舒先生百年诞辰纪念文集》,成都,巴蜀书社,1998年。

第八章　郭豫才、李瑾、陈昌远的学术成就

一、郭豫才与甲骨学殷商史研究

　　河南大学历史系教授、硕士研究生导师、中国先秦史学会顾问、河南省第三届政协委员、省社联理事、省史学会常务理事郭豫才先生(1909~1993年),以研究先秦史和民族民俗学闻名于学术界。同时他也十分重视甲骨学殷商史的研究,在甲骨学殷商史研究方面也取得了一定的成绩。

　　1909年10月,郭豫才出生于河南省滑县。少年时代在家乡读书,青年时期于省会开封求学,先后在留学欧美预备学校和河南大学预科就读,后升入本科国文系学习。郭豫才在河南大学学习期间,正值中央研究院历史语言研究所对安阳殷墟进行大规模科学发掘之际,这一举世瞩目的考古工作在河南大学引起热烈反响。他的同乡高年级同学尹达等人,在史学系教授马非百先生带领下被批准参加殷墟发掘。这也使他受到影响,遂对史学产生了浓厚的兴趣,立志钻研历史。他在学好自己专业的基础上,业余自修史学,常常挤时间去听史学系的课。河大的学习生活激活了他的聪明才智,为他今后的学术成就奠定了坚实的基础。《河南大学校史》载:"抗战前的河大在教学科研上不断有新的发展,教学质量得

到进一步提高,出现了一批有真才实学的人材。如著名史学家尹达、邓拓;音乐家马可;河大历史系教授郭豫才;现代著名作家、文学家周而复、吴强、姚雪垠、张了且等,均是这一时期的学生。"①

1934年郭豫才由河南大学毕业后,到河南省通志馆任纂修。省通志馆即附设于河南大学内,河大校长兼任馆长,著名教授胡石青先生任总纂。另设专职、兼职、特约纂修若干名,都是一些学有所长的专业人员。郭豫才一边认真完成纂修任务,一边开展史学研究,完成《洪洞移民传说之考实》等多篇论文,发表在顾颉刚先生创办的《禹贡》半月刊杂志上,引起史学界的关注。

1936年8月以后的四年中,郭豫才在河南省博物馆任研究员。当时的博物馆除陈列外,还担负着考古发掘的任务。他曾主持辉县周墓的发掘,并参与编写《辉县周墓发掘报告》,该报告送中央研究院历史语言研究所,经梁思永等著名考古学家评审,认为是一项有一定价值的考古学成就。抗战初期,辉县出土的部分文物遭到破坏,此《报告》就显得尤为珍贵。石璋如先生曾回忆说:"河南博物馆虽然是一个省立博物馆,可是它收藏文物之丰富,特藏文物之奇珍,国内除几个大的博物馆外,其他很少能出其右者……。更难能可贵的,他们设有印刷室,有许多图版都是自己印的,许同学与郭同学(郭豫才)均就业于河南博物馆,他们的许多大著都是在该刊上发表,尤其根据辉县发掘所研得的几篇论著,更为考古学家所注意。(石璋如《河南大学与考古事业》台北《国立河南大学校志》1970年)

在此期间根据考古发掘资料,结合甲骨文和历史文献资料,郭豫才进一步开展学术研究,相继完成了《说贝》、《说毕》、《说甗》、《说兵器》、《说车器》、《殷周民族与井水文化》、《释豆》等一系列论文,均发表在《河南博物馆馆刊》上。这几篇文章,始载于1937年3月《馆刊》第6集,止于1937年年底《馆刊》第13集。在不到一年的时间内,连续发表多篇论文,可见郭豫才学识功力之深、用功之勤。可惜不久日军入侵、开封沦陷,郭豫才随馆辗转南迁,在这个过程中资料多有毁坏丢失,研究工作也被迫中断。

在《说贝》中,作者首先指出,贝为海产品,质润而洁,深受人们喜爱。开始多作为佩饰,在北京周口店"上洞"中,发现有孔贝多枚,与有孔牙齿同属装饰之物。"以贝壳为装饰物,乃属旧石器时代普遍现象"。②接着作者进一步分析,当私有制出现以后,贝成为财富的象征,逐渐成为商品交换的媒介,并提出贝之在河南的发现,以安阳殷墟为最早,其次为浚县辛村。贝在商代作为货币,至周继续使用,东周时期青铜货币与贝并用,至秦始废贝行钱。

《说贝》是我国最早利用考古资料和甲骨金文及古文献资料系统论述贝币的一篇论文。该文虽然篇幅不大,但对于人们认识货贝,促进中国古代经济史的研究还是有着重要意义的。

郭豫才在《殷周民族与井水文化》中,首先指出:"古代民族,多傍山临水而居。居高者乃藉以避水患,临水者乃利以作饮食,并借以灌溉而利种植,故言中国文化之起源者,曰河流、曰湖海、曰山岳、曰高原、皆相成而致,不可强析。"③这是人类早期阶段对自然环境的适应,及至后来"户口渐繁,日用渐广,若以鸡鸣犬吠相闻之社会,仅傍河而饮,引沟而以溉,恐20里以外之居民,孜孜终年,犹未免于死亡也。自然供给之不足,势必人夺天工。此人类进化之动因,故凿井之术,应运而生。井者,吾国文化起源之一,且有重于河流山岳者。"④随着人类社会的发展,人们开始改造自然环境。

接着,作者具体论述了井的起源、发展和传播。根据《周书》:"黄帝作井",《世本·作篇》:"伯益作井"的记载,说明在原始社会的新石器时代,我国即已产生了凿井的技术。甲骨文中有"井"字,是井口的象形,"在商代,井已有相当之进步,至周代则几于无处无井。"

关于凿井技术的传播,作者特别赞同王国维先生在《西域井渠考》一文中提出的,新疆的卡(坎)儿井并不是从西方传来,而是中国传统的凿井法。并补充说明:"刘郁《西使记》言穆锡地无水,土人隔岭凿井,相沿数十里,下通流以溉田,所言与汉井渠之法无异。盖东来胡贾,以此土之法,传之彼国者,非由波土(波斯)传来也。"⑤

作者进而又对中国古代的井田制作了剖析和新的解释。指出:"至周穿井事业渐繁,影响于社会者亦深,除以共饮之外,即借井以溉田。古井田之法,即行衍于是。"而长期以来为学术界深信不疑的孟子所说:"方里而井,井九百亩,其中为公田。八家皆私百亩,同养公田;公事毕,然后敢治私也"(《孟子·滕文公上》)的"井田制","皆儒家托古之旨,当时井田之制,想不若此。"⑥

本文论述了人类对自然环境的适应和改造,论述了井的起源、发展和传播,丰富了人类社会生活史研究的内容。作者利用甲骨文资料和历史文献资料,结合地下考古资料所作的论述,更令人信服,这在当时同类专题研究的论著中是不多见的。特别值得注意的是,作者当时还是一个20多岁初出茅庐的青年,关于井田制的论述不囿于成说,令读者耳目一新。

1940年到1945年,郭豫才得管理中英庚款董事会协助,在重庆以"科学工作者"的身份,致力于中国古代民族研究,撰成洋洋50余万言的《中国民族史稿》,但因北方匈奴族系和东胡族系尚未完成,故未付梓,确为一大憾事。

抗战胜利后,郭豫才就任国立礼乐馆编审,从事民俗研究。在广泛调查的基础上,特别对重庆北碚的民俗做了深入细致的调查和研究,完成《北碚的转房俗的采访及初步分析》等多篇论文,对民俗探索做出了一定贡献。1946年至建国前夕,在国立女子师范学校史地系任教授。

解放后,郭豫才先生在西南师范大学整整工作了30年。建国初期,百废待兴,高校建设急需上马。他活力焕发,肩负重任,积极参与西南师大的筹建,立下汗马之功。西师建立后,曾任教务长,后又长期担任历史系主任职务。尽管行政事务繁忙,但他始终不忘教学,几十年如一日坚持深入教学第一线。除文革期间,他年年给本科生上课,先后讲授过《中国古代史》、《先秦史》、《中国民族史》等基础课和选修课,很受学生欢迎。

1979年,为振奋河南的教育事业,同时也因夫人过早病逝而带来的生活上的不便,郭豫才遂调回故乡母校河南大学历史系执教。当时河南大学正在贯彻党的十一届三中全会精神,把学校的工作重点转移到教学科研和为四化建设培养合格人才上来,年过七旬的郭豫才先生壮心不已,担当了培养高层次人才硕士研究生的艰巨任务,与朱绍侯、郭人民先生共同担任历史系中国古代史(上段)专业首届研究生的指导教师。

郭豫才和另两位导师与研究生朝夕相处,既严格要求,又关怀备至,循循善诱,关系十分融洽。他们备课认真,讲课少而精,采用启发式,突出重点难点,条理清晰、逻辑性强,使研究生获得很大教益。临近毕业,郭豫才除负责指导部分研究生的毕业论文外,还不顾自己的七旬高龄,与朱绍侯、陈昌远先生一道带领研究生进行教学实习。在导师的精心指导、言传身教下,研究生都取得了好的成绩,至今已成为各自教学科研岗位上的骨干力量。

郭豫才十分强调研究生要学习好甲骨文金文。他曾指出甲骨文不仅涉及中国古代史研究的方方面面,也渗透到历史地理学、天文学、医学等多学科领域,作为一个古代史专业的研究生,必须学会利用甲骨文资料。当他得知郑慧生在钻研甲骨文时,就热情地予以鼓励。20多年过去了,郑慧生已成为国内著名的甲骨学商史专家,其他研究生也都能熟练运用甲骨文资料开展学术研究。

从1982年到1987年,在郭人民、陈昌远先生协助下,郭豫才先生又培养了两届先秦史研究生,连同第一届,共计12名。此外他还为朱绍侯先生的秦汉史专业研究生讲授先秦史,使龚留柱、陈长琦等受益匪浅。

晚年,郭豫才先生致力于中国古代土地制度的研究,连续发表高水平的学术论文,其中不乏真知灼见,在我国土地制度研究领域独树一帜,影响颇大。他非常重视教材建设,把多年来讲解先秦史的讲稿加以整理充实,编成一部供先秦史专业研究生使用的教材《先秦史讲授提纲》。在刘韵叶的协助下,自1982年至1986年,完成了从原始社会到春秋时期的初稿,共约25万字,引起史学界的重视。

郭豫才先生为河南大学先秦史研究机构的建立做了大量开创性工作。他多次向校系领导积极建议求得支持,建立了先秦秦汉史研究室,并在此基础上建立了先秦文化研究中心。他对研究人员的聘任、图书设备的配置、研究计划的制定等都亲自过问,使研究机构在教学科研中都取得显著成绩。他对中国先秦史学会的成立曾给予大力支持,使学会团结了国内先秦史研究的队伍,增进了交流与合作,促进了我国先秦史研究事业的发展。

晚年的郭豫才先生对甲骨学商史的研究更加重视。1986年他撰写了1万多字的《商史研究概略》(《先秦史研究动态》1988年第2期,与刘韵叶合作),对商朝灭亡以来两千多年的商史研究进行了全面总结。他首先强调了商朝的重要社会地位,指出:"商朝是我国第二个奴隶制王朝,处在我国奴隶制社会的发展时期,社会地位相当重要。从成汤立国至纣之亡,共历17世31王,在这大约600年时间里,我国奴隶制社会的政治、经济和文化等各个方面,都有很大的发展,历史影响极为深远。"⑦因此商史研究是我国古代史研究课题中的一个重要环节,深入开展商史研究不仅可以彻底弄清商代历史的真实面目,同时对于探索夏文化也可以提供必要的前提,意义十分重大。他把两千多年来的商史研究分作了三个阶段,即甲骨文发现之前;从甲骨文的发现到建国前夕;从1950年到现在(1986年)。

第一阶段甲骨文发现之前,时间最长但资料有限,成果不大。

古代文献中如《尚书》、《史记》对商史虽有记述,但失之过简。其他如《诗经》、《易经》、《世本》、《竹书记年》等也只有一些零星记载,因此,"旧时代的史学家,只能在商史资料薄弱的基础上,对商史作一个概括性的叙述,并且错误很多,少有重大成果,也不可能有大的作为。"⑧

第二阶段从甲骨文发现到建国前夕50年。甲骨文的发现和殷墟发掘为商史研究提供了丰富的资料。现代考古学在我国的诞生,马克思主义理论方法的运用,为商史研究赋予了新的生机。作者首先对甲骨文的第一个发现者王懿荣、第一部著录甲骨文《铁云藏龟》的作者刘鹗、第一个考证出甲骨文出土地点的罗振玉、第一部考释文字《契文举例》的作者孙诒让作了简要介绍。接着重点介绍了王国维、董作宾和郭沫若在甲骨学商史研究方面的成就,指出王国维把甲骨文的研究与商史考证结合、董作宾甲骨文的分期断代研究、郭沫若以唯物史观指导甲骨文与中国古代史的研究,都具有开创意义。

作者还以较多的篇幅介绍了中央研究院历史语言研究所从1928到1937年,10年之中对殷墟的15次大规模科学发掘。就发掘之目的、主要经过和成果展开了论述,特别指出:"《安阳发掘报告》及许多甲骨文著录、著作的相继问世,以及大批殷代文物的发表,轰动了世界学术界,引起中外学者的极大兴趣。他们根据这批丰富资料,对商代社会生产、阶级关系、文化制度、自然现象等各个领域进行了认真探索,并著书立说展开讨论,天象和历法的争论尤其引人注目,有力地推动了商朝历史的全面深入研究。"⑨

第三阶段从建国之初到当时的1986年。这一时期甲骨文资料进一步集中,殷墟持续发掘,不断有甲骨文和其他殷代文物出土。如小屯南地甲骨的出土、殷墟五号墓的发现,以及在殷墟以外的商代遗址,如郑州商城和偃师商城及山东益都苏埠屯、河北藁城台西村、湖北黄陂盘龙城等商代遗址的发掘,都为商史研究提供了大量新的重要的科学资料。"许多学者在马列主义理论指导下,从整理、分析甲骨文和金文入手,并结合考古学、民族学和古文献学的研究成果,通过辛勤地劳动,在认识和恢复商朝奴隶制社会的面貌上,取得了很大成绩,商史研究比过去更加深入。"[10]

作者最后还指出商史研究上存在的一些薄弱环节,即有待继续深入研究讨论的问题,包括婚姻和家庭形态、妇女的社会地位、国家机构和社会机构、土地制度和贡赋制度、民族关系等等。从1986年至今十多年又过去了,作者提出的这些问题都是这十几年中甲骨学商史研究方面的重要课题,如朱凤瀚的《商周家族形态研究》(天津古籍出版社1990年)、郑慧生的《甲骨卜辞研究》(河南大学出版社1998年)、李民的《殷商社会生活史》(河南人民出版社1993年)、王宇信、杨升南的《中国政治制度史》(天津人民出版社1991年)等都分别对这些问题进行了专题论述,这就证明了作者的远见卓识。

郭豫才先生的《商史研究概略》是对商史和甲骨学研究较全面、系统的一次总结。甲骨学家、中国社会科学院历史研究所研究员张永山先生指出:"甲骨学之所以能在不足百年的时间里跻身国家行列,除了通过学者兢兢业业的钻研显露出甲骨学的价值之外,也与一些学者不断总结研究成果,指出研究方向,从而促进研究水平的提高分不开。"[11]该文的价值也正在这里。

1987年郭豫才先生由河南大学历史系退休,但仍担任中国先秦史学会顾问、河南省史学会理事、河南大学历史系先秦文化研究中心顾问等。这时先生虽已年高体衰,但仍一方面顽强与疾病斗争,一方面继续开展学术活动。

1993年12月27日,郭豫才先生不幸与世长辞,享年84岁。先生的逝世是史学界和教育界的一大损失,人们莫不悲痛惋惜。正如他的学生、助手刘韵叶所说:"往事痛回顾,回顾泪先流。郭豫才先生不幸和我们永别了,他热爱祖国、热爱人民、长期追求真理、迫切要求进步,晚年入党的赤诚挚着精神;他在考古学、民族学、民俗学和先秦史研究,以及教书育人中的突出贡献;他克己奉公、为人正派、谦虚谨慎、生活俭朴的崇高道德风范永垂不朽!其未竟事业将由我们继承开拓,河南大学不会忘记,西南师范大学亦不会忘记。"⑫

注释:
① 《河南大学校史》,1985年修改稿,第41页,开封,河南大学出版社。
② 郭豫才:《说贝》,《河南博物馆馆刊》第6集,1937年。
③④⑤⑥ 郭豫才:《殷周民族与井水文化》,《河南博物馆馆刊》第9集,1937年。
⑦⑧⑨⑩ 郭豫才、刘韵叶:《商史研究概略》,《先秦史研究动态》1986年第2期。
⑪ 张永山:《甲骨学》,《国学通览》,北京,群众出版社,1996年。
⑫ 刘韵叶:《痛悼郭豫才师》。

二、三评"非王卜辞"、两论"戎狄"的李瑾

河南大学中文系教授、汉语史硕士研究生导师李瑾,四川自贡人。1930年出生,自幼在家乡读书,中学毕业后考入重庆大学中文系学习。1951年大学毕业后,一边工作,一边继续学习,1956年考入中山大学古文字专业研究生班,师从著名古文字学家、甲骨学家容庚、商承祚先生学习古文字学、甲骨学和音韵训诂学。1960年中大研究生毕业后,分配到华中师范大学任教,曾任华中师大殷周考古专业硕士研究生导师,兼《汉语大字典》编委、《世界名人录》特约顾问编委。1987年为更好地研究殷商文化,特调入甲骨文的故乡河南大学任教。

容庚、商承祚是誉满海内的著名的甲骨学家,其中商老既是罗振玉的及门弟子,又是王国维的北京大学国学门研究生,深得"罗王之学"的精髓。李瑾天资聪慧,且又勤奋努力,在名师的指导点拨下进步很快。同时,他又私淑郭沫若先生有年,亲得鼎堂先生指教。又属中山大学高华年教授、中南民族学院严学宭教授入室门人。基本技能经诸多名师严格教训,基础理论知识功底深厚、学术面宽广。

1959年容庚先生率中山大学古文字研究室张维持、曾宪通、王子超等先生及李瑾自广州出发,取道杭州、上海、南京、济南,一路参观考察至北京。适逢著名甲骨学家胡厚宣先生在京召集全国著名甲骨学家与会,征询参与《甲骨文合集》编撰事宜。容庚会上推荐说:"若乏人手,当推举余门弟子李瑾与于其事。李君沉湎于个中有年矣,近将撰著《驳〈非王卜辞〉说》,且数万言,吾不如也。"①

当代著名甲骨学家陈炜湛也曾谦虚地说过:"容先生与商先生共事于中山大学。除从事教学、著述、指导青年教师外,从1956年起,二老还联名招收并指导过多届古文字学研究生。笔者有幸,于60年代初得列二老门墙,从二老治甲骨文。30余年来虽谨遵师训,于甲骨文研究未敢懈怠,终愧著述无多,尤鲜建树。屈指算来,众同门中毕业后主要从事甲骨文研究,历经磨难而不改初衷,孜孜不倦于此学且著述较多者,当推夏渌和李瑾两位学长。"②

在甲骨学方面,李瑾首先参加了关于"非王卜辞"问题的讨论。20世纪30年代,日本甲骨学家贝塚茂树先生首先提出了"非王卜辞"的观点,认为殷墟已出土著录的甲骨卜辞中,有上千片不属于殷王室的③,但当时并没有引起学术界的注意。50年代,著名甲骨学家李学勤先生又提出同样观点,他在《帝乙时代的非王卜辞》(《考古学报》1958年第1期)中论述了这类卜辞的总体特征,断定它们为"帝乙时代的非王卜辞"。后来李学勤对自己的观点有所修正,定其时代为武丁时期④。这一观点,在学术界产生较大影响。

当时尚在中山大学读研的李瑾对这种观点产生怀疑,他开始收集资料进行批评,并得到导师容庚先生的支持。不久李瑾写出初稿,"然迫于人事倥偬,'文革'扰攘十载,百业俱废,蹉跎荏苒以至刊出之日,殆已20余年后矣"⑤。1982年至1984年,《重庆师院学报》、《华中师院学报》相继发表了李瑾评"非王卜辞"的三篇论文,每篇均在2.5万字左右,三篇总计近8万字。

1982年,李瑾在《重庆师范学院学报》第1期上发表了《卜辞前辞语序省变形式统计——兼评"非王卜辞"说》,文章共分四大部分:

(一) 概说;

(二) 卜辞前辞形式类型举例;

(三) 论前辞形式之省变及其因素;

(四) 本问题讨论的意义。

在第一部分中,作者首先指出卜辞"前辞",是指卜辞开头部分,包括时间、地点,以及何人"卜"问、何人"贞"占。卜辞前辞的形式有很多省略的类型,为通读卜辞和"联系卜辞研究中当前存在的实际问题",对卜辞前辞形式的辨识就显得十分必要。

第二部分,卜辞前辞形式类型举例。从卜辞前辞的具体辞例举证中来归纳并统计其省变的各种形式。作者通过对大量甲骨卜辞的分析,总结出卜辞前辞语序省变形式共31种,并列出了"前辞语序省变形式编号表"和"前辞形式排列组合表"。

第三部分论前辞形式之省变及其原因。作者同样以大量的甲骨卜辞资料和历史文献资料,并结合音韵训诂学论证,卜辞前辞形式的各种省变,是符合当时汉语的语言实际和社会实际的。

第四部分本问题的讨论的意义作者指出,讨论本问题除前所述便于达到通读卜辞文意外,联系当前卜辞研究的实际,还存在着两个方面的重要意义。第一、可以增加卜辞断代的精确程度,由于卜辞前辞内多数形式都包括有"贞人"在内,则可以通过贞人进行卜辞断代,作者总结其连锁反应方式如下:"卜辞前辞分析→贞人判断→贞人断代→卜辞断代。"第二,充分掌握卜辞前辞的各种形式,还可以在卜辞研究中对某些欠全面、有错误的说法提出意见。作者针对"非王卜辞说",分析了"非王"的前辞形式并非什么特殊形式,而仍属前辞语序省变形式。

1983年第1、2期《重庆师院学报》上,又发表了李瑾的《卜辞"王妇"名称所反映之殷代构词法分析——再评"非王卜辞"说》,全文分作五部分:

(一)驳先秦"妇"为子妇说;

(二)论"王妇"名称的构词方式;

(三)王妇名称定语特点分析;

(四)先妣庙号之语法结构;

(五)结语。

最后作者得出结论指出:"可以看到,殷代王妇名称与庙号构成的同位结构位置可以前后互换的现象,是以定语后置与前置两种形式同时并存为前提的。这客观地反映出如下事实:……卜辞王妇名称同位结构成分位置前后互易的语法现象,在现代汉语中依然存在;但定语位置不定的构词方式,则为殷代卜辞所独具的语法特点之一——毫无可疑,现代汉语同位结构前后任意互易的语法规则,不能说不是卜辞时期汉语语法结构的孑遗。"⑥

1984年,李瑾在《华中师范学院学报》第6期上发表了《论〈非王卜辞〉与中国古代社会之差异——三评"非王卜辞"说》,该文从分析中国古代社会形态入手,对"非王卜辞"论的立论依据进行了分析,认为所谓在"非王卜辞"范围中没有王卜和辞中也不提到王,以及先祖名号与亲属称谓不同于商王系统等,是不符合事实的。

李瑾连续发表三评"非王卜辞"的文章在学术界引起较大反响。1985年黄发忠先生撰写《李瑾连续著文批评"非王卜辞"论》

(《全国高等学校文科学报文摘》1985年2期),对这三篇文章作了介绍并给予较高评价。陈炜湛先生在《甲骨文简论》中也指出:"这三篇文章对'非王卜辞'论的批判,基本上是正确的,很有参考价值。"⑦

虽然,"非王卜辞"问题的研究仍在继续,特别是随着甲骨文新材料的不断发现,有更多的学者加入了这一讨论行列。但李瑾对"非王卜辞"问题讨论的思路和方法,特别是关于前辞语序省变形式的统计等工作,促进了对"非王卜辞"问题讨论的深入,是有着积极意义而值得借鉴的。

1982年,李瑾发表了《汉语殷周语法问题检讨——王力〈汉语史稿〉中册先秦语法分析的商榷》(《中华文史论丛刊》语言文字研究专辑〈上〉上海古籍出版社1982年),对王力先生在《汉语史稿》中先秦语法的若干论断展开讨论,提出不同意见。该文初稿完成于1963年,作者成稿后曾寄送郭沫若先生过目,郭老"斧削手泽、墨渖犹新",过了15年1978年进行修改完成第二稿,又过了4年才正式发表。

文章按王力书稿章节次序分列为以下7个问题展开讨论:

(一)关于词尾"儿"的论断;
(二)数词"再"与零数的表示方式;
(三)关于人称代词的概述;
(四)副词"勿"、"弗"后的动词带宾语与否问题;
(五)介词和连词补述;
(六)宾语前置与"隹"字之关系;
(七)被动式出现的年代。

作者以甲骨文、金文和历史文献资料为依据,通过音韵训诂学等方面的论证,就上述7个问题提出与王力不同的意见。如关于词尾"儿"的诊断,王力认为"儿"之发展为词尾,是开始于"儿"用为小字(小名)的词尾,并认为是从唐代才开始产生的。作者以实例说明指出,"儿"字在人名作为词尾之事,早在春秋时期就已出现,王氏始于唐代的论点,是没有任何根据的。

又如关于人称代词的概述,作者认为"王氏在这方面的许多论点,都极不可信。"第二人称代词"乃",用作主语的虽然不多,但不是绝对没有。第一人称"朕"字的用法,王力说:"从殷代到西周,'朕'和'乃'只限于领格,春秋战国以后,'朕'字才渐渐兼用于主格。"作者以大量的甲骨文、金文和《诗》、《书》中所保存的西周材料,说明殷代到西周,"朕"已用于主格,因此,王力的说法"武断得非常惊人"。⑧

文章后一部分还指出,《汉语史稿》除语法之外,还出现了不少常识性的错误,如毛笔出现的时代、古文字常识方面、古籍的诠释方面等,都有大可探讨之处。关于毛笔出现的时代,王力说是在秦代。作者指出:"只要稍稍留心一下我国考古学的资料,就不会有此臆说",西安半坡出土的用毛笔绘制花纹的陶器、殷墟甲骨文上留有用毛笔书写的卜辞,足以说明我国毛笔产生的时代。

王力先生的《汉语史稿》作为一部权威性的著作,从它问世之时起,经20世纪60、70年代甚至到80年代都还一直作为大专院校的教材。但在使用过程中不少教师都发现其中多有欠妥之处,80年代以后人们开始对这部教材进行评论批评,李瑾的《汉语殷周语法问题检讨》,在众多的批评文章中是较早的也是较全面深刻的一篇。

在甲骨学方面,李瑾还进行了文字考释的工作。发表了《释屯——兼释"橐"、"纯"等字之义》、《释"叠"》、《释"公"——兼论人类学对上古汉语文字本义辨识所发挥之宏观效应》、《说区》、《"去"字古今词义异同证例》等多篇论文。在《释屯》(载《词书论丛》湖北人民出版社 1982年)中作者指出,甲骨文中有"屯"字,写作: 等形。

过去叶玉森、董作宾认作"矛",⑨郭沫若认作"包"⑩,唐兰以为"字乃无足蜿形之倒写"⑪,这三种说法都不确。于省吾联系金文、小篆"春"字结体,认作"屯"⑫,作者赞同此说,但又认为"于先生于此字结体取义尚乏说解,学者惜之。"⑬

作者认为,"屯"盖"袋"之初文。屯、袋、橐、囊,并一声之转。"屯"为"袋"之古语,亦即"袋"之初文,后世"袋"行而"屯"废。甲骨文"屯"字形体即古之"袋"形——纳物于渔网之中而以绳束其口端之形:上象网之有纲,下一短横殆示束扎之处。骨臼刻辞若干"屯",即为若干"袋"。集物于袋,故"屯"有"集"义,引申为包、为裹、为聚、为止、为留。"由聚义则孳乳为'邨',音变为'村',复为'村'字所袭夺,于是'村'行而'邨'渐废。"⑭"屯"、"袋"皆为"囊属",而"囊"即"橐"之有底者。

李瑾的文字考释,是把文字、语言、语法、词汇等几个方面结合起来进行的全方位研究,这就比就字而字的论述拓宽了领域、增加了深度,更能得出令人信服的结论。他指出:"我国对汉语古文字的研究历史颇长,开始于东汉《说文解字》一书问世之时,中经两宋,殷周铜器铭文研究曾进入过一段高潮,近代则由于甲骨文和殷周金文的大量出土而达到极盛。但因它长期沦为殷周史的附庸,仅限于同殷周考古挂钩而没有摆正它与古汉语的关系,所以它始终停留在资料研究阶段,未形成科学体系,不能成为一门学科——古文字学。"⑮我们可以这样说,李瑾的研究与"古文字学"更接近了一步。

李瑾还利用甲骨文资料对殷代的方国部族、居邑地理和民族关系进行了研究。他在《殷代辽东"房"邑地理考》(《华中师范大学学报》1986年第3期)中首先指出,截至目前为止,《甲骨文编》、《金文编》中,都没有发现"房"字。但根据考古资料,全国各地新石器时代遗址中大部分都有房屋建筑,说明它与我国人民生活有着悠久的密切关系,因此"房"字的可考性是有充分史实依据的。

作者认为金文中"厈"字当为"房"字的异构,由此推之,甲骨文

《乙》7237、《林》二、P.7、《粹》62之中的"㫐"字,也当为"房"之别构。进而,作者由卜辞中"克㫐",和记事刻辞中"㫐"贡物的记载,并佐以殷代铜器有"㫐女"的铭文,证明"㫐"是一个地名,是殷代的方国部族。又由"㫐"、"房"文字形体结构之取义以及本词之语言、词义的发展概括,考定殷代的"房"邑就是《汉书·地理志》辽东郡属县"房"县,其地在今辽宁省辽河以东、鞍山市以西一带。

1987年,李瑾完成了《论殷周犬戎族属及其有关问题——王静安先生〈鬼方昆夷玁狁考〉质疑》和《中国古代"长狄"史实及其地理分布研究——再论殷周犬戎之族属及其有关问题:王静安先生〈鬼方昆夷玁狁考〉质疑之二》二篇重要论文,分别刊于华东师范大学出版社出版的《王国维学术研究论集》第2辑(1987年)和第三辑(1990年)上,就王国维先生在《鬼方昆夷玁狁考》一文中的一些讹误疏漏,进行了辨析补苴。

《论殷周犬戎族属及其有关问题》又是一篇长达2.5万字左右的长篇力作,全文分作六大部分:

(一)前言

(二)殷周犬戎族属考

(三)犬戎、狄人与突厥同源说

(四)犬戎与匈奴并非一族说

(五)卜辞"犬方"地理考

(六)《鬼方考》中有关问题辨

作者首先指出,王国维文章中提出的"我国古时有一强梁之外族……见于商周间曰鬼方、曰混夷、曰玁狁,宗周之际则曰玁狁,入春秋后则始谓之戎,继号曰狄,战国以降又称之曰胡、曰匈奴"的观点不符合史实,"不恰当地扩大了匈奴先世的范围"。并"将鬼方、昆夷与荤粥、玁狁误为一族。"[16]

作者以大量的甲骨卜辞金文资料、历史文献资料并辅以社会人类学、体质人类学、生物分类学、语言音韵训诂及历史地理学展开论述,认为戎、狄既是方国名,也是部族名,也是个人名。犬戎、狄人之名均属自称而非中国人贱恶之称;犬戎与狄人均以犬为图腾,为亲族,二者盖异名同实;犬戎也可以称为"犬夷"、"犬"、"戎"、"夷"均系通名;犬方、犬侯见之于卜辞系本名,昆夷、混夷等出自后世文献,王国维误认为犬戎之名"皆春秋战国呼昆夷之称",可谓本末倒置。

突厥人以"狼"为图腾,狼与犬同属哺乳动物犬科,因此犬戎、狄人与突厥同源,同出于"犬狼图腾"部族。戎狄人中不少部族如徐吾部、余吾部自夏、商之间,或者更早,自北向南、东南、西南作扇形迁徙。迁徙的方式是非游牧式的,迁徙的性质是和平的而非侵暴式,这与猃狁、匈奴的南迁有极大的区别。华夏族与戎狄族联姻,双方均属主动。狄女容貌多俊美,文化上华夷之界线已泯。古狄人在创造和完美中国古代美好的道德规范及文化素质、修养方面发挥了积极作用,华夏与戎狄间存在着良好友谊。

匈奴以及匈奴的先世猃狁,在人类学上究竟属于何族,语言谱系上归于何类,由于史料不足,在中外史学界仍难做出肯定的回答,但与戎狄决非一族。从匈奴人多次与鲜卑人融合的史迹以及匈奴语与鲜卑语较为接近的事实推定,匈奴族与鲜卑族有可能同源。殷周时猃狁与华夏族的关系,可归结为"劫掠与被劫掠、杀戮与反杀戮、侵暴与抵抗、寇钞与远驱",到了汉世"匈奴与中原的关系也与殷周时猃狁同诸夏的关系没有不同。霍去病墓前'马踏匈奴'刻石,就形象生动地体现了匈奴与汉族接触、交往关系之总和。"⑰汉世妇女嫁与匈奴者多出自被迫,汉人娶匈奴女为妇者悉属降人,亦非自愿。匈奴人除政治需要而迎汉公主为单于妇之外,始终顽固拒绝胡汉通婚,以便保持其种族的"纯正"尊贵。

恩格斯在《德国古代的历史和语言》一书中,通过书面记载和当时仍存在的地理名称与古日耳曼人所属各部族名称相对应的方式,考察并恢复了古日耳曼人向南迁徙,分布的路线及其具体的遗迹。这种以语言音读和历史地理名称相互对应的研究方式,对中国古代某些部族迁徙及其分布的考察也同样适用。李瑾的《中国古代"长狄"史实及其地理分布研究》就是遵照恩格斯的这一方法对殷周时期长狄在中原地区移徙分布进行研究所得的结果。

作者指出赤狄、白狄、长狄等名,均是戎狄族内部组织以颜色、外貌为特征而细别的部族。长狄以其身材高大为特征,防风氏即传说中长狄之先祖,可见长狄历史之悠久及与中原华夏族接触之早。狄人南迁分布相当广泛,其中向南分布最远的一支当属长狄。甲骨文中有地名"长",当是长狄居住之地,还有他所建立的方国称"长方",此方国首领称为长伯、长侯、长子。甲骨金文中以"长"为国名、为姓氏、为地名者不胜枚举。依其所跨时间而言,自殷代以迄战国,长达千年以上,如果将防风氏计算在内则将近两千年。其地理分布也相当广袤,作者依据文献结合地下材料排列考证如下:

长子:山西省上党长子县;

长丘:河南省封丘县境;

长平:北长平、山西省高平县西北;

南长平、河南省西华县东北;

长社:河南省长葛县;

长水:陕西省西安霸桥附近;

长陵:陕西省咸阳市东北;

长岸:湖北省黄陂县境。

王国维先生是我国近代著名的国学大师,他学识渊博、涉猎广泛,对不少学科的建立和发展都有所贡献;成为我国近代学术史上有巨大影响的学者。但"智者千虑,必有一失",王国维《鬼方昆夷玁狁考》的结论就是一个失误。

对于这一失误出现的原因,李瑾作了深刻地分析:"研究中国古代的历史,在微观上必须依靠并掌握一切有文字记载的材料(即传世的书面材料和地下出土的材料)和正确理解与处理这些材料的方法。在宏观上则应当开拓研究的视野,即在马克思主义思想理论的指导下对传统的史料、历史地理和语言文字等学科进展的最新成果加以综合分析外,还必须引进社会人类学、神话学等理论及其材料,否则,对我们所研究的对象就难以达到全方位研究的境界。王静安先生《鬼方昆夷獯狁考》结论的失误,不仅在微观上存在有一定不足之处,更主要是他在宏观上对所观察的对象缺乏应有的高度,因而没有达到全方位研究的地步。"⑱值得庆幸的是李瑾汲取了王国维失误的教训,在《论殷周犬戎族属及其有关问题》和《中国古代"长狄"史实及其地理分布研究》两文中,无论在微观上还是在宏观上,都进行了全方位的研究,得出了较符合历史事实的结论,基本修正补苴了王国维的失误。

李瑾在殷代方国地理研究方面的成果还有《共工不死——甲骨文中共工族及其它》、《殷代甲骨刻辞中"爨方"地理释证》、《卜辞"臣方"与氐羌"纵目人"之关系》等论文。在先期研究成果的基础上,20世纪90年代中叶,李瑾完成了《殷商方国地理志》书稿。全书约40余万字,分作十章。该书从殷代甲骨刻辞中出现的方国、氏族与地邑名称入手,结合传世历史地理文献和田野考古发掘的遗址、墓葬出土的文物及其铭辞,通过"二重证据法"辨证的科学考察方法,对这些名称予以一一定位定点,认定方国地邑名称143个,待定者43个,从而勾勒出殷商王朝的全新版图。

李瑾知识全面、研究领域广,在殷周考古方面也颇有成就。他所进行的考古工作是根据出土器物的质地、花纹、形态和制作工艺、遗址和埋葬方式、铭文的书体风格、字词用语及所载内容与传世文献所记史实相互联系等,对器物进行断代,因此被称为"室内考古"。他的《湖北崇阳出土殷代铜鼓考略》、《随县擂鼓墩一号墓年代、国别问题刍议》、《曾国和曾国铜器综考》、《论徐楚关系与徐王义楚元子剑》等,就是这方面的成果。

在《湖北崇阳出土殷代铜鼓考略》(《武汉师院学报》1977年第

1、2期合刊)一文中,李瑾对1977年6月在湖北省崇阳县出土的殷代打击乐器铜鼓进行了考证。他首先介绍了该鼓的形制、出土的情况,进而分析了鼓产生的历史和夏、商、周三代鼓的发展演变。指出殷代甲骨文和金文中都有鼓的记载,甲骨刻辞文字形体也反映了殷鼓的形制。文章还介绍了殷鼓敲击的方式,并论证了我国的鼓其建置方式由鼓面与地面垂直到平行的演变,是吸收融合了西南少数民族的铜鼓的形制,到三国蜀汉以后完成的。

作者最后还论述了殷代铜鼓发展的历史意义和现实意义。指出:"首先,它是我国目前发现仅有的两个殷代出土铜鼓之一,而另一个已流入外国,其时代也较此为晚。其次,联系武汉附近黄陂盘龙城商代中期文化遗存、江西吴城商代遗址以及湖南宁乡殷代铜器多次出土等一系列事实,说明当盘庚迁殷前后,我国统一多民族奴隶制国家机器发展已是十分强大,国家南方的版图已跨过了长江的南岸。"⑲

李瑾治学严谨、勤于著述,取得丰硕成果。仅《百年甲骨学论著目》收入其甲骨学商史研究方面的论文就多达16篇。1988年他将自己的论文选编整理成《殷周考古论著》,(见附图)由河南大学出版社于1992年出版。该书由著名甲骨学家商承祚先生题写书名、著名学者严学宭为之作序。

李瑾教授的《殷周考古论著》书影

全书共38万字,收录其重要论文20篇,包括有甲骨学、商史研究、殷周考古等方面,基本反映了他的主要学术观点和学术成果。

注释：

①⑤ 李瑾：《记容希白师治学及待人之道》，中央研究院历史语言研究所70周年纪念文集《新学术之路》，第342页，台北，1998年。

② 陈炜湛：《容庚先生与甲骨文研究》，《殷都学刊》1994年第3期。

③ 王宇信、杨升南：《甲骨学一百学》，第151页，北京，社会科学文献出版社，1999年。

④ 李学勤：《帝乙时代的非王卜辞》，《考古学报》1958年第1期。李学勤：《小屯南地甲骨与甲骨分期》，《文物》1985年第5期。

⑥ 李瑾：《卜辞"王妇"名称所反映之殷代构词法分析》，《殷周考古论著》，第35页，开封，河南大学出版社，1992年。

⑦ 陈炜湛：《甲骨文简论》，上海，上海古籍出版社1987年。

⑧ 李瑾：《汉语殷周语法问题检讨》，《殷周考古论著》，第58页，开封，河南大学出版社，1992年。

⑨ 叶玉森：《殷墟书契前编集释》卷5，第34页。董作宾：《帚矛说》《安阳发掘报告》第4集。

⑩ 郭沫若：《骨臼刻辞之一考察》，《郭沫若全集》考古编卷1，北京，科学出版社，1982年。郭沫若：《殷契粹编》东京文求堂石印。

⑪ 唐兰：《卜辞时代文字和卜辞文字》，《清华学报》11卷第3期，1936年。

⑫ 于省吾：《双剑誃殷契骈枝·释屯》，北京琉璃厂来熏阁1940年。

⑬⑭ 李瑾：《释"屯"》《殷周考古论著》第73页、77页。

⑮ 李瑾：《殷周考古论著》自序。

⑯⑰ 李瑾：《论殷周犬戎族属及其有关问题》，《殷周考古论著》第108页、121页。

⑱ 李瑾：《中国古代"长狄"史实及其地理分布研究》，《殷周考古论著》第136页。

⑲ 李瑾：《湖北崇阳出土殷代铜鼓考略》，《殷周考古论著》第141页。

三、商起源的探索者陈昌远

河南大学历史系教授陈昌远，四川大足人，1933年生。1954

年毕业于四川大学历史系。在川大学习期间,他努力认真,尤注重先秦史的学习,深受著名学者徐中舒先生的赏识。他经常到徐先生家中去请教问题,得到面授指导。徐老凡有新作问世,也都亲自题名送给他。1954年至1956年在河南师范大学历史系任教,1956年调入河南大学历史系任教。当年又到陕西师范大学进修,师从著名历史地理学家史念海先生学习历史地理,扩大了研究先秦史的视野和范围。在河南大学曾任历史系中国古代史教研室副主任、先秦文化研究中心副主任、河南省地名词典编辑部副主任,长期从事中国先秦史与中国历史地理的教学和研究,出版有《历史地理与先秦史研究》、《中国历史地理简编》、《中华人民共和国地名词典》(河南卷副主编)等专著,并发表学术论文百余篇。

在先秦史研究中,陈昌远对商史研究十分重视,他认为商代处在我国奴隶制社会进一步发展阶段,政治、经济、文化迅速发展,初步呈现繁盛局面,历史地位相当重要。同时,"商因于夏礼有所损益,周因于殷礼有所损益",商正处在我国奴隶制承前启后的阶段,深入开展商史研究不仅可以揭示商代历史的真实面目,对于探索夏文化和研究周史也可以提供必要的前提和借鉴。

他对甲骨文的研究更加重视,曾强调指出:"甲骨文是具有完整体系的早期汉字,世界上一些古老民族在四五千年以前也都使用过文字,然而这些文字到后世也都失传灭绝,成为同今日通行的文字毫无影响联系的死文字。惟一不同的就是我们甲骨文早在商代就以比较成熟的形态通用于我国中原大地,并与周代青铜器铭文、战国及秦汉的帛书简牍文字、魏晋的石刻文字的发展相衔接,一脉相承,成为中华民族优良传统文化的重要组成部分。"① 并提出:"河南自古是中华远古文明的发祥地,同时又是甲骨文的故乡,与兄弟省市相比,理应在这方面多做出一些贡献。"②

陈昌远本人也有甲骨文的收藏,原来他夫人蔺杰女士的祖父蔺石庵和父亲均系著名的文物古玩鉴赏收藏家,是20世纪20年代开封著名的文物商店"群古斋"的店主。该店以经营夏商周三代青铜器、古玉器、宋元瓷器、唐三彩四大部类为主,在安阳设有常驻采购人员,也收购了一些甲骨文。新中国成立后,其家人顺应历史潮流,将蔺老先生生前遗留下来的青铜器、陶瓷器、玉石器等珍贵文物100余件捐赠给河南省人民政府。少量的甲骨文和部分青铜器铭文及甲骨文拓片则被保留下来,后来就由陈昌远先生精心收藏起来。1997年河南大学85周年校庆,历史文化学院举办商史研讨会,陈昌远将这些甲骨文和拓片提供给前来出席会议的学友、中国社会科学院历史研究所研究员杨升南、彭邦炯等人,当时他们正承担国家"九五"重点科研项目《甲骨文合集补编》的编纂任务。

陈昌远在研究商史方面涉及的内容很广,包括有商族的起源和迁徙、商都的变迁和地望、商史上的重要人物、殷商灭亡前后历史情况等问题。商族起源和迁徙的问题,是商史研究中一个重要课题。从西汉以来,历代都有学者在不断地进行探索。至20世纪20、30年代开始,随着甲骨文的发现和研究的深入,商史研究逐渐呈现高潮,商族起源的研究也日见增多。但由于年代久远、历史文献记载的不同及对文献理解的差异,在这个问题上学术界众说纷纭,存在着严重的分歧。

陈昌远对商族起源问题进行了长期探索,20世纪80年代以来,先后完成《商族起源地望发微——兼论山西垣曲商城发现的意义》、《论山西垣曲商城遗址与"汤始居亳"之历史地理考察》、《论先商文化渊源及殷先公迁徙历史地理考察》等多篇论文,首次考订商族起源"汤始居亳"于晋南垣曲,成一家之言,引起学术界的重视。

在《商族起源地望发微——兼论山西垣曲商城发现的意义》(《历史研究》1987年第1期)一文中,陈昌远首先分析介绍了学术界关于商族起源于东方、北方和西方的主要几种观点,然后阐述了自己对"汤始居亳"的看法。根据大量历史文献记载和考古学资料的研究,层层深入论述了商族源于晋南、源于晋南垣曲、源于垣曲古城的观点。文章对商族源于晋南举出四证：

一、从图腾信仰上看，商族以玄鸟为图腾，现晋南仍有很多以凤鸟命名的地名。甲骨文"商"字，上部为鸟冠（王玉哲说）、下部为穴居形（徐中舒说），而穴居只能在黄土高原地带，其地域就在晋南。

二、从始祖看，根据"商人禘喾而祖契"（《礼记·祭法》）和"帝喾名浚也。"（《史记·五帝本记·索引》）的记载，作者考证浚字就是舜，说明商人是舜之后，舜活动的中心也在晋南，商始祖契为舜后，也应当在晋南。

三、从契母简狄看，简狄为有娀氏之女，有娀部落活动在今辉县西北，当在蒲州一带，也属晋南。

四、从"契居蕃"和"汤居亳"看，根据博、蒲、薄、番、为"亳"字之音转，作者认为"契居蕃"，就是"契居蒲"，山西有很多以蒲命名的地名，其地应在今晋南。"汤居亳"，就是"汤居浦"或"居蕃"，否则是无法解释"汤始居亳，从先王居"。

成汤或写作成唐，其名当与唐地有关。黄盛璋先生考证，唐当在晋南翼地一带，与垣曲相距不远③，《左传》载："商汤有景亳之命"，景亳在闻喜县东南，这就与"汤始居亳"的地望又接近了一步。又根据史书《地理志》及山西方志的记载，垣曲县城北曾设亳城县，城南古城镇北为亳村，仍称汤王坪，此地当为汤都亳地。20世纪80年代，考古工作者曾在此发现一座相当早商文化的古代夯土城址④，从地层关系和墓葬情况判断，当属商代二里岗时期，相当于成汤时代，这就确定了垣曲古城镇为"汤始居亳"之"亳"。

文章最后论述了商先祖的迁徙及汤灭夏后的情况，商灭夏后，随着商族势力不断发展，逐渐向东南扩张，最早迁徙地是西亳，即今河南偃师。迁都后垣曲就变成亘的封地，武丁卜辞中有亘，是商的重要方国，其首领可以参加王室的祭祀活动。

在不断得到新的资料特别是垣曲古城考古新材料补充的基础

上,陈昌远不断充实完善自己的观点,数年后,又撰成《论山西垣曲商城遗址与"汤始居亳"之历史地理考察》(与陈隆文合作《河南大学学报》2000年第1期)。这是一篇全面、深入论述垣曲商城的文章,根据当时"夏商周断代工程"所取得的"偃师商城遗址为夏商的分界线"这一共识,作者提出"汤始居亳"在哪里?商汤从何处迁至西亳偃师商城,这是一个至关重要的问题。作者首先亮明了自己的观点:"现在惟一可靠的作为'汤始居亳'的亳都,只有山西垣曲商城遗址,这是继郑州商城、盘龙商城、东下冯商城和偃师商城之后发现的又一座商代早期城址。我们认为垣曲商城遗址是商汤灭夏前的亳都。灭夏后,从垣曲商城迁都偃师商城遗址。"⑤接着从下列六方面进行了论述:

一、从考古学资料判定垣曲商城始建年代早于二里岗下层文化,它的绝对年代不会超出公元前1600年左右,应早于郑州商城。

二、从其优越的自然环境和宏观地理条件极适宜建都,汤"从先王居"选择了这里,《太平寰宇记》、《大明一统志》、《山西通志》等都有明确记载。

三、考古新发现,垣曲商城的"九门磔禳"、即分裂牲体以祭国门及城内的布局判定其为商汤开国之亳都。

四、由城墙、城门楼、城内的宏伟宫殿建筑、宽阔的大街道路等,断定其为都城。

五、考证"景亳之命"、"与葛为邻",景、葛均在垣曲商城以西的近处,说明这里是"始居亳"之"亳"。

六、《楚辞·天问》有"成汤东巡、有莘爰极。"考证有莘在山东曹县西北,故有成汤"东巡"伐有莘,可证实"汤居亳"在山西垣曲。

文章最后还论述到,汤在灭夏后,"复归于亳",即返回京都垣曲商城,以后发展扩张,东迁西亳偃商城,又扩大亳都范围到郑州商城。商"汤始居亳",是因为洹曲商城位于亳清河岸,故名曰"亳"。该文发表引起学术界的重视,《中国社会科学文摘》、上海

《高等学校文科学报文摘》都摘登了该文。

继以上二文之后,陈昌远先生又撰写了《论先商文化渊源及殷先公迁徙历史地理考察》(待刊稿,与陈隆文合作)长达2万字,文中论述了先商文化是指漳河型、辉卫型,合称下七垣文化。先商文化的渊源主要来之晋中南,文献中记载商始祖契兴于晋南,而后封于商(漳),活动于漳河流域,以后不断迁徙。大量的考古资料也证明了这一历史事实,验之于文献记载和考古材料也是相吻合的。

"殷人屡迁,前八后五,居相圮耿,不常厥土"。张衡《西京赋》里的这段话是说商人经常迁都,商汤建国前有八次,建国后有五次。而所迁之都的地望,本来文献中就存在着不同的记载,一直是学术界的热门课题。近年随着文化事业的发展,各地都重视地方史和历史名城古都的研究,同时考古事业的发展,不断有新的重要的商代遗址的发现,这一问题就显得更为重要,讨论也更加热烈。陈昌远的《从〈尚书·盘庚篇〉看盘庚前五迁及其迁殷历史地理问题》(待刊稿)对商汤建国后五次迁都作了详细的论述,阐述了自己关于迁都的原因、地望等方面的见解。

1996年陈昌远发表了《郑州小双桥商代遗址新论》(《古今郑州》1996年第3期),就学术界对1996年在郑州市石佛乡小双桥发现的一处商代遗址性质的争论发表了自己的看法。当时影响较大的有三种说法:祭祀场所、离宫别馆和"仲丁迁隞"之隞都。他指出小双桥遗址存在有青铜作坊,这就说明其不是单纯的祭祀场所,还发现众多的祭祀坑和动物骨头,说明其不是离宫别馆,显然是与宗庙、祭祀、都邑联系在一起的王都遗址。

小双桥遗址是王都,学者们逐渐取得了一致的意见,但究竟是哪代商王之都,有学者认为是"仲丁迁隞"之隞都。陈昌远认为,根据《水经注》的记载,隞都是在敖山(邙山)上,小双商遗址不在敖山上而在其东南,不可能是隞都。隞都城因黄河变迁,已被黄河水冲掉不复存在。根据小双桥遗址的地理位置与文献记载,并结合古今黄河的变迁及古水系的变化,作者认为郑州小双桥商城是"祖丁即位,居庇"的"庇"都。

不久,陈昌远专门发表了一篇论述隞都的文章《谈敖山与隞都地望》(《中原文物》1997年第4期),指出:关于敖山和隞都的地望,目前学术界基本存在着两种不同意见,一种认为今郑州小双桥遗址即古之隞都,一种认为今郑州商城遗址即古隞都遗址。

作者认为:"以上诸先生的看法,在论证敖山与隞都的地理位置时,都采用模糊的地理概念,没有精确的地理位置与方向可言,因此很难令人信服。"⑥他从三个方面进行了论述:

一、如何理解古文献所记载的敖山与隞都地望。

二、仲丁由亳迁嚣,亳在何地?其迁都原因是什么?

三、黄河的变迁与敖山、隞都的湮没。

最后得出结论,"敖山、隞都在古荥阳县西北今荥阳县北。""仲丁从亳(偃师商城)迁嚣(隞),是为了避水患,自然在选择新的都邑隞地时,在地理位置上是特别注意的。因此,仲丁迁隞的隞都是在今河南荥阳县北的敖山上,不是在今郑州和郑州市小双桥。"⑦敖山、隞都被黄河水吞没,至今已不复存在。

该文用大量历史文献资料和考古学资料及古水系变迁资料,从历史地理学的角度切入,对敖山与隞都的地望进行了深入探讨,提出了与众不同的见解,对促进商代古都地望问题讨论的深入有着重要意义。

陈昌远还对殷周之际的战争进行了研究,发表了《从〈利簋〉谈有关武王伐纣的几个问题》(《河南大学学报》1980年第4期)、《再谈武王伐纣进军路线》(《河南大学学报》1988年第4期)等论文,就牧野之战的进军路线、地点等问题进行了探讨。他提出传统的武王渡黄河在河南孟津是汉人之说,不足信,真正的地点应在河南荥阳之汜水。武王渡黄河后是沿武陟(邢)、修武(宁)至辉县(共),再折向东南进攻牧野,牧野在今新乡市郊牧村一带。他的这一观点得到不少学者的赞同。著名学者金景芳先生在给他的回信中指出:"顷读大作《从〈利簋〉谈有关武王伐纣的几个问题》,如辨岁非岁祭、说甲子日是为救胶鬲、武王伐纣渡河是由荥阳之汜不是由孟津、以及戚在今辉县赵田村一带、牧野在新乡东北十一里等等,皆有根据,非肤说可比,读后受益匪浅。"

1992年陈昌远发表了《"虫伯"与文王伐崇地望研究——兼论夏族兴起于晋南》(《河南大学学报》1992年第1期)。文章从研究周原甲骨文入手,利用大量的文献资料进行论证,指出周原甲骨中的"虫伯",即夏族首领"崇伯"。崇地在今山西襄汾县东南崇山,这里是夏人最早活动的中心,商灭夏后其地建立古崇国,即为崇侯虎的统辖地,文王所伐崇侯虎的崇国,既非丰镐,又非嵩县,更非彭城,而只能在襄汾崇山。此文发表引起学术界的重视,《中国史研究动态》1993年第3期、《上海高校文科学报文摘》1992年第5期,都载文对该文作了评述。

在商史人物研究上,陈昌远重点对伊尹的出生地进行了考证。伊尹辅佐商汤灭夏,是商史上的重要人物,以前的论者多对其出身和生平事迹进行考证,而忽略了他的出生地。陈昌远在《伊尹出生栾川说》一文中(《河洛论坛》1997年第1期),考证其出生地在河南栾川。这一观点得到不少学者的赞同,该文被收入多种论文集中,《栾川县志》就采用了这一观点。

陈昌远热爱自己的工作,热爱自己的事业,教书育人和科学研究均取得显著成绩。他的不少论文曾获得省、市和学校各种不同类型的奖励,不少论文经审核被载入《世界学术文库》(华人卷)、《中国21世纪论坛》、《跨世纪中国改革大典》等大型丛书中。他备课认真,注意因材施教,讲解深入浅出,教学效果良好,深受学生欢迎。从1978年到他退休前的十多年时间里,先是协助郭豫才、朱绍侯等先生,后又独立指导培养了多届研究生,造就了一批历史专业的栋梁之材。他热心公益事业,利用自己的专业服务于社会,担任河南省地名词典编辑部副主任、河南省地名图书志录编纂学术顾问,到各地、市、县作编纂地名词典工作报告达数十场,大大促进了河南省地名工作的开展,在河南省地名研究工作中做出重要贡献。

  陈昌远认为中原是中华文明的发祥地,历史文物古迹十分丰富,河南大学有着悠久的历史,积累了丰富的教学科研经验,教学科研队伍阵容强大,古籍资料藏书相当丰富,在这里从事中国古代史研究是大有作为的。所以他克服许多困难始终以河大为家,从1956年他23岁来到河大,至今已渡过了45个春秋,奉献了自己的青春年华。目前他已退休,但仍壮心不已,一方面抓紧整理自己的论著,总结自己的教学和科研成果,同时担任了河南大学老教授协会理事、河南省鬼谷子研究会副会长、河南省《古今地名词典》编纂委员会专家组学术顾问等职务,发挥自己的特长,积极开展地方史和地名的研究,贡献自己的余热。

注释:

  ①② 陈昌远:《一点感想和希望——在河南省纪念甲骨文发现100周年座谈会上的发言》《黄河文化》1999年第2、3期合刊。

  ③ 黄盛璋:《夏墟、唐都与晋都之历史地理研究》,《中华文史论丛》1984年第1辑,上海,上海古籍出版社。

  ④ 刘汉屏、佟伟华:《山西垣曲县古城镇发现一座商代城址》,《光明日报》1986年4月8日。

  ⑤ 陈昌远、陈隆文:《论山西垣曲商城遗址与"汤始居亳"之历史地理考察》,《河南大学学报》2000年第1期。

  ⑥⑦ 陈昌远:《谈敖山与隞都地望》,《中原文物》1997年第4期。

第九章　在废墟中探索的安金槐

一、对郑州商城的发掘和研究

　　河南省文物考古研究所研究员、名誉所长安金槐,1921年出生于河南省登封县一个农民家庭。1935年在家乡读完小学后,考入河南省立第十中学(省立临汝中学)学习,1944年考入河南大学历史系。在校期间他刻苦攻读,较好地掌握了专业基础知识,为今后出色的工作奠定了基础。1948年河南大学毕业后,曾一度在家乡一所中学任教。1950年新中国文化事业迅速恢复发展,急需各方面的专业技术人员,安金槐被调至河南省人民政府文物管理委员会从事文物考古工作。

　　安金槐调入文物考古部门工作后,所遇到的第一个重大课题即是郑州商城遗址的发掘和研究。1950年秋,郑州二里岗附近的一位小学教师在二里岗一带发现了古文化遗存,他采集了部分石器和陶片,送交文物部门鉴定引起了重视。二里岗位于郑州市的东南郊,距市区约3公里,为一高约5米至10米的土岗。岗东西长约3000米,南北宽约2000米,陇海铁路由岗的中部东南穿过,古文化遗址分布在南距铁路约600米的十余平方公里的范围内。(见附图)安金槐对这一发现十分重视,当年冬即随同赵全嘏先生到二里岗进行考查,初步分析断定可能是商代遗址,并决心揭开它的文化内涵。

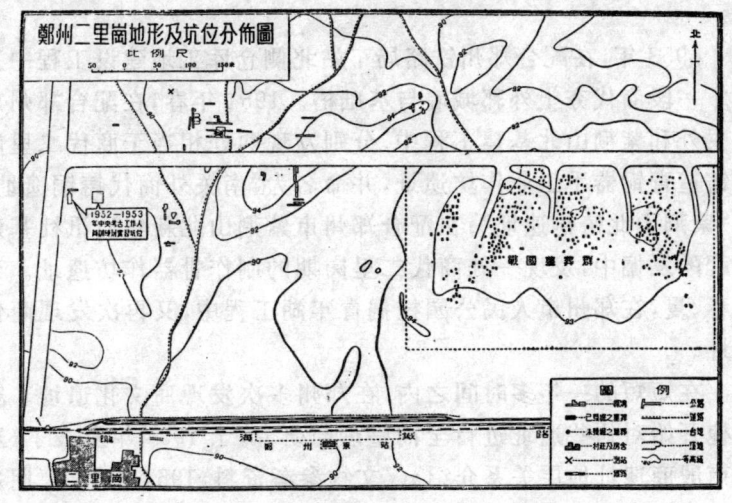

郑州二里岗地形及坑位分布图

1952年秋,根据新中国文物考古事业蓬勃发展的需要,中央文化部文物局、中国科学院考古研究所和北京大学联合举办了"第一届全国考古人员训练班",安金槐被选派到北京参加学习。在我国老一代著名考古学家夏鼐、裴文中、郭宝钧等先生的悉心讲授指导下,"他真切感受到了知识大海的浩瀚。他如饥似渴,如鱼得水,很快系统地掌握了考古的理论知识,学会了发掘遗址、开挖探方和分辨地层的技术,并认识了各个时代的典型器物。这次学习真可谓奠定了他考古生涯的基础。"①考古训练班授课结束后,到郑州二里岗作考古实习,确定了二里岗为商代文化遗址,并发现在商文化遗址的下层,还堆积着龙山文化层。这给安金槐以很大的鼓舞。

1953年,为配合郑州市基本建设迅速发展的需要,河南省文物管理委员会决定在郑州成立文物工作组,安金槐奉调出任组长,从开封来到郑州积极筹建。不久,郑州市文物工作组改为河南省文物工作队第一队,他又被任命为主抓业务的副队长,从此开始主持对郑州商代遗址的保护与配合基本建设而开展的考古发掘工作。

1953年,在配合郑州铁路局车站北侧仓库工地建设工程中发现了一段商代夯土外郭城墙与基础槽。1954年春,在配合郑州市南关外和紫荆山北基建工程中,分别发现两处相当于商代二里岗期铸造青铜器手工业作坊遗址,并命名为"南关外商代铸铜遗址"和"紫荆山北铸铜遗址";在配合郑州市紫荆山北新华通讯社基建工程的发掘中,发现一处商代二里岗期的制作骨器作坊遗址。当年春、夏,在郑州市人民公园挖掘青年湖工程中,又再次发现商代遗址。

在短短的一年多时间之内,在郑州多次发现商文化遗址。安金槐开始对这些遗址进行全面整理与研究,于1954年发表了《郑州市殷商遗址地层关系介绍》(《文物参考资料》1954年第12期),并同时着手编纂发掘报告《郑州二里岗》。他在《地层关系介绍》中首先指出:"经过长时期的调查和发掘,不仅证明了殷商时代的文化遗址在郑州市分布的面积广大,埋藏的文物很丰富,同时就二里岗及人民公园两处的出土物和层次关系比较,很显然的是殷商时代的三个不同时期的堆积。"②

他根据文化层分布、叠压和打破的关系,再对出土的陶器、石器和卜骨的特点进行分析对比,并参照安阳殷墟晚商文化进行比较,认为二里岗文化层分早、晚二期;人民公园商文化层分早、中、晚三期;人民公园上层(晚期)的出土物和安阳小屯殷墟的出土物比较接近,当属一个时代。而人民公园的下层(中期和早期)又相当于二里岗文化,最后得出结论:"二里岗殷商文化层也可能早于安阳小屯殷墟文化层"的结论,并指出:"如果这个推断正确的话,对研究殷商时代的历史,提供了很重要的材料,也可能把我国可靠史料向前推展数百年。"③

通过近半个世纪对郑州商代遗址的发掘,证明安金槐的推断是正确无误的。从 30 年代以来,除了安阳殷墟,几乎没有发现别的重要商代遗址。人们对于盘庚迁殷以前商代历史的了解,只能凭借少量的文献记载和甲骨文资料,郑州商代遗址的发现和发掘极大丰富了商史研究的内容,有着重要的意义。我国著名考古学家、甲骨学商史专家胡厚宣先生当时就曾指出:"从 1950 年在郑州二里岗首先发现殷代文化遗址后,到 1954 年以来,郑州市文物工作组在配合基本建设工程所进行的文物调查发掘工作中,已发现文物两万多件、陶片四百多箱、墓葬七百多座,遗址和墓葬分布范围达一二十里,这实是我国丰富的文化遗址之一。其中又以商代遗址分布最广,它对于解决殷代历史考古学上的问题,将是一个极重要的地带。"④

《郑州二里岗》是安金槐早期的重要考古学专著之一。1954 年开始撰写,1956 年完成了初稿,后经著名考古学家夏鼐、陈梦家先生指导,加以修改补充,于 1959 年由科学出版社出版。该书对郑州二里岗遗址作了全面综合性的分析论述。

郑州商代城遗址的不断发现,特别是一些大型手工业作坊遗址的发现,使安金槐认识到,郑州商代遗址绝不会是一般的村落聚集点,很可能是一座城址。带着这一问题,在以后的发掘中他特别留意寻找城址的踪迹。

1955 年 10 月,安金槐在主持黄河水利委员会在郑州白家庄附近铺设地下水管道工程的发掘中,在二里岗文化层的下面,发现了坚硬的夯土层。开始他怀疑是商代墓内的填土,但夯土的面积远远超过了一般墓葬,且继续向南、北两侧延伸,这应当是商代的城墙。这一发现使他兴奋不已,当时正好一位著名的考古学家来郑州视察,他马上请教,可得到的却是否定的回答,认为可能是"堤坝"。安金槐没有反驳更没有放弃,他一边查阅文献资料,一边组织力量加紧进行勘探发掘。

"堤坝"向北、向南断断续续延伸,长约1700米后,两端又折向西,又延伸约1700米后,又分别向南、向北延伸,最后合拢,形成一个周长约7000米的长方形。在地图上标出后,看到以前发掘的手工业作坊、灰坑等商代遗址分布周围,其正处在郑州商代遗址的中心,这完全是一座城址。(见附图)

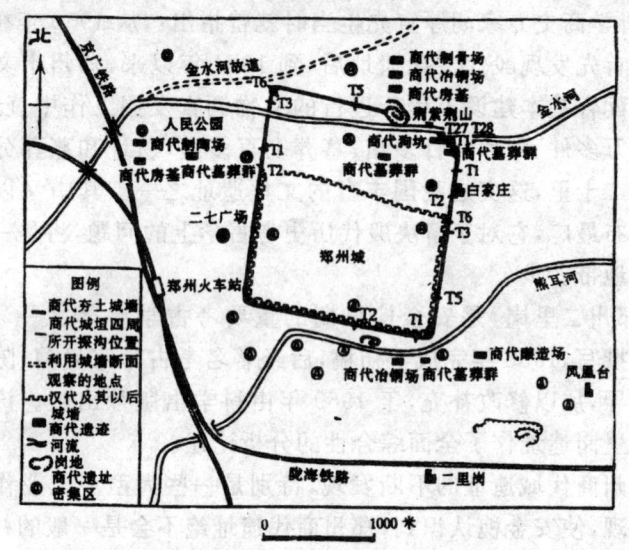

郑州商代城址位置示意图

从发掘时存在的城墙看,最高处约9米,最低处约1米,一部分露在地面上,大部分埋在地下。城墙的横剖面呈梯形,用土分层夯筑而成,在夯土层上面,分布着密集的圆形夯窝。城墙由两部分组成,中心部分为"主城墙"是水平夯筑起来的;两侧为"护城坡",它的夯土层向下倾斜。城墙共有11处大小不同的缺口,有些是城址废弃后被破坏的,有些当为城门。

在以后发掘中,在城内的东北部发现一块占地30多万平方米的地势稍高区域,地面下分布着许多座面积大小不同的商代夯土台基。其中一座较大的南北长约34米,东西宽约10.2米(碍于现代建筑未清理到头)。其保存最高者达2.5米左右,部分夯土台基面上,还残留有坚硬的"白灰面"和"细泥面地坪",以及排列有规律的柱础坑、柱洞、柱础石与料礓石柱窝等遗迹。在距离夯土台基周围附近曾发掘出随葬有青铜礼器、青铜兵器与玉器的中小型墓葬、殉狗坑和堆积众多带有锯痕的人头骨的壕沟等遗迹。在出土的大量遗物中,除陶器、石器、骨器、蚌器和卜骨外,还出土有在城外的商代遗迹中很少发现过的玉簪、青铜簪、残玉片和涂朱陶盆等珍贵遗物。从这一带夯土台基分布之密集和有些夯土台基规模之大,以及周围一带各种珍贵遗物之丰富。说明这里应是城址内宫殿和宗庙区的所在地。宫殿是国家政权的象征,"有先君之旧宗庙曰都"(许慎《说文解字》),因此,这里不仅是城址,而且是都城。

文献中曾有"殷人不常厥邑"的记载,是说殷人经常迁都。盘庚迁殷前的早商和中商时代,曾有过5次迁都,即"汤居于亳"、"帝仲丁迁于嚣(隞)"、"河亶甲迁相"、"祖乙迁于邢"、"南庚迁于奄"。那么究竟郑州商城是属于哪一王的都城呢?安金槐一边着手整理郑州商城遗址的资料,一边进行深入研究,完成了《试论郑州商代城址——隞都》(《文物》1961年4、5期合刊)。原本此项内容应以报告的形式面世,但因当时对该城的争议很大,一时无法统一,为使这批珍贵的材料及早公诸于世,遂以个人名义并改为论文形式发表。

在论文中,安金槐首先明确提出:"根据郑州商代文化遗址分布范围之大、文化层堆积之厚,遗址中包含的遗迹、遗物之丰富来判断,显然是一处城市遗址,而绝不是一般的村落遗址。同时就郑州与古荥相距很近,以及从遗址的相对时代来分析,很可能就是仲丁迁隞的都城遗址。"⑤接着分四部分进行了论述。第一部分简要论述城址的基本情况,包括形状、面积、结构及适用的时代。

第二部分以大量的考古材料揭示,商代的墓葬压在夯土城墙的上面,商代房基压在夯土城墙上面,商代的窖穴挖破了夯土城墙。商代文化层叠压在夯土城墙的上面,从而说明了城址不会晚于商代。同时在夯土层中包含有商代、夏代及"龙山期"的遗物,说明城址不会早于商代,从而得出了"上述的夯土城墙的相对年代是属于商代的一个时期无疑"⑥的结论。

第三部分从城墙的规模、各种手工业作坊的分布与分工、城垣内发现的较大的建筑基址和城内外文化遗址分布之广、文化层堆积之厚、遗迹与遗物埋藏之丰富,说明郑州商城是一处"人口众多、手工业繁荣、对外交通发达、统治阶级聚集的大城市"⑦,也就是都城。

在第四部分中,作者论证了郑州商代遗址可分早、中、晚三期。早期以郑州洛达庙遗址为代表;中期以二里岗遗址为代表;晚期以人民公园遗址为代表。早期和晚期规模、范围都不大,只有中期的二里岗文化分布范围极为广泛,遗迹遗物极为丰富,因而确定郑州商城主要是属于商代中期的都城。再根据《竹书纪年》等文献中"隞"都就在郑州附近的记载,证明郑州商城遗址,很可能就是商代的"隞都"。

《试论郑州商代城址——隞都》一发表,立即引起史学界、考古学界的广泛关注与热烈讨论,有赞成者、有反对者,众说纷纭、莫衷一是。反对者提出似乎更为充分的理由,比郑州商代遗址时间要晚的安阳殷墟尚未发现城墙,难道时间更早的郑州商代遗址会有城墙?正当讨论进一步深入的时候,"文化革命"开始了,安金槐被扣上"不突出政治,单纯业务观点"和"反动学术权威"的帽子而"靠边站",因而讨论也随之降温,以至不了了之。但安金槐并没有因此而停止工作,以后无论在文物工作队内干杂活或到西华县"五·七"干校劳动,他都坚持对发掘资料的整理与研究。

1972年春,全国局势略有好转,安金槐恢复了工作。在国家文物局长王冶秋先生的支持下,又开始对郑州商城进行全面的复查、钻探、发掘。为了挽回"文化革命"耽误的时间,他夜以继日努力地工作,每天骑自行车跑遍每一处发掘工地,以至疾病突发晕倒在城墙探沟内。但病情稍稍稳定,不待痊愈又匆匆赶回发掘工地。他们排除种种干扰,持续不断地展开对郑州商城发掘,使郑州商城的面目逐渐清晰起来,几年中找到了商代宫殿区遗址,发掘了数座保存较好的商代宫殿夯土基址,出土了两件商代大型铜方鼎,其中较大的一个通高 100 厘米、纵长 61 厘米、重约 86.4 公斤,是继司母戊大方鼎之后,我国出土的又一较大的青铜器。(见附图)文献中有禹铸九

铜方鼎　商
通高 100 厘米
1975 年河南郑州市商代遗址出土

鼎,以定天下的记载。鼎为立国之重器,因此,安金槐指出:"郑州出土这样大的铜方鼎绝不是偶然的,它与郑州商代城垣和城内大面积的商代夯土台基(有可能是宫殿遗址),以及商代城垣内外分布着大面积商代文化遗址和各种手工业作坊有着密切的联系。商代城垣是商代奴隶主阶级盘踞的地方,是统治劳动人民的政治、军事和文化的中心区域。大型铜方鼎的出土,对于进一步确定郑州商代城垣的性质和用途提供了新的资料。"⑧

70 年代末以后,在我国"科学的春天"到来的大好形势下,年过六旬的安金槐先生焕发青春,更加努力忘我的工作,为郑州商城的发掘研究和河南省的考古事业,做出了新的贡献。

1979 年秋,他作为"中国考古学会筹备委员会"的委员,赴西安参加了"中国考古学会"成立大会,并被推选为中国考古学会理事。1980 年在武汉召开的中国考古学会第二次年会上,又被推选为常务理事。1980 年 12 月"河南省考古学会"在郑州成立,他被

推选为学会副会长。"文革"期间,河南省文物工作队被并入省博物馆,改名为"河南省博物馆文物工作队"。1981年春,在省博文物工作队的基础上,成立河南省文物考古研究所,安金槐出任第一任所长。1981年秋,他参加了中国社会科学院考古所夏鼐所长主持的《中国大百科全书·考古卷》的编纂工作,承担了《郑州商城》等有关辞条的编写任务。

1982年10月,安金槐随以中国社会科学院考古研究所所长夏鼐为团长的"中国商文化代表团"赴美国夏威夷参加"商文化国际讨论会",在会上发表了《郑州商代城址及其有关问题》的学术论文。论文首先介绍了郑州商代城址的面积分布概况和发现发掘的基本情况,特别对最近的发掘作了详细的介绍。

接着论文论述了城址的确定,指出:"郑州商代城址的确定,主要是通过大规模的考古钻探和环绕四面的城墙的部分发掘,并在研究了它们地层堆积与其包含陶器发展变化予以确定的。"⑨ 同时介绍了商代城墙的建筑方法,并分析了能够保留下来一部分的原因。

论文第三部分论述了我国古代夯筑技术的发展演变的历史,阐明在新石器时代的晚期,我国即已出现了夯筑技术,以后到河南登封王城岗遗址、河南淮阳平粮台遗址、河南偃师二里头文化晚期遗址等夯筑技术的不断进步,郑州商城遗址的夯土技术就是在此基础上发展起来的。进而论述了郑州商城发现发掘的重大意义,指出:"郑州商代遗址的发现与发掘,应是中国商代考古史上的一项重大收获。它对于研究商代前期的政治、经济、文化和军事等方面的历史,已提供了大量的珍贵实物资料。特别是郑州商代夯土城垣的发现,是50年代我国首次发现的一座商代城垣遗址,它为以后相继发现湖北黄陂盘龙城商代二里岗期城堡和河南登封王城岗龙山文化中、晚期城堡遗址,以及二里头文化三期的宫殿夯土台基等夯土建筑遗址,提供了珍贵的实物史料和工作借鉴。"⑩

对于郑州商城的性质,作者并不是仅仅阐述自己的观点,而是客观地说明目前两种不同的说法,一说是"仲丁迁于隞"的隞都;一说是"汤居于亳"的亳都。并指出:"虽然在目前尚无定论,但争论的双方都认为郑州商代城址应是一座商代前期的都城遗址。我们相信:随着今后对郑州商代城址的继续发掘,很可能为确定这座城址的性质并对探讨商代前期的某些重大历史问题,提供更加珍贵的实物资料。"⑪

1983年,河南省文物考古研究所领导换届,安金槐年事已高退居二线,改任名誉所长。在脱离了繁重的行政事务工作后,他以更多的时间和精力投入到学术研究和学术活动中,一方面进一步深入开展对郑州商城的研究,同时对中国陶瓷史和夏文化等问题继续进行了研究探讨。

1983年安金槐发表了《郑州商城内宫殿遗址区第一次发掘报告》(《文物》1983年第4期);1987年发表论文《对河南境内夏商城址的初步探讨》(《华夏文明》北京大学出版社1987年);《试论郑州商城和偃师商城的早晚关系》(《安阳殷商文化国际讨论会论文集》1987年);1993年发表《再论郑州商代城址——隞都》(《中原文物》1993年第3期);《试论郑州商城遗址分期》(《中州纵横》——郑州商城与殷商文化国际研讨会特辑1993年第8期);1997年发表《对于郑州商城修建与使用时期的再探讨》(在"夏、商前期考古年代研讨会"上的发言,1997年郑州);1998年发表《试论郑州商代城址的地理位置与布局》(《中国商文化国际学术讨论会论文集》大百科全书出版社1998年)。与此同时,从50年代末就已着手进行的《郑州商城遗址》整理编纂工作,持续了近40年后,至1999年底,已基本完成了初稿。

这一系列论著的完成和发表,进一步全面地论述了郑州商代城址的基本面貌和发掘研究的状况,对商城遗址和遗物进行了分期分类、深入系统地综合研究,探讨了郑州商代城址与登封王城岗遗址、偃师商城遗址等其他文化遗址的关系。至于郑州商代城址的性质,安金槐提出的隞都说,也愈来愈被学术界所接受⑫,从而,"罩在郑州商城上的纱幕,被安金槐揭开了,郑州商城的存在已得到考古学界的公认"。⑬凝聚了安金槐先生半生心血和汗水的洋洋洒洒近百万字的大型考古

安金槐在整理编写《郑州商城遗址》

专著——《郑州商城遗址》即将出版,这部报告专集涵盖了除《郑州二里岗》外的全部资料,"将成为先生的收山之作,也为先生的考古事业划上了一个圆满的句号。"⑭(见附图)

注释:

①⑭ 朱凯:《让废墟再现辉煌——记著名考古学家安金槐先生》,《文物天地》,1999年第5期;又《黄河文化》1999年第6期。

②③ 安金槐:《郑州市殷商遗址地层关系介绍》,《文物参考资料》1954年第12期。

④ 胡厚宣:《殷墟考古》,北京,学习生活出版社,1955年。

⑤⑥⑦ 安金槐:《试论郑州商代城址——隞都》,《文物》1961年第4、5期。

⑧ 安金槐:《郑州新出土的商代前期大铜鼎》,《文物》1975年第6期。

⑨⑩⑪ 安金槐:《郑州商代城址及其有关问题》,《安金槐考古文集》,第167页、170页,郑州,中州古籍出版社,1999年。

⑫ 李民:《夏商史探索》,郑州,河南人民出版社,1985年。

⑬ 刘海青、方燕明:《在历史深处探索》,《河南日报》1998年5月30日。

二、瓷器源于商代说

我们的祖先大约在距今1万年左右的新石器时代发明了陶器。陶器的发明扩大了人们居住的范围,为定居生活奠定了基础。从陶器到瓷器是一个很大的进步,充分反映了社会的发展、人们生活水平和社会生产力水平的不断提高。遗留在古文化遗址中大量的陶、瓷器及其碎片为研究当时人们的生产和生活提供了珍贵的资料。

在我国瓷器究竟起源于什么时代,是长期以来学术界存在着有争议的一个问题。不少学者都主张东汉说,或认为晋代才有瓷器,甚至有人认为"真正的瓷器应从唐代开始"。安金槐根据商代遗址中出土的陶器研究,提出了商代就已产生了瓷器的观点。

50年代末,在郑州商代城址的发掘中,安金槐发现有的陶器表面带釉,这些釉一般施在器表和部分口沿内,器内施釉的极少。釉的颜色以青绿为主,部分釉呈褐色或黄绿色。胎骨一般细腻坚硬,以灰白色居多,部分有近似纯白略呈淡黄色的,只有极少数为灰绿色或浅褐色。当时人们称这种陶器为"釉陶"。他联想到河南一些地区的考古发掘材料,在新石器时代龙山期遗址中,曾发现有用粘土羼高岭土烧制成的粗砂厚胎缸,和用纯高岭土烧制成的白陶器,这表明在新石器时代晚期,人们就已掌握了用瓷土烧制器皿的技术。他又回忆在密县陶瓷厂参观时,见到烧成的瓷盆也都是着绿釉,捡起摔坏的瓷盆片一看,胎也是灰白色的,而郑州商城的"釉陶"与之极为相似。

职业的敏感使安金槐意识到,郑州商城遗址发现的这些"釉陶",应当说就是瓷器。带着这一问题,他数次前往密县陶瓷厂参观求教,后又将标本送到河南省地质局实验室进行化验。化验的结果显示,"釉陶"胎骨的主要成分为硅(Si)、铝(Al)、铁(Fe)、钙

(Ca)、镁(Mg)、钛(Ti)及少量的锰(Mn)、钡(Ba)、说明它和一般瓷胎所含化学成分相似,这证明它是用高岭土作坯烧成的。釉的成分主要是硅(Si)、铝(Al)、钙(Ca)、铁(Fe)、镁(Mg)、及少量的铜(Cu)、钛(Ti),和一般早期瓷釉成分是相近的,特别是和我国早期豆青釉十分接近。

经鉴定还看到,商代"釉陶"的釉和胎骨结合非常紧密,没有发现脱落的现象,说明烧制的火候高,一般都在千度以上,达到了烧结的程度。由于火候高,瓷胎放入水中不吸水,已完全具备了早期瓷器的特征。故安金槐得出结论:"通过对郑州商代二里岗期遗址和墓葬中出土的所谓'釉陶'器的研究和胎釉原料与烧成温度的化验分析,认为这里的商代'釉陶'已经具备瓷器初级阶段的基本特征,应是属于瓷器的范围。"①

不久,安金槐发表了论文《谈谈郑州商代瓷器的几个问题》(《文物》1960年8、9期合刊)、他认为陶瓷器的发展,是与各个历史时期生产力的发展水平相适应的。到了商代,"随着青铜工具在农业生产上的使用,生产力有了显著的提高。从而冶铜、制骨、制陶等手工业生产,在社会分工和交换发展的基础上,从农业生产中分化出来,成为各自独立的手工业生产部门。

制陶手工业成为独立的生产部门之后,就为提高制陶技术和从用高岭土烧制器皿过渡到用高岭土作胎,器表着釉,烧制出早期的瓷器,开辟了广阔的发展道路。"②他提出了瓷器区别于陶器的四个特征:(一)胎骨是用高岭土作成的,有的胎骨也羼有石英或长石等粉末;(二)有光亮的釉;(三)质坚硬、火候高,叩之作金石声;(四)胎骨不吸水分。郑州商代"釉陶"化验鉴定的结果,基本符合瓷器的特征。

安金槐"商代瓷器说"的提出,在学术界引起强烈反响,不少学者表示赞同,但也有持不同意见者。不同意见提出,瓷器应具备半透明的胎,有光泽的釉;还有认为瓷器是用高岭土羼石英或长石等粉末作坯,放进窑内先进行第一次素烧,然后上釉,再放进窑内烧,而郑州商代出土的"釉陶"不具备这些条件,不能称为瓷器,至多也只能说是"半瓷半陶"等等。

针对以上的说法,安金槐指出我们应用历史发展的眼光去看问题,由于瓷器高度发展,瓷胎不仅可以半透明,而且还可以达到"半脱胎"。但是不应该要求瓷器在开始出现的时候就具备半透明的胎,不应该以发展到相当水平的瓷器,去衡量初级阶段的瓷器。瓷器必须经过素烧和着釉后重烧的意见也不够全面,瓷器有两次烧成的,但也有一次烧成的,不能用两次烧作为瓷器必备的条件。

为此,安金槐着手对我国瓷器进行全面、系统、深入的研究。1976年春,他被邀请参加《中国陶瓷史》的编辑工作。1979年11月,"中国古陶瓷研究会"在广东新会县成立,他参加了会议并被推选为"中国古陶瓷研究会"副会长。与此同时,他还发表了重要论文《对于我国瓷器起源问题的探讨》(《考古》1978年3期)。

在论文中他首先阐明了陶器与瓷器的关系,指出瓷器的发明是和陶器有着一定的联系的,但又有着质的不同。不同之处在于原料,陶器的原料是粘土,瓷器的原料是瓷土(高岭土),"粘土和瓷土所含化学元素不同,用粘土作坯只能烧制成陶器,用瓷土作坯才能烧制成瓷器。这是由于二者所用原料质的不同所决定的。烧成温度的高低,只能是陶器和瓷器烧成的必要条件,但它绝不能改变陶器和瓷器质的变化。因之对于陶器和瓷器的定义决不能混淆,二者之间没有所谓'半瓷半陶'的过渡阶段。"③

他把我国瓷器的发展分作了四个阶段:原始素烧瓷器、原始青瓷器、青瓷器和后来的各种釉色瓷器。指出我国瓷器的发生与发展过程和其他生产活动一样,有一个逐步发展的过程。从无釉到有釉,从烧成温度低到烧成温度高,直至胎质烧结,这是符合瓷器由低级到高级的发展规律的。用瓷土作坯烧制的无釉和火候较低的器皿就是原始素烧瓷器。广泛分布在黄河中下游、长江中下游及福建等地部分新石器时代晚期文化遗址中所出土的一些"白陶"和"几何印纹硬陶"就是最早出现的原始素烧瓷器。

到了商代早期,由于青铜工具的使用,生产力的提高,各种手工业的生产也得到了较大的发展,所以在烧制原始素瓷器的基础上,就创造出了原始青瓷器。战国时代,铁器的使用、生产力进一步提高、手工业迅速发展,从而烧制出了战国和汉代的青瓷器,并为我国魏晋以后制瓷业的进一步发展创造了条件。

1976年春,在浙江杭州召开的《中国陶瓷史》编辑工作会议上,来自全国陶瓷界的专家学者就编写内容、体例等问题进行了讨论。经过激烈争论,多数学者基本赞同安金槐关于我国瓷器源于商代的观点,并确定了他为《中国陶瓷史》主编之一,承担夏商周部分的撰写。1982年该书编写完成,并由文物出版社出版。

1984年受国家文物局委托,由安金槐任主编之一编写大型文物考古教材《中国陶瓷》,并于1994年由文物出版社出版。1991年他又被《中国美术分类全集》领导工作委员会聘为中国陶瓷编委会委员,承担《新石器时代陶器》和《夏商周陶瓷》两卷文稿的编写任务,于1994年完成书稿,交上海人民美术出版社出版。在此期间他还发表了《河南原始瓷器的发现与研究》(《中原文物》1989年3期)、《对于我国原始瓷器起源问题的探讨》(《中国古陶瓷研究现状及展望》中国陶瓷工业杂志社1994年)等论文。在这些论著中,进一步阐明了我国瓷器起源于商代的观点。

从20世纪60年代初到80年代末,瓷器起源问题经过近20年的争论后,渐渐平息下来。"'原始瓷器',这个前所未有的名词,终于被安金槐先生浓重的一笔载入史册。"④

安金槐的这一学术研究成果,把我国的瓷器起源的历史至少提前了1000年,给了我国瓷器发展史一个正确的评价,弘扬了中华民族优秀灿烂的历史文化。20多年对我国瓷器发展史孜孜不倦的探索和研究,反映了安金槐先生对陶瓷的钟情及对中华民族优秀灿烂文化的热爱。正如他自己所说:"中国是世界上发明瓷器最早的国家。瓷器的发明是我国古代劳动人民对世界文明的重大贡献,中国陶瓷在世界上有着不可替代的位置。"⑤

注释:

① 安金槐:《河南原始瓷器的发现与研究》,《安金槐考古文集》,第 309 页,郑州,中州古籍出版社,1999 年。

② 安金槐:《谈谈郑州商代瓷器的几个问题》,《文物》1960 年 8、9 期合刊。

③ 安金槐:《对于我国瓷器起源问题的初步探讨》,《考古》1978 年第 3 期。

④ 朱凯:《让废墟再现辉煌——记著名考古学家安金槐先生》,《黄河文化》1999 年第 6 期。

⑤ 引自朱凯:《安金槐先生与中国陶瓷》,1999 年 6 月手写稿。

三、对夏文化的探索

《左传·定公四年》载:"分康叔以大路、少帛、绮茷、旃旌、大吕、殷民七族……命以康诰而封于殷虚。皆启以商政,疆以周索。分唐叔以大路、密须之鼓、阙巩、沽洗、怀姓九宗,职官五正。命以唐诰而封于夏虚,启以夏政,疆以戎索。"这是我国古文献中有关"夏虚"和"殷虚"的最早记载。夏代是我国历史上,由原始社会发展到奴隶制社会之后,以长期定居在中原地区的夏部族为中心,经过部族间的联盟形式,在中原区建立起来的我国第一个奴隶制国家。夏王朝的建立,标志着我国古代早期国家的形成,促进了我国古代文明史的进一步发展。商朝是长期受夏王朝统治的商部族在发展强大之后,取而代之建立的我国历史上第二个奴隶制国家。

夏朝和商朝是我国社会发展的重要阶段,是文献中所谓"三代"历史中不可缺少的部分。然而,"五·四运动"以来,一批疑古辨伪的学者"把一向不认为有任何问题的绝对可信的我国煌煌古史系统来一个从根本予以推翻,等于是向史学界投了一枚原子弹,释放出了极大的破坏力"①。他们不仅否定了三皇五帝,也否定了夏、商王朝的存在,甚至提出"东周以上无史"的观点。

这一观点造成了迷茫和混乱,必然引起人们注意对新史料的搜集和上古史的重建工作。因此,中国现代考古学的奠基人李济先生曾指出:"老的历史既不可靠,便产生了对新材料的需要,因而很多人寄希望于考古学、以考古学为'古史问题的惟一解决'方法"②。20世纪20、30年代李济、董作宾、郭宝钧等先生在安阳小屯一带的科学发掘找到了殷墟,证明"早在3000年前的商代,已经存在高度发达的青铜文明,为因疑古思潮而隐入迷茫的中国古史研究开辟了广阔天地。"③

"殷墟"被发现后,人们又开始寻找"夏墟"。30年代,徐中舒先生曾提出仰韶文化为夏文化说④;50年代初,范文澜先生则提出龙山文化为夏文化说⑤。根据文献的记载和传说,夏王朝统治的中心区域,主要是在现今的豫西和晋南一带。50年代末著名考古学家徐旭生先生以年逾古稀的高龄在豫西进行考古调查,并很快发表了《1959年夏豫西调查'夏墟'的初步报告》(《考古》1959年11期),提出:"河南中西部的洛阳平原及其附近,尤其是颍水谷的上游登封、禹县地带,是寻找夏文化应特别值得注意的区域。"⑥徐旭生"以现代田野考古为主要手段寻找夏文化遗址,从而为我国探索夏文化的工作揭开了新的一页。"⑦

安金槐很早就已开始注意对夏代文化遗址的探索。1956年他在主持郑州西郊洛达庙东地发掘时,发现了一处早于郑州商代二里岗期的遗址,即定名为"洛达庙文化"。洛达庙遗址分早、中、晚三期,从其所包含的主要陶器形制特征和器表纹饰看,其晚期和郑州商代二里岗下层比较接近,并有明显的渊源关系;其早期和河南豫西地区的龙山文化晚期较为接近,也有明显渊源关系。因此,安金槐把洛达庙遗址的上层(晚期)时代定为稍早于郑州商代二里岗期下层的商代早期,属于商代文化范畴,而洛达庙遗址的下层(早期)应属夏文化范畴。

1958年在安金槐的主持下,省文物工作队根据有关文献资料和前人研究的成果,在河南省境内进行了一次夏文化遗存的广泛田野考古调查,调查范围包括所谓的"禹都阳城"的登封告成镇一带;所谓"太康都斟寻"的巩县稍柴村一带;所谓"少康都原"的济源原上村一带和传说与夏代有关的偃师二里头一带等。

文献中多有"禹都阳城"(《世本》)的记载,《史记·夏本纪》载:"禹辞辟舜之子商均于阳城。"《集解》引刘熙曰:"今颍川阳城是也。"《水经注·卷22》颍水条下载:"颍水出颍川阳城县西北少室山。"郦道元注:"颍水又东,五渡水注之……其水东南流经阳城西,昔舜禅禹,禹辟商均,伯益辟启并于此也。"《括地志》还载:"阳城在箕山北十三里。"等等。

安金槐认真研究了这些资料,认为"有关夏代阳城遗址所在地望的文献资料记载和前人考证,其地点基本和现今的登封告成一带的地理环境相吻合"⑧同时在前阶段寻找夏文化的考古调查中,曾在登封县告成一带发现有相当于夏文化的龙山文化遗址和二里头文化遗址,所以他把探索夏文化遗存、寻找"夏墟"的重点,逐渐放在登封县告成镇一带。

1975年,当郑州商代城址的发掘和研究取得阶段性进展和成果后,安金槐主持了登封告成一带探索夏文化遗存的考古调查和发掘。由于开始选择的地点是在告成镇八方村一带,经过较长时间的钻探与发掘,始终没有见到夏文化的踪影。安金槐没有灰心和气馁,他坚信:"我国古代文献资料中有关夏代的记载,特别是有关夏代都城地望的记载,绝大多数是可信的。"⑨自己的判断和选择也是正确的。他对同志们讲:"发掘一处大型古文化遗址,想很快就见成效也不容易,要有耐心。"⑩他走访当地群众,认真倾听他们的意见。1977年春,抽调一部分力量开始在"王城岗"发掘。

王城岗位于登封县城东南约5公里的告成镇西北半公里处,东靠由北流来的五渡河,南临由西流来的颍河,过颍河向南为伏牛山余脉箕山。王城岗现存面积约1万多平方米,高出周围地表2~3米,当地群众都说是夏禹王建过都城的地方,故名"王城岗"。

在王城岗的发掘很快就发现坚硬而层次清晰的夯土层,夯土层内还夹杂有红烧土颗粒和龙山文化晚期的碎陶片等遗物。安金槐把发掘人员全部调来加紧进行发掘,找到了夯土层东西两侧的边缘,又进一步判明是属于填打在基础槽内的夯土层,并且还在向南北两方向延伸着。

安金槐对这一发现十分重视,认为夯土基槽很可能是龙山文化的中晚期夯土城墙的一部分。于是采取跟踪追迹的方法,依据夯土基槽延伸方向,通过考古钻探和间隔一定距离开挖探沟进行发掘,结果在王城岗上发掘出了两座东西相并列的龙山文化中、晚期夯土城垣遗址。其中"东城"因东靠五渡河,大部分夯土城垣已被五渡河向西滚动时所冲毁,仅剩城的东南角一少部分。而"西城"则是紧靠"东城"西面修建而成的,并且"西城"的东墙就是利用了"东城"的西墙。"西城"的形制略呈正方形,每面夯土城墙长约100米左右,城内面积约1万平方米,这是当时我国已发现最早的一座龙山文化中、晚期的夯土城垣遗址。

告成镇王城岗遗址的发现,是我国考古事业的重大收获,而且它有可能正是人们所寻找的夏墟"阳城"。安金槐向省和国家文化部门领导作了汇报,并准备召开一次20人左右的小型发掘现场研讨会。征得上级部门领导批准后,1977年11月现场研讨会在登封召开,与会人员竟多达110人。参加人员除有中国社会科学院、国家文物局、中国历史博物馆等科研和文博部门的专家学者外,还有北京大学、郑州大学、河南大学、武汉大学等高等学校历史系考古专业的教授。

在会上安金槐详细介绍了王城岗遗址调查和发掘的情况,并阐述了他对遗址的看法,即有可能是相当于夏代的城址,或者可能就是夏代早期"阳城"的观点。与会代表对发掘现场进行了参观考察,并对城址的性质进行了热烈讨论。

会后安金槐并没有急于公开发表自己的观点,一方面继续对遗址进行全面的发掘,一方面广泛收集资料深入开展研究。1980年王城岗龙山文化城址和东周阳城的考古发掘工作进入尾声,他开始整理编写发掘报告,包括一般报告和考古学专著《登封王城岗与阳城》。

1983年春,以研究夏商文化为主要内容的"中国考古学会"第四次年会在郑州召开。在会上安金槐发表了论文《试论登封王城岗龙山文化城址与夏代阳城》,同时发表了考古报告《登封王城岗遗址的发掘》(《文物》1983年第3期)。

在论文中作者首先强调:"在探索夏代物质文化遗存的工作中,必须将文献资料和考古发掘资料结合起来,首先在有夏代都城地望的地方寻找。否则,漫无边际地探求夏代物质文化遗存,很难收到预期效果。"⑪并明确指出:"从这座城址所属的龙山文化类型和地理位置,并结合文献与传说中夏代阳城地望,我们初步认为这处龙山文化中晚期城址,有很大可能就是夏代的'阳城'遗址。"⑫

论文第一部分利用文献资料和遗物的特征说明,王城岗龙山文化中晚期城址应属于夏文化的范畴。第二部分利用考古资料,文献中夏、商的纪年,碳十四的测定等,说明王城岗遗址属于夏代的城址。第三部分根据大量的文献记载和民间传说,说明王城岗城址就是夏代阳城遗址。

文章的发表引起国内外学界,特别是文物考古界的轰动,被称为探索夏代文化的一次重大突破。一时间到登封告成王城岗遗址参观者络绎不绝,为此在登封告成观星台西侧,修建了"登封阳城遗址陈列馆"。日本多家报纸都以头版头条报道了王城岗发现的消息,并配发了安金槐先生的大幅照片。当年日本就有两个代表团到王城岗遗址考察参观。

1990年,安金槐应美国洛杉矶加州大学的邀请,去美国洛杉矶参加了由李汝宽先生和周鸿翔教授主持的"夏文化国际研讨会",并在会上宣读了论文《再论登封王城岗龙山文化城址与夏代阳城》。参加会议的除中国大陆和港台地区的学者外,还有美国、日本、英国、韩国、前苏联等十余个国家和地区的学者。针对国外学者多不承认中国历史上有过"夏代"这个历史阶段,安金槐在论文中首先明确指出:"根据大量文献资料和古今众多学者考证,多认为在中国历史上的商代之前有一个夏代,这应是完全可信的史实。"⑬并简要介绍了夏部族的发展和夏代奴隶制国家形成的基本历史。同时,根据大量的文献记载考证,说明夏代确有"阳城"而且有关阳城地望的文献记载和考证,基本和现在登封县告成镇的地理环境相吻合。

论文第一部分:"王城岗城址的地理位置与保存状况",说明王城岗所在的登封告成镇一带为"群山丘陵环抱、河流纵横、土地肥沃、气候温和、物产丰富的富饶盆地,是很适宜古代人类从事生产劳动的地区之一。所以从很早的古代就有人在这里定居和生产。"⑭作者列举了从新石器时代直到唐宋时代的文化遗存,说明这里"真可称为是中原地区古文化发展序列的缩影。"因而,夏代建立奴隶制国家,在王城岗上修筑城堡不是偶然的,而是"适应了夏王朝政治、经济、军事等方面发展的需要。"⑮

王城岗遗址内遍布着龙山文化中晚期遗迹,已发掘出来的有夯土建筑基址、奠基坑、窖穴和灰坑等,建筑基础之下发现有填埋奴隶的骨架,窖穴与灰坑内出土了大量完整和能够复原的陶器、石器、骨器与蚌器,并发现有青铜器残片,这就说明"王城岗城址绝不是一般城址,应是豫西龙山文化中晚期的一座重要城址,也很可能就是一座都城遗址。"⑯

论文第二部分:"王城岗城址所处的龙山文化中晚期与夏代早期的关系。"作者论述了豫西龙山文化有着它明显的地方特征,表现出它是在龙山文化发展阶段中,长期定居在河南西部地区的一个族属文化遗存。它直接承袭当地的仰韶文化晚期发展而来,并又发展成为二里头文化。但它与仰韶文化又有很大的不同,这表现在生产工具的进步、夯土城垣建筑的出现和奴隶社会阶级压迫的出现。同时豫西龙山文化类型晚期和二里头文化早期是前后一脉相承的发展关系,因此得出了"河南豫西龙山文化中晚期应该是属于奴隶制社会初期。而王城岗城址正处在豫西地区的龙山文化中晚期,因而王城岗城址也应是属于夏代初期的城址。"⑰的结论。

论文第三部分:"东周阳城遗址的发现为证明王城岗城址是夏代阳城提供了重要佐证"。东周阳城,位于今告成镇北部北高南低的漫平坡地上,它与王城岗城址隔五渡河东西相望。70年代中期,在发现王城岗遗址稍前,首先发现了东周阳城。在城内出土的不少战国时期的陶豆、陶量、陶罐等器物表面上,打有篆体"阳城"或"阳城仓器"的戳记,证明确是东周时的阳城遗址无疑。秦时在这里设阳城县,历经魏、晋、南北朝,直到隋、唐时一直为阳城县治所在地,到唐代登封元年(公元696年)才改阳城县为告成镇。

作者认为,古代的地名一般是不会随便更改的,既然东周阳城在登封县告成镇发现并被确认,那么,"和文献记载夏代阳城地望相吻合的王城岗城址,其年代又相当于夏代早期,自然也就应是夏代早期的阳城遗址。"⑱

1992年,历经十余年,经多次反复修改的考古学专著《登封王城岗与阳城》由文物出版社出版。该书除文字外,还以大量的表格、插图、图版等资料详细论述了王城岗遗址发现、发掘和研究的状况,并阐述了作者的"王城岗遗址即禹都阳城"的基本观点。该书的出版推动了夏史探索的深入发展,该书被评为1992年度河南省社会科学优秀成果一等奖。

1994年,安金槐应邀在洛阳参加了"夏文化国际研讨会",并宣读了论文《试论豫西地区龙山文化类型中晚期与夏代文化早期的关系》(后收入中华书局于1996年出版的《夏文化研究论集》)。在此前后他还发表了《河南夏代文化研究与展望》(《河南考古四十年》河南人民出版社1994年)、《豫西颖河上游在探索夏文化遗存中的重要地位》(《考古与文物》1997年第3期)等论文,进一步对夏文化和王城岗遗址进行了深入的研究探讨。

至此,在豫西地区探索夏文化遗存,寻找"夏墟"的工作,应当说是取得了重大成果。豫西地区龙山文化中晚期,已经是奴隶制社会发展的阶段,已成为学术界的共识。更多的学者也逐渐都认为,这里的奴隶制发展阶段,应是属于夏代文化早期的社会发展阶段,登封告成镇王城岗遗址很可能就是"禹都阳城"。

注释:
① 刘起釪:《顾颉刚先生学述》,第104页,北京,中华书局1986年。
② 张光直:《李济考古学论文选集》"编者后记"引,北京,文物出版社,1990年。
③ 李铁映:《殷墟发掘70周年学术纪念会贺信》,《安阳日报》1998年10月20日。
④ 徐中舒:《再论小屯与仰韶》,《安阳发掘报告》,1931年第3期。
⑤ 范文澜:《中国通史简编·夏朝史迹》,北京,人民出版社,1953年。
⑥ 徐旭生:《1959年夏豫西调查"夏墟"的初步报告》,《考古》1959年第11期。
⑦ 郑杰祥:《夏史初探》,郑州,中州古籍出版社,1988年。
⑧⑩ 安金槐:《我从事夏代考古的一些情况》,打印稿。
⑨⑪⑫ 安金槐:《试论登封王城岗龙山文化城址与夏代阳城》,《中国考

古学会第四次年会论文集》,北京,文物出版社,1983年。

⑬⑭⑮⑯⑰⑱ 安金槐:《再论登封王城岗城址与夏代阳城》,《美国洛杉矶夏文化讨论会论文集》1989年。

四、培养文物考古工作人才 参加"夏商周断代工程"

安金槐除主持郑州商代城址、登封王城岗遗址的考古发掘外,所参加的考古工作还很多,为河南和我国的考古事业做出了重大贡献。1959年,他组织有关人员前往巩县石窟寺进行考古调查和资料收集工作,准备着手编纂《巩县石窟寺》。他担任其中部分文字的写作,并承担整个石窟外景的测绘工作,到1963年该书由文物出版社出版。1961年到密县主持打虎亭汉墓的发掘,并着手编纂考古学专著《密县打虎亭汉墓》,经多次补充修改,终于在1993年由文物出版社出版,于1995年荣获夏鼐考古学基金荣誉奖和1995年河南省社科二等奖。1962年根据省文化局的部署,到开封市参加碑碣石刻的调查工作。1963年前往淅川县,对丹江沿岸部分古文化遗址进行考古调查。1964年至1966年"文化大革命"前,经国家文物局批准,对新郑郑韩故城遗址进行考古调查和试掘。

1971年,受国家文物局委派,去洛阳对隋唐含嘉仓遗址进行了钻探和发掘。当年还主持了淅川下王岗遗址的试掘工作,首次发现仰韶文化、屈家岭文化与龙山文化三者的叠压关系,为豫西南考古学编年的确立起到了决定性的作用。1976年在登封双庙沟主持了对新石器时代早期遗存发掘,初步认定这是一处早于仰韶文化的遗存。

安金槐对文物考古事业的贡献,不仅在于他亲自参加考古发掘工作的实践,更在于他几十年来,为文物考古事业培养了大批人才,目前河南省及全国不少地区文博部门的领导干部和业务骨干,都经过他的培养。"他一手抓人才的培养和使用,一手抓出科研成果,以出成果促出人才,以人才的脱颖而出带出丰硕的成果。他的这种从实际工作中培养人才和使用人才的方法,得到上级组织部门的肯定,更受到同志的赞扬。"①

早在1953年,他就参与举办了"河南省第一届文物工作人员训练班",为来自河南省各地市的文物工作人员讲授文物考古知识,培养了一批文物考古工作骨干,满足了新中国基本建设迅速发展的需要。以后,直至70年代,又相继举办了多期训练班,特别是1979年他主持的第四届文物考古工作训练班,除讲授专业理论外,还在淮阳平粮台龙山文化遗址进行田野发掘实习,取得重大成果。

1977年在安金槐主持登封告成镇王城岗遗址发掘中,他将省文物工作队的年轻人全部带到发掘第一线进行系统培训,使他们迅速掌握了田野考古基本知识。当年秋,辽宁大学历史系考古专业师生在王城岗参加田野考古实习,他经常挤出时间亲自对学生进行讲解辅导,受到师生们的好评。1980年,他应南京大学邀请,去该校历史系考古专业给学生讲授夏商考古。90年代,他高兴地接受了郑州大学和母校河南大学的聘请,担任两校历史系文博专业的兼职教授。

1982年,在安金槐积极建议下,国家文物局决定在河南省文物研究所举办考古人员培训班。经过紧张的筹备,第二年"国家文物局郑州文物训练班"第一期开学,他亲自担任班主任。1984年按国家文物局指示,将"国家文物局郑州文物训练班"更名为"国家文物局郑州培训中心",并又举办了第二期培训班。后来经河南省人民政府批准,在"国家文物局郑州培训中心"的基础上,又成立了"郑州考古干部专科学校(大专班)",学制两年,安金槐兼任校长。他亲自制定教学计划,安排设置课程和选编教材,聘请教师,做了大量工作,十几年来为全国各地培训文物考古干部765人。

为适应文物考古干部训练工作的需要,受国家文物局委托,安金槐主编了文物教材《中国考古》。《中国考古》共分7章,详细论述了从旧石器时代直到元、明时期,我国历史上各个阶段的文物考古状况。包括遗址的分布、发现、发掘和研究等各个方面。其中第三章夏商周考古的第二节商代考古,分作三部分论述了中原地区、中原周围地区和边远地区商代文化遗存。在中原地区重点介绍了河南偃师商城、河南郑州商城和殷墟;中原周围地区重点介绍了湖北黄陂盘龙城、江西清江吴城、河北藁城台西村等处商文化遗址。

几十年来安金槐勤奋不已,笔耕不辍,始终保持着对工作极端负责的精神和饱满的工作热情。他主编和参与主编的专著有11部,发表学术论文、发掘报告和各种文章120多篇,总字数达500万字以上。

由于安金槐出色的工作和突出的贡献,他被推选担任河南省政协五届委员和全国政协第六、七届委员,兼任中国考古学会常务理事、中国古陶瓷研究会副会长、中国哲学社会科学基金规划评审委员会委员、河南省文物考古学会名誉会长、河南省科技史学会名誉理事长和河南省文物考古专家组组长等职。

1996年,安金槐受国家科委的聘请,成为"夏商周断代工程"专家组成员,并担任工程中"商前期年代学的研究"课题组长。"夏商周断代工程"是国务院决定实施的被列为国家"九五"重大科技攻关的课题。该工程涉及历史学、古文字学、地理学、天文学等各个方面,是自然科学与人文社会科学相结合,多学科交叉研究,不同领域的联合攻关。其涉及面之广泛、时间之紧迫、学科之复杂、参与课题攻关学者之多、历史年代跨度之大,在中国学术史上都是空前的。

安金槐充分认识到"夏商周断代工程"的重要性。指出"这段尚缺'年代学标尺'的两千年文明史,大致包括历史上所说的五帝时代和夏商周(西周)三代,是中国古文明走向繁荣、形成特色的重要时期。往上可以追溯到五帝时代,往下则开启了中国文明史的基本格局,因此建立夏商周年代学标尺具有深刻的历史、文化学意义。"②并对实现这一目标充满信心。

他曾多次说到:"根据河南的考古发现,夏商问题应该能够解决,现在是时候了。"③因此,他不顾年岁已高,全身心投入到这一工作中去。受命不久,即去偃师参加了由中国社会科学院考古研究所为配合"夏商周断代工程"举办的偃师商城东北城角遗迹的现场座谈会。10月,又赶赴北京参加由"断代工程"首席专家李伯谦教授主持召开的"工程"工作会议。

他认为,"夏商周断代工程"与河南的关系极为密切,河南考古一定会在这一"工程"中发挥重大的作用。他撰写发表了《河南考古在"夏商周断代工程"中的作用》(《寻根》1996年第5期)、《郑州商代遗址各时期遗存序列与"夏商周断代工程"》(《河南博物院落成暨省博物馆建馆70周年纪念论文集》中州古籍出版社1998年)等论文,对此作了深入全面的论述,指出:"河南六处夏、商文化遗址(安阳殷墟、郑州商城、郑州小双桥、偃师商城、偃师二里头、登封王城岗)的发掘及对考古实物资料的研究,不仅可以廓清少数疑古派对中国历史夏代及商代前期的怀疑,而且基本上可以把夏代、商代前期、商代后期三个发展阶段的文化发展序列排列出来,为其年代学框架提供了可靠的实物基础。"④

为积极实施"断代工程",1997年秋,安金槐邀请北京与河南的部分专家学者,在郑州和偃师召开了"夏商周断代工程·夏、商前期考古年代学研讨会"。与会专家学者就河南夏、商文化遗址的性质、分期、年代等有关问题进行了热烈讨论。经过讨论,大家普遍认为,二里头文化就是所要寻找的夏代文化,其晚期可能就是夏王朝的终止年;偃师商城是商文化,偃师商城是商灭夏后建立的最早商城之一,其早期可能与商王朝起始年有关。以后几年间,又多次组织召开了专题讨论会,促进了"断代工程"研究的深入开展。

到1998年,安金槐已圆满完成"夏商周断代工程"预定任务,并将研究成果上报"工程"项目办公室,受到有关领导和专家学者的一致好评。

2000年11月9日,经过5年艰苦攻关的历程,夏、商、周断代工程的标志性成果《夏商周年表》正式公布,把我国的历史纪年由公元前841年向前延伸了1200多年,使中国文明发展的重要时期夏商周三代有了年代学标尺。安金槐无限欣慰地指出:"由于夏商周断代工程所依据的重要考古发现大部分在我省境内,因此,我省的考古工作者此前所进行的大量的卓有成效的考古工作也是功不可没的,他们的一些研究成果和这次公布的年代表大致是吻合的。"⑤应当说这是他对河南省考古工作的一次总结,也是他对自己毕生工作的总结。在谈到断代工程意义时他指出:"《夏商周年表》有些细节虽然还有争论,但它仍然是到目前为止,'最有科学依据的年表',不仅解决了一些我国历史纪年中长期未定的疑难问题,更为探索揭示中华五千年文明史的发展脉络打下坚实的基础,因而意义重大。"⑥

《安金槐考古文集》书影

1999年是安金槐先生从事文物考古工作50年,中州古籍出版社从安金槐50年来出版和发表的大量考古专著、报告、论文中精选45篇而结集为《安金槐考古文集》。(见附图)"这些文章大体记录了他从事文物考古50年的历程,同时反映出他在50年的文物考古工作中所形成的主要学术观点和所取得的重要成就。"⑦河南省文物考古研究所所长杨肇清先生为文集作序,序中全面总结了安金槐在考古学研究上的贡献,深刻分析了其始终坚持田野考古第一线,善于观察、勤于思考、勇于探索的精神和严谨扎实的治学态度,勤奋忘我的工作,是他取得成就的主要原因。并对安金槐给以高度的评价和美好的祝愿。

1999年9月9日,河南省文物局在郑州举办了"祝贺安金槐先生考古50年暨《安金槐考古文集》首发式"。著名学者李伯谦、严文明、张长寿、殷玮璋、楼宇栋及有关部门领导、学术界、文博界的代表数十人出席了会议,向安金槐先生表示深深的敬意和热烈的祝贺。

注释:

①⑦ 杨肇清:《辛勤耕耘五十载　丰硕成果献祖国》,《安金槐考古文集·序》,郑州,中州古籍出版社,1999年。

②③ 任磊萍、宋国定:《探寻华夏文化之根》,《大河报》1999年1月29日第10版。

④ 安金槐:《河南考古在"夏商周断代工作"中的作用》,《寻根》1996年第5期。

⑤⑥ 张体义、张红梅:《夏商周断代　河南出大力——访夏商周断代工程专家组专家安金槐》,《大河报》2000年11月17日。

附记:

2000年8月,为收集材料和老学友郑州大学张诚教授在河南省文物考古研究所朱凯同志的陪同下,到安金槐先生家中拜访了他。当时安老久病初愈,身体虽显衰弱,但精神尚好。当我们说明来意后,安老高兴地说,你们进行的是一件很有意义的工作,应当很好地把河南大学在甲骨文商史方面的成绩总结一下,这也是我们河南的成绩。并谦虚地说我没有多少成绩,所作的都是份内的工作,应当把董作宾、郭宝钧、尹达、石璋如、朱芳圃、孙海波这些人好好写一写,他们是我们河南的骄傲。安老将他的大作《安金槐考古文集》送给我们每人一本,临别时嘱我一定要把书写好,出来后送他一本,还说到后年(2002年)我们都回河大,庆祝母校的生日。

2001年4月,《在废墟中探索的安金槐》写好后,我寄了一份给安老,请他审阅。后来我给他打电话征询意见,安老在电话中说您写得很好,谢谢了,内容很全面,也没什么补充的。还嘱我要我抓紧时间把书稿完成,并又说,明年我们都回河大,庆祝母校生日,只是我们的老同学不多了。

2001年8月2日,在安阳市文化局召开的纪念著名甲骨文书法家、文物考古工作者刘顺逝世三周年座谈会上,听安阳市文物考古工作队队长孟宪武同志说安老已去世了,一周前他和安阳甲骨学会会长党相魁才去郑州参加了追悼会。我听后感到十分震惊,好友刘顺的英年早逝,已令

安金槐出席安阳市文物工作队建队10周年纪念大会。前排右起:安金槐(右一)、张忠培(右二)、张文军(右四)、孟宪武(右五)

人伤感,良师安老的突然仙逝更令人唏嘘。我沉思良久,想只有遵从安老的教诲努力完成书稿,以告慰先生的在天之灵。

孟宪武和党相魁同志还向我介绍了安老关心安阳殷墟发掘工作的许多情况。(见附图)为纪念安老,《在废墟中探索的安金槐》一文就不再动了,有关新材料就补充在前面绪论中。

第十章 在历史深处探索的李民

一、古文献与古史的研究

郑州大学教授、殷商文化研究所所长、博士生导师李民,1934年出生于河北元氏县一个农民家庭。在读私塾时遇上一个很有学问的孙先生,在初中时又遇上一个在文史方面颇有造诣的石老师。在两位师长的影响下,使他萌发了对文史的浓厚兴趣。上高中时李民加入中国共产党,并担任了学校的团委副书记。当时国家急需干部,高二时,就被组织上抽出来分配到北京市海淀区委组织部,分管区中等学校工作。

工作之余李民仍然坚持文史知识的学习。当时强调干部学习历史,组织上特请中国人民大学何干之等学者来讲课,他按时听课,尽量作好笔记,学习非常认真。1955年经组织同意报考大学,被河南大学历史系录取。

李民十分珍惜这次难得的学习机会,学习十分认真努力,尽管他担任了学校的学生会主席,社会工作很多,但他从未因社会工作而影响学习。

在河南大学,李民有幸受业于著名史学家孙作云先生和甲骨学家孙海波、朱芳圃先生。孙作云教授讲授《楚辞》、《左传》等先秦文献,孙海波、朱芳圃教授讲授甲骨文字的识读与证史。几位教授学识渊博、平易近人,令李民十分钦佩,耳濡目染使他逐渐确立了研究古文献和中国古史的志向。他经常到几位教授的家中请教,阅读他们丰富的藏书,几位先生也耐心地给他讲解辅导。

李民没有辜负老师们的希望,大学四年他门门功课满分,学习成绩在年级里始终名列前茅。同时他已开始尝试进行科研,在当时已颇有影响的《史学月刊》杂志上发表了两篇学术论文,这在当时的学生中是很少有的。

1959年李民大学毕业,分配到郑州大学执教。两个月后,他以优异的成绩考取了南开大学历史系王玉哲先生的先秦史研究生。王玉哲是我国著名的先秦史专家,他不仅学识渊博,且又善于因材施教。他看到李民基础好,又肯吃苦钻研,就提出了更高的要求,首先音韵学、训诂学、古文字学、考古学和古文献学要过关,这是研究先秦史的基础;其次对资料要有长期的积累、整理、分析过程,准备出大汗、吃大苦、呕心沥血;第三要重视前人和同时代人的研究成果,追究传统的看法是否合理、真实,不固执似是而非的成见,从善如流。

他还要求李民不要急于发表文章。因为学力不及、资料未全、只会遗人笑柄,于己无益,于世有损。当时史学界对我国的农民战争问题讨论非常热烈,李民写出《方腊起义和"平等"口号》拿去发表(《天津日报》1961年8月9日)。后来,导师对他的文章不仅没夸奖,反而批评了一顿,告诫他在学习期间关心学术动态是必要的,但不要分散精力、背离方向,要把主要力量还应放在专业学习上。

在王玉哲先生的指导下,李民埋头苦读,出色地完成了研究生的学业,为他今后在古文献和夏商史方面的研究奠定了基础。

李民的毕业论文是《〈尚书·盘庚〉的制作时代》。《尚书》是我国最早的一部历史文献,文字诘屈聱牙,深奥难懂,不少学者都望而却步,李民却迎难而上,选择了这块硬骨头。为写好论文,他不仅掌握了大量文献资料,而且还掌握了大量考古资料,将两者互相印证,考述历史。为此他到安阳殷墟中国社会科学院考古研究所安阳工作站工作生活了将近一年,了解掌握了殷商考古的最新动态和成果。

1962年在毕业论文答辩前,南开大学把研究生的论文分寄给国内有关专家学者,邀请他们前来参加答辩会。李民的论文引起著名学者、"尚书学"专家顾颉刚先生的注意。顾先生注意到这位研究生不仅选择了《尚书》这门"绝学",而且文章颇有见地,并提出了与自己不同的观点。顾老为这位年轻人的胆识击节称赞,当即欣然复函答应参加答辩会,后虽因故未能到会,但写出了评语并希望南开大学把这位研究生分配到自己身边工作。在论文答辩会上,李民不负众望,得了惟一的满分。

"顾颉刚先生是'五四'运动后出现的'古史辨学派'的创建者,他的疑古精神是当时反封建思潮的一个侧面,他对古代史料的考辨和推翻封建古史体系所起的作用,对史学界影响很大。"[①]20世纪50年代,经周恩来总理点名,这位著名学者来京,在中华书局主持我国古籍整理工作。参加这一工作的还有著名学者唐长孺、傅振伦、刘起釪等先生。

李民到中华书局后,协助顾颉刚整理《尚书》中的虞、夏、商部分。顾先生对李民要求很严,给他"约法三章":不闲聊天;练好坐功;写好小楷。顾先生同样告诫他不要急于发表文章,嘱他立论必须持审慎的态度,经得住时间的验证。顾先生经常应邀到各地讲学,李民就随同担任辅导,常能独立解决许多疑难问题。在顾先生身边工作的两年,对李民来说又是一次很好的学习机会。他不仅进一步扩大了知识面,打好了基础,同时也进一步养成谦虚、勤奋、审慎、严谨的学风。

1965年因郑州大学教学需要,李民又重回郑州大学执教。先后曾讲授过《中国古代史》、《先秦史》、《夏商史》、《金、甲文研究》、《〈尚书〉研究》、《史部目录学》等课程。他的课大都难度较大,但由于他有着深厚的学识基础,同时又能认真备课,深入钻研教材,课讲得深刻全面、生动易懂,受到学生们的欢迎。

"文化大革命"中,李民仍利用各种机会和不同方式,坚持进行古文献和中国古史的研究,写了不少的读书笔记,积累了大量资料。因此,"文革"结束不久,他的研究成果也相继问世。1978年他发表了《〈尚书·盘庚〉所反映的贵族与平民的斗争》(《郑州大学学报》1978年2期);1979年发表了《论夏代国家的形成》(《历史教学》1979年11期)、《〈尚书·盘庚〉的制作时代》(《郑州大学学报》1979年第1期)等论文。

《〈尚书·盘庚〉的制作时代》是李民20世纪60年代初完成初稿的研究生毕业论文,几经补充修改,历时近20年才正式发表。文章首先论述了《尚书·盘庚》的重要价值,指出:"《尚书·盘庚》在中国古代的文献资料中,确实具有十分重要的地位。不仅年代较早、篇幅较长,而且保存了很多先秦的,特别是殷商时期的原始资料,是研究商代的政治、经济、文化等方面所不可多得的重要文献。"②接着列举了自汉代以来,经学家们对《盘庚》制作时代的十几种不同看法,概括起来为六说:(一)盘庚时代说、(二)小辛时代说、(三)殷商时代说、(四)殷周之际说、(五)西周初年说、(六)春秋时代改定说。

作者由《盘庚》用词用字上,开篇称"盘庚",这不是殷人的习惯,证明其不是盘庚时期的作品。又由其称"殷"、称"民",也不是殷人的自称,证明写作时期不可能是商代。从思想体系上《盘庚》常常涉及到"天命"观念,但又怀疑"天命",并反映出大量的"敬德"、"保民"思想,这是周初统治者的观念,以此为依据,将《盘庚》的写作时代定为周初。周人为什么要作这篇东西,作者认为:"《盘庚》是周人为安抚和绥靖被迁的殷人而写的。它的问世有力地帮助着大迁殷民措施的推行。"③

20世纪70年代中期至80年代初,是李民学术成果丰收的第一个高峰期。从1978年至1983年,6年之内出版学术专著两部、发表学术论文20多篇。这一时期他的论文主要内容集中在古文献和中国古史宏观研究方面,如《〈尚书·甘誓〉三正考辩》(《中国史研究》1980年2期),《〈尚书·尧典〉与氏族社会》(《郑州大学学报》1980年第2期),《读〈尚书·无逸〉》(《殷都学刊》1982年2期),《〈禹贡·冀州〉与夏文化探索》(《社会科学战线》1983年第2期)等,最后形成专著《夏文化研究》(中华书局1980年)和《尚书与古史研究》(河南人民出版社1981年)。

《尚书与古史研究》收入论文15篇,对《尚书》中的《尧典》、《禹贡》、《甘誓》、《汤誓》、《盘庚》、《微子》、《金縢》、《洛诰》、《无逸》等篇进行了专题研讨。

上述诸篇是《今文尚书》28篇中的重要篇章。它们反映的内容、制作的时代、在中国古代史研究中的价值问题,自西汉以来就存在着很大争议。特别是忽上忽下漂泊不定的评价,更易使人往往忽视或者不能正确地提示出它的史料价值,甚至抹煞了它在研究古史方面的重要作用。如《尚书·尧典》,在"相当长的一段时间,不少经学家由于受'祖述尧舜,宪章文武'思想的缠绕,把《尧典》奉为至高的圣典。曾几何时,由于发现《尧典》的制作时代较晚,因而又有不少的注疏家把《尧典》视为'伪书',其地位又一落千丈。"④

李民在掌握大量文献资料的基础上,运用辩证唯物主义和历史唯物主义的原则,对《尚书》中的上述篇章进行了研究,一般能准确的揭示其内容的实质,博采众家所长,正确的判定其制作时代,实事求是恰如其分的论证其史料价值。如对于《尧典》得出的结论是"所写的社会现象虽然是斑驳陆离,但经认真研究仍可看出,其所写的主要方面正是禹以前的尧、舜时期氏族制度趋于瓦解并向阶级社会过渡的历史状况。《尧典》是中国现今传世的古文献中的一篇重要文献,在研究氏族社会末期的历史状况时应给予足够的重视。"⑤对于制作的时代较晚,一向疑云重重、争议很大的《禹贡》,作者指出"《禹贡》是我国古代的一篇重要历史文献,在研究我国古代的经济、地理以及社会性质等方面,它所提供的历史资料应该受到足够的重视……不能由于它是后人所写定,而抹煞其原始素材的真实性。正因它的制作时代较晚,因而也不能把它全盘视为夏代的信史资料。应该还它的本来面貌,批判地使用它所提供的合理的资料。"⑥

该书出版后引起学术界的重视。《光明日报》、《人民日报》、《历史教学》、《中州书林》、《中国史学年鉴》、《先秦史研究动态》等报刊杂志均发表了对此书的评论与介绍,给予了很高评价。著名古文献先秦史学者、东北师范大学詹子庆教授在他的《先秦史》(辽宁人民出版社1984年)一书中,在介绍先秦史研究现状时指出:"专题研究的著作影响较大的有:郭沫若《中国古代社会研究》……顾颉刚《史林杂识》……李民《尚书与古史研究》。"该书于1984年获得河南省社会科学优秀论著二等奖。

2000年10月,上海古籍出版社出版了李民的《尚书译注》(与王健合作),这是上海古籍出版社邀请全国著名学者编撰出版的《中华古籍译注丛书》之一种。书前有多达28000余字的序言,作者首先指出:"在中国浩如烟海的古代典籍中,《尚书》是流传至今历史最为久远的一部历史文献汇编。其中保存了大量弥足珍贵的先秦政治、思想、历史、文化诸方面的资料,成为研究中国原始社会、奴隶社会乃至封建社会的一部重要古籍……然而,这部古籍内容博大精深,文字佶屈聱牙,加之流传过程中的几多劫难,自然或人为的影响造成的阙佚错简,特别是今古文《尚书》的版本、真伪问题错综复杂,许多基本问题争论不止,难以定论。"接着就《尚书》名称的嬗变和含义;《尚书》的源流、篇目及内容;《尚书》的辨伪、研究与译注等问题展开论述。

译注以中华书局影印《十三经注疏》本《尚书正义》为底本,按原书顺序分为58篇,每篇包括原文、题注、注释、译文四个部分。题注介绍《尚书》各篇的篇名由来、内容要略以及背景资料。注释参考古今注释,适当罗列,择善而从,尤其注意尽量吸收最新成果,以便使注释更加贴切、妥当。译文基本采取直译的方法,力求不离开原义,保持原文的语言风貌,在此基础上力争做到流畅明了。

该书是近年我国研究《尚书》最新成果的全面反映,推进了《尚书》研究的深入发展,极便于人们阅读、利用《尚书》资料。同时,该书也是李民教授数十年研究《尚书》为一次全面总结,是作者数十年辛勤劳动付出的心血结晶。

注释:

① 刘起釪:《顾颉刚先生学述·引言》,北京,中华书局,1986年。

②③ 李民:《〈尚书·盘庚〉制作的时代》,《郑州大学学报》1979年第1期。

④⑤⑥ 李民:《尚书与古史研究》(增订本),第25页,第43页,第45页、第63页,郑州,中州书画社,1983年。

二、夏商周三族源流的探索

20世纪80年代中期至80年代末,是李民学术成果丰收的新的高峰期。从1984年至1989年,六年之中发表学术论文30多篇,出版专著1部。这一时期他研究的主要内容是在古文献研究的基础上,侧重于夏商周三族源流的探索。

李民曾指出:"研究夏、商、周三代历史,对于探求我国奴隶社会的概貌、具体地阐明我国古代社会发展演变规律具有重要意义。要研究夏、商、周三代的历史,就必须注意到夏、商、周三族的起源、发展以及融合的历史……源远流长的中华文明之所以经久不衰,并具有强大的凝聚力与再生力,可以肯定地说,它与夏、商、周三族起源的这种深厚的历史渊源是密不可分的。"①

关于夏、商、周三族的起源与发展等问题,历代的学者从不同的角度通过对历史文献以及传说研究分析,提出了各种不同的观点。由于采用历史文献的不同,或对相同的历史文献理解认识上的差异,致使历来争论颇多,众说纷纭,悬而未决。

80年代后,我国考古事业迅速发展,三代考古新成果不断涌现,同时龙山文化、二里头文化、岳石文化、大汶口文化、红山文化等研究的日益深入,为探索三代文化渊源之谜带来新的希望。著名学者金景芳、邹衡、王玉哲、安金槐、徐中舒等都纷纷发表文章、著书立说,阐述自己的见解。三族源流问题的讨论,又一次活跃起来。

李民有着研究古文献的雄厚基础,同时又掌握了大量的最新的考古学资料,因而也着手对夏、商、周源流问题进行研究。著名学者徐中舒先生曾指出"在先秦史研究上,我们历来强调必须重视出土的地下文物。它不仅是原始社会的第一手材料,也是我们祖先发明创制文字以后分析研究古代社会历史的十分重要的参考材料。"②正是由于李民采用了这种科学的研究方法,使其很快便取得成果。1984年,他发表了《关于商族的起源》(《郑州大学学报》1984年第1期)、《豫北是商族早期活动的历史舞台》(《殷都学刊》1984年第2期)、1985年发表了《夏族的起源与播迁》(《郑州大学学报》1985年第1期)、《〈禹贡〉豫州与夏文化探索》(《中州学刊》1985年第1期)等论文,并出版专著《夏商史探索》(河南人民出版社1985年)。在此基础上,又广泛收集资料,不断充实完善,于1998年出版了专著《夏商周三族源流探索》(与张国硕合作,河南人民出版社 1988 年版）。

关于夏族的起源，李民认为是在豫西。至少在尧舜时期，夏族就一直在豫西地区生活，至夏禹后期，夏族又控制了晋南，故可以说晋南也是夏族起源地之一。他还论证了广泛分布在豫西晋南的二里头文化当为夏文化。他认为，如能在考古学上确定某一早于二里头而又与二里头文化关系密切的考古学文化遗存，那么，这一考古学文化即应与夏族的起源有关，夏族的起源地就容易找到了，这个考古文化就是河南龙山文化的王湾类型。二里头文化是王湾类型龙山文化发展而来的，两者应是一个民族文化发展的不同阶段。

关于商族的起源，当时学术界分歧意见很大。概括起来有"东北说"，金景芳先生的《商文化起源于我国北方说》（《中华文史论丛》第七辑），于志耿、李殿福、陈连开先生的《商先起源于幽燕说》（《历史研究》1985 年 5 期）等，都认为商起源于东北的西南部，逐渐"南下"到达中原地区。

"冀中说"，邹衡先生的《论汤都郑亳及其前后的迁徙》（《夏商周考古论文集》文物出版社 1980 年）提出，商人最早活动的中心地点应在滹沱河与漳河之间，稍后渐次向南扩展，到成汤之时才过黄河，占领郑亳（郑州）。

"西方说"，陈昌远先生的《商族起源地望发微》（《历史研究》1987 年 1 期），姚政先生的《论商族的起源》（《南充师专学报》1987 年第 17 期）均主此说，认为山西垣曲县古城镇一带，即"契居番"之地。

"东方说"，王玉哲先生的《商族的来源地望试探》（《历史研究》1984 年第 1 期），杨宝成先生的《商文化渊源探索》（《华夏文明》第 1 集）等，都认为商族起源于山东，或直接西进，或向西北转移而后南下，逐渐到达豫北地区。

1984 年李民发表了《关于商族的起源——从〈尚书·尧典〉说

起》,发表了自己对商起源问题研究的见解。他首先指出"追溯商族的起源,有一个重要环节,即应首先分辨哪一些据传闻记载的文献是具有重要参考价值的资料,也就是说哪一些文献可以做为研究这一问题的重要依据。惟其如此,才不致因诸文献的矛盾、抵牾而使研究者走入迷宫。"③他认为《尧典》是现今见到的最古老的文献之一,其所记史料与诸史籍的记载相比较,应当说也是有根据的。在某种程度上能够反映出尧舜时代的社会状况,具有较高的史料价值。《尧典》中不仅多次提到商的先祖契,而且还提到了与契有关的某些历史事件,因此研究商族的起源,《尧典》是一篇不容忽视的重要文献。

作者通过对《尧典》的进一步分析指出,商的先祖契,与尧、舜、禹等氏族或部落,在远古的时代,是一个部落联盟。大体上是活动在一个比较集中的大范围之内,这一范围当是商族最初活动的地点。从《左传》、《史记》、《汉书》、《括地志》等文献记载来看,尧部落的活动中心在今山西临汾、襄汾一带,舜部落的活动中心在今永济一带,禹部落的活动中心在今安邑、夏县一带,都是在今之晋南。因此,契部落最早活动的地区,也应在晋南范围内。

接着,根据《世本》所载"契居蕃"考证,蕃与薄、亳通,即后世亳都城,地在薄山以西不过百里。又据《史记·殷本纪》所载"契封于商,赐姓子氏。"《集解》引郑玄曰:"商国在太华之阳。"认为商的发源地当在今之山西永济至陕西华县之间。

文章最后简略论述了当商族兴起后,受到已建立政权的夏族的排挤而日渐东徙,沿黄河以北的山地、河谷、经砥石,涉滴水,逐渐到达豫北,而后在豫北迅速发展起来。这就形成了探索商源流的另一篇重要论文《豫北是商族早期活动的历史舞台》的基本观点。

《豫北是商族早期活动的历史舞台》重点探讨了商族从晋南到豫北迁徙的经过,论述了豫北在商族早期发展史上的地位。论文以商族起源于山西西南部之薄山附近,即以今永济为中心地区为基点,说明了自契以后的几次迁徙。第一次迁徙在昭明时代,据《世本》记载:"昭明居砥石"。作者据《尚书·禹贡》、《水经·河水注》、《元和郡县图志》等考证,"砥石"即底柱,在今三门峡市以北。

第二次迁徙仍是在昭明时代,《荀子·成相》载:"契玄王,生昭明,居于砥石迁于商。"这次迁徙到达了商地,商族之称"商"自此始,商是因滴水而得名。滴水是今哪条河流,以前有不少学者如杨树达、丁山等先生认为是漳水,而李学勤先生认为当是沁水。李民根据甲骨文中的记载,并分析商族自西而东迁徙的路线,力主李学勤之说,即滴水就是沁水。商族的第二次迁徙,到达了沁水一带。

商族的第三次迁徙是在相土时代,《左传》记载相土迁到了商丘。商丘当今何地,按通常的说法是豫东商丘。作者认为,商族自昭明、相土之后,每迁徙到一地,往往以商命名,而后世又往往皆称之为"商丘",并非为豫东商丘的专有名称。豫东之商丘为汉代人所称,是因为商汤都于亳(薄、亳与商音可以对转),后世才称之为"商丘",而不是相土所迁之商丘。

作者根据对《史记·郑世家》、《帝王世纪》、《水经·瓠子河注》、《元和郡县志》等资料考证,相土之商丘,在今日之濮阳南。从人类生存发展生态环境学的角度分析,商丘也当即今之濮阳。文章引用了著名学者岑仲勉先生的一段话:"商民族的聚落应该先住高地,后来才降落到平原。如果认为最初住在归德的平原,遇着水患,才转向高地去,则有点不合于社会发展的顺序。总言之,商代(不是周代)的商丘,就现时所知,应在濮阳而不在归德。"④

由于豫北的地理环境适宜于农业的发展,因此商族便在这里兴盛起来。商族的发展在相土时期是一个关键的时刻,自此之后,商族基本上是以豫北地区为中心向四周发展的。豫北在商族历史发展上有着重要意义。李民指出:"从文献和考古发掘资料可以看出,商族纵然不是起源于豫北地区,但它的早期活动,有相当长的一段时间是在豫北地区。可以说,商族早期以豫北为中心,待势力日益强大后才逐渐向东、向南发展。从这一意义上,应该承认豫北地区是商族早期活动的历史舞台,探索先商文化,豫北地区是决不应该忽视的。"⑤

1985年,李民出版了其研究夏商史的专著《夏商史探索》,该书汇集了对夏商源流的探索、夏商国家形成等方面的研究成果,具有较高的学术价值。著名学者徐中舒先生亲为之作序,并给予很高的评价,指出"夏商历史上的问题是很多的,大量的专题研究等待着我们去进行。李民同志在他的著作里对一些问题认真进行考证,力求合乎历史实际,是值得称道的。汇集问世,相信对于先秦历史研究的开展,必能起到很好的作用。"⑥该书出版后,于1988年被河南省教委评为优秀科研著作二等奖。

以后,李民继续对夏、商、周三族的源流进行深入探讨,并开始与他的博士研究生(现已获得博士学位)张国硕联手。1993年他们承担了国家社会科学研究基金项目"夏商周三族的起源与中华传统文化之渊源",开始撰写专著《夏商周三族源流探索》。两人密切合作,收集了大量的历史文献、甲骨金文资料和考古材料,在以往研究成果的基础上,进行深入全面的研究,于1996年完成初稿,1998年由河南人民出版社出版。(见附图)

李民教授的主要著作

该书共23万字,分作九章。分别论述了存在于晋陕豫相邻地区的黄帝部落联盟与尧舜禹酋邦联盟;夏、商、周三族的起源发展;以及他们之间的相互斗争和相互融合。书中有插图19幅,并有附录4篇,以进一步表明作者的观点和见解,弥补书中未能展开深入讨论的缺憾。

第一章晋陕豫相邻地区的部落联盟与酋邦联盟,论述了早在黄帝时代的庙底沟二期文化时期,即从仰韶文化向龙山文化过渡阶段,在晋、陕、豫相邻地已形成一个以黄帝部落为首的部落联盟。到属于尧舜时代的龙山文化时期,三地之间的联系更加紧密,形成了尧、舜酋邦为中心的酋邦联盟,其成员包括禹、契、弃等夏、商、周三族始祖。因此"在探索夏、商、周三族的起源时,应以晋南地区为中心,在晋南及相邻地区寻找三族起源的线索。如此,与晋南地区相邻的豫西、关中东部地区也应成为探索夏、商、周三族起源的重点区域。"⑦

这里作者为探索夏、商、周三族起源提出一个科学的方法,从纵的方面来说,将三族起源放在上古时代历史发展的长河中去考察。从横的方面来说,将三族起源同时放在尧舜酋邦联盟大范围内,联系起来共同研究,这要比孤立静止地研究更能得出符合历史实际的结论。

第二至四章,关于夏、商、周三族的起源。作者在以前阶段性研究成果的基础上,补充以新的资料,首次明确、具体地提出三族最早发祥地是在现今的晋陕豫邻近地区,亦即汾、渭、河、洛诸水汇流的中心区域。对于夏、商族的起源,基本上还保持了李民原来的观点,但有所补充和修正。如商族起源最后这样论述:"商族最早活动在关中东部地区,昭明时(夏初)迁至晋南、晋中地区;相土时东迁,短期到达泰山附近,最终定居发展于豫北、冀南地区;并以此为基地南下、西指灭夏,建立商王朝,创造出光辉灿烂的文化。"⑧

关于周族起源,著者指出周人始祖后稷居于晋南闻喜一带,参加了尧、舜、禹、契等组成的以晋南为中心的酋邦联盟。在不窋至公刘之前,为摆脱夏人的统治,周人在今晋西北、陕北地区活动。公刘时周人迁至豳,即今陕西泾河上游南部的彬县、旬邑一带。古公亶父(太王)时,周人屡遭戎狄进攻,遂去豳迁岐,今岐山县凤雏村就是岐邑的中心地区。至文王时周族已控制了关中平原和相邻地区,势力大增,为了便于统治和灭商战争,文王把周的统治中心又迁到今西安沣水西岸的丰。至武王时,又在沣水东岸建立了镐都。

第五至第七章三族的发展,论述了三族在建立政权,取得统治地位以后,即夏启、商汤、周武以后三个王朝历史发展的情况。包括夏商王朝政治中心的变迁;夏、商的势力范围;周王朝政治中心的建立;周王朝的封国和势力范围等。

第八章夏商二族亡国后的概况,论述了夏商二族互为被统治民族,至周族兴起,夏商二族又共同论为周王朝统治下的民族。对人们所关注的商亡国后,殷人是否远渡美洲的问题,作者列举了自19世纪英国汉学家梅德赫斯特(Nedhurst)提出"殷人航渡美洲"观点以来,至20世纪90年代赞同此说和否定此说的两种主要不同意见,并提出了自己的看法:"我们认为,商朝灭亡,尤其是武庚叛乱被镇压之后,商人大批外逃,在今东北、朝鲜、南方地区定居下来,当然也存在通过阿留申移往北美、南美的可能性。"⑨

第九章夏商周三族的融合,指出商王朝统治时期三族的融合就已开始。周王朝建立后,夏商周三个民族共同生活在同一王朝的统治之下,三个民族原有的活动区域被彻底打破了。打破地域界线交叉混居,其文化交流的速度得以加快,这尤为夏、商、周三个民族融合提供了便利条件。夏、商、周三族的融合成为后来形成的汉民族的主体,三族文化对于中华传统文化的形成起着主导作用。

该书出版后得到学术界的好评,王宇信、徐义华在总结1998年先秦史研究的重要收获时指出:"中国古代文明与国家的形成,是国内外学者依据近年发现的一系列典型遗址的材料,不断总结、发现和再认识的热门话题。《中国古代文明与国家形成》和《夏商周三族源流探索》,应就是这方面的总结性著作……李民等著《夏商周三族源流探索》一书,则是在充分总结考古区系、类型学研究成果的基础上,探索夏、商、周三族同源说的一部力作。本书以时间和空间作为切入点,即对夏、商、周三族的源流从年代和地域范围进行了深入探索。与此同时,书中还对历来有关三族起源和发展的种种意见,加以剖析、补证或指出其缺陷,这本身就是一次世纪的总结和研究的深化。应该指出的是,本书所论述的三族同源,是指分布地域和文化上的同源,而不是传统的所谓三族皆黄帝之后的血缘上的同源,从而使夏商周三族起源问题的研究大大前进了一步。"⑩

夏文化的研究是目前学术界的一个重要课题,国外有些学者至今不承认有夏文化,这就为夏文化的研究带来了紧迫感。李民最近在张立东、任飞编著的《手铲释天书——与夏文化探索者的对话》(大象出版社,2001年4月)一书中,系统阐述了自己对夏文化的研究。

从20世纪60年代初期,李民在中华书局随顾颉刚先生整理《尚书》时,即开始涉入探讨夏史和夏文化的学术领域。60年代中期李民在郑州大学任教时,适逢偃师二里头文化遗址进行考古发掘,他多次到现场参观考察,考虑到豫西是夏人活动的中心,因此,他把二里头文化与夏文化联系起来,于1975年与张文彬先生合作完成《从偃师二里头文化遗址看中国古代国家的形成和发展》(《郑州大学学报》1975.4),首先提出河南龙山文化晚期和二里头文化的早期应属夏文化。以后李民利用古代文献和考古资料深入进行研究,出版和发表了20余部(篇)研究夏文化的专著和论文,认为二里头文化、东下冯型文化及早于二里头文化的河南龙山文化晚期,都应该是夏文化。

李民认为历史学与考古学是两个联系非常密切的学科。在夏文化的探索中,历史学家首先是重视历史文献,对于文献应基于肯定和尊重,不能一概否定,不能主观臆断,只能是以科学求实的方法剔伪存真,以利于历史研究。历史学在夏文化研究中还应该更多的强调其理论高度,在马克思主义指导下,在分析综合的基础上去探寻夏文化。同时,历史学必须及时关注并借鉴考古学的科学成果。只有这样,"面对历史文献,面对日益增多的考古发掘资料,集思广益,冷静、客观的总结以往的研究,在相互研讨、相互补益的基础上,使夏文化研究出现一个更新的局面。"

注释:

① ⑦ ⑧ ⑨ 李民、张国硕:《夏商周三族源流探索》第290页、第50页、第101页、第266页,郑州,河南人民出版社,1998年。

② ⑥ 徐中舒:《夏商史探索·序言》,郑州,河南人民出版社,1985年。

③ 李民:《关于商族的起源——从〈尚书·尧典〉说起》,《夏商史探索》第73页。

④ 岑仲勉:《黄河变迁史》,北京,人民出版社,1957年。

⑤ 李民:《豫北是商族早期活动的历史舞台》,《殷都学刊》1984年第2期。

⑩ 王宇信、徐义华:《1998年先秦史研究的重要收获》,《中国史研究动态》1999年10期。

三、殷商都城的研究

20世纪80年代末至90年代末,是李民学术成果的持续高峰期。这一时期,他的学术思想日益成熟,学术体系也逐步确立。10年之中出版学术专著8部、发表学术论文近50篇。这一时期他研究的领域更加广泛,但基本仍以夏、商、周三代为主。涉及到这一历史阶段的政治、经济、军事、文化等各个方面,其中殷商都城的研究和殷商社会生活史的研究尤为突出。

殷商都城的研究,在某种意义上来说,应当是商族起源和发展研究的继续,是在进一步深入探索商王朝社会的发展和政治中心的变迁。《尚书·盘庚(下)》载:殷人"荡析离居,罔有定极。"西汉学者张衡《西京赋》云:"殷人屡迁,前八后五,居相圮耿,不常厥土。"是说商族经常迁徙,没有固定的居住中心,在建国前曾经八次迁徙,在建国后五次迁都。

王国维考证商建国前的八迁是:契居蕃,一迁;昭明居砥石,二迁;昭明迁商,三迁;相土东徙泰山下,后复归于商丘,是四迁、五迁;帝芬三十三年,商侯迁于殷,是六迁;孔甲九年,殷侯复归于商丘,是七迁;汤始居亳,从先王居,为八迁。① 商建国后的五次迁都,《世本》、《史记·殷本纪》、《竹书纪年》等文献都有记载。李民、张国硕认为,《竹书纪年》的记载"更切合实际",② 即仲丁迁嚣、河亶甲迁相、祖乙迁庇,南庚迁奄,盘庚迁殷。但所迁之具体地望,本来学术界意见分歧就很大,③ 20 世纪 80 年代以来,各地都注重对地方史和历史名城古都的研究,殷商古都的地望就引起更大的争论。李民对汤居亳之亳都、仲丁迁嚣之嚣都、祖乙迁庇之庇都、盘庚迁殷之殷都等都进行了研究。

商汤都亳,这基本上是史家们的一致看法。然而亳都的地望却存在着许多不同的说法,概括起来主要有杜亳说(陕西长安)、西亳说(河南偃师)、南亳说(河南商丘)、北亳说(山东曹县)、郑亳说(郑州)、垣亳说(山西垣曲)及河南汤阴说、关中商州说、山东博县说、河南内黄说等十余种。以文献记载而论,多数学者认为南亳、北亳、西亳说较为可靠,但三说仍争论不休,往往坚持一说而否定它说。河南偃师曾主持召开过中国古都学会年会,山东曹县也主持召开过中国殷商文化学会年会进行专题讨论。

1984年在安阳召开的全国商史学术讨论会上,李民发表了论文《南亳、北亳与西亳的纠葛》,提出了"夏商数都并存"的观点。指出:"夏、商时期,社会的发展刚刚进入阶级社会,国家也是刚刚形成。当时,国家政权机构简单,基础薄弱;同时,在国家政权统治的范围内,地旷人稀,山川阻隔,而且散布着许多的方国或氏族部落。因而若仅靠在中心地区建立的一个都城施行'全国'的统治和治理,确实'鞭长莫及',所以往往在都城之外另建一个或数个都城以辅助主要都城。"④他以大量的资料论证了南亳(商丘)应为商汤时期的主要都城;北亳(曹县)应是拱卫南亳的门户,是南亳以外的另一都城;西亳(偃师)也是商汤时期的主要都城之一,它的建立应在灭夏之后,为统治中西部地区的重镇。

他说明后世西周营建成周洛邑;楚国以鄢、陈为别都;齐有平陆、即墨、莒;曹魏以长安、谯、许昌、邺、洛阳为五都,这都是夏、商都城制度遗留的影响。后来,随着社会的进步,交通的发达以及中央集权的封建统治加强,渐渐形成了一个都城独尊的都城制度。

这种把都城的研究放在整个社会中,和社会的发展联系起来,与政治、军事等问题共同研究,显然是符合历史唯物主义的科学方法,因此得出的结论也是令人信服的。此后亳都的争论渐趋平息。李民的这篇论文在全国商史学术讨论会上受到好评,其观点得到多数学者的赞同,后收入《全国商史学术讨论会论文集》(《殷都学刊》1985年增刊),又收入《夏商史探索》中,1999年又入选《中国新时期社会科学成果荟萃》(中国经济出版社)。1987年在河南省社会科学联合会组织的全省第二次社会科学优秀成果评奖活动中,该论文被评为优秀论文二等奖。

郑州商代遗址是自20世纪50年代以来,我国考古工作者发现、发掘的一处重要的商代早期文化遗址。它不仅规模大,总面积为25平方公里,超过了安阳殷墟遗址的面积,而且在遗址之中发现了一处周长近7公里的大城址,这是在商代考古中不多见的,为研究商代早期的历史,探明小屯文化的来源提供了丰富资料。

自郑州商代遗址发现后,我国学者就其性质、分期与年代,遗迹与遗物及其所反映的商代社会状况进行了深入的研究和热烈的讨论。1975年李民发表《郑州的商城遗址》(《郑州大学学报》1975年第1期)、1983年发表《郑州商城是亳还是隞都?》(《中州今古》第2期)、1984年发表《郑州的商代文化》(《史学月刊》第2期)、1985年发表《说郑州商城》(《晋陕豫考察论文集》山西人民出版社1985年)、1993年发表《郑州商城所反映的商代社会发展阶段》(《郑州大学学报》第6期)、1994年发表《郑州商城与商代社会》(《郑州商城与殷商文明国际研讨会论文集》《中州纵横》特辑1994年)等论文,就郑州商城的一系列问题阐发了自己的见解。

就郑州商城的性质,李民指出学术界存在着三种不同的看法,即"汤居亳"说、"中宗所居之庇"说和"仲丁迁隞"说。他指出汤居郑亳在古文献中找不出任何一条直接证据。所谓的郑州商城中发现的东周陶文"亳"字,也可释作京或亭。在汤灭夏前后的十几年时间内,从商王朝的人力、物力以及当时的生产发展水平看,尤其是连绵不断的征战,战后的百废待兴等,那时不可能建成如此巨大规模的城池,所以郑州商城不可能是汤所居之亳。中宗居庇说在古文献中同样也找不出任何有力证据,同时郑州商城是商代早期的遗址,而中宗时期已是商代中期,与考古学材料也是不一致的,此说也难以成立。

李民赞同安金槐先生提出的"仲丁迁隞"说,指出安的《试论郑州商城城址——隞都》(《文物》1961年4、5期合刊)一文"在运用大量考古发掘材料断定郑州的三千多年前的古城为商代城址的基础上,又用文献资料,特别是《括地志》的记载,确定郑州商城为殷之隞都,即仲丁所迁之隞,其说可从。"⑤但认为该文在具体说解上有些问题还没有说清楚,有必要将隞都说加以条理,故撰写了《说隞都》(收入《夏商史探索》)。文中列举了《竹书纪年》等古文献中有关"仲丁迁隞"的全部记载,指出隞、敖、嚣为一个地名之异写。又通过《括地志》、《读史方舆纪要》《明史·地理志》等文献资料及甲骨文中"噩"字即隞的分析考证,最后得出结论:殷之隞地原是一个比较大的地区,"在这广阔的范围内,有名隞山者,有名敖仓者,皆在隞地因而得名。那么,隞都也一定在隞地的范围以内,并且同样也由于因隞地而得名;既然唐以前的荥阳故城确在殷时的隞地范围以内,那么,在它的南约50余里的现今的郑州市也完全有可能在隞地大范围之内,尤其是现今在郑州市区内发现了如此规模之商代前期的都城,其都城的归属,确实非隞都莫属。"⑥

关于郑州商代文化的分期,李民通过对郑州商代遗址考古资料的分析研究,列出如下的序列:"洛达庙晚期——南关外——二里岗下——二里岗上——白家庄期——人民公园期"。⑦由于二里岗上(以及稍晚于二里岗上层的白家庄期)与人民公园期之间有缺环,从地层关系和器物特征来看,二者衔接得不紧,为此,他将洛达庙晚期——南关外——二里岗下——二里岗上——白家庄期统统划归为商代前期,而人民公园则归入商代晚期。

李民还对郑州商代遗址的遗迹遗物,包括城墙、房基、陶器、青铜器等进行了研究,不仅进一步探明了郑州商文化的属性,也探明了它的来龙去脉。如通过对青铜器形制、纹饰风格特征的分析,指出"关于二里岗下层青铜器的渊源,虽然由于洛达庙期极少发现青铜器,因而无法说二里岗期的青铜器是由洛达庙期文化发展而来,但二里岗下层与二里头三期的某些铜器十分相近,因此在探寻二里岗下层青铜器的渊源时,二里头三期则是一个重要线索。如果说二里岗期的来源尚不能做出结论,那么,关于它的去向,则有了较为一致的看法。即二里岗上层的铜器,无论从形制和纹饰上分析,其中有不少特征已开了殷墟青铜器的先河,也就是说从殷墟的青铜器中可以找到郑州商代前期青铜器的发展归宿。以此而论,郑州商代青铜器在整个青铜文化的发展中起了承上启下的重要作用。"⑧

文献中有祖乙迁邢、迁庇、迁耿的记载,而邢、耿、庇之地望,也有多种说法。如邢有河北邢台说、山西河津说、河南武陟与温县说。耿地有三说,庇有二说。李民认为,庇、邢、耿三者应为一地,从音韵学角度来看三字古相通。迁都是一件大事,不会随便进行。祖乙在位仅19年,不可能多次迁都,应只有一迁,其地望当为河北邢台。李民在《祖乙迁邢与卜辞井方》(《郑州大学学报》1989年第6期)、《商代祖乙迁都考辩》(《邢台历史文化丛书》河北人民出版社1990年12月)、《追溯商代邢都地望》(《中原文物》1999年第2期)等论文中,依据《汉书·地理志》、《括地志》、《通典》、《元和郡县图志》等文献资料的记载和在邢台郊区发现的大量的相当于二里岗上层的商代前期文化遗存,对祖乙迁邢问题进行了论证。

安阳殷墟是既有历史文献记载,又被考古发掘所证明,特别是"自报家门"——被所出甲骨文证明了的中国最早的都城。自19世纪末由发现甲骨文而发现殷墟以来,就引起国内外学术界高度重视,20世纪20、30年代前中央研究院对殷墟进行了15次大规模科学发掘。50年代后新中国的考古工作者又对殷墟进行了长期的发掘,不仅获得了大量的甲骨文、大量的遗迹遗物,也搞清了殷墟的布局及其性质。

不少学者都认为:"几十年来的考古发掘证明,今小屯一带确为殷墟之所在。这里发现了王陵区、宫殿区、手工业作坊区和一般墓葬区、居住区等,出土了以司母戊大方鼎、司母辛方鼎为代表的大量青铜器和陶器、玉器、骨器、象牙器等遗物,并出土了大量甲骨文字。这些文化遗存的绝对年代可早至武丁以前的盘庚时期。从盘庚至帝纣,文化遗存连续不断,中间无缺环,并与西周早期文化衔接。因此,安阳殷墟为商代后期的都城是毫无疑问的。"⑨

20世纪80年代以来,有学者以在殷墟没有发现城墙为由,提出了"殷墟非殷都"的观点⑩,还有学者根据河南淇县一带所流传的一些与帝辛有关的传说,以及保存有某些传说中的殷商遗址,提出帝辛曾迁都朝歌的见解,⑪这就引起学术界的争论。1984年在安阳召开的全国商史学术讨论会上、1987年在安阳召开的中国殷商文化国际学术讨论会上,都进行了热烈讨论。

1987年李民发表《商代后期都城新探》(收入《安阳古都研究》,日本《东方学》1989年第78辑)、1988年发表《试论盘庚迁殷后的都城》(《郑州大学学报》1988年第1期)等论文,探讨了都城制度的演变与商代都城设置的特点,指出:"夏商时期的都城设置就显出了时代特点:它既有都城雏形阶段的某些因素,又有后世都城的一些特色。可以说,在都城设置上,夏商时期既不同于以往的不稳定性,又不同于后世的一都独尊。质言之,是两都或数都并存,而并存的都城中则有一个是主要都城。"⑫进一步阐述了他在《南亳、北亳与西亳》中提出的"夏商数都并存"的观点。

根据这一原则他论证了盘庚迁殷以来,一直以安阳殷墟为其都城,直至殷亡为止,这是不必置疑的。朝歌在商代后期,至少在殷纣时期,确实作过殷都,这也是肯定的。安阳殷墟与朝歌是两都并存的关系,"在并存的两都中,安阳殷墟是一直作为主都存在的,它与朝歌有不同的职能。大体说来,安阳殷墟主要是国王和贵族的宗庙、祭祀所在,而朝歌主要是军事重镇及田猎、游乐所在,特别是它的军事基地的作用,是不容忽视的。"⑬

对于城墙的问题,李民的看法是"殷墟至今未发现城墙,这是事实。但我们认为,古代都城是否有城墙,这要依据具体情况而论。一般地说,早期都城不一定都有城墙"⑭对于民间传说和故事,他认为"研究历史当然不能仅凭传说,单凭传说会把人们引向迷途,但若与文献记载相辅的传说,也是研究历史的必不可少的一个方面。"⑮

李民还对殷墟的生态环境进行了研究,将迁都和生态环境联系起来。他在论文《殷墟的生态环境与盘庚迁殷》(《历史研究》

1991年第1期)中指出:"盘庚迁殷是商代历史上的大事件。对盘庚迁都的原因,历来有种种说法,每一种说法都有其合理的一面,但又不能尽善其说。究其原因,我认为在过去的研究中(包括自己在内),是把本来复杂的问题简单化和片面化了。因为决定迁移都城,有时可能是有一个主要原因,有时也可能是由几种因素共同促成的。盘庚迁都即是由几种因素促成的,其中生态环境这一重要因素往往被人们所忽略,或往往被'水灾说'所简单概括。"⑯

他经过大量的历史文献资料分析认为,盘庚时期社会矛盾激化,贵族聚敛大量财富,奢侈淫乐,不管民众死活,人民厌倦生产,从而造成了地力下降、生态环境恶化,在频仍的水灾面前逐渐丧失了抵御能力。因此这次迁都的重要原因是"人为的因素影响了生态环境,而生态环境的破坏又反过来加重了社会因素。"⑰

盘庚迁殷,新都殷地的自然环境应当优于旧都。作者通过文献资料、甲骨文资料、古生物学资料及现代卫星遥感测绘资料的研究,证明安阳在古代有着十分有利的自然地理条件、气候温暖、雨量充沛、水源充足、土质肥沃松软、动植物繁多、矿藏丰富,既是农牧业基地又是手工业发展的良好场所,是理想的建都之地。他指出:"盘庚之所以迁至殷地,虽然不能说当时经由科学考察,但绝不是贸然选定,更不是'逐水草而居',那时迁都者确实注意了生态环境条件。"⑱

李民还论证了盘庚迁殷后,为了"永建乃家",还采取了一些保护和治理生态环境的措施,包括预测天气、防旱排涝、疏导引流治理洹水、农田施肥等。在都城殷墟的布局上,中心濒临洹水的高地是宫殿区,周围环以洹水和大壕沟,即可分流洪水又起保护作用。再远处是平民住地和手工业作坊,众多的手工业作坊都远离宫殿区,可见是考虑到自然环境和生态环境的"规划"。

《殷墟的生态环境与盘庚迁殷》不仅还历史的本来面目,告诉人们盘庚迁殷的内在原因,同时也具有一定的现实意义。在我们加快社会主义物质文明建设的同时,环境保护也必不可缺,历史的经验是值得重视的。该论文于 1992 年获得河南省教委二等奖。

注释:

① 王国维:《说自契至于成汤八迁》,《观堂集林》卷 12,北京,中华书局,1961 年。

②③⑨ 李民、张国硕:《夏商周三族源流探索》,第 171 页、第 183 页,郑州,河南人民出版社,1998 年。

④ 李民:《南亳、北亳与西亳的纠葛》,《全国商史讨论会论文集》,《殷都学刊》特辑 1985 年。

⑤⑥ 李民:《说隞都》《夏商史探索》,第 110、第 141 页,郑州,河南人民出版社,1985 年。

⑦⑧ 李民:《论郑州的商代文化》,《夏商史探索》第 120 页、第 129~130 页。

⑩ 秦文生:《殷墟非殷都考》,《郑大学报》1985 年 1 期。

⑪ 田涛:《谈朝歌为殷纣帝都》,《全国商史学术讨论会文集》,《殷都学刊》增刊 1985 年。

⑫⑬⑭⑮ 安阳古都学会:《安阳古都研究》,第 107 页、第 114 页、第 111 页、第 113 页,郑州,河南人民出版社,1988 年。

⑯⑰⑱ 李民:《殷墟的生态环境与盘庚迁殷》《历史研究》1991 年第 1 期。

四、殷商社会生活的研究

"社会生活是历史发展在每一个阶段的实实在在的重要内容。如果说社会本身是个有机体,那么,社会生活则是完整有机体的血肉和经络。因此,通过对每一个历史时期的生活史的研究,则有助于深入了解和把握社会发展的实质,有助于社会发展史存在的一些重大疑难或长期聚讼不一的问题还置到一定的社会环境中得以解决。"①20世纪80年代以来,随着学术研究向更深更广的领域发展,史学界开始注重对社会生活的研究,历代的社会生活史专著不断问世,促进了我国新时期史学事业的繁荣。

李民也进行了殷商社会生活的研究,他的论文《〈尚书〉所见商代之农业》、《武丁之治与高宗亮阴》(《历史研究》1987年第2期)、《〈考工记〉车的制造规范》(《河南师大学报》1987年1期)等,对殷商时代的政治生活、经济生活等进行了探讨。1993年主编出版了《殷商社会生活史》(河南人民出版社1993年)。

《殷商社会生活史》是1988年国家社会科学科研规划项目,参加该书编写的还有他的研究生郭旭东、李雪山、张国硕、朱彦民等人。该书共有35万字,分作6章。著者依据大量的甲骨卜辞、古文献和考古学材料,从政治、经济、军事、文化等方面勾勒出商代社会生活的具体场景,展示了殷商文明的丰富内容。本书既注意吸取近代以来殷商文化研究成果,特别是最新成果,在许多问题上又有自己新的创见。

第一章商代的政治生活,论述了商的兴起发展,商汤灭夏建国,伊尹、伊陟、傅说等"贤相"治国,盘庚迁殷、武丁中兴、直到武王代纣、商灭亡的兴衰史。还介绍了商王朝的官僚机构、政治制度、奴隶制度及商代的疆域与方国。

第二章商代的军事生活,介绍了商代的军事制度、军事设施、兵员构成、武器装备和商王朝赖以建立、发展、开拓疆域所进行的一系列战争。其中商汤灭夏的战争,武丁开拓疆域的战争,帝辛征伐东夷的战争描述的尤为详尽,并分析其发动战争的原因、作用、意义和成败利钝。如帝辛面临周方国猛烈进攻的严重局势,仍置生死于不顾全力以赴征伐东夷,结果在东方打了胜仗却被周人打败而亡国,其发动东征战争的原因令人费解。作者分析一是殷末商已无力在中原地区与周人抗衡,欲退回豫东旧地图发展,故拼死出击,打败东夷,巩固后方;二是晋东南已被周人控制失去铜资源,而向东南发展,寻找新的矿源。这种分析颇有道理,使人疑窦顿释。

第三章商代的经济生活,论述了商代的经济性质、形成、发展阶段,着重综合论述了与社会生活密切相关的诸如农业、畜牧业、商业以及手工业中的青铜器、玉器、陶器、骨器等行业的发展状况。

第四章商代的科技文化,探索了商代在天文、气象、历法、医学、数学等方面的科技成就及其应用,指出商代在这些领域的许多方面,都走在世界的前列。如医学方面,商代已有医生对病人进行准确的诊断治疗,能确诊的疾病有头病、天(颠)病、眼病、耳病、脚病、骨病、脑病等16种,治病的方法除巫术祭祀外,有针刺、灸、按摩、药物等手段。在妇产科上,商代医生确定的预产期常常一天不差,判断胎儿性别能准确无误,这在世界医学史上也是一个奇迹。

第五章殷人的精神生活,在叙及终商一代甚至包括殷先民在内的神秘的图腾崇拜、宗教政治的同时,又综述了在社会生活中形成、发展和支配人精神生活的思想、意识、观念以及宗教在人们精神生活中的影响等等。

第六章商代的衣食住行,直接从物质生活本身出发,考察了殷人在衣、食、住、行等生活方面的具体行为模式、方法、制度、历史演变以及所达到的水平。同时,也探讨了其对后世的重要影响。如商代的社会经济是以农业为主且占绝对优势的综合性经济,这就决定了商代的饮食结构一定以粮食作物为主食,菜肉果饮为副食的饮食结构,这种形式一直延续、影响到后世乃至今天。而从商代开始形成的十分注重整体效果,丰富而又和谐,复杂而又统一,带有浓郁中国哲学的调和色彩和宽容性的烹饪方法,也始终贯穿在中国饮食文化之中。

1994年《殷商社会生活史》被河南省教委评为优秀科研成果一等奖、1996年被评为河南省优秀社科成果著作三等奖、1997年荣获河南省政府最高奖"河南省社科优秀图书一等奖"。

李民还编撰出版了《中华通史大历典》(四川民族出版社 1996 年),该书分上、中、下三册,是一部长达近 500 万字的鸿篇巨制。将中国古代 9 种历法对照集于一书,为国内首次出版,是 1996 年 8 月在北京开幕的国际图书博览会重点参展书籍。《中华通史大历典》于 1997 年被国家民族事务委员会、国家新闻出版署评为中国优秀民族图书一等奖。

从 1992 年开始,李民组织了一批学有专长的多方面学者开始编纂大型工具书《黄河文化百科全书》。经过八年的努力,于 2000 年由四川辞书出版社出版。黄河是中华民族的母亲河,黄河中下游是华夏民族的发祥地,是中国乃至世界上文化最发达的地区之一。李民指出:所谓黄河文化,"确切地讲应指以黄河为纽带发展起来的沿黄地区的区域文化。这种文化是以沿黄自然环境和自然资源为根基,通过沿黄地区各民族共同开发、创造的具有共同特征的物质文化和精神文化的总和。"②

该书计有 160 万字,共收条目 2851 条,分自然环境、考古文物、政治军事行政区划、经济、科学技术、文学艺术教育体育、民族宗教民俗、学术、文化交流、旅游、生活等 11 类,全面地介绍了黄河流域青海、甘肃、宁夏、陕西、内蒙、山西、河南、山东等 8 省的基本情况。在我国加快社会主义物质文明和精神文明建设中,在伟大的西部开发工程中,了解黄河的过去和今天是十分必要的,这正是《黄河文化百科全书》出版的重要现实意义。

李民还承担了河南省"八五"规划重点社会科学项目《中原远古时期的社会生活》、河南省"九五"规划重点社会科学项目《夏商周方国与封国研究》、国家教委"九五"规划社科项目《先秦时期都城与生态环境的研究》,进一步加深拓宽了夏、商、周三代历史研究的深度和广度。他作为项目课题负责人,从先期立项、组织研究人员、收集资料、确定编辑体例等作了大量工作。目前《中原远古时期的社会生活》已经结项,另二项已取得了很大进展。

随着学术成果的不断丰收和知名度的提高,李民的学术活动和社会活动也日益频繁起来。1983年,他参加了由中国人类学家、民族学家和考古学家组成的代表团赴加拿大参加第十一届国际人类学和民族学大会。来自世界各国和各地区的学者两千多人出席了会议,中国是首次派代表团参加,格外引人注意。

李民在会上作了题为《论郑州的商代文化》的重点发言,介绍了郑州商代遗址的概况,论证了遗址的地层关系和出土遗物的类型特征,论述了郑州商文化的性质和分期。李民的论文得到与会各国专家学者的一致好评,获大会优秀论文一等奖。日本金泽大学教授畑中幸子先生专门找作者表示祝贺并索取论文。台湾中央研究院研究员人类学家石磊先生是河南人,听到发言后备感亲切,会后与李民进行长时间热烈交谈。

1984年,李民应邀在香港大学亚洲研究中心和香港中文大学中国文化研究所做学术专题讲座。1988年应邀赴东京参加第三十三届国际东方学者会议,并在会上做重点报告《夏商文化研究》。会后,在日本东京大学、东洋文库、京都大学、泉屋博物馆分别做专题学术讲座。

1998年应台湾中央研究院历史语言研究所邀请,赴台北参加"纪念甲骨文发现一百周年学术讨论会"。会上近百岁高龄20世纪30年代参加殷墟发掘至今惟一健在的台湾中央研究院院士石璋如先生,得知李民是来自故乡的校友分外高兴,石老邀请李民到家中畅谈,并合影留念。

在上述学术交往中,李民坚持用马克思主义史学观作指导,坚持爱国主义的原则,以其渊博的学识,介绍了我国璀璨的古代文明,阐释中国历史的发展规律及史学研究的现状与方法论,不仅弘扬了民族文化,促进了学术交流与发展,还得到广泛的理解和尊重,为祖国和民族赢得荣誉。

1987年,在"中国殷商文化国际学术研讨会"上,以团结甲骨学、殷商史、殷商考古研究队伍,加强殷商文化的研究和合作交流为宗旨的中国殷商文化学会宣告成立。李民以其较突出的学术成就和在学术界的较高威望,被与会代表推选为中国殷商文化学会副会长。从此,他在紧张的科研和教学工作之余,还抽出时间努力做好学会工作。自1987年以来,中国殷商文化学会在安阳及其他地区又多次成功地举办国际学术活动,主要有殷墟科学发掘60年、70年学术纪念会;甲骨发现90年、100年国际学术纪念会;在河南郑州、洛阳、山东桓台、河北邢台、北京等地召开专题学术会议。为筹备这些学术活动,李民做了大量工作,保证了会议的圆满成功。(见附图)

1999年在安阳召开的"纪念甲骨文发现100周年国术学术研讨会"上,李民与著名甲骨学家、香港中文大学饶宗颐先生合影

李民十分重视对殷商文化研究的总结,他发表的《开拓殷商史研究的新局面》(《殷都学刊》1986年1期)、《关于燕文明的溯源——燕文明国际学术研讨会上的致词》(1997年)、《薪火相传,

继往开来——百年甲骨文研究综述》(《河南社会科学》1999 年 5 期)、《中国传统文化的滥觞——纪念甲骨文发现一百周年》(《求是》1999 年 23 期)等论文,总结了在不同时期和阶段殷商文化研究所取得的成绩、存在的问题,为殷商文化研究指明了方向,促进了殷商文化研究的深入开展。

他在《中国传统文化的滥觞》一文中指出:"随着我国社会主义事业的深入发展,我国的马克思主义史学、考古工作者刻苦钻研,或阐幽发微,或匡谬补缺,或综合整理,同时注意借鉴吸收西方的一些研究方法和现代化的高科技手段用于甲骨文的研究……我们相信,在马列主义、毛泽东思想和邓小平理论的指导下,我国的优秀传统文化研究会日益走向繁荣,为建设有中国特色的社会主义文化事业发挥更大的作用。"③

李民还兼任美国美洲与中国文化研究中心顾问、国际东方学者学会特邀会员、第十一届国际人类学与民族学学会理事、中国先秦史学会理事、河南省东方文化研究会会长、复旦大学及安阳师范学院兼职教授、《殷都学刊》、《东方艺术》顾问等职。

李民在 1984 年被《光明日报》列入"优秀知识分子光荣榜"(9 月 7 日),1989 年 9 月 13 日《光明日报》以头版重要位置专题发表《史学家李民教授教书育人成绩显著》,介绍了他在教学和科研方面所取得的优异成绩。1991 年被评为"全国优秀教师",1992 年享受国务院颁发的政府特殊津贴并被评为"河南省优秀专家"。

李民十分注重对人才的培养。他立足本职工作,认真搞好教学,几十年来为郑州大学历史系和殷商文化研究所培养出大批优秀的史学工作人才。为保证殷商文化和上古史研究队伍的持续稳定发展,他倾注了大量心血。

1985 年安阳师范学院为突出地方特色,适应教学科研工作的需要,举办了殷商文化研究班。安阳师院几乎是在白手起家的基础上办起的研究班,师资力量奇缺,李民与胡厚宣、李学勤、王宇信等著名学者应邀担任兼职教授,在条件十分简陋的情况下,坚持为学员授课。使学员较好地掌握了专业的基本理论和基础知识,为今后的教学和科研奠定了基础。李民对这批学员要求很严,在他和王宇信等先生的指导下,学员们刻苦学习,进步很快,后来大都考取了郑州大学、南开大学、中国社会科学院等院校和科研单位的研究生。目前他们已都是所在单位的教学科研骨干,成为活跃在殷商文化研究领域中的生力军。

郭旭东由殷商文化研究班结业后,考取了李民的硕士研究生,毕业后回安阳师范学院,现任安阳师范学院殷商文化研究所副所长、《殷都学刊》编辑部副主任、副编审兼《殷商文化研究》专栏编辑,他团结殷商文化研究队伍,使专栏始终保持较高的水平,在国内外学术界产生了很大影响。他还积极开展科研,参加了李民主持的《殷商社会生活史》研究项目,并撰写发表了多篇学术论文。1997年他被选为中国殷商文化学会副秘书长、安阳甲骨学会副会长。

李雪山在北京大学历史系攻读完硕士学位后,回安阳师范学院任副教授,他治学踏实严谨,知识领域较宽,后又考取了李民的博士研究生,现已取得博士学位,回安阳师院任教,并兼任安阳师范学院科研处处长。他已完成书稿《商代分封制度研究》,并先后发表《商代后期行政区划研究》等学术论文近20篇,被评为河南省中青年骨干教师。

李民的研究生朱彦民现任南开大学副教授。已出版《殷墟都城探论》等学术专著多部,并发表学术论文10多篇。刘学顺游学加拿大。韩江苏在中国社会科学院历史研究所取得硕士学位,回安阳师院任教。

最近国家将要启动"古代文明研究工程",这是一项"十五"期间的重大工程。该工程由国家科技部、中国社会科学院历史研究所、考古研究所共同参加,由中国社科院"古代文明研究中心"专家委员会具体指导工作。李学勤担任首席专家,李民也被聘为专家委员会委员。

注释:
① 李民:《殷商社会生活史·前记》,郑州,河南人民出版社,1993年。
② 李民:《黄河文化百科全书》第4页,成都,四川辞书出版社,2000年。
③ 李民、李雪山:《中国传统文化的滥觞——纪念甲骨文发现一百周年》,《求是》1999年第23期。

第十一章　甲骨学商史研究
独树一帜的郑慧生

一、甲骨学研究的成绩

郑慧生河南偃师人,1937年出生。在家乡读完中学后,于1957年考入开封师院中文系学习。1961年大学毕业后,分配到豫西南山区一所中学任教。他教的是语文课,为了更好地进行教学即开始认读中国古代文字,把现行文字和甲骨文、钟鼎文及篆籀文进行分析对比,创造了"汉字结构分析识字法"。在此期间对甲骨文产生了浓厚的兴趣。原在抗日战争期间,河南大学曾疏散流亡于豫西南山区,失落了一些图书资料,群众捡得送交当地学校。在他所在的中学图书馆里,竟有《殷契卜辞》等少见的甲骨学著作。他如获至宝,把这些一般很少有人问及的书全部借来,又节衣缩食陆续购置了一些书籍资料,在认真搞好教学的同时,把剩余的时间和精力全部用在研读甲骨学著作上。

"文化革命"开始后,郑慧生被扣上了"三反分子"的帽子而受冲击批判。但他排除各种干扰仍坚持不懈继续地进行钻研探索。经年岁月以后,将《殷墟文字》甲、乙编四本抄录一遍,并且写出了一部缀合笔记及大量的学习心得,为他以后甲骨学商史的研究奠定了基础。

1973年以后,郑慧生与我国著名甲骨学商史专家、中国社会科学院历史研究所研究员胡厚宣先生建立了书信联系,胡先生给了他热情的鼓励和帮助。20多年来两人书信往来频繁,在胡厚宣热情鼓励和耐心指导下,他系统地进行了甲骨学商史的学习与研究,取得很大的进步。

"文化革命"结束后,经河南大学教授朱绍侯先生的选拔,郑慧生成为河大历史系第一届中国古代史专业硕士研究生。他读了河南大学图书馆资料室所收藏的大量丰富的甲骨学著作,努力钻研甲骨学,在河南大学这块有着甲骨学深厚基础的肥沃园地迅速成长起来。

1981年他完成研究生的学业留河南大学历史系从事教学和甲骨学商史的研究。由于有着长期自学钻研的基础,又经过研究生期间系统的专业学习深造,使他很快便脱颖而出。还在读研究生期间,就在《史学月刊》、《历史研究》等全国重点历史专业刊物上,发表多篇较高水平的学术论文。20余年来硕果累累,除发表40多篇学术论文外,还出版了5部学术专著。(见附图)在大学时

郑慧生教授的主要著作

代他读的是中文系,后又学历史,多年的教学生活和"文革"经历,使他有着丰富的社会实践,因此在学术研究中他思路较宽,往往能够提出许多精辟独到的见解,引起学术界的重视。如他提出的黄帝系女性说;昭明、相土等不是商先公,武丁与妇好是兄妹结亲等观点,令人耳目一新。

郑慧生首先进行了文字研究,这是他在 20 世纪 60 年代就已开始进行的项目。30 多年来锲而不舍,无论在任何环境条件下都坚持不断,并写出了大量的读书笔记。他自己曾说:"十年浩劫,人事沧桑。虽然风雨兼程,我已被改造得皮焦肉烂,却始终未能脱胎换骨,故而 30 年研究中国文字的贼心不死,忙里偷闲苦中作乐的写出这部笔记来,也算对得起悠悠岁月,对得起匆匆而去的 30 年光阴!"① 90 年代又进一步补充完善,加工升华,终于在 1996 年由河南人民出版社出版了《中国文字的发展》。该书用通俗生动的文笔叙述了汉字产生和发展的历史、汉字的造字法、春秋战国以来中国的文字学研究、并阐发了对汉字简化和发展前景的深刻见解。

作者认为,汉字的发展经历了陶文、甲骨文、金文、籀文、篆书、隶书、楷书和行书等阶段。陶文是汉字的孳乳期,甲骨文是汉字的成长期,金文是甲骨文的孪生兄弟,籀文是汉字的繁体,小篆是汉字的整理与规范,隶书是汉字的一场大革命,楷书与行书是汉字的定型。

他系统全面地分析了甲骨文的特点,即它是最早的系统汉字;它是象形字或者由象形字组成的象形文字;用同音通假的办法来弥补象形字的不足;文字体制和书写程式都还相当混乱;文字笔画细瘦硬直无波折点捺等,从而得出了甲骨文是处在汉字的"成长期"的结论。这显然要比那种由于钟爱甲骨文,而笼统地称甲骨文"已是一种成熟的文字"要准确科学得多。

在汉字的造字法部分,作者不仅详细地论述了象形字、指事字、会意字、形声字、转注字、假借字等所谓"六书"的造字法,而且以其深厚的甲骨文功力,探索了不少文字的本意,纠正了《说文解字》和其他前人的曲解谬误。

如"女""妾"是女人跪坐的姿态,而非是女人受压迫的形象;"武"字从止从戈,止戈就是动干戈,不能把"止"理解为停止,从而分析"武"就是停止干戈;"示"是牡器——男性生殖器,就是生殖之神的偶像,宗、祝、祀、祭、祖……等字中的"示"均是此义,而绝非是后世儒生们所谓的"示、天垂象、见吉凶、所以示人也。从二、三垂,日、月、星也,观乎天文以察时变,示神事也。"(《说文解字》)因此,郑慧生认为:"凡是那些一语即能道破的造字道理,才有可能是原始人的造字思想;凡是对现代人嚼绕不清讲了半天也说不明白的造字原理,则统统是一些无聊文人的废话!"②

20世纪30年代,商承祚、孙海波、胡朴安等先生曾撰写过《中国文字学》、《中国文字学史》之类的著作,惜年代都已久远,难以寻觅,且材料或观点也多有过时。80年代姜亮夫先生出版了《古文字学》(浙江人民出版社)、陈炜湛先生出版了《古文字趣谈》等著作,但或过于深奥、或较为简略。90年代与郑慧生同时还有孟世凯先生出版的《中国文字发展史》(台湾文津出版社),由于孟著在台湾出版,大陆上一般很难见到,因此,郑慧生的《中国文字的发展》成为多年来少见的一部既有较高的学术水平,又通俗易懂,明白晓畅,为人们所喜闻乐见的文字学专著。

"甲骨文字的识读,毫无疑问是甲骨学、殷商史研究的首要工作"③郑慧生在从事甲骨学殷商史研究中,对文字的考释也十分重视。他撰写发表了《释"家"》、《释"殷"》、《释罕》、《释"士"、"寺"》、《说"风"》、(《华侨大学学报》1997年第10期)等多篇论文。

《释"家"》原载《河南大学学报(社会科学版)》1985年第4期,后收入《中国文字的发展》中。郑慧生指出,甲骨文中有"家",《说文》解释说"家、居也。从宀豭省声。"段玉裁释"乃豖之居也,引申假借以为人之居。"这一说法影响到后世史学界,以至有人引申说是上古时代,"家家养猪"④,这些都是些望文生义,仅仅抓住字形就去推断字义的错误解释。

他以大量的甲骨文资料说明,"家"字在卜辞里表示先人之宗庙,是宗庙的意思。从文字学的角度来看,"家"字从宀从豕,正是庙中供着牺牲。接着又以大量的文献资料说明,由"家"的本义宗庙,引申开来又可以代表宗族、采邑和政权。家为宗庙的观点逐渐被学术界所接受,1988年徐中舒先生主编的《甲骨文字典》就采用了这种解释,其家释义二:"与宗通,先主之宗庙。"⑤

甲骨文中有"叚"字,写作𝌆或𝌆,此字的释读众说纷纭,分歧很大。孙诒让"疑是报字"(《契文举例》);王襄"疑古酌字"(《簠室殷契征文》);郭沫若"疑是毁字"(《卜辞通纂》);陈梦家"疑是霓,即雌虹"(《殷墟卜辞综述》);于省吾释为"设"字(《甲骨文字释林》);姚孝遂、肖丁释为"凿"字(《殷墟甲骨刻辞类纂》);徐中舒《甲骨文字典》中,采于省吾意见判为"设"字,释义为祭名。

郑慧生对此字也进行了研究,发表了《释"叚"》(《殷都学刊》1992年第4期,又收入《甲骨卜辞研究》),他通过大量甲骨卜辞的考证,否定了上述所有观点,将它释为"叚"字。在卜辞有两种用法:作名词,借作云霞之"霞";作动词,借作假用之"假"。他查阅了所有的甲骨文资料注意到,卜辞里只见有霞于东,有霞于西,从不见于南、于北,这正是霞有早霞、晚霞。早霞于东、晚霞于西,它总是随着日出、日落的方向,所以永远不能于南、于北。正因为此字释霞,所以它常和虹、霁、雨等字出现在一起。这些特点,是持释报、释设、释凿等论者无论如何也是解释不通的。

甲骨文的缀合复原,也是甲骨学研究的基础工作之一,与辩伪、校重被视为甲骨学研究的三项基本功。早在20世纪60年代郑慧生在初读《殷墟文字》甲、乙编时,就已尝试着进行甲骨文的缀合,并写出了一部缀合笔记。70年代末至80年代初,13巨册的《甲骨文合集》陆续出版,在《合集》编辑过程中,也作了大量的缀合工作,共缀合2500余版,以至负责缀合工作的桂琼英先生积劳成疾,在《合集》出版前夕不幸逝世。但《合集》之中,仍有能进一步缀合的甲骨文。郑慧生在研读《合集》过程中注意到这一问题,即着手进行这项工作,并结合以前的经验总结出行之有效的缀合甲骨文的八种方法。他在《甲骨缀合八法举例——〈甲骨文合集〉缀合手记》中提出:

一、甲骨的缀合,首先要看裂纹。裂纹如果吻合,当然可以据以连缀。但裂纹的吻合,不能看做是缀合的惟一决定条件。有时还要参看缀合后释文是否符合常例,兆数是否符合顺序。

二、甲骨缀合,第二个要看的是文字。如果一个字从中间分开,那就成了连缀的最好媒介。

三、缀合工作,第三个要看的是文辞。文辞相连,则有可能出自一版。

四、缀合工作,第四要看兆序。有时两片之间,辞例、文字都不相连,裂纹上也没有明显的吻合特征,那就可以参看一下兆序。

五、对贞二辞的拼缀,是第五项要做的工作。由左一辞找右一辞,由右一辞及左一辞,无异按图索骥,十分方便。

六、甲骨缀合,第六要看部位。部位相当、字体一致、兆序符合、文辞连贯,不妨缀为一版。

七、甲骨缀合第七法,是也可以依靠于字体。对贞之二辞都属一种特殊的字体,龟版虽已无直接连属,也有可能原出一版。

八、最后一种缀合方法,是从背面来缀合。背面字体模糊,一般人容易忽视。但这确实又是一种十分可靠的缀合法,可以补正面缀合之不足。

他最后指出:"八法之用,不能孤立看待。以一法为连,对勘其他七法,全无抵牾,方可以缀合。孤立应用,难免出错误。"⑥根据以上原则,以《合集》为据,补以《殷墟文字》甲、乙编,共缀合甲骨文40版。

为适应教学和科研工作需要,郑慧生还进行了卜辞的释译工作。他撰写了《殷墟卜辞分类选释》,从平常释译的大量甲骨文中,精选40版而成,按殷人的宗教思想、殷人的宗法制度、殷王国的国家统治与对外战争、殷人的社会生产与阶级斗争、殷人的天文历法分作了五大类。每版甲骨先列出卜辞,再列出卜辞译文和注释,对内容比较复杂的卜辞再附以"讲义"进行论述。所采用的甲骨文均辑录自《殷墟文字》、《殷墟书契》、《卜辞通纂》等甲骨著录经典著作。由于篇幅不大,每条卜辞都经过精心选择,可谓精粹中之精粹。译文、注释准确、简练、明了,再配以画龙点睛的讲义,使人们加深了对卜辞的理解掌握。当然,个别注释不无可商之处,如"帝其降我莫",多有把"莫"释作干旱而非饥馑,这是属于学术争论,也许饥馑是干旱的引申之义。

80年代以来,随着我国"科学的春天"到来,甲骨学得到深入发展和广泛普及,在全国出现了一股"甲骨热"。适应这种形势,一批识读甲骨文的著作,如游寿的《殷契选读》(黑龙江人民出版社1985年);王宇信、杨升南、聂玉海主编的《甲骨精粹选读》(语文出版社1989年);李圃的《甲骨文选读》(华东师范大学出版社1981年)、《甲骨文选注》(上海古籍出版社1989年)等应运而生,这些著作满足了初学者的需要,但他们之中或缺译文、或缺注释、更没有讲义,对于初学者来说,还有不便之处。

郑慧生的这种体例,特别是讲义,应当说是一种独创,更便于初学者对甲骨卜辞的识读,当然为此作者要付出更多的劳动。如果再加上卜辞原文,同时扩大篇幅,充实丰富内容,《殷墟卜辞分类选释》将是一部初涉甲骨学商史研究的好教材。

注释:

①② 郑慧生:《中国文字的发展》,第 406 页、第 3 页,郑州,河南人民出版社,1996 年。

③ 王宇信、杨升南:《甲骨学一百年》,第 89 页,北京,社会科学文献出版社,1999 年。

④ 陈榤常:《中国上古史演义》,第 41 页。

⑤ 徐中舒:《甲骨文字典》,成都,四川辞书出版社,1988 年。

⑥ 郑慧生:《甲骨缀合八法举例——〈甲骨文合集〉缀合手记》,《甲骨卜辞研究》,开封,河南大学出版社,1998 年。

二、商史研究的成果

在商史研究方面,郑慧生首先进行了商代先公先王的考证和商代帝王世系、王位继承问题及宗法制度的探索。商代的先公先王及其世系的考证,是商史研究中的一个重要问题。按照王国维的提法,商朝灭夏建国前的商人首领被称为"先公",建国以后的各王,被称为"先王"①。根据《史记·殷本纪》的记载,汤以前的先公从契始至主癸共 13 位,汤以后的先王从汤至帝辛共 17 世 31 位。甲骨文中有先公先王的名字,也正由于此方能证明甲骨文是殷代之物。②

许多学者根据文献的记载对甲骨文中所见商代的先公先王进行了考证,王国维有首创之功。1917 年他所写的《殷卜辞中所见先公先王考》及《续考》,考证了甲骨文中的殷先公先王之名,证明文献中所载先公先王之名在卜辞中基本都能找到,并纠正了《史记·殷本纪》等文献资料中个别世次的错误。他考证殷人的始祖为"高祖夒",后又改释为夋,即是帝喾;契是帝喾次妃简狄所生,故将契列为殷人的第一位先公。

以后罗振玉、董作宾、丁山、郭沫若、胡小石及日本学者岛邦男等先生也进行了殷先公先王的考证,补充了王国维未予考证的部分先公先王。然而,周鸿翔教授及日本学者伊藤道治、贝冢茂树等先生,对上甲以上殷先公一概加以否定,或云系子乌虚有,或认为他们本是各地的地方神,亦即当地的族神。更有甚者认为上甲、报乙、报丙、报丁四王,是城的四门外所葬的无名死者的坟堆,附上甲、乙、丙、丁的名而被编入商人的祖先系统。这样一来,卜辞中的先公,特别是上甲以上诸公,成为一个众说纷纭、莫衷一是的问题。

1985年,郑慧生发表了《从商代的先公和帝王世系说到他的传位制度》(《史学月刊》,1985年第6期),对商代的始祖、先公先王及世系等进行了全面论证。他指出在卜辞里殷人的始祖是"高祖夒",但高祖夒究竟是谁?"几千年来,人们每想到商人的始祖,总是往男人身上考虑,所以找来找去,也总找不到合适的人"。③从甲骨文夒字写作$看,像人侧立一手上举至颚下,俯首作吞物状,这就是吞卵生商的简狄。简狄时代尚处在原始群婚阶段,人们只知其母不知其父,而后儒们总想使人类免去这一"耻辱",硬给简狄嫁了一个丈夫帝喾。因此,帝喾并不是商人的始祖,真正的始祖应是简狄。

郑慧生还分析到,《史记·殷本纪》和《世本》中的昭明、相土、昌若、曹圉(根国)在卜辞和《天问》中都找不到踪迹,甚至《竹书纪年》、《帝王世纪》里也找不到他们的名字。他们的名字,始见于《荀子》、《世本》、《诗》、《左传》等先秦文献中,因此,昭明、相土、昌若、曹圉、根国不是商人的先公,他们的出现,是春秋以后才有的事。卜辞中的河、岳、凶、夭可能是地祇、山灵、河伯之属衍化成的先公,因此也受到祭祀,但并不是殷人的祖先。

《史记·殷本纪》载:伊尹见成汤,"言素王及九主之事"。素王、九主何意,是两千多年来后儒们谁也没有解释清楚的问题。郑慧生认为,主、示二字互通,九主即九示,系殷人成汤以前九代直系先公,即契、季、亥(恒与亥为一代)、微、报乙、报丙、报丁、示壬、示癸。伊尹向成汤进言九主之事,正是进言他们九代先公之事。这些人均未登帝王之位,故曰素王。因此,"素王及九主"应为"素王九主"。九主之说,指商九代先公。九代之内,非直系而曾及位者亦当有之。《周语》有"玄王勤商十四世而兴"之说,但十四世之说并不足以证明昭明、相土等的存在。

对于在位商王的总数,《史记·殷本纪》中列出31位,卜辞所见祀谱中列出29位。《晋语》、《大戴礼》等所列与《本纪》相同,而只有《竹书纪年》所列与卜辞祀谱同,目前史学界也多采用《本纪》之说。郑慧生认为卜辞祀谱为商人周祭先王的原始材料,没有讹传,不至于作伪,何况又有《竹书纪年》相印证。《竹书纪年》与卜辞材料不可能同源,在这种情况下,他倾向采用卜辞祀谱29王的说法。

他以祀谱为基础,以甲骨文资料和文献为依据,对卜辞与《本纪》所列世系的不同展开讨论。如祖己,文献作孝己,传说他未立而卒,目前史学界也多采此说。其实不然,他就是《高宗肜日》中的祖己,在高宗武丁死后,他率领其弟、子辈宾诸高宗,肜祭日神,并以当年高宗祭成汤有飞雉升鼎耳故事,训诸弟、子后王。后代史官记之,成《高宗肜日》。他是登过王位的,所以才被列入祀谱。《本纪》把他排除在诸王之外,是错误的。而《本纪》有廪辛一名,祀谱未见,应该说他是没有登过王位的。同时,《本纪》中的中壬、沃丁也是不存在的。

根据上述一系列分析、考证,他列出商先公先王世系表如下:

由世系表他总结出商代的传位制度,"1.先商时期,由于年代久远,周祭制度没有建立,后人对自己的先祖来历记忆不清,特别是旁系血亲更是无所记忆,因此,此表中只显直系,不显旁系。因而造成了人们的误解,认为先商传位之制是父子相继,不是兄终弟及。2.自汤至于祖甲,是商代的早、中期。是时传位制度,用兄终弟及之制,无弟而后传子。早期自汤至于南庚,弟死后传兄之子;

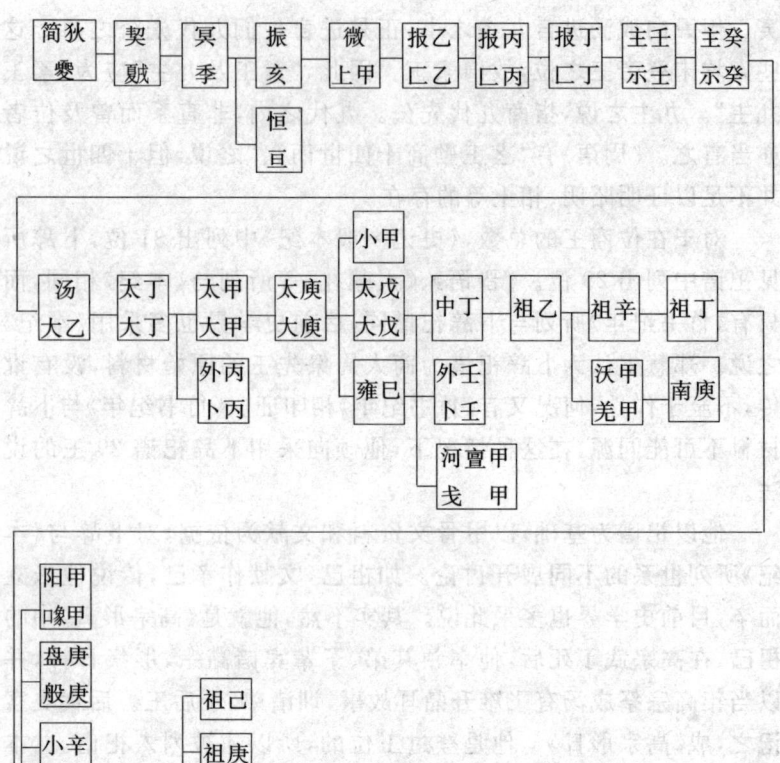

中期自阳甲至于祖甲,弟死后传弟之子。3. 晚期祖甲之后,商之传位制度,完全由父死子继代替了兄终弟及。"④

以后郑慧生又发表了《商代宗法溯源》(《郑州大学学报》1985年第2期)、《商代"孝"道质疑》(《史学月刊》1986年第5期)等论文,对商代的先公先王、传位制度、宗法制度等问题作进一步研究。由宗法溯源,把商世社会分作了四个阶段:

1. 简狄以前的商民族,是血缘家庭的时代。社会处于蒙昧时期的初中级阶段。

2. 以夒为代表的先商时代，至迟已经进入了普那路亚婚姻制的时代。社会处于蒙昧时期的高级阶段。

3. 以王亥为代表的先商时代，至迟已经进入对偶婚制的时代。社会处于野蛮时期。

4. 由上甲以来的先商至整个的商朝，是一夫一妻制的时代，社会完全进入了文明时期。[5]

郑慧生对商代先公先王及宗法制度的研究多有创见，自成一家之言，引起学术界的重视。而他研究的目的是要说明"我国的商代社会，不是从天上掉下来的，它是按照马克思主义所发现的历史发展规律，从史前社会一步一步走过来的。它是史前社会的继续和发展，属于人类历史的又一个历程。这样我们就把中国历史发展的这个阶段，确定到了世界历史发展中的一个阶段中来。"[6]这比单纯的考证某一先公或先王，为研究而研究更具有重要意义。

"妇女研究是本世纪60年代以后人类科学走向综合发展的产物，是人类长足进步，科学反思自身的结果。"[7]郑慧生还对商代的妇女进行研究，包括妇女的地位、是否存在嫡妾制度、生母入祀法和婚姻制度等方面的问题。1981年他在《历史研究》(1981年第6期)上发表了《卜辞中贵妇的社会地位考述》，利用甲骨文资料对商代贵妇的宗法地位、经济地位、军事地位和政治地位进行了全面的论述。他指出简狄是商人的第一个祖先，这个祖先是女人，说明妇女在商人的宗法系统中，占有崇高的地位。但简狄以后，社会进入父系时代，妇女的宗法地位让位于男子。商代社会的家庭以父系为中心，男子处于主宰地位、妇女处于从属地位。但是，妇女死后可以受到独立的祭祀，也可以单独下葬。在家庭成员中，对儿子和女儿的称呼都是一样的，说明妇女还有一定的宗法权利。

在经济上商代的妇女也拥有一定的地位，她们独立经营田产，拥有青铜器、玉器、货贝等大量财富并占有奴隶。在国家军事活动中，商代的妇女可以统率军队，指挥作战，统领畋猎，守卫国土，也占有较重要的地位。在政治上同样拥有一定的地位,妇女能参预祭祀活动,甚至还可以担任主祭,还可以参加卜甲卜骨的收集整治工作,受命传达神示等。他特别论证了女子还可以同男子一样被称为"子某",担任国家要职"小臣"。这一看法得到了著名甲骨学家王宇信、杨升南先生的赞同,他们撰写的《甲骨学一百年》在论述妇女地位时就采用这一观点。

根据上述分析,最后他得出结论:"商代,已经进入了父系时代。妇女的社会地位,早已落到了男子之下。但商代从母系氏族社会中来,妇女的社会地位,还没有一下沦落到底。所以在商代的政治、经济、思想领域中,都还保存了一些母系氏族社会的遗迹,至少贵族妇女还有一定的宗法、经济、军事、政治权利。这权利虽然已经不大,但仍远远居于周代及其以后历代妇女地位之上。"⑧

对于商代有无嫡妾制度,郑慧生持否定的意见。他在《从商代无嫡妾制度说到它的生母入祀法》(《社会科学战线》1984 年第 4 期)一文中,分析了商王武丁祭祀的父辈,包括生父小乙,曾继王位的阳甲、盘庚、小辛,未曾继王位的父乙、父丙、父丁、父戊、父己、父壬、父癸、父甲等共兄弟 12 人,这 12 人不可能为一母所生,但他们同样得到祭祀,一律平等,不分嫡生、庶生。商代王子,既没有嫡庶之别,那么商代的王后,也就没有嫡庶之分。

在进一步批驳商代存在嫡妾制度的分析讨论中,郑慧生还总结出商代的"生母入祀法"。有嫡妾制度论者提出这样一个理由,从商代祭祀中先王配偶未能全部入祀,证明商人有嫡妾之制。为此,他列出了一张商代先公先王及其入祀配偶表,从表中可以看到,自示壬至于康丁,十五代 29 王,凡是有儿子继承王位的,就一定有妻子列入祀谱;凡是没有儿子继承王位的,就一定没有妻子列入祀谱。按照"嫡妾论"者的说法,"被列入这种祀典的先妣,基本上只限于直系先王的配偶。"⑨但沃甲并非直系先王,却有配偶妣庚列入祀谱,因此,有无妻子列入祀谱,在于有无儿子继承王位,不在于本人是否直系先王。最后他形成了这样一个完整的观点:"商代王妻的入祀法是'儿王生母入祀法'。生母入祀说的成立,揭开了商代宗法制度的一个谜底,那就是,所谓入祀配偶,不过是登位儿王的生母,并不是什么'法定配偶'、'正妻'之类。"⑩

郑慧生进行的商族婚姻制度的研究,是他研究整个上古时代我国婚姻制度史的一部分。1988年河南人民出版社出版了他的专著《上古华夏妇女与婚姻》,该书是由李小江主编的以女性为对象进行专门研究,填补传统人文科学空白的《妇女研究丛书》之一。该书共分十二章,分别论述了原始社会人类婚姻的起源发展,神话传说中的妇女人物和妇女世界,夏、商、周三代的婚姻制度和妇女的社会地位。

作者重点论述了我国古代社会婚姻关系发展的各个阶段,即经历了婚姻关系不受任何限制的原始杂交时期;排除了父母辈与子女辈婚姻关系的班辈婚即血缘家族时期;排除了族内婚而实行族外班辈婚即普那路亚时期;夫妻关系趋向稳定的对偶婚时期;直到一夫一妻制的确立。

作者指出商族最早的祖先简狄以前,处在原始群婚(普那路亚)阶段。"玄鸟生商"的神话故事,正是人们只识其母不识其父的反映。先商的前期,即从契到王亥七世八王(按郑说是三世四王),则实行对偶婚制。先商后期从上甲至主癸六世,开始进入了一夫一妻制时期。商汤建国后的整个商代,实行的是一夫一妻制,但对于商王和贵族则是一夫多妻制。同时很长一段时间内,族内婚制的遗俗都不曾被人们摆脱而保留着,只到帝乙时代,"帝乙归(外嫁)妹",才摆脱这种原始的遗俗。

郑慧生对商史上的一些重要人物,如妇好、孝己、伊尹等也进行了研究。他对妇好的研究,可以说是对商代妇女问题研究的继续和深入。妇好是既有甲骨文资料记载,又被考古发掘证明其确切身份的惟一商代贵族妇女。1976年冬,中国社会科学院考古研究所安阳工作队在殷墟小屯村东北约100米处发现了一座中型贵族墓葬,这就是闻名中外的殷墟五号墓。⑪因随葬铜器上多铭有墓主之名"妇好"二字,又被称之为"妇好墓"。该墓随葬物极为丰富、精美,并从未遭到破坏,保存极为完整,在殷墟发掘史上是仅见的,对殷商考古学和商代历史研究有着十分重要的意义。

1976年年底,郭沫若在病中看到五号墓材料时曾兴奋地说:"甲骨文里有妇好。妇好很了不起,她曾带领一万三千人的队伍打仗",并指示要加强对妇好的研究。⑫为此,中国社科院考古研究所召开了殷墟五号墓座谈会,我国著名学者李学勤、张长寿、王宇信等先生应邀参加,并提交了论文,就殷墟五号墓的性质、时代、妇好的身份、地位、死亡的时间等问题展开热烈讨论。20多年来讨论持续不断,据宋镇豪、常耀华先生的《百年甲骨学论著目》粗略统计,至1999年国内外已发表出版的有关研究殷墟五号墓和妇好的学术论著达65篇(部)之多。⑬

郑慧生在《上古华夏妇女与婚姻》中已论及了妇好,1994年又发表了《妇好论》(《南方文物》1994年第2期)。他对妇好研究之深入全面,见解之新颖独特,在上述60多篇(部)论著中是不多见的。他指出妇好是商王武丁时期一个拥有巨大财富、拥有自己的军队并独当一面指挥作战的地位显赫的人物。她是商王武丁的妻子,而且是最亲近的妻子。妇好来自"好"姓之国,按卜辞的惯例妇名可以从"女",也可以不从,妇好则可以写作妇子,她应该是子姓之女,就是商族之女。出嫁没有嫁出自己的家门,这正是中国古代"长女不得嫁,名曰巫儿,为家主祠"的遗习。妇好卜辞与小乙、妣庚有关的很多,说明他们有着密切的关系,妇好"应该就是小乙、母庚所生之女,与武丁为同胞兄妹(或姐弟)"⑭。

妇好墓中铜器铭文有"司母辛",郑慧生认为"司"字应按李学勤、王宇信先生的意见读作"后",不能释司。"后"义为"主","后母辛"就是女主辛,她是商王朝一代女主。这里的"母"字并不含有

"母亲"的意思,只是表示性别。墓中大量铭有"后母辛"的青铜器,应不是其子辈祖庚祖甲在她死后铸造,而是在妇好生前就已制造好了的,主持铸造的就是妇好本人。关于妇好的死期他根据甲骨文资料确定是在武丁中期甚至还较靠前,而不会是在武丁晚期。

对于妇好的研究有着重要意义,不仅解决了我国考古学和历史学上的一个重大问题,搞清了一个历史人物,为我们树立了中国古代最早的"巾帼英雄"形象,而且还关系到商代的婚姻制度、社会性质等方面的问题。故郑慧生指出:"商代是一个高度文明的奴隶制国家。妇好这个人物的出现,说明即使在高度文明的父系社会,特殊的贵族妇女,也没有完全退出社会政治舞台,她们仍然在掌握着一方军事、政治、经济势力,左右着国家政局。商代的经济发展,远远快于思想意识的转变。从妇好墓的规模看,人类进入阶级社会后,财富的积累还是相当的迅速。对于妇好身份的确定,有助于我们对商代婚姻、宗法制度的了解。并通过这一点,能够更深入的认识商代社会的性质。"⑮

1991年郑慧生发表了《伊尹论》(《洛阳师专学报》1991年第2、3期),以大量的文献资料和甲骨文资料,论述了伊尹的出生、身世、政治活动、政治地位,并以历史唯物主义的观点分析了伊尹事迹出现的历史意义。他指出伊尹没有自己的姓氏,出身奴隶、生于伊水而名"伊",还是一个弃儿,由"烰人"(庖人)抚养大,也学得一手烹饪技术。后作为有侁氏媵臣,陪嫁给商汤,通过施展自己的烹饪技术取得了汤的信任而跻身于奴隶主统治集团。其政治活动主要是佐商灭夏、助汤治国、辅佐太甲。

佐商灭夏是衔商汤之命,数次出入于有夏,充当间谍,先侦察情况,然后勾结夏桀失宠的妻子妹嬉颠覆了夏王朝。助汤治国,担任了商王朝的重要官职——小臣。成汤死后,其孙太甲即位,太甲暴虐,不遵汤法度,于是伊尹放之于桐宫,自摄行政当国。三年后太甲悔过,伊尹迎回太甲,交还政权。

对于《竹书纪年》的记载,"伊尹放太甲于桐,乃自立也。伊尹即位。放太甲七年,太甲潜出自桐、杀伊尹。乃立其子伊陟、伊奋,命复其父之田宅而中分之。"所引起的争论,伊尹是主动归还了政权,还是被迫退出了政界,即作了周公还是作了王莽?郑慧生作了这样的考证,如果伊尹被"杀",又怎能命其子"复其田宅"呢?原来,"杀"字除杀戮外,还有窜、迁之义,可引申为免除。"潜"字此处并不含偷袭之意,而是涉水。因此,《竹书纪年》中那段话关键之处应是七年之后,太甲从桐宫渡河回来,伊尹辞去了职务。

在论及伊尹事迹出现的历史意义时,丁山先生曾指出道"这是奴隶解放的第一声。"⑯郑慧生认为,在阶级社会中,任何个人阶级成份的改变,都不意味着这个阶级在国家统治中地位的改变,因此不赞同丁山先生的评价。他进一步分析,按照恩格斯的论断,由奴隶社会进入封建社会,是由"地区团体"的统治代替了"血族团体"的统治。夏商时代是奴隶主血亲统治的历史,奴隶主家庭组成的"血族团体",维持着对国家的世袭统治。国家的统治需要政治人才,与君王亲近的家奴有机会接触国家政务,表现出他们的政治才能,受到统治者重视,而跻身于统治集团,伊尹就是这样的人,"他是中国历史记载上第一个由奴隶而混迹统治集团的臣正。应该说是他,第一个打破了血族团体的锁链,开辟了以地区团体代替血族团体的先河!"⑰这才是伊尹事迹出现的真正意义。

郑慧生商史研究的范围很广,他还进行了商代宗教研究,写出了论文《商代的人神》(载《甲骨卜辞研究》)、《商代卜辞四方神名、风名与后世春夏秋冬四时之关系》(《史月学刊》1984年第6期)等论文。他还进行了商代天文、历法、气象的研究,发表了《甲骨卜辞所见商代天文、历法与气象知识》等论文,这是他研究古代天文历法的一部分,将在下一节作介绍。

注释:

① 王国维:《殷卜辞中所见先公先王考》,《观堂集林》卷9,北京,中华书局,1959年。

② 刘铁云:《铁云藏龟·序》。

③④⑥ 郑慧生:《从商代的先公和帝王世系说到他的传位制度》,《甲骨卜辞研究》,第3页、第15页、第16页,开封,河南大学出版社,1998年。

⑤ 郑慧生:《商代宗法溯源》,《郑州大学学报》1981年第2期。

⑦ 李小江:《妇女研究丛书·序》,郑州,河南人民出版社,1988年。

⑧ 郑慧生:《卜辞中贵妇的社会地位考述》,《历史研究》1981年第6期。

⑨ 郭沫若:《中国史稿》,北京,人民出版社,1976年。

⑩ 郑慧生:《从商代无嫡妾制度说到它的生母入祀法》,《甲骨卜辞研究》,第138页,开封,河南大学出版社,1998年。

⑪ 中国社会科学院考古研究所安阳工作队:《安阳殷墟五号墓的发掘》,《考古学报》1977年第2期。

⑫ 王宇信:《建国以来甲骨文研究》,第183页,北京,中国社会科学出版社,1981年。

⑬ 宋镇豪、常耀华:《百年甲骨学论著目》,北京,语文出版社,1999年。

⑭⑮ 郑慧生:《妇好论》《甲骨卜辞研究》第167、第170页,开封,河南大学出版社,1998年。

⑯《商周史料考证》第54页,北京,中华书局,1988年。

⑰ 郑慧生:《伊尹论》《甲骨卜辞研究》第208页,开封,河南大学出版社,1998年。

三、天文历法学的研究

恩格斯曾指出:"首先是天文学——游牧民族和农业民族为了定季节,就已经绝对需要它。"① 在以农耕和畜牧业为主要经济形式的中国古代,天文历法是十分先进发达的。天文历法是衡量一个民族文明程度的重要标志之一,研究中国古代天文历法是中国古代史研究领域中的一个重要课题。但由于涉及社会科学和自然科学多方面的知识,需要掌握大量的古今中外历史学、考古学、古文献学、古文字学等各方面的资料,因此它又是一个难度非常大的课题。特别是商代天文历法资料更为丰富,难度也更大,致使不少学者望而却步。

郑慧生研究古代天文历法开始的很早,"文化大革命"中他在豫西南某县城中学执教时,就已着手进行。他曾回忆:"县里开办'共产主义劳动大学',我有幸被选去锻炼改造。校址设在荒冈之上,夜无灯火,一览长天,繁星尽收眼底。这于是引起了我复习古代天文学的兴趣,以致今天能把这些知识也贯注到我的书中"。②

1983年郑慧生发表了《甲骨卜辞所见商代天文、历法与气象知识》(《中国古代史论丛》第8辑1983年)。他首先介绍了商代人们对天象、气象的观察和记录,指出商代设"火正",负责对大火星(心宿二、天蝎座α)的观察祭祀,卜辞中有新的大星并靠在大火星旁边的记录。殷正建未,以麦收后(6月)为岁首一月,卜辞中有"火今一月",就是大火星出现在今一月。

由此可见,商人已经掌握了这一规律:大火星的出现与麦收的到来,将迎来新的一年的正月,这样就把星历的运行与物候的出现结合到一起,使商代历法从以物候纪岁时的"物候历"阶段,转入以星历纪岁时的"星象历"新阶段。

甲骨文中还有日食和月食的记载,日食的记载又写作"日戠","日又戠",而且比"日又食"的记载多得多。郑慧生认为,"日又食"指的是日全食,"日戠"、"日又戠"指的是日偏食,故比日全食为多。

甲骨文中的气象记录有风、雨、雷、虹、霞等,但没有发现有雪。当时安阳的气候较现在温暖得多,属热带、亚热带气候,是不会或极少下雪的。甲骨文中有羽、翊、霾、霁等字,以前曾有学者把它释作雪字,郑慧生作了大量考证后指出,羽、翊、为一种病,霾当释为雾,霁则是人名,是当时主持占卜的一个贞人,因此判定商代甲骨文中没有雪字。

接着论述了商代的年与四季,指出商代人已有年的概念,以12个月(闰年13月)为一循环,这一循环就是一年。但商人没有纪年,没有纪元1年、2年之说。虽然甲骨文中有年字,但这个年的概念是"收成",目前还没有发现他们把年叫着"年"。甲骨文里有春、夏、秋、冬四字,但还没有形成春夏秋冬四季的概念。卜辞中夏秋长、冬春短。武丁卜辞有云"今春受年?九月"春系9月,相当夏历2月,正是草木发芽生长的季节。甲骨文有 ⚡、⚡,叶玉森、唐兰释为春;于省吾释条;杨树达、陈梦家释载。郑慧生认为此字出现在甲骨文11月、12月、13月、3月、4月、5月中,正是夏历的3到10月。这时红日融融,万物生长,此字正是草木茂盛的样子,应释为夏字。甲骨文中秋字系以12月、2月、4月、6月、7月,相当于夏历5月、7月、9月、11月、12月,这些日子,或麦、或稷、或菽、或菜,都是作物成熟收获的季节。卜辞中的冬,即终夕,应在7月(夏历12月)终藏之后。后世一年四季的划分,完全是从卜辞中演化来的,将春月、冬月加长;将夏月、秋月缩短,一年四平分,成了整整齐齐的四季了。

文章最后论述了月与日及时辰,指出商人以干支纪日,并形成了十日一旬的概念。商代历法为太阴月,月有大小,有多于30日的大月,有少于30日的小月。平年一年12个月,闰年13个月。一天之内又分为若干时段。黑夜与白天分开,称黑夜为二日之间——间、夕间、止夕间。一日12小时,不包括黑夜在内。

1984年郑慧生发表了《"殷正建未"说》(《史学月刊》1984年第1期),对商代的岁首问题进行了讨论。古文献中对夏、商、周三代的岁首,自汉代以来有所谓"三正"之说,"即周正建子",以夏历11月为岁首;"殷正建丑",以夏历12月为岁首;"夏正建寅",以1月为岁首。"三正"之说在中国历史上颇有影响,2000多年来人们一直深信不疑,以至甲骨学大师董作宾在其《殷历谱》中也力图用甲骨卜辞证明"殷正建丑"说是正确的。③

郑慧生在研究甲骨文时发现一条卜辞："贞：帝其及今十三月令雷？帝其于生一月令雷？"(《乙》3282)，按"建丑说"，13月（闰年的最后一月）、1月正当夏历的1月、2月，在这个季节卜雷，这引起了他的怀疑，难道可能会出现冬雷震震吗？他查阅大量甲骨文资料，又发现凡卜雷都是在10月至3月间，也都是正当夏历的冬季。显然，传统的"殷正建丑"说是解释不通的，他开始研究殷历正月究竟当在何时。

郑慧生根据甲骨文"年"字的分析，并根据甲骨卜辞和文献资料中气象和天象及农事活动的记载，提出了"殷正建未"说，即夏历6月为殷历正月岁首。甲骨文中的年从禾从人，是人负禾的形象，寓收获之意。年是收获，正月过年，正月当是收获季节。甲骨文载："月一正曰食麦"(《后》2.1.5)，"月一正"就是正月，此句卜辞意就是正月食新麦。我国中原地区，一般夏历5月麦熟，吃到新麦也就到了6月。这一时期正是大火星出现的时候，商人已由物候纪岁逐渐转向以星历纪岁，卜辞有"火今一月"(《乙》4100)，就是说大火星出现时是1月，因此，他得出了"殷正建未"的结论。

郑慧生的"殷正建未"说的提出有着重要意义，他与同时代常正光先生提出的"殷正建巳"说④；温少峰、袁庭栋先生提出的"殷正建辰"说⑤；及稍晚王晖先生提出的"殷正建午"说⑥等一道，打破了传统的"殷正建丑"说的垄断地位，解决了"殷正建丑"说未能解决的许多问题，基本上复原了殷历的本来面目。也正如他所指出："'殷正建未'把劳动的收获当做一年的开始，说明殷历是一种放散着劳动汗香的历法。多少年来，殷历的面目不为人知，劳动创造历法的意义也被埋没。甚至还会由于对殷历缺乏研究，产生了殷代历法是不很精确的误解。但从'殷正建未'说来对照夏历，可以看出，商代卜辞中天象、农事的记载，与历法的配合，是极有规律的，是没有抵牾的。事实证明，商代的历法，不是'不很精确'，而是非常精确。这是三千多年前我国劳动人民的创造,我们决不能任意抹煞。"⑦

中国社会科学院历史研究所研究员、"夏商周断代工程"中《甲骨文天象记录和商代历法》、《甲骨文和商代金文年祀》两个专题主持人常玉芝先生,在其专著《殷商历法研究》(吉林文史出版社1998年)中,借鉴总结了郑慧生等人的研究成果和研究方法,在考证了甲骨卜辞中全部气象、天象和农事活动记载及大量的文献资料后,得出"殷正建午"的结论。但同时常玉芝先生又指出:"由于他们(殷人)尚处在观象授时的历史阶段,还没有掌握置闰的规律,时有失闰或多闰的现象,因此,殷历的岁首一月并不总是固定在夏历五月,有时是在夏历四月,即建巳之月,有时又在夏历六月,即建未之月。这种现象在我国上古时代的历法中出现并不奇怪,即使在后世的春秋时期,也还有连连失闰的现象。"⑧

由此看来,郑慧生的"殷正建未"说与常玉芝的"殷正建午"说,及常正光的"殷正建巳"是十分接近的。故著名甲骨学家王宇信、杨升南先生在总结百年甲骨学成就,论及殷代天文历法方面研究成果时指出:"从以上学者对殷历岁首的论证来看,常正光、温少峰、袁庭栋、郑慧生、王晖、常玉芝等所使用的材料基本是相同的,但所得出的岁首结论却不一致:常正光、温少峰、袁庭栋认为殷历岁首是在大火昏出的时候,故有'夏历四月'(常正光说)、'夏历三月'(温、袁说)之说;郑慧生、王晖、常玉芝认为殷历岁首是在大火昏中的时候,故有'夏历六月'(郑慧生说)、'夏历五月'(王晖、常玉芝说)。这两种意见各自都只相差一个月,基本相同;两种意见的岁首时间相近,即是在季春和孟夏、仲夏、季夏的夏三月。"⑨

后来,郑慧生又发表了《商代的农耕活动》(《农业考古》1986年第2期),"依建未之说,对商代农业耕作活动再来一次全面考察,一方面总结一下商代的农事活动,另一方面也顺便再来验证一下殷正建未说。"⑩他列出了商代农事耕作与夏历殷历月份对照表,依据甲骨文资料,参阅前人研究的成果提出了自己的见解,对卜辞中的农事活动作了如下解释:叁田(协田),集体耕作,"大令众人曰协田",即进行收麦动员;(圣田),深翻、整理土地;肖田,即除草;立黍,即种黍;耤田(籍田),耪地松土;萑(获),收获、收割之意。

对照月份,十一月(夏历四月)进行收麦的动员;十二月(夏历五月)收麦并深翻土地;十三月(夏历五、六月间)除草沤肥;一月(夏历六月)种黍;三月(夏历八月)耪地松土、给禾黍培土保墒,同时开始收获早熟作物,五月(夏历十月)开始全面收获;六月(夏历十一月)再深翻整理土地;七月(夏历十二月)收割枯草作越冬饲料。两相对照,适时耕作,不违农时,证明了"殷正建未"之说基本是准确无误的。

1995年,河南大学出版社出版了郑慧生研究古代天文历法的专著《古代天文历法研究》,这是一部长达43万多字的宏篇巨作,系河南省教委社会科学科研规划项目,后被评为省教委优秀社会科学著作一等奖。

该书分三大部分:第一部分序言;第二部分译注编;第三部分研究编。之所以将序言列为一大部分,是因为它长达近3万字,应当说是迄今人们见到的最长的一篇序言。序言的题目是"中国古代天文历法学的建立及其发展",实际上是对我国古代天文历法学的一个全面总结。分七部分论述了从原始社会开始,经夏、商、周、春秋、战国到秦汉等时期,我国天文历法学的创立、发展和繁荣的基本情况。著者指出,我国原始社会人们已开始了天文观察,"最终制定出中国第一部科学的历法"夏历和另一种火历。[11]夏代已进入以星象为绝对依据对照物候治历的科学阶段,其标志是完整的历法天文学——《夏小正》的诞生。商代、周代人们更加广泛深入观察研究天体,天文历法学得到进一步发展。春秋时期天文学长足发展,周历更加完善。战国时代天文历法走向统一,为政治上的统一做出贡献。秦汉是中国天文学发展的繁荣时期,建立了世界科学中最先进的天文历法学体系。

第二大部分译注编,著者从甲骨卜辞、铜器铭文、《尚书》、《诗经》、《左传》、《国语》、《孙子》、《侯马盟书》、《大戴礼记》、《逸周书》、《礼记》、《周礼》、《尔雅》、《楚辞》、《吕氏春秋》、《马王堆汉墓帛书》、《淮南子》、《史记》等 18 种古文献中,集录有关天文历法学的资料于一书,共 122 篇(段)之多。每篇(段)先对所选文献进行介绍,重点介绍其在天文历法学方面的价值,再录原文,而后附以译文和按语。按语主要是对疑难的问题进一步论述说明。

译注编基本上将我国古代文献中有关天文历法学方面的资料收集齐全,又有译文和注释(按语),对于人们了解和研究古代天文历法十分方便。由上述篇名可以看出,我国古代天文历法资料不仅分散难寻,同时也非常难以通读理解。且不说甲骨卜辞、金文资料,就是《尚书》、《礼记》等资料,也十分艰涩费解。译注编基本上解决了这些难题,是对研究我国古代天文历法学的一个贡献。

第三部分研究编,收入了作者天文历法学研究的论文 16 篇,其中既有我们已读到过的《甲骨卜辞所见商代天文、历法与气象知识》、《"殷正建未"说》等利用甲骨文资料研究商代天文历法的论作,也有作者研究西周和春秋战国时代天文历法的作品。

研究西周和春秋战国时期的天文历法学,除需要《诗经》、《左传》、《礼记》等大量的文献资料外,还需金文帛书及古墓漆棺、壁帛绘画等资料。《栾书缶铭文考》、《关于曾侯乙墓出土的二十八宿天文图》、《关于战国帛书中的十二月名》等论文,足见作者在这方面也是有一定的功力。

如《二十八宿天文图》一文,作者对此前王健民、梁柱、王胜利等同志的考证《曾侯乙墓出土的二十八宿青龙白虎图像》(《文物》1979 年第 7 期)进行了补充和修正,提出了自己的见解。关于天文图的上下方位,根据天文图上北下南左东右西的传统定向法,郑慧生认为印在书中的天文图摆错了东西左右的方向,应颠倒过来,这样东方苍龙西方白虎,左东右西一切正常,既与传统星图方向一致,又不违背东龙西虎的原则。关于二十八宿的名称,作者对角宿、亢宿、心宿、女宿等八宿进行考证,提出了星宿命名与苍龙等图案联系起来的独特见解:角宿并不是因为形状似角,而是位于东方苍龙之前,位处苍龙之角。亢宿位于苍龙的脖颈,心宿位处苍龙之心。

注释:

① 恩格斯:《自然辩证法》,《马克思恩格斯选集》,第3卷第523页,北京,人民出版社,1972年。

② 郑慧生:《上古华夏妇女与婚姻·后记》,第250页,郑州,河南人民出版社,1988年。

③ 董作宾:《殷历谱》,中央研究院历史语言研究所,1945年。

④ 常正光:《殷历考辨》,《古文字研究》第6辑,北京,中华书局,1981年。

⑤ 温少峰、袁庭栋:《殷墟卜辞研究——科学技术篇》第118页,成都,四川社会科学院出版社,1983年。

⑥ 王晖:《殷历岁首新论》,《陕西师范大学学报》1994年第2期。

⑦ 郑慧生:《"殷正建未"说》,《史月学刊》1984年第1期。

⑧ 常玉芝:《殷商历法研究》第408页,长春,吉林文史出版社,1998年。

⑨ 王宇信、杨升南:《甲骨学一百年》,第686页,北京,社会科学文献出版社,1999年。

⑩ 郑慧生:《商代的农耕活动》,《农业考古》1986年第2期。

⑪ 郑慧生:《古代天文历法研究》第6页,开封,河南大学出版社,1995年。

第十二章 甲骨学后起之秀

一、范毓周

范毓周,南京大学历史系教授。1947年出生,1978年他以优异的成绩考入河南大学历史系,成为"文化大革命"结束后通过高考招生入学的河大历史系第一批大学生。他勤奋好学,对甲骨文有着浓厚的兴趣,课余时间读了不少河大图书馆丰富的甲骨学藏书,作了大量读书笔记,并写出了一定水平的甲骨学方面的学术论文。不久考入中国社会科学院研究生院、师从胡厚宣先生学习甲骨文殷商史。

胡厚宣是我国著名甲骨学大师,在甲骨学、殷商史、商周考古等方面都有很高的造诣。他治学严谨,为人谦虚,对后学既热情鼓励奖掖,同时又要求很严。在胡厚宣先生的指导下,范毓周的学业有长足的进步,很快便步入甲骨学的殿堂。在胡厚宣先生逝世后,范毓周撰文《绛帐春风遗爱多——怀念厚宣师》,回忆说:"在'文化革命'结束后的短短十数年间,他也先后招收数届研究生。这些研究生经他精心栽培,现在也都散布在重点大学和科研部门,成为甲骨学研究的新秀。1982年我曾有幸由河南大学历史系考取厚宣师在'文革'结束后招收的第一届研究生,从此得入绛帐,可以问字玄亭,追随杖屦左右数年。经其循循诱掖,渐知学问门径。其间厚宣师倾注了无尽的心血,通过言传身教,使我既学会了如何读书,更懂得如何做人。其道德文章对我的影响是无法言喻的。"①

研究生毕业后范毓周留社会科学院历史研究所先秦史研究室从事甲骨学殷商史的研究。1989年调入南京大学,从事甲骨学和殷商史的研究和教学。

20世纪80年代初,为弘扬民族文化,全面、形象、真实地展现祖国的悠久历史、灿烂文化,帮助广大青少年增强民族自豪感和自信心,加强爱国主义教育,人民出版社、中国青年出版社和上海人民出版社三家共同出版一套"祖国丛书。"范毓周应邀担任了《甲骨文》一书的纂写任务,这不仅需要全面掌握甲骨学基本知识,又要求作者简明扼要高度概括,以生动通俗的语言反映出来。

1986年人民出版社出版了《甲骨文》。该书共有11部分,分别介绍了王懿荣发现甲骨文,从刘鹗到罗振玉早期的甲骨文收集与流传,从孙诒让到王国维早期的甲骨学研究;20世纪20、30年代中央研究院对殷墟的科学发掘;甲骨文大量的出土和董作宾、郭沫若等人的甲骨学研究成就;新中国成立后殷墟发掘的继续展开和甲骨学研究的深入,特别重点介绍了《甲骨文合集》的编辑出版及其意义。书中还介绍了甲骨文所反映的晚商奴隶制国家的社会状况和人们的生产生活状况,安阳殷墟以外的甲骨文出土和甲骨学研究未来发展的趋向。该书出版发行,不仅是对青少年进行爱国主义教育的好教材,也成为甲骨学爱好者的一本很好的入门启蒙书。

在甲骨学方面,范毓周主要做文字的释读和有关分期断代专题的研究。1984年在安阳召开的全国商史学术讨论会上,他提交了学术论文《说"𠭰"》,对甲骨文中的"我母"一字进行了新释。武丁时期甲骨文中有"我母"之称,罗振玉最早释定此字为"娥"。后来郭沫若、孙海波、陈梦家、饶宗颐、日本学者赤塚忠等均从罗说释为"娥"字,并进而推断此字或为"娥皇"之"娥",或为殷代女性先公,或为与河川有关的女神等。

范毓周不囿于权威成说,经过对此字的结构、结合形式等方面的研究,认为此字当为"我母"两字的合文,"娥皇"之"娥"等说不能成立。作者又经过对大量甲骨文的考证,论证了"我母"即是殷王武丁对其生母的称谓,且在武丁时代地位十分显赫。甲骨文还反映出,武丁之父小乙死后,其生母即小乙之配偶"我母"还在生育子女,而且武丁还亲自为其生育卜问产期。作者还从甲骨学分期断代的角度分析,排除了"遗腹子"的可能,说明了"我母"在小乙死后,又和他人结合生育子女,这是商代的一种婚姻制度。通过"'我母'一字的推定,不仅使我们对于甲骨文中这一合文有一个全新的认识,而且还可以藉此推知有关商代婚姻制度方面的一些问题。这对于深入研究商代的政治文化历史或许会有一定的意义。"②该文被收入《全国商史学术讨论会论文集》(《殷都学刊》1985年增刊)。

在文字释读方面,范毓周还发表有《释"示"》(《西北大学学报·社科版》第1984年第2期),《殷墟卜辞中的"田"与"田"帝》(中国南方青铜器暨殷商文明国际学术讨论会专辑《南方文物》1994年第2期)等多篇论文。

1989年范毓周完成了重要论文《试论何组卜辞的时代与分期》(刊于《胡厚宣先生纪念文集》科学出版社1998年),该文对何组卜辞的断代问题进行了专门研究。"何组卜辞"是李学勤先生以贞人名称分组的九组卜辞之一,这一概念最早是陈梦家先生首先提出来的。50年代中期,陈梦家在对殷墟出土的甲骨文资料进行系统分析研究时,针对董作宾的五期断代法,提出了新的早、中、晚三期的划分法,是对以董作宾五期断代法为基础的甲骨文分期断代理论的重大突破。③他详尽地分析了廪辛、康丁两类卜辞的区别,并将其中的廪辛卜辞命名为"何组卜辞"。

范毓周认为陈氏的这一分期仍然是以董作宾把他的三期卜辞定为廪辛、康丁两个王世卜辞的假定为其前提的。显然,董作宾、陈梦家都信从了《史记·殷本纪》、《三代世表》和《汉书·古今人表》等文献的记载,以为商代诸王的传承世次,在祖甲之后应为祖甲之子廪辛,然后由廪辛再传于祖甲另一子康丁。

作者根据《前》1.24.1、《通》58两版周祭卜辞的研究,在祖甲之后受祭的先王为康丁,廪辛是不曾受祭的,得出了廪辛实际上是一个不曾存在的人物。作者指出:"周祭卜辞是直接反映商代各王传承世系的珍贵史料,商代的周祭制度是一种非常严密的祭祀制度。其基本原则是,先王无论直系、旁系,甚至虽未继位但曾经被立为太子者,全都列入祀谱予以祭祀。既然廪辛未被列入周祭祀谱,他就既非直系先王,也非旁系先王,甚至连是未曾即位的太子的可能也没有。换言之,根据周祭卜辞,在商代的王位传承世系中,可能原来就不曾有过廪辛这一王世,《史记》诸书所记乃是一种误传。"④

既然廪辛不可能是商代的一个王号,因此,陈梦家先生将何组卜辞分属于廪辛、康丁两个王世之说就不能成立了。范毓周参阅李学勤、裘锡圭等先生的研究成果,根据何组卜辞的内容、字体及贞人的研究,认为"何组卜辞的时代显然是有可能横跨祖庚、祖甲、康丁、武乙和文丁等四代五个王世的。"⑤

这就出现了一个新的问题,何组卜辞既然横跨五个王世,包纳相当长的时期,其本身就有一个需要分期的问题。由于何组卜辞的内容比较简单,在目前尚无更好的方法可供研究的情况下,作者采用了从字体上来进行分期研究的切实可行的方法。他总结了前人研究的得失利弊,吸收了前人研究的成果,根据何组卜辞具有典型意义的"王"字与"灾"字的字体变化,进行何组卜辞的时期划分。他总结出何组卜辞中"王"字有A、B、C、D、E五种不同形态,"灾"字有A、B、C、D四种不同形态,并按时代的早晚列出发展序列关系。

作者最后得出结论:"凡'王'字作 A 型,'灾'字亦作 A 型的'何组卜辞'为祖庚早期或可上及于武丁末期的卜辞。凡'王'字作 B 型,'灾'字作 A 型的'何组卜辞'为祖庚时期卜辞。凡'王'字作 C 型,'灾'字作 B 型者为祖甲时期卜辞。凡'王'字作 D 型,'灾'字作 B 型者为祖甲晚期卜辞。凡'王'字作 E 型,'灾'字作 C 型者为祖甲、康丁、武乙三王间卜辞。凡'王'字作 E 型,'灾'字作 D 型者为文丁时期卜辞。"⑥

1991 年范毓周在《殷代武丁时期的战争》(王宇信主编《甲骨文与殷商史》第三辑上海古籍出版社 1991 年)一文中用大量的篇幅,以李学勤先生的"两系说"为依据,对武丁时期的卜辞进行了研究。他认为自组卜辞、宾组卜辞(其中较晚部分应属祖庚时代除外)、历自间组卜辞、历组卜辞(有父乙称谓的一类)、午组卜辞和子组及其附属卜辞,共六类卜辞属于武丁。他吸收了李学勤、裘锡圭、饶宗颐诸先生的研究成果,首先确定了自组卜辞→历自间组→历组卜辞(父乙类)的序列关系,进而论述了武丁卜辞中占有主体地位的宾组卜辞,和上述三个卜辞类群间都存在着相当密切的关系。午组卜辞与子组卜辞及其附属卜辞的时代大约相同,也与历自间组卜辞约略同时。

作者认为宾组卜辞无论就内容来说,还是从数量上讲,在武丁卜辞中都占有不容忽视的重要地位。应当从这组卜辞中寻找划分武丁卜辞不同时期的界限。作者通过对 YH127 坑宾组卜辞的研究发现,"这些卜辞大多可以互相连属,是一个相当长的时间里遗留下来的具有一定持续性遗物。这部分宾组卜辞中凡以'雀'为主要活动人物的卜辞,一般具有较早特征。而在具有明显较晚特征的那部分宾组卜辞中则基本上不再看到有'雀'这一人物的活动。而这两部分卜辞又恰恰大体上分别与历自间组卜辞和历组卜辞〈父乙类〉相对应。这就不啻暗示我们可以把有无'雀'这一人物活动作为划分武丁卜辞不同时期的一个界限。"⑦根据这一界限,把武丁卜辞划分为早、中、晚三个时期:早期有𠂤组卜辞、历𠂤间组卜辞(与YH127坑以外宾组卜辞相应部分)、宾组卜辞(YH127坑以外较早部分);中期有历𠂤间组卜辞(与YH127坑宾组卜辞相应部分)、宾组卜辞(YH127坑中有雀活动部分及与此相联系部分)、午组卜辞、子组及其附属卜辞;晚期有历组卜辞(父乙类)、宾组卜辞(YH127坑中无雀活动部分及YH127坑外与历组卜辞〈父乙类〉相应部分)。

在甲骨学方面,范毓周还参加了有关卜辞命辞是否为问句的讨论。卜辞命辞为问句,应当说是甲骨学界早已定论的问题,从郭沫若到李学勤,不少学者都曾作过明确论述(郭沫若《卜辞通纂·序》1933年;李学勤《关于𠂤组卜辞的一些问题》1980年)。然而自70、80年代以来,美国学者吉德炜(David. N. keigheley)、倪德卫(DavidS. Nivison)、夏含夷(EawardL. Shaughnessy)、加拿大学者高岛谦一(Ken-ichi Takashima)等一批外国学者对卜辞命辞为问句提出了异议,中国学者如裘锡圭等先生也有响应的。

1984年,在安阳召开的"殷墟笔会"上,胡厚宣、李学勤、范毓周等中国学者与出席会议的美国学者吉德炜、夏含夷等就此问题展开了热烈讨论,双方各执一说,未能获得一致认识。会后,双方学者又纷纷撰文,继续展开讨论。1989年,美国汉学杂志《Early China》(《古代中国》)14卷上发表了一组专题讨论文章摘述,展开了笔谈。范毓周和饶宗颐、李学勤、王宇信、陈炜湛、朱歧祥等学者就裘锡圭、倪德卫的文章展开了讨论,将这一问题的讨论推向了深入。通过讨论虽未取得最后的一致认识,但使更多的学者认识到,卜辞命辞为问句是符合实际情况的,"而另作标新立异之说,恐怕是既不符合卜辞贞辞的语义,也不太了解这种占卜文化的内在意蕴所致。"⑧

在利用现代科技手段推进甲骨学研究方面,范毓周也进行了尝试。1987年12月,由他设计、主持,郑慧生先生等共同参与、完成了"计算机甲骨文信息处理操作系统,"并通过了专家鉴定。该项目以《甲骨文编》为蓝本,首次利用计算机来输入甲骨文字,所以这项工作的意义重大。⑨虽然该课题在当时受计算机开发技术上的多种局限,但它无疑在甲骨学研究手段的现代化方面迈出了可喜的一步。

范毓周还作了一些综述甲骨学殷商史研究的工作。1984年他曾撰写发表了《最近十年来国内殷周史研究鸟瞰》(《先秦史研究动态》1984年第1期),对20世纪70～80年代甲骨学殷周史研究的成果进行了分析、总结。

1999年,为纪念甲骨文发现100年,他撰写了《甲骨文研究的历史、现状与未来展望》,发表在《史学月刊》1999年1～2期"纪念甲骨文发现100年专栏"上。文章回顾了百年来甲骨文发现、流传、收藏、发掘和研究的历史,总结了前辈学者所取得的成就,分析了当前甲骨学研究的状况,并对今后甲骨学的进一步发展;甲骨文资料的进一步整理;对安阳殷墟进行带有明确科学目的的发掘;甲骨文的通读考释;甲骨文的分期断代;利用甲骨文资料研究商代历史文化和利用现代化手段推进甲骨文研究等方面的问题提出了自己的见解。

在整理甲骨文资料方面,范毓周指出:"如何充分利用这样丰富的资料,是每个从事甲骨研究的学者都在考虑的问题。目前,不少学者都已感到需要在已公布的甲骨文资料的基础之上,再作进一步全面彻底的系统整理工作。尤其是在整理中需要按照材料中的内在联系,将甲骨文资料进行系统的、有规律的编排,从中找出一些内在规律,这对于深入研究甲骨文本身的一些问题,将会产生不可估量的作用与影响"⑩。还指出:"考古工作者还需要结合已有的资料,把凡是经过科学发掘的甲骨文,依照出土坑位和共存文化遗物,整理为成套的科学资料,以便海内外甲骨学者和考古学者共同合作,把目前的甲骨文研究提高到一个更高的水平上来。"⑪这些见解都是十分精辟的。

甲骨学研究迅速深入的发展,各种研究成果不断大量的涌现,因而反映研究最新成果和进展的"汇诸家学说为一炉"⑫的综述性工作就显得十分必要。在纪念甲骨文发现一百年的时候,"回顾近百年来前辈学者所取得的成就,发扬光大他们勇于探索、不断进取的优良传统,展望未来的研究前景,对促进我们'后来者'的深入研究和把甲骨学研究推进到新的一百年的繁荣是很有意义的。"⑬著名甲骨学家李学勤、王宇信、朱凤瀚、曹定云等,都分别在不同的学术刊物上以不同的侧重点和论述方法发表了纪念文章。范毓周和李学勤等人的文章,把纪念甲骨文发现100周年的学术活动推向了高潮,引起学术界的极大关注。

范毓周对殷商时代的战争进行了深入研究,在《殷代武丁时期的战争》一文中,他指出:"武丁是我国历史上一位著名的政治人物,在殷代自盘庚至帝辛的八世十二王中,他是较为重要的统治者。……被誉为致使殷王朝'衰而复兴'的'贤王'。武丁一生的主要业绩,除了曾为加强殷王朝的统治进行过种种'修政事'活动外,就是曾和殷商周围许多方国部族进行过一系列的战争。因此,有关这些战争历史的研究,无疑应当成为殷商历史,尤其是武丁时期历史研究的重要课题。"⑭有关武丁时期战争的记载,除《诗经》和《易经》中略有述及外,在历史文献材料中是绝少的。而甲骨文中有两千片左右,是相当丰富的。他界定了武丁卜辞的基本内涵,并找出了它们的发展序列,把武丁卜辞划分为早、中、晚三个时期,进而把武丁时期的战争划分为早、中、晚三个时期。

武丁早期的战争频繁,达30多次。涉及范围广,被征伐的方国有雩、归、通、羌、戎、望、微、日、利、陟等。中期的战争次数较早期为少,有10多次,但规模较大,被征伐的对象有舌、丕、基方、亘、我、戎、马方、祭等。晚期战争规模更大,征伐对象有夷、巴方、龙、下危、土方、舌方、周等,其中尤以抗击土方、舌方进犯的战争,规模最大、时间最久。从卜辞材料反映,伐土方的战争从某年的11月开始,到次年的10月仍在进行。武丁调兵遣将,派爱妻妇好和大将沚戬出征,甚至自己亲自出征。到再次年的3月,土方、舌方同时进犯,夺邑落、耕田、人口,形势紧张。经过准备,5月武丁反击,战争异常激烈,到第3年3月仍在进行,4月战争渐渐平息下来。

关于战争的结果,作者分析主要有三种:一是征伐对象被消灭,以后卜辞中再也见不到了;二是被征伐地成为殷人的田狩、衰田之地;三是被征伐的对象臣服于殷王朝,成为纳贡服役的侯国。关于战争的意义,作者指出:"武丁时期的一系列战争,都是为了适应殷商奴隶制国家的经济发展和奴隶逃亡、反抗斗争接连发生以及方国林立的历史局面发动的。这些战争虽然曾给广大平民和奴隶带来极大痛苦,但在客观上扩大了殷商奴隶制国家的统治范围,巩固和发展殷商奴隶制国家的政治统治,促进奴隶制经济的进一步发展。同时,这些战争对于加快我国多民族国家形成的历史进程,也有一定意义。"⑮

范毓周对殷商时代的方国部族也进行了研究,在《息器、妇息和息国》(《郑州大学学报》1986年第4期)一文中,他认为1979年底至1980年初在河南罗山县蟒张村发现发掘的17座商墓中的青铜器铭文,当释作息。息国是商代的重要封国,位于淮水南岸的罗山之南。甲骨文中有妇息,当为息国女子嫁于商王。商王结好于息,说明息国的地位非常重要,它位于江淮之间,成为防御南方荆蛮北侵的前哨阵地。根据文献记载,春秋初年息国仍然存在,并与强国郑相对抗,后来被楚国所灭。

注释:
① 范毓周:《绛帐春风遗爱多——怀念厚宣师》,《胡厚宣先生纪念文

集》,第 21 页,北京,科学出版社,1998 年。

② 范毓周:《说"尋"》,《全国商史学术讨论会论文集》,《殷都学刊》1985 年增刊。

③ 陈梦家:《殷墟卜辞综述》,第 4 章,北京,科学出版社,1956 年。

④⑤⑥ 范毓周:《试论何组卜辞的时代与分期》,《胡厚宣先生纪念文集》,第 88 页、第 91 页、第 94 页,北京,科学出版社,1998 年。

⑦⑭⑮范毓周:《殷代武丁时期的战争》,《甲骨文与殷商史》第 3 辑,第 184 页,第 175~176 页,第 231 页,上海古籍出版社,1991 年。

⑧ 王宇信、杨升南:《甲骨学一百年》第 280 页,北京,社会科学文献出版社,1999 年。

⑨ 刘钊、王蕴智:《古文字研究与计算机信息处理》,吉林大学《研究生时代》1990 年 9 月。又载《平顶山师专学报》1989 年 1 期。

⑩⑪ 范毓周:《甲骨文研究的历史、现状与未来展望》,《史学月刊》1999 年第 2 期。

⑫ 李学勤:《序〈甲骨学通论〉》,《甲骨学通论》,北京,中国社会科学出版社,1989 年。

⑬ 王宇信:《近百年来的甲骨文研究》,《炎黄文化研究》(3),1996 年。

二、王蕴智

王蕴智,郑州大学历史研究所教授、博士生导师。1955 年出生于许昌市一个知识分子的家庭。1977 年,他考入平顶山师范专科学校中文系。大专毕业后,以优异的成绩被留校任教。在认真搞好教学工作的同时,他经常和几位志趣相投的同学同事谈到,要利用祖国文化复苏的大好时机,努力干出一番事业。因受河南本省古文化气息的浸润,受书香门第家庭的熏陶,加之他特有的经历和爱好,王蕴智确立了研治古文字学的专业方向。

1980 年初,他首先通过书信拜投河南大学著名文字学家、音韵训诂学家、书画家于安澜教授为师,初从《说文解字》入手,上及甲骨金石文字资料,系统学习古文字学。1985年他考取了河南大学于安澜教授的研究生,正式来到于老身边深造。在于老的亲自指导下,他先后在古代文献典籍、文字声韵训诂等方面进行了较为扎实的基本训练,并熟悉掌握了出土古文字资料,渐次理顺了古汉字形、音、义诸方面发展演化的关系。在这期间,他完成了《〈说文解字〉形义嬗变分析表》,分别以15个专题对《说文》中的3千多个常用字进行了归类辨析。写出5万余字的硕士学位论文《商代文字论》,初步对以甲骨文为主体的早期文字资料进行了文字结体、字形演化等方面的探讨。

1988年王蕴智完成硕士阶段的学业后,又考取了吉林大学著名古文字学家姚孝遂先生的博士研究生,这成为他治学道路上的一个新的起点。(见附图)在姚先生的指导点拨和他自己的躬亲实

王蕴智与导师姚孝遂先生合影

践中,他的学术视野更加开阔,专业水平进一步提高。正如他自己所说:"古文字学是一门学习难度较大的学科,要学好它并不是仅

凭兴趣和毅力所能解决得了的,因为它是一个交叉性很强的实用学科。科学的研究古文字,必须至少要站在考古(出土情况)、历史(含文献典籍)和语言文字(形、音、义及其所在环境)三大学科板块之间……现代全方位的科学研究手段,给古文字学家的素质提出了更高的标准,这自然对自己今后的研究工作,也提出了更高的要求。"①

1991年,王蕴智在取得历史学博士学位后,到郑州大学从事殷商文化和古文字与古代文明方向的教研工作。多年来,他潜心治学、淡泊名利,除了教学和指导研究生之外,把主要精力都投入到有关学术专题研究上。先后出版了《字圣许慎》(河南人民出版社1994年)、《中国文字学史》(合著,吉林教育出版社1995年)、《殷周古文同源分化现象探索》(吉林人民出版社1996年)等学术专著3部,独立发表(或在海内外重要的国际学术会议上宣读)质量较高的学术论文40余篇。此外,还完成国家青年社科基金项目《商代宗教研究》、承担完成国家"九五"社科基金项目《商周秦汉文字谱系研究》及《甲骨文构形研究》等6种国家和省级科研课题。

王蕴智的学术研究成果,归纳起来主要体现在四个方面,即较为系统地对甲骨文及各种早期出土文字符号进行了深入细致的整理;创立了以古文字同源分化为内容的同源字族的研究领域和系统;全面探讨了殷商时期的各种宗教巫术活动;对殷周古史尤其是对商周时期的国族遗迹进行了较为深入的研究。

王蕴智非常重视汉字渊源研究和出土早期文字符号的全面整理工作,他主持的《甲骨文构形研究》、《商代甲骨文形声字研究》、《古文字可释字形源流通考》等一系列课题和发表的学术论文《商代文字可释字形的初步整理》(台湾《中国文字》新25期1999年)、《嬴字探源》(《李学勤先生学术活动50周年纪念文集》,复旦大学出版社2000年)、《从远古刻画符号谈汉字的起源》(《中国书法》,2001年2期)、《史前陶器符号的发现与汉字起源的探索》(《华夏考古》,1994年3期)等学术成果即对甲骨文及商代以前的各种刻画符号进行了全面深入系统的整理。

《甲骨文构形研究》是王蕴智于1997年执笔完成的河南省社科联重点课题,并获省社科联优秀研究成果奖。该课题由甲骨文构形研究和字形释读、整理两部分组成。第一部分内容又分为文字的构形方式和演化规律的探讨两方面,其中包括梳理甲骨文基本形体以及字形构成方式的分类整理;总结文字结构方面除六书条例之外还客观存在着各种早期特征。第二部分内容是经过深入归纳整理而按《说文》序次排出的可释字形表及其解说,每一字头下摹释原形(含主要异体)、隶定今字、标示古今读音、分析结构、说明用法,文字总字头计4300余个。该研究成果在很大程度上订正了《说文》和旧说,突破并发展了传统的文字构形理论,使甲骨文考释成果以新的面目服务于有关学术研究领域和教学第一线。

《商代文字可释字形的初步整理》总计摹写了可以确释的殷墟甲骨文字形,包括少量可以补缺的周原甲骨文字头和商代金文字头共1503个,按音序和部首两种序次排列。这些字头俱见于后世字书,故称为"可释字形"。商代文字可释字形表不仅便于人们查检字形,了解当今甲骨文考释成果,同时也为进一步整理古代文字,建立具有断代性质的商代文字库和语词库做好了前期准备工作。王蕴智对商代文字的整理与研究,以科学的文字符号观为指导,以严格的字形和基本符号的有机整理为出发点,深入揭示了早期文字的构形方式、规律及其发展源流,这些都在很大程度上补苴了当今诸种专业字书在释读文字方面的许多不足,在较高层次上反映了当今古文字专业的释字水平,得到有关专家学者的好评。

中国早期文字的发展,经历了一个由简单到复杂、数量由少到多的演进过程。最初人们曾大量采用同音通假的办法以适应文字记词的需要,后来人们还常在原始初文的基础上通过追加符号或其他变通的方法,产生出了更多的新的文字形体,从而尽可能地用不同的文字形体来表达不同的词义。这一发展变化的过程,就是文字同源分化的过程。由同一原始母体派生分化出来的一组字,就是所谓的同源字。

在我国文字学史上,研究同源字和同源词往往是混淆在一起的。如近代章太炎的《文始》、当代王力的《同源字典》是被公认的研究同源字的权威著作。然而,章太炎先生着力点主要在"声韵"、"物类"上,而忽视了"形",其结果把字根当成语根,名曰《文始》,而实是"词始"。王力先生的名著《同源字典》实际上也是就字论词,他曾直言不讳地说:"我们所谓的同源字,实际上就是同源词。"字、词在语言学上本是泾渭不同的两个概念,由于传统的小学一直未对它们做过明确的区分,实际研究中人们总是把它们混为一谈。之所以如此,"是研究者对字形的研究没有给予足够的重视,没有将驳杂的字形系统给予有效地整理而建立起一套科学的研究体系。换句话说,以字形系统为整理对象,由此揭示汉字古今关系及其形义关系的同源字研究工作做得还很不够。人们还没有凿破字词混沌,从同源字理论荒原中走出来,'不知庐山真面目,只缘身在此山中'"。②

值得欣喜的是,王蕴智在同源字研究领域进行了可贵的探索。他出版发表了《殷周古文同源分化现象探索》、《释豸、豩及与其相关的几个字》(《于省吾教授百年诞辰纪念文集》吉林大学出版社1996年)、《同源字、同源词说辨》(《古汉语研究》1993年2期)、《古文字中的子和闽方言中的囝》(吉林大学学报1993年第1期)、《释競业及与其同源的几个字》(台湾《中国文字》新24期)《"宜""俎"同源证说》(《第三届国际中国古文字学研讨会论文集》香港中文大学1997年)、《毓、后考辨》(台湾《甲骨文论文集》2辑1998年)等有关论著,这些成果填补了以殷周古文字材料为整理对象的同源字研究的学术空白,为同源字专门领域的研究投射下一片光明。

《殷周古文同源分化现象探索》是王蕴智研究同源字的代表

作,是他在90年代初即已完成的博士学位论文,1996年由吉林人民出版社出版。著名书法家、古典文献学家启功先生,著名古文字学家、香港中文大学教授饶宗颐先生,河南大学教授于安澜先生亲笔为该书题签。著名古文字学家、吉林大学姚孝遂教授撰写了序言。姚先生在序言中,高度概括了古汉字的发展过程,并举以实例对同源字作了简洁明了的论述,说明了同源字在汉字发展史中的重要地位,进而对作者的研究予以充分肯定。姚先生指出:"我们深信,蕴智同志根据大量的古文字形体结构的同源分化资料,在深入系统地分析和整理之后,进而从音理的角度探索上古语音变异的原委,是一项颇富创造性的研究工作。这一工作无疑为探讨上古汉语语言及文字的诸多疑难问题,开辟了新的途径,提供了新的手段,也为促进古文字学的深入研究,做出了很有价值的贡献。"③

《探索》一书共分有六个章节。第一节先就同源字的名实问题做了理论界定,作者指出:"凡语音相同或相近,具有同一语义来源和分化关系的词叫同源词。""凡具有同一形体来源和字形分化关系的字叫同源字。"它们之间应该存在着质的区别,不可混淆,"同源字和同源词的区别主要在于其研究对象是字还是词的问题。同源词的着眼点在于词的音义来源及其音义关系上。而同源字的着眼点主要在于字的形体来源及其形义关系上。说得再明确一点,同源词属于词义系统的问题,同源字则属于字形系统的问题。"④第二节对殷周古文同源母体之特征及分化途径进行了总结,并宏观整理出具有分化意义的同源字三百余组。

在理论探索与同源字全面整理的基础上,第三节首先对"毓"、"后"两组字进行了分析考辨,考察得出了"毓"、"后"古音近同,用法上有一定瓜葛,字形却并不同源的结论。根据其音变线索,并结合大量有关材料的综合论证,作者揭示出古牙喉音向舌齿音流变的一组公式。

在后面的三节中,作者还分别对六组字进行了同源考释。这里坚持了形音义互求的原则,即微观上对文字形体寻端竟委,并对在特定语言环境限制之下的同源字、词进行音义考察,从而梳理出文字、词义、读音三者间的相互关系及其分化线索。这不仅为今后的同源字研究别开了蹊径,还把所揭示的问题和文字滋化现象综合渗透到了古文字释读、史学、文献学、语言学等专门领域,为民族文化的研究做出了新的尝试。

该著作问世后得到了学术界的好评。如著名文字学家王宁先生认为,该书在三个方面突破了前人对同一课题或近似课题的研究:"(1)它突破了文字学、训诂学混淆不分时期前人对'字源'的探讨,把课题的范围完全集中在汉字学的学科内,因形而论源,所论皆形源,把字源与词源分清。(2)在探讨形体演化和字形分化轨迹时,同时探讨了音义的演化,特别是对语言演化的探讨,丰富了音韵学的方法,打破了旧词源学拘守韵部,以共时平面代历时发展的传统做法,可信度大大提高。(3)把对同源字取材的时代推进至殷商,以出土文字为主要字料,从发生的角度来讨论问题,这较一般系源以《说文》为据的做法,更是一个大的突破。"⑤

殷墟卜辞中有大量反映当时宗教活动的记载,是研究我国原始宗教的第一手文字资料。老一代的甲骨学家如董作宾、胡厚宣、陈梦家、岛邦男(日本)等先生,及当代学者朱凤瀚、常玉芝等先生都对此做过专题研究,分别就商代甲骨占卜的性质、起源、祭祀制度进行过探讨,并取得了不少成果。王蕴智在前人研究的基础上,进一步开展对商代宗教的深入研究,完成了《商代宗教研究》等研究课题和论文,初步从宏观上构建起了探讨商代宗教问题的框架体系。

《商代宗教研究》是1993年国家社会科学规划办公室确立的国家青年社科基金项目,1996年由王蕴智独立完成并通过专家鉴定而结项。它通过对甲骨卜辞资料的全面整理,参照传世文献和考古资料,在充分吸收当代甲骨学研究成果的基础上,对商代的宗教问题进行了深入全面探讨。在原材料的整理方面,作者以其甲骨学的深厚功力首先较为严格地对各类卜辞分组断代,根据卜辞的出土情况、字形、钻凿形态等特征核实每一原片的组类和时代坐标,然后将整理所得具有各种典型内容特征的卜辞分门别类地建立主题子目和章节,使研究建立在较为坚实可靠的基础之上。

全书共有35万字,分作十章。第一章为概论,作者把紧扣在宗教范畴之中的主要内容划分为9大类,包括甲骨占卜文化、筮占文化、上帝崇拜、自然崇拜、祖先崇拜、王室的宗庙制度和祭祀制度等。其中有一类是《殷卜辞所见祭礼、祭法、祭品及宗教用语汇释》,其内容丰富,作者将之独立出来完成有10万多字的专题。

第二章着重探讨了商代的甲骨占卜系统,追溯了商王室甲骨占卜活动的历史渊源,总结了殷墟时期卜用甲骨的加工过程和占卜程序,同时亦剖析了甲骨占卜的神秘功能以及商王与贞卜神职官员的相互依赖关系。第三章重点依据卜用甲骨的版式、商王一事多卜的序数、套数及辞例形式等方面的差异变化,进一步揭示了体现在甲骨占卜资料中的各种卜法及王室占卜制度的演进规律,并由此证明了文献所记载的先秦占卜制度,当是承续殷人遗制。第四章系统考察了商代的筮占数卦源流。作者认为筮法是商代巫师在数理应用方面所开发出来的一种巫术,以数爻之学为基础的筮占最终也被融入周人的传统,并成为中国古代占卜文化的又一源头。

自第五章以下到第九章,全书重点归纳、总结了商代上层社会生活中的各种神灵崇拜信仰。从中可以看出,商代的宗教仍处于多神教的形态中,但它并不是一种自然、简单的泛神崇拜。在多神的信仰体系中,商王突出地创造了上帝的形象,同时又把祖先神放到了特别重要的位置。到了殷墟晚期,随着商王祖先崇拜的升级,原来的自然崇拜意识包括对河、岳、土三神的崇拜程度都有明显的淡化趋势。至于商王的尊祖风尚,可以说在商代晚期达到了空前的高度。商代后期各种铺张、隆重的尊祖、祭祖风气,对于商以后的历代王朝,均产生了十分深刻的影响。

第十章又进一步对殷墟时期的宗庙制度进行了总结,同时也综述了学术界近几十年来关于商代周祭制度的研究成果。

关于商代宗教的研究,王蕴智还撰写发表有《殷人筮占刍说》、《殷墟时期占卜制度的演进》(待刊)、《试论殷墟时期上帝观念的发展》(四川大学历史系《徐中舒先生百年诞辰纪念文集》巴蜀书社1998年)等论文。他在《试论殷墟时期上帝观念的发展》中论述到:"殷人所崇拜的上帝,仅在殷墟文化时期的二百余年间,就不是一个模式化了的形象。而正相反,他一直是个感觉不定,不断为下界为王者设计了而再设计的一位至上神……在殷墟早期卜辞中,上帝还是一个令人崇拜而茫然无定、游弋于四方万域的超民族神,殷人则待时寻找机会,宾享于帝。"

接着又论述到:"大概就是在殷墟中期以后,商王对上帝的权能及其神属关系进行了一些规范化调整,上帝几乎完全成了殷人自己的保护神和至高神。商王对上帝形象的再设计可以说很有收获,随着上帝概念的规范化和系统化,商代的王权统治思想也因之得以强化,并促发了进一步向天上帝权合拢的趋势……此时期的商代时王,已经开始利用帝的观念来比附下界的人主,终把那个连他们的前辈都为之崇尚且又不敢冒犯的字眼——'帝'之桂冠,变相戴到了自己和其先君的头上。这可谓是殷人关于帝的观念的又一次变革,这一变革由此也开创了历史上把下界的最高人君(含先王)与上界的最高神灵有机统系在一起的先河。"⑥从而揭示了统治阶级利用宗教来维护自己统治的实质。

近几十年来,我国的商代考古和古文字资料的出土,都有许多重大发现,有关的学术研究硕果累累。据王蕴智的统计,如今关于商代考古遗址和包含有商代文物的遗存点已发现2000余处,地域分布跨及全国15个省区。在殷墟甲骨文中,可以建档的甲骨文族氏地名资料计约1050种,商至周初金文族氏资料计约1100种,其中彼此约有230余种可相印合。

近年来王蕴智在他的《河南出土商周青铜器铭文集释》(稿)及一系列论文中,根据70年来古都邑聚落的考古收获和甲金文所见国名、地名、人名和族名(含族氏名)等相互内在关系,在前贤研究的基础上,着重对中原地区的商周国族、人物、地望及有关史迹进行了整理和考订。

在《商代甫族、甫地考》(《郑州大学学报》2000年第2期)、《甫、许古族探微》(《许氏文化研讨文集》中国文联出版社2000年)诸文中,王蕴智主要利用商代甲、金文资料和有关文献记载,对商代甫族史迹及其与古许族的源流关系进行了深入的探讨。根据卜辞的排谱考察,作者认为殷墟时期的甫族人常受商王之命而从事各种农稼田猎活动,商王也曾多次亲临甫地并在那里举行占卜活动。当时的甫地与敖、郑、曼、郎等地之间存在着一种呈扇面辐射型的地域临界关系,在地望上可与文献中所记作为炎帝和太岳之后的这一支姜姓中原古族相印合。商代的甫族人与原来《说文》中所称由甫族所受封的许国应存在有历史渊源关系。

在《殷商箕族渊源考订》(《高敏先生70诞辰纪念文集》中州古籍出版社2000年)、《殷商箕族史迹及其地望》诸文中,王蕴智根据有关甲骨卜辞资料和155件铜器铭文,揭示了原作为商王室贵族之一的箕氏部族的史迹源流。作者认为:"殷商箕族本是从王族子姓成员中分化出来而另立徽帜的一个世家大族。这个邦族的首任族长可追溯到武丁时期,大概在商王庚、甲时期,这位当朝老臣还曾长期在中央王室主持占卜活动;他的官爵称号(亚其、其侯)及其私名(疑)作为族徽标志,共同为他的后人所承袭。该族首领像当时许多同姓贵族一样,凭借其与中央王朝牢靠的血缘纽带关系及其特有的政治素养,长期活跃并显达于当时的历史舞台上,甚至在商末周初这样的政治动荡的非常时期,还能涌现出象箕子这样杰出的历史人物。"⑦从出土的铭文中还可以看到箕氏族人接受周初郾(燕)侯奖赏,因此这时作为殷遗的箕族,其贵族的地位并没有中断,只是他们在王朝中的从属关系已经有所变化。

在《说枼》(《吉林大学古籍所建所 15 周年论文集》吉林大学出版社 1998 年)、《甲金文中所见商代叶族及有关史迹》(《纪念甲骨文发现一百周年国际学术研讨会论文》)诸文中,作者经过对甲金文资料的排谱研究,对商代的叶族及其有关史迹进行了全面的综合考察。明确指出商代甲金文中的叶字为"叶"之本字,在当时已习惯用为族氏地名,后世作为百家姓之一的叶姓之源,即可追溯至殷商时期。商代后期至西周早期,叶地贵族首领沿袭使用"亚叶"这一徽号,其中"亚"字为商王所封官名,"叶"为其族名。

由于对甲骨学、古文字学执着的追求精神,使得王蕴智总是站在学科的前沿,虽说他在甲骨学界还算是比较年轻的学者,却能高瞻远望,对甲骨学的发展提出许多远见卓识的见解。在新世纪即将到来之际,他撰写发表了《对当前甲骨学基础研究工作的几点思考》(《古文字研究》22 辑,中华书局 2000 年)、《抓紧甲骨文的基础整理工作——着手于新世纪的甲骨学研究》(《殷都学刊》,2000 年第 2 期)、《甲骨学研究展望》(《黄河文化》,1999 年 3 期)等系列论文,分析了甲骨学的基本状况,总结了取得的成就和存在的问题,着重论述了甲骨学未来的发展构想。他指出:"经过海内外几代学人的不懈努力,如今的甲骨学不仅是中国古文字学的一个重要分支,而且它已经交叉渗透在考古学、语言学、历史学、文献学、民族学及思想史、文化史、科技史等相关学科之间,成为探讨华夏古代文明和传统文化渊源的前沿窗口。"他同时还指出:"新世纪的甲骨学事业任重而道远,专业工作者尚需耐得寂寞,切实从眼下的基础工作做起。就学科建设来考虑,甲骨学尚有进一步拓宽领域,健全体系,增加研究的力度和深度,并逐步向高层次和多学科交叉契入的方向发展,从而使其在中国古代文明领域的研究当中充分发挥出学科中砥的作用。"⑧

为此,他对今后甲骨学的工作提出了20个方面的任务,这些任务可以概括为四大类,即一、深化文字释读工作,量化整理编纂新的字典、词典、全面构建各项语言文字数据库;二、重视甲骨分期工作,严密量化卜辞的分类整理;三、集中对甲骨刻辞的内容进行系列排谱整理,多角度、多侧面地揭示其所反映出来的历史文化内涵;四、集中对早晚各类卜辞文例及其相关的各种占卜遗物进行系列的类型学分析,深入考究殷商至西周初期的卜法系统、卜筮制度的演进以及那个时代的数术文化内涵。王蕴智的这些思考和实践,得到不少甲骨学权威人士的赞同。

注释:

① 王蕴智:《殷周古文同源分化现象探索·后记》,第236页,长春,吉林人民出版社,1996年。

②⑤ 平常:《前修未密 后出转精——谈〈殷周古文同源分化现象探索〉》,《殷都学刊》2000年第1期。

③ 姚孝遂:《殷周古文同源分化现象探索·序》,长春,吉林人民出版社,1996年。

④ 王蕴智:《殷周古文同源分化现象探索》第15页,长春,吉林人民出版社,1996年。

⑥ 王蕴智:《试论殷墟时期上帝观念的发展》,四川大学历史系《徐中舒先生百年诞辰纪念文集》第81~83页,成都,巴蜀书社,1998年。

⑦ 王蕴智:《殷商箕族渊源考订》,《高敏先生70华诞纪念文集》第64~78页,郑州,中州古籍出版社,2000年。

⑧ 王蕴智:《抓紧甲骨文的基础整理工作》,《殷都学刊》2000年2期。

三、常耀华

常耀华,1959年出生于河南省西平县。1980年考入平顶山师专中文系学习,1983年毕业后,因成绩优异被留校任教,他一边认真搞好教学工作,一边坚持继续刻苦自学。1986~1988年他被选派到河南大学中文系进修,除认真学好专业课程外,他以更多的时间和精力研习古文字学,并对甲骨学产生了浓厚的兴趣。他在给友人的信中曾指出:"我能够跻入甲骨学林,的确得益于河南大学二年的进修经历。在河大期间,学校派最强的阵容给我们上课。请出年事已高的于安澜、赵天吏、华钟彦先生给我们开课。于先生讲《说文》、赵先生讲《汉语史》。赵先生授课毕,即不幸仙逝,至今令人唏嘘。其他如张启焕、吴君恒、王复光、董希谦诸先生,都是道德文章兼善的良师,使我受益终生。我十分感谢河大丰富的藏书,借阅了《甲骨文字释林》、《中国文字学史》、《甲骨文编》、《金文编》等,奠定了古文字学的前期基础。正因为如此,我对河南大学的感情是无法用言语表达的。"①

90年代初,常耀华在学习研究甲骨文方面几乎已进入痴迷的状态,除正常的工作外,他投入了自己的全部时间,星期天和节假日从来没有休息过。普通师范专科学校的教学任务是十分繁重的,为支持他的学业,学校又给了他一次进修的机会,1993~1994年,他以访问学者的身份到中国社会科学院历史研究所,师从李学勤先生学习研究甲骨学。

李学勤是我国著名学者,他涉猎广泛,学识渊博,在中国古代思想史研究,在古文字、青铜器、先秦史等方面都有深厚功力,在甲骨学方面的造诣尤深。他对甲骨文分期断代的研究,可以说继董作宾、陈梦家先生之后,又有划时代的突破,其殷墟甲骨的"两系说"在学术界产生了很大的影响。在名师的指导下,常耀华进步很快,他选择了甲骨文分期断代作为自己的研究方向。在这期间,他完成了《重论YH251、330卜辞》、《YH251、330卜辞研究》等重要论文。

YH251、YH330卜辞是20世纪30年代中央研究院历史语言研究所对殷墟进行科学发掘时,在建筑基址乙区发现的两坑甲骨。YH251属于乙十八基址的门旁窖、YH330属于乙二十基址的门旁窖,两个基址的主基乃是乙十一后期基址。参加和主持过乙区基址发掘的台湾中央研究院院士、研究员石璋如先生对这两坑甲骨曾进行过初步整理和研究,在他的《殷墟建筑遗存》等论著中都有所论及。

YH251、330卜辞就数量而言并不很大,但其直接牵涉到甲骨文的分期分组、"非王卜辞"是否存在、商代占卜制度怎样、商代家族形态如何等一系列甲骨学商史研究上的重大问题。由于这批甲骨奇字多,文例特殊,整理起来比较困难,且研究者又都是抽样性考察,因此后来虽然不断有学者进行研究探讨,但始终没有较大的突破进展。

常耀华的《重论YH251、330卜辞》(《中国史研究》1996年第4期)从考古坑层角度切入,首先辨明坑位,以坑位为纲,由此及彼,条分缕析,对这批资料进行了全面系统的整理。由于采取了科学的方法,使其在多方面取得了突破性的进展,概括起来有如下四点:

1. 澄清了YH251、330卜辞与子组和YH253卜辞并非同一种卜辞的重要事实,指出长期以来多数学者将这批材料视为"子组卜辞",其实是一种误解。本文推翻了"YH251、330卜辞与YH253卜辞"可以视为一个整体的权威结论,动摇了据此推论商代家族形态的理论基础。这批卜辞实际上是自成一统,卜辞中的重要人物"启"起着重要的关联作用,作者给它命名为"启卜辞",为这批材料确立了一个明晰的概念。

2. 在相当长的一段时期,人们认为小屯殷墟出土的十几万片甲骨毫无例外的都是殷王室的卜辞。自日本贝塚茂树和李学勤二位先生先后提出王室卜辞之外还有"非王卜辞"之后,引起了甲骨学界的激烈论争。赞成者不少,反对者亦不少。导致聚讼的一个重要原因是基本材料的整理工作没跟上,许多人把本不属于"子组"的卜辞当作"子组"来讨论。为了解决这一问题,作者对这批材料做了细致彻底的清理,将其与人们普遍认为是子组的材料作了比较研究,分析的结果是"非王卜辞不仅存在,并且不止一种,这批材料就是最具典型意义的"非王卜辞"。

3. 缀合是甲骨材料整理的第一步,也是烦难而紧要的一步。如果这一环节出了问题,由此而得出的推论肯定靠不住。本文对《甲骨文合集》及台湾学者白玉峥氏关于这批材料的拼合问题做了修正,指出《甲骨文合集》拼合的 6 例错误,白玉峥 3 例错误,并对他们脱漏的 6 版予以补缀。

4. 深入探讨了两坑同文卜辞,推翻了白玉峥氏两坑只有十组同文卜辞的结论,确证两坑同文卜辞至少有十三组,对具有普遍意义的四版一组的同文卜辞进行了讨论,反驳了白玉峥氏"三甲为一组"的说法,并由此推导出"王的占卜与非王占卜制度不一定统一,王室占卜制度比较完善,非王并无太多规矩"等八点结论。这对弄清殷代卜法,研究商代占卜制度是有帮助的。

该文发表后,中国人民大学报刊资料复印中心全文予以转载(《先秦·秦汉史》1997 年第 2 期),引起学术界重视,得到甲骨学界的好评。著名甲骨学家杨升南先生指出:"常耀华同志的《重论 YH251、330 卜辞》,是近年来甲骨学研究领域中出现的一篇十分优秀的论文。这篇论文对甲骨文研究的一个突出贡献是把 YH251 和 330 两坑甲骨进行了重新整理,剔除了原发掘者将他坑甲骨混入此坑者,纠正了原编号的混乱。在此基础上,对两坑甲骨进行了重新拼合,纠正了台湾白玉峥和《甲骨文合集》对此两坑甲骨在拼合方面的错误,同时超过了两者的拼合数。对此两坑甲骨的整理成果,皆受到甲骨学界的认可,这样完整细致地对此两坑甲骨的科学整理,是自 1937 年被发掘出来后的首次,其成就超过了前人。"[2]1997 年该文获得河南省社会科学优秀成果二等奖,1999

年又获得河南省社会科学优秀成果青年奖。

台湾中央研究院历史语言研究所对此文也十分重视,致函作者的导师李学勤先生,希望该文能在他们主办的学术刊物《中国文字》上刊布。后经常耀华整理补充,题目改为《YH251、330卜辞研究》,发表在1997年12月出版的《中国文字》新23期上。石璋如先生看到该文后十分重视,很快写了一篇数万字的文章《殷墟地上建筑复原第八例兼论乙十一后期及其有关基址与YH251、330的卜辞》(《历史语言研究所集刊》第七十本第四分册"历史语言研究所成立七十周年专号"1999年),文章开头就指出:"1997年常耀华先生,发表了一篇大作《YH251、330卜辞研究》,是一篇很有分量的佳作。全文分为五大段……拜读之后,非常钦佩。文中所提到与我有关的几个问题,如:误编、缺号、坑位以及卜辞的时期等,我都愿意根据层位加以说明。"③

1994年常耀华回平顶山师专任教,在完成繁重的教学任务的同时,继续开展甲骨学研究,承担了多项国家和河南省的重点科学研究课题。其中有国家高校古籍整理委员会重点项目《子组卜辞研究》、河南省教委人文社科规划重点项目《屯南同文卜辞研究》、河南省教委人文社科规划重点资助项目《三年制高等师范专科学校汉语言文学专业教育方法与教学手段的改革》等项目,并发表了《YH251、330同文卜辞再检讨》、《关于子组卜辞材料的问题》、《关于夏代文字的一点思考——兼论中国文字的起源》等多篇论文。

在《关于子组卜辞材料问题》(四川大学历史系《徐中舒先生百年诞辰纪念文集》)一文中,作者指出,子组卜辞在十万多片殷墟甲骨文中所占比例并不大,但由此而引发的"非王卜辞"有无的争论持续了40年。之所以如此,症结在于究竟什么是"子组卜辞"这一根本问题没有得到解决,这个问题直接关系到子组卜辞范围、性质的确定。

作者认为,殷墟甲骨是考古遗物,任何一类考古遗物的整理和研究必须充分运用考古学的方法来进行。作者以字体为标准,对子组卜辞做出考古学上的分类,给子组卜辞下定义为:"字体细小而整饬,笔画柔曲秀润,具有一套独特字形,卜人以子为代表的一批卜辞。"④并在前人研究的基础上,从10个方面即字形、卜人、前辞形式、出土地点、材料、内容、习用语、祀典、称谓、祭法等,归纳出子组卜辞的特征,将星散于50多种甲骨文著录书中的425版子组卜辞勾稽出来,编排成索引表。

这一研究成果不仅方便了研究者对子组卜辞材料的利用,也是用新的分类法对一组甲骨卜辞进行量化整理的具体尝试。该文在"纪念徐中舒先生百年诞辰暨中国古文字学国际学术讨论会"上宣读交流,受到与会专家学者的好评。出席会议的日本学者成家彻郎先生撰文发表在日本的《书道美术新闻》(第67号、平城10年、公元1998年12月14日)予以介绍,对该文予以很高的评价。

在《重论YH251、330同文卜辞》一文中,常耀华曾对两坑卜辞同文现象进行过讨论,但限于篇幅未能深入展开论证,故再作进一步研究,完成了论文《YH251、330同文卜辞再检讨》(《殷都学刊》1998年第4期)。作者指出YH251、330中有不少的同文卜辞,经整理共有13套,约占两坑卜甲的五分之二。为清楚眉目,便于比较,作者列出了13套同文卜辞关系。作者特别注意同时同事同兆序的同文卜辞,对这一特殊现象作了这样的解释:"这种如出一辙、甲版几乎是乙版翻版的现象,应不是两个刻工所为。如果这样推断不错,殷代占卜同日同时,占卜同事的卜官有可能一个或几个,他们问的内容相同,结果也可能有同有异,但最后契刻甲骨可能只是一人,而不是各个卜官各行其事。卜官与刻工不为一人之说并不新鲜,新鲜的是几个卜问同事之后的结果,都交予一人契刻。换句话说,与几个卜官相对应的刻手只有一个。"⑤通过契者可以系联同时代的许多卜辞,契者应是卜辞分期的一大关键。

王宇信先生曾指出:"龟甲和兽骨上同文卜辞和成套甲骨研究

的发凡启例工作,是胡厚宣先生最早系统进行的。其后,张秉权又做出了不少补苴和深入研究工作。同文卜辞和成套甲骨的认识,对甲骨学的研究很有意义。"⑥但自胡、张二位先生之后,除宋镇豪先生、朱歧祥先生、蔡哲茂先生等少数学者外,专门研究这一课题的人并不多。常耀华对YH251、330同文卜辞深入系统研究,应当说把这一课题的研究推向了一个新的阶段。特别是他通过同文卜辞的研究,提出以契者对卜辞进行分期,极大丰富扩大了甲骨文分期断代标准研究的内容。《YH251、330同文卜辞再检讨》于1999年获得河南省社会科学优秀成果三等奖。

1999年是甲骨文发现100年,"一百年来甲骨学研究,取得了辉煌成就,并成为一门举世瞩目的国际性学问。"⑦为纪念甲骨文发现一百周年,总结百年甲骨学成就,中国殷商文化学会会长王宇信先生、中国殷商文化学会副会长杨升南先生提出了"甲骨学一百年"研究课题,被列为国家哲学社会科学"九五"重点课题,并得到国家哲学社会科学基金和中国社会科学院资助。由王宇信、杨升南任课题组长,中国社会科学院历史研究所宋镇豪、常玉芝、孟世凯、彭邦炯、谢济、马季凡等先生参加编纂,常耀华也应邀参加这一工作。

王宇信指出:"'甲骨学一百年'课题的参加者,有曾参加编纂《甲骨文合集》的老学者,也有改革开放以来成长的中年甲骨学家,还有年轻的学者。我们敬爱的老所长尹达教授要求通过《合集》的编纂'出成果,出人才'的教诲犹在耳际。正是一代宗师郭沫若当年'要大力培养接班人'的远见卓识和胡厚宣师的身体力行,才使这门号称'绝学'的甲骨学研究队伍代有传人,出现了今天一派生机的大好局面。"⑧常耀华就是参加"甲骨学一百年"课题的年轻学者,也是惟一的中国社会科学院院外学者。

常耀华承担了"甲骨学一百年"课题之二——《百年甲骨学论著目》的编纂工作。该项课题原是《甲骨学一百年》的书后附录"百年甲骨论著简目",但因目录多达1万条,量太大,王宇信、杨升南和参加编写工作的学者们都充分认识到"甲骨学论著目的编纂与甲骨学研究的发展有着密切的联系。它不仅是甲骨学研究发展的阶段性总结,也是研究不断深化和开拓的反映。与此同时,它给学者们提供了最新信息,使研究在前人的基础上不断创新。而新成果的取得和积累,又为论著目的再编纂创造了条件。"⑨因此决定从《甲骨学一百年》书后,将"简目"抽出,由宋镇豪任主编,常耀华协助作成专书。为全力以赴搞好这项工作,在平顶山师范专科学校领导大力支持下,1998年常耀华被借调到中国社会科学院历史研究所专职参加课题研究。在王宇信、宋镇豪先生的指导下,从收集整理资料,到确立编纂体例、分组分类、编排出版等,常耀华都作了大量的工作,保证这一项目按时完成。

这部由语文出版社于1999年7月出版的长达256万多字的宏篇巨作,将甲骨文一百年全部论著作者和论著目录收入,计有作者3833人,分布于中国大陆、港澳、台湾以及日本、美国、韩国、英国、法国等14个国家。论著目录10940多条。按内容将论著目分作十类:一、甲骨发现;二、甲骨综论;三、甲骨著录;四、甲骨研究;五、专题分论;六、甲骨类编;七、书刊评介;八、其他杂著;九、学人传记;十、附类。每类之下,又分若干小项,如甲骨研究类又分占卜、断代、文字、文例文法、校订缀合五项。最后附有编年索引、作者索引、篇名索引,以便于读者的查阅。

《百年甲骨学论著目》与《甲骨学一百年》、《甲骨文合集补编》同为"甲骨学一百年"课题成果,在1999年8月于安阳召开的"纪念甲骨文发现一百周年国际学术研讨会"上举行首发,受到出席会议的中外专家学者的一致好评。王宇信、杨升南先生指出:"这部《甲骨学论著目》共收入国内外甲骨论著1万多种,可以说是甲骨学商史研究的世纪总结。"⑩1999年8月27日,台湾《联合报》发表评论指出:"《百年甲骨学论著目》搜集百年来海内外正式发表有关甲骨商代史的专书和论文,一共有 10946 种,成为极具学术价值的工具书。"⑪

在"甲骨学一百年"课题结项后,常耀华重回平顶山师范专科学校任教。2000 年,他克服了年龄较大学外语的困难,以优异的成绩考入中国社会科学院研究生院,师从宋镇豪教授攻读甲骨学硕士研究生,开始了他在甲骨学研究道路上的新起点。

注释:

① 常耀华 2000 年 5 月 29 日给郭胜强复信。
② 杨升南:《〈重论 YH251、330 卜辞〉鉴定书》
③ 石璋如:《殷墟地上建筑复原第八例兼论乙十一后期及其有关基址与 YH251、330 卜辞》,《历史语言研究所集刊》第七十本第四分本,1999 年。
④ 常耀华:《关于子组卜辞材料问题》,《徐中舒先生百年诞辰纪念文集》,成都,巴蜀书社,1998 年。
⑤ 常耀华:《YH251、330 同文卜辞再检讨》,《殷都学刊》1998 年第 4 期。
⑥ 王宇信:《甲骨学通论》,第 148 页,北京,中国社会科学出版社,1989 年。
⑦⑧⑨⑩ 王宇信、杨升南:《甲骨学一百年》,第 1 页,北京,社会科学文献出版社,1999 年。
⑪ 曹铭宗:《联合报》,1999 年 8 月 27 日。

第十三章　安阳的河大毕业生与殷商文化研究

一、杨学法

安阳市人大常委会副主任杨学法,河南省内黄县人。1942年出生,1961年考入河南大学外语系。1965年由河大毕业后,被分配到安阳,先后在市直机关教育、宣传、组织部门和市政府、市人大任职。

1983年至1993年,杨学法任安阳市人民政府秘书长(兼任市侨务办公室主任)期间,正是我国实行改革开放,国民经济和社会文化迅猛发展的大好时机。古都安阳焕发青春,殷墟的保护、研究、开发和利用逐渐被人们所重视,但当时社会上也还有人对这一点认识不足,认为殷墟是发展经济的"包袱"。杨学法充分认识到社会主义精神文明建设与物质文明建设有着同样重要的意义,在安阳开发以殷商文化为载体的优秀民族文化,对促进安阳的经济建设也有着重要意义。因此于80年代初期,在一次邀请省内外专家学者出席的开发安阳旅游发展规划论证会上,他就明确指出,沿海发达地区能够"靠山吃山,靠水吃水",我们就要"靠殷墟吃殷墟,靠甲骨(文)吃甲骨(文)",就要做好开发利用殷墟这篇大文章。此观点得到与会者的一致赞同。

1984年河南省社会科学院历史研究所、考古研究所联合安阳市文化局、安阳市书法家协会等有关学术文化机构在安阳召开了"全国商史学术讨论会"和"国际殷墟笔会",当来自海内外的专家学者以"朝圣"般的心情到殷墟小屯参观时,在昔日殷商王朝宏伟宫殿的遗址上,除了一片片农田和洹河岸边的沙丘及被洹水冲毁的堤岸外,无任何昔日繁盛的景象。与会代表发出了与当年箕子过殷都时的同样的叹息:"麦秀渐渐兮,禾黍油油。"(《史记·宋微子世家》)保护、开发、建设、利用殷墟,已成为一个亟待解决的问题。

尔后不久,杨学法便积极策划,向安阳市人民政府提出筹建"安阳殷墟博物苑"的建议,获得批准。与此同时并决定与中国社会科学院、河南省社会科学院、安阳师范学院等单位联合发起,筹备于1987年召开"中国殷商文化国际学术讨论会"。

杨学法对这两项工作十分重视,全力以赴予以支持。为殷墟博物苑的立项,他曾亲率有关部门的人员千里驱车赴京,邀请中国社会科学院、北京大学等单位的胡厚宣、李学勤、高明、郑振香、王宇信、杨升南等先生参加论证。以后又多次召开论证会,得到专家学者的一致肯定和好评。在立项后,从规划设计、施工建设到展厅的布置,他又做了大量的协调和指导工作,保证了工程的顺利进行,使殷墟博物苑得以在1987年"中国殷商文化国际学术讨论会"召开时竣工剪彩,并在这里举行了大会的开幕式。

殷墟博物苑建有在原址上复原仿建的殷代宫殿,其中一处布置了甲骨文展厅,一处布置了甲骨学著作展厅,另有甲骨碑林和在原址上复原仿建的妇好墓享堂及墓室。博物苑的建设受到国内外专家学者和广大群众的一致好评,现在它不仅是学习研究殷商文化的好场所,也是青少年爱国主义教育基地。江泽民总书记来安阳视察时,曾视察了殷墟博物苑,并指出:"这个地方学问很深,很有发展前途"。(见《中外学者论安阳》新华出版社1997年)

为筹备"中国殷商文化国际学术讨论会",杨学法代表市政府制定了详细实施方案,协调落实各项会务工作。从接待服务、生活保障到会议的发言与参观及送客善后的各个方面,都作了认真、细致、周密的安排,做了大量工作,付出辛勤劳动。经与联办单位的密切合作,保证了这次国际盛会的圆满成功。

这是一次在甲骨文的故乡首次举办的以研究甲骨文为主题的大型国际学术会议,国内外著名专家学者周谷城、胡厚宣、张政烺、李学勤、伊藤道治(日)、池田末利(日)、张光直(美)、吉德炜(美)、艾兰(英)、高岛谦一(加拿大)等一百多人出席了会议。这次会议促进了学术交流,增进了友谊,也宣传了安阳。

在杨学法的积极努力下,还创办了《殷墟博物苑苑刊》,成为殷商文化研究者的一块专门园地,胡厚宣任主编,杨学法和朱启新、田昌五任副主编。在《殷墟博物苑苑刊》创刊号上,登载了"中国殷商文化国际学术讨论会"的部分论文,受到专家学者的欢迎和好评。

从此,杨学法和海内外不少著名殷商文化专家、学者建立了深厚的友谊,结下了不解之缘。在以后的岁月里,他与中国社会科学院研究员胡厚宣、李学勤、王宇信、杨升南、原国家文物局局长谢辰生、日本籍华人欧阳可亮等先生保持着长期的多方面的联系。

著名甲骨学家、原中国殷商文化学会会长胡厚宣先生在 20 世纪 30 年代曾参加过安阳殷墟西北岗王陵区的发掘。1945 年抗战胜利后,他由重庆北上京津收集甲骨文,也曾想到安阳再作停留,但终因交通不便而作罢。这次他以 7 旬以上的高龄来安阳,是他阔别 50 年后的旧地重游。杨学法对他十分关心、尊重,照顾备至。看到安阳市委、市政府对学术文化研究工作的重视,及对知识分子的关怀爱护,胡老把安阳视作自己的第二故乡。以后他多次来到安阳,并担任殷墟博物苑学术委员会主任,主持参加有关学术活动,为安阳的精神文明建设出谋划策。1994 年秋,他来安阳参加

"纪念甲骨文发现95周年国际学术研讨会",这时他已近85岁高龄。会议期间,杨学法代表安阳市委、市政府主持了"胡厚宣先生参加殷墟发掘暨学术活动50年纪念会"。会上对胡老在甲骨学研究和殷墟发掘及对安阳精神文明建设方面的贡献予以充分肯定,并授予他安阳荣誉市民的称号。胡老十分感动,在会上热泪纵横的说,他十分感谢安阳党政领导的关怀爱护,这是他一生最大的荣誉和安慰。

历史进入20世纪90年代。为弘扬民族文化、推进殷商文化研究、进一步宣传安阳,杨学法代表市政府与中国社科院历史研究所、考古研究所、中国殷商文化学会联袂,先后举办了纪念甲骨文发现90周年、95周年、甲骨文科学发掘70周年学术研讨会暨纪念活动。每次他都担任筹备组织机构的主要负责人,统盘协调、运筹帷幄,并多次主持其开幕式或闭幕式,使每次会议都获得圆满成功。

还值得一提的是,为了宣传安阳,扩大对外开放,1990年杨学法与其他几位同志一起率先倡议创办了安阳殷商文化节,得到了市委、市政府采纳和支持。1991年、1992年连续两年举办了这一地方节庆活动,在省内外产生了较大影响。其间,他策划并担任总监制,与北京某单位合作,摄制了五集电视连续剧《神器》,其主题是讴歌勤劳智慧的安阳人民在抗日战争中为保护殷墟出土珍贵文物——世界上最大的青铜器司母戊大方鼎,与日寇汉奸所展开的英勇斗争。此剧曾先后在中央电视台、部分省、市电视台播放,收到良好的宣传效果。

1999年是殷墟甲骨文发现100周年。国内外学术界都十分重视,台湾中央研究院已于1998年先期举行了学术纪念活动。安阳市人民政府与中国社会科学院、中国殷商文化学会、安阳师范学院等单位再次合作,共同发起筹备召开以"纪念甲骨文发现100周年国际学术研讨会"为中心的纪念活动。杨学法与中国殷商文化学会会长王宇信出任筹备委员会秘书长,负责协调处理各种筹备工作和纪念活动期间的各项事宜。出席此次纪念活动的中外专家学者多达180人,中共中央政治局委员、中国社会科学院院长李铁映和河南省党政领导亲自到会祝贺,盛况空前,取得圆满成功。

为广泛深入地宣传殷商文化研究成果、丰富这一纪念活动的内容,杨学法倡导并大力支持摄制了六集电视专题片《甲骨百年》,在中央电视台黄金时段播放,受到广大观众的好评。后来,此片荣获全国广播电视新闻系列片一等奖。其间,他还筹划并支持有关部门和单位制作了甲骨文发现100周年纪念邮品、举办了出土甲骨文精品展、甲骨文书画艺术展等。

近20年来,不论杨学法的工作岗位怎样变换,不论他走到什么地方,总是抓住一切可以利用的机会,不遗余力地宣传殷商文化。他曾多次风趣地对专家学者们说:"你们在第一线尽管搞好研究,我要当一名殷商文化的'后勤部长',或者叫联络员、服务员,全力支持你们的研究。"由于他对殷商文化的特殊贡献,因而被中国殷商文化学会聘为特邀理事。

中国殷商文化学会会长、著名甲骨学家王宇信先生曾指出:"我认为现在学术研究已不是个人的事,也不单单是专家学者的事。如果没有各方面的支持,是不会得到蓬勃发展的。安阳的朋友们是永远不能忘记的,殷商文化学会如果没有他们的支持,就不会有今天的局面!我们常说党的领导和同志们的支持,但是要通过具体的人来体现,他们热爱文化、关心学术、关心学者,我们永远铭记在心中。学法同志不愧为河大的毕业生,河南大学培养了他的文化底蕴,对殷商文化情有独钟,他对殷商文化的支持,保证了我们学术研究丰硕成果的取得。学法是甲骨学的老朋友。"

杨学法对殷商文化研究的特殊贡献,得到海内外学术界的普遍认可。2001年9月,台北台湾大学举办"海峡两岸古玉学会议",特向杨学法和安阳市文联主席、中国殷商文化学会副秘书长张坚先生发出了邀请。他们作为正式代表与来自海峡两岸和美国、韩国、日本等国家80多位专家学者共同出席了会议。会议期间,他们和中国社会科学院历史研究所研究员、中国殷商文化学会会长王宇信、秘书长宋镇豪一道拜访了石璋如先生。百岁老人石璋如听说他们来自河南故乡、来自殷墟安阳感到很高兴,亲切地询问安阳和殷墟的情况。当得知安阳正在进行殷墟申报"世界文化遗产名录"的工作,当即表示全力支持。会见后石璋如先生还与杨学法等合影留念。(见附图)在董作宾大师之哲嗣董玉京、董敏兄

杨学法与石璋如先生在台北中央研究院石璋如的办公室合影

弟的陪同下,他们还拜谒了董作宾先生之墓,对这位为殷商文化做出杰出贡献的学术大师表示崇高的敬意和深切缅怀。

　　反程途经香港,杨学法一行又专程拜访了著名甲骨学家、香港中文大学教授饶宗颐先生。饶宗颐先生曾于1999年到安阳出席"纪念甲骨文发现100周年国际学术研讨会",这次见到杨学法连声说老朋友了,欢迎,欢迎。杨学法介绍了安阳申报殷墟为"世界文化遗产名录"所做的工作,饶先生表示赞成,并说要加强殷商文

化的研究和宣传,是能申报成功的。

二、张启生

张启生现任中共安阳市委副书记、市纪检委书记曾任多年的市委常委、宣传部部长,同时兼任安阳对外文化交流协会会长。多年来,他在弘扬中国历史文化、让古都安阳走向世界方面做出了积极的贡献,不愧是河南大学一位优秀的毕业生。

张启生1954年4月出生于河南林州市。1972年参加工作,在林州东姚乡党委办公室任干事。1984年8月至1986年7月在河南大学干部专修班学习;1991年至1995年任中共安阳市委纪检委副书记;1995年至2001年任中共安阳市委常委、宣传部部长;2001年4月任中共安阳纪检委书记,中共安阳市委副书记。

众所周知,安阳是中国七大古都之一、国家历史文化名城。举世瞩目的甲骨文、司母戊鼎和商代晚期卓越的都城建设,都可以在安阳得以诠释。素有"建安风骨"之称的三曹七子的诗赋,就是在这里的邺城三台之上吟咏出来的。由于故乡深厚历史文化底蕴的熏陶,他对安阳所独有的殷商文化情有独钟,并一直孜孜不倦地吸收着她的营养,处处体现在自己的工作之中。

作为市领导成员之一,张启生积极求索,走出了一条塑造城市整体形象的好路子。他在多种场合说:古都安阳,悠悠3300年历史,在这块中华民族的热土之上,产生过许许多多的名人逸事,其中最具震撼力的便是"一片甲骨惊世界!",100年来为发现、研究、保护这一民族瑰宝,多少志士仁人为之付出了毕生的心血乃至生命。作为后来者,我们有责任继承下来、保护好,建设好家园,为弘扬祖国传统文化的伟大事业鼓与呼!

1996年6月1日,国家主席、党的总书记江泽民视察了古都安阳,并题词:"弘扬民族文化,建好古都安阳"。时任宣传部长的张启生敏锐地感觉到,这就是指导古都安阳一个时期两大文明建设的基本纲领。他随即指示有关部门,就总书记对安阳的题词迅速展开一场深入的讨论,造成一个全社会的学习、理解、贯彻高潮。在他的主持下,由文化局出面,邀请对古都安阳历史文化研究有较深造诣的各方专家学人进行座谈,请大家各抒己见、畅所欲言,为安阳两个文明建设出谋划策。他在座谈会上讲话说:要抓紧落实江总书记的题词,使之成为安阳经济建设的动力。要抓住机会,今后几年以此为契机,为各项工作的总领头,把两个文明建设抓好。他强调这是一个系统工程,要重视再重视,全社会都要宣传好、落实好这一题词精神。他特意说,要把这一精神贯穿于正在着手制订的安阳市精神文明建设5年规划之中,还建议围绕题词再行组织涉及文化、城建等方面的专家进行学习研究。同时,还指示要在《安阳日报》开设专栏进行讨论,广泛地营造社会舆论。

1999年是甲骨文发现100周年。张启生认为,这是一个极好的把安阳推向世界的机遇。他与其他市党政领导一起,积极筹划,大力加强了对外宣传工作的力度。经过他们的共同努力,当年9月,由中国社会科学院、安阳市政府、安阳师范学院等联合召开的"纪念甲骨文发现100周年国际学术研讨会"如期举行,中外学者180多人出席了这次世纪之交的盛会。张启生担任了这次会议的组委会副主任,会前、会中、会后做了大量的工作,使会议获得圆满的成功。

当张启生了解到安阳有关部门的同志正在创作反映安阳殷商历史文化的书籍后,当即予以首肯,并指示有关部门予以尽可能的支持。在他的关怀下,安阳日报主任编辑刘志伟撰写了《百年话甲骨》一书,由海潮出版社出版。该书一面世,即被中央电视台选中,邀请作者赴京参加该台名牌栏目"读书时间"的制作。张启生在繁忙的工作中,指示有关部门派员陪同作者到京,后又邀请栏目记者来到安阳,圆满完成了节目的制作。中央电视台于1999年7月

30日如期首播了"读书时间"(第150期),该书作者作为河南省继南阳二月河之后第二个到该栏目做客的作家,充分展示了安阳殷商文化的风采,而张启生却是默默无闻的幕后英雄。

安阳县地名办公室许作民先生的《我爱古都安阳》一书也在张启生的关心下出版。张启生还为以上两书写了序言,两书在纪念甲骨文发现100周年国际学术研讨会上交流,受到国内外专家一致好评。

在纪念甲骨文发现100周年活动中,安阳还推出了一系列的围绕殷商文化的宣传项目。如:社科联举办的安阳市社会科学优秀成果展,把殷墟甲骨文和安阳古都的研究成果列为参展的主要内容;举办了纪念甲骨文发现100周年甲骨学论著展;市书协举办了纪念甲骨文发现100周年书法展;殷墟博物苑增建了妇好墓地圹,恢复了妇好墓当年出土时的场景;市集邮协会为纪念甲骨文发现100周年发行了纪念邮品;博物馆举办了民间收藏甲骨展等系列活动,为这一国际盛会增添了光彩。

2000年11月,历时5年的举世注目的"夏商周断代工程"首批成果公布,安阳是该成果的最早受益者——成果确定了商代在古都安阳建都的准确时间——公元前1300年。根据这一成果,到2000年,商代在安阳建都整整3300周年。一些单位和个人提出举办纪念活动的建议,张启生马上感觉到,这是把安阳推向世界的一个极好机会,遂决定在京召开"纪念安阳建都3300周年纪念会"。由于时间紧迫,牵涉到的部门较多,他立即指示市委外宣办积极做好一切筹备工作,并立即向市委主要领导汇报,征得同意共同确定日程。从活动安排,到主要领导在活动上的发言,他都一一过目、严格把关,确保了在京举办的这一活动如期圆满、成效辉煌。在京的夏商周断代工程的首席科学家、著名学者李学勤、李伯谦和主要专家济济一堂,展示了殷商文化的最新成果,驻京各大媒体盛赞安阳市领导的高瞻远瞩和卓越胆识。

2000年3月,张启生应邀赴美国参加了第38届亚洲问题年会。在美国期间,张启生先后到中国驻美国使馆、侨报、NEC广播公司等处,抓住机会介绍安阳殷商文化的博大精深。赠送的礼品除了《今日安阳》、《安阳》、《崔派艺术集锦》外,还赠送了具有殷商特色的仿制甲骨文、甲骨文衬衫等,给美国友人留下了深刻印象。

张启生特别强调充分运用新闻、文艺等手段加大对殷商文化研究和宣传的力度。近年来,在张启生的关注支持下,安阳先后推出电视连续剧《甲骨魂》、大型乐舞《商颂》、电视专题片《甲骨百年》等有影响的作品。

张启生曾经在中央党校深造,并在校刊《中国党政干部论坛》上发表文章《弘扬中华民族优秀传统文化推动社会全面进步》。文章说:弘扬中华民族优秀传统文化,就是要注重和吸收中华民族历史悠久的民族传统文化的精髓同社会主义的时代精神相结合。为民族传统文化注入新的活力,以适应改革开放和现代化建设的时代需求,满足人民群众日益增长的精神文化需求,促进经济发展和社会全面进步。

三、郭新和

郭新和副教授,河南淇县人,1954年出生。自幼在家乡读书,中学毕业后,正赶上文化革命后期的动乱,他在家乡当过教师,后又当过工人,但始终坚持业余学习。粉碎四人帮以后,国家恢复普通高等学校招生考试,1977年郭新和参加高考,被河南大学中文系录取。在大学学习期间,他对古文献、古文字学产生了兴趣,并接触了甲骨文,在学好各门专业课程的同时,阅读了这方面的书籍。

1982年郭新和于河南大学毕业后,分配到河南师范大学,先后在校纪委、宣传部、校长办公室工作,曾任宣传部副部长,校长办公室主任、校长助理。1998年9月调任安阳师范学院（原安阳师范专科学校）党委书记，兼任马列部教师。在走上领导岗位后，工作十分繁忙，但他仍坚持理论和业务的学习，2000年取得北京师范大学研究生硕士研究生课程班毕业文凭。

20世纪80年代初，"全国商史学术讨论会"在安阳召开，接着又筹备召开了"中国殷商文化国际学术讨论会"，成立了"中国殷商文化学会"，全国出现了"甲骨热"。作为甲骨文故乡的高等学府，安阳师范学院的历届领导，大都能够以突出教学需要，突出地方特色为中心，重视开展殷商文化的研究。学校专门建立了殷商文化研究室，开办了殷商文化研究班，学报《殷都学刊》增辟了"殷商文化研究"专栏。《殷都学刊》被评为"首届全国百强社科学报、河南省一级期刊、中国殷商文化学会荣誉期刊"，成为国内外殷商文化研究的重要阵地。

郭新和书记主持学院工作后，特别是在经国家教育部批准安阳师范专科学校升格为安阳师范学院以后，更加重视对殷商文化的研究工作。他在讲话中曾指出，殷商文化源远流长，在世界上享有盛誉，百年来国内外学者趋之若鹜，竞相开展研究并取得丰硕成果。我们地傍殷墟，应当把殷商文化研究作为科研的主要方向，力争缩小和国内外学科前沿研究水平的差距，争取出一批高水平研究成果，这对于树立学院形象，提高学院的知名度有着重要意义。同时这不仅是一个科研工作的问题，也是一个弘扬民族文化的大问题。

鉴于此，学院进一步加大了对开展殷商文化研究工作支持的力度，在他的大力倡导和支持下，成立了院殷商文化研究所和董作宾甲骨学研究中心，他亲自兼任研究所所长和研究中心主任，直接具体领导殷商文化研究的工作。学院还选拔了一批学有专长年富力强的教师充实了《殷都学刊》编辑部、殷商文化研究所的领导岗位和研究队伍。

为突出殷商文化研究,1999年学院又创刊《安阳师范学院学报》,使《殷都学刊》成为专业性社科文史类刊物。将原来的"殷商文化研究"专栏析辟为"甲骨学研究"、"殷商史研究"、"夏商周考古"三个专栏,大大增加了殷商文化研究的内容含量。调整后的《殷都学刊》1999年第1期发表了著名学者李学勤、吉德炜(美)、杨升南、曹定云等先生研究殷商文化的重要文章。1999年第2期特设了"纪念甲骨文发现100周年"专栏,发表了著名学者王宇信、郑振香、宋镇豪及郭新和、郭旭东等先生的重要文章。由于加强了殷商文化研究,进一步突出了地方特色,调整后的《殷都学刊》更受到学术界的欢迎和重视。

1999年是甲骨文发现100周年。100年来在几代甲骨学家不懈的努力下,甲骨学已积累了大量研究资料,形成了有着严密规律的,与多学科交叉联系的成熟学科。在纪念甲骨文发现100周年的时候,"回顾百年来前辈学者所取得的成就,发扬和扩大他们勇于探索,不断进取的优良传统,展望未来的研究前景,对促进我们'后来者'的深入研究和把甲骨学推进到新的100年的繁荣是很有意义的。"①为此,中国社会科学院历史研究所、考古研究所、中国殷商文化学会、安阳师范学院、安阳市人民政府共同发起召开了"纪念甲骨文发现100周年国际学术研讨会",郭新和书记担任组委会副主任,从人力、物力、财力上给大会以全力支持,做了大量的具体工作。为给大会提供举行会议的场地,安阳师院还专门整修了多功能学术会议中心大厅,大会学术发言和闭幕式在这里举行。从会议的组织安排到软硬件服务设施,均受到出席会议的专家学者的好评。为配合研讨会,学院在校园内还举办了"安阳师院殷商文化研究成果展",展示了近年来安阳师院在研究殷商文化方面的阵容和成果。与此同时,还举办了"董作宾父子三人甲骨书法展"。(见附图)

1999年8月20日上午,在安阳市中原宾馆隆重举行了"中国

郭新和代表安阳师院接受董作宾之子董玉京赠送的董作宾书法作品

殷商文化国际研讨会"开幕式。中共中央政治局委员、中国社会科学院院长李铁映专程前来参加祝贺,河南省委、省政府、安阳市委、市政府及主办单位的领导和国内外著名专家学者李学勤、饶宗颐、田昌五、王宇信、李民、郑振香、邹衡、松丸道雄、伊藤道治等200余人出席了开幕式。

郭新和书记在开幕式上作了发言,他首先代表安阳师范学院向出席会议的中外专家学者和各级领导表示热烈欢迎,并对大会成功地召开表示热烈祝贺。接着论述了甲骨文发现的重大意义,回顾了百年甲骨学研究的成果,并简要介绍了安阳师范学院开展殷商文化研究的现状,及学院在殷商文化研究方面取得的成绩。并表示学院要始终把殷商文化研究作为重点科研方向,加大投入、力争出高水平科研成果,并希望得到各位专家学者的支持合作。在这次会议上,郭新和同志被增补为中国殷商文化学会理事。安阳师院聘请田昌五、王宇信、李民、杨升南、吴玙、董玉京、宋镇豪美国学者邵邦华等殷商文化研究专家为兼职教授,并和他们一道酝酿讨论了学院开展殷商文化研究近期的目标和长远规划。(见附

图)

郭新和(左一)与台湾师范大学著名学者吴玙教授
(中)讨论在殷商文化研究中加强交流与合作的问题

郭新和书记积极开展甲骨学殷商史方面的学术研究。在纪念甲骨文发现 100 周年的时候,发表了两篇重要论文:《卜辞中的"告"》(《殷都学刊》1999 年第 2 期"纪念甲骨文发现 100 周年"专栏),《甲骨文中的"舟"与商代用舟制度》(《殷都学刊》1999 年增刊《纪念甲骨文发现 100 周年论文专集》)。

在《卜辞中的"告"》一文中,作者指出,卜辞中的有关"告"的辞例很多,《甲骨文合集》就选录了 600 余条。内容涉及商代后期政治、经济、军事、祭祀等方方面面。作者同意吴其昌先生的分析,认为"告"的上部为牛字,下半部为刑牲之具,意为杀牲以祭告神祖,后引申为报告、诰示、告诉等意。作者认为"告"在卜辞中的用法有两种,一种是"告祭",一种是报告。

文章指出,卜辞中以告祭用法的比例最大。告祭的对象有商代的先公先王及先妣、时王的父王母后和自然神祇及一些功臣。文章列出 7 种频繁举行告祭的原因;还指出告祭之礼多在宗庙中进行,还有明确记载的地点"南室"、"盟室"、"新室"等。告祭用牲多为牛,也有用豕、羊的;告祭中有时还要进行燎祭、沉祭和酒祭等。

"告"的另一种用法是报告,意为下级向上级禀报情况。文章分析了报告的内容有 4 个方面:1. 敌方出动,边境向朝廷报告敌情;2. 日常情况的报告;3. 报告野兽出没情况,为商王田猎做准备;4. 报告农作物生长及收获的情况。经过分析作者指出:"卜辞中反映的商代情况报告之事,说明当时已有一定的传报制度。从一般的日常事务的报告,到重大军情的报告以及禽兽踪迹的专人报告等,大小事情需下情上达,表明当时可能已有这方面的国家制度,是各地必须如此做的。同时也说明了殷商王朝对内畿外服的控制情况,由此可推知商王朝当时并非是一个松散的联邦国家,而是一个统治权力相对集中的奴隶制王国。"②

《卜辞中的"告"》引用了 90 多条甲骨文,对卜辞中的"告"进行全面系统的整理、分析和讨论,这在学术界尚属首次。该文在"纪念甲骨文发现 100 周年国际学术研讨会"上交流时,得到出席会议的中外专家学者的肯定和好评。著名甲骨学家、中国社会科学院历史研究所研究员杨升南称赞该文为学术界少见的对"告"进行研究的重要文章。

他的另一篇文章《甲骨文中的"舟"与商代用舟制度》,以大量的甲骨文、古代文献和考古资料对商代的交通工具舟进行了全面探索。全文分三部分,第一部分根据《淮南子》、《周易》、《世本》等文献记载和浙江河姆渡原始社会文化遗址资料,说明在原始社会已有了舟船。进而根据《史记》、《尚书》和甲骨文资料论证商代的用舟制度。指出商代的统治者对舟船十分重视,商王有专用的舟并由专人管理,使用船有严格规定,必须有商王的命令方可放行。第三部分论述了舟的用途有 5 个方面:1. 用于战争,运送军队和辎重;2. 运送手工业原料青铜矿石、玉石等;3. 用于商业贸易;4. 作为驿传工具;5. 用于渔猎活动。

衣食住行是社会生活史研究的主要内容之一。著名学者李民先生主编，郭旭东、张国硕、朱彦民等人编写的《殷商社会生活史》（河南人民出版社1993年）；著名甲骨学家王宇信、杨升南主编的《甲骨学一百年》（社会科学文献出版社1999年）等著作中，对商代的用舟多有论及，但都比较简略。因此，《甲骨文中的"舟"与用舟制度》较深刻、全面地揭示了商代用舟的情况，丰富了我国交通史研究的内容。该文被收入四川大学出版社2001年出版的大型丛书《甲骨文献集成》中。

注释：
① 王宇信：《甲骨学研究一百年》，《殷都学刊》1999年第2期。
② 郭新和：《卜辞中的"告"》，《殷都学刊》1999年第2期。

四、郭胜强

安阳师范学院历史系副教授郭胜强，1945年出生于河南安阳市。1963年考入河南大学历史系。大学时代，他学习努力认真，特别喜爱中国古代史。当讲到安阳殷墟和甲骨文时，他为自己家乡优秀丰富的古代文化而自豪，从而对殷墟甲骨文产生了浓厚兴趣。他曾认真倾听过著名甲骨学家、河大教授孙海波先生的甲骨学专题讲座，并登门拜访求教郭人民教授，郭人民教授小心翼翼地打开他珍藏多年的甲骨文，边展示边讲解，更给他留下深刻的印象。可惜后来爆发"文化大革命"，打乱了一切正常的秩序。

1967年由河南大学毕业后，郭胜强被分配到安阳市一所中学任教。当时学校一片混乱，历史课被砍掉。他曾下乡锻炼过，在学校改行教过劳动课、卫生课等，惟独接触不到自己的专业。那时，他的作文化行政工作的父亲曾对他讲,不要放弃自己的专业,在安阳应当多研究一下殷墟。于是他找来郭沫若的《中国古代社会研究》、《甲骨文字研究》;胡厚宣的《五十年甲骨文发现的总结》;李亚农的《殷代社会生活》等当时所能找到的书籍认真阅读,并经常一个人跑到殷墟去参观考察。

当时的殷墟还没有可供展览之处,中国社会科学院考古研究所安阳工作站也不对外开放。他就到小屯农田里、洹河边浏览。1976年考古所安阳站在洹北西北岗殷王陵发掘祭祀坑时,他一连几天跑去挤在人群中观看。去得多了竟然采集到一些石器、陶器及青铜器残片和甲骨文碎片,他珍藏起来成为后来给学生上课时常用的教学标本。他看到当时"农业学大寨"、大搞农田基本建设和在洹河里挖沙给殷墟造成了很大破坏,就写信向《光明日报》反映,呼吁加强殷墟的保护。《光明日报》刊登了他的来信,后来还派记者来安阳殷墟作了专访报导。

粉碎"四人帮",迎来了"科学的春天",学校逐渐恢复了正常的教学秩序。郭胜强一面认真搞好自己的专业教学,一面更加努力收集资料研究殷墟。他曾多次带领学生到殷墟参观,经多方联系得到支持,不仅参观了考古所安阳工作站的陈列室,还参观过工作站的发掘工地现场,并请工作站的专业人员到校为同学们作专题讲座,极大提高了学生学习历史的积极性。他结合教学撰写的第一篇作品,《商代司母戊大方鼎简介》在《史学月刊》上发表(1983年第2期),给其以很大鼓舞。

为了得到更多的支持帮助,郭胜强写信给母校的老师朱绍侯教授。朱先生不仅给他寄来需要的书籍资料,还在回信中鼓励他说:"在地方基层工作的同志,应该结合地方的特点搞科研。你选择殷墟作为自己的研究方向很好。殷墟甲骨文享誉海内外,有不少人倾心研究并取得卓越成就,你只要克服困难,长期坚持下来,一定能取得成绩。"母校老师郑慧生和孙心一教授也给了他很多的帮助和支持。不久,郭胜强又给著名甲骨学家、中国社会科学院历史研究所研究员胡厚宣和王宇信先生写信联系,很快就收到他们热情洋溢的回信。胡老还用甲骨文为郭胜强题词:"学如不及",鼓励他抓紧时间努力学习,(见附图)王宇信也多次将自己的著作寄给郭胜强。

胡厚宣先生为郭胜强题词(后排左起为杨升南、郭胜强、杨善清、杨学法)

1985年,郭胜强在其父亲郭万青先生指导帮助下,根据学习心得体会,完成了《殷墟漫话》并由河南人民出版社出版。该书是一本介绍殷墟甲骨文的通俗读物,作者以生动简洁的语言叙述了殷都的建立、兴盛和衰亡,殷墟的形成、湮没和发现以及殷墟甲骨文的发现、发掘和研究的历史。该书的出版适应了在"科学的春天"到来的形势下,社会上出现的"读书热"、"甲骨热"的需要,受到读者和专家的好评。胡厚宣先生在给作者回信中指出:"这本书深入浅出写的还是不错的,如果再补充一些内容,列出参考文献,调整一下体例,就是一本很不错的专著。"王宇信先生将自己新出版的专著《建国以来甲骨文研究》赠送给郭胜强并题词"殷墟甲骨,历年长新",鼓励他继续努力。1987年该书被评为河南省地方史志优秀成果二等奖。

在学习胡厚宣先生的《五十年甲骨文发现的总结》时,郭胜强看到书中引用了罗振常的《洹洛访古游记》中的不少内容。罗振常是著名甲骨学家罗振玉的胞弟,1911年罗振玉曾派他和范兆昌到安阳小屯收购甲骨文,该书记述了其收购甲骨的情况和洹洛一带的文物古迹。《洹洛访古游记》出版于1936年,当时人们也很难见到。郭胜强于是向出版社建议重新翻印出版。1987年河南人民出版社将该书重新出版,受到学术界的欢迎,对研究甲骨学史起了不少的作用。

1985年,根据工作需要,郭胜强调入安阳师范学院任教,使他有较多的时间从事专业研究。从20世纪80年代至今,在近20年的时间里,他淡泊名利、排除一切干扰,除圆满完成繁重的教学任务外,潜心研究殷商文化,撰写发表学术论文50余篇,其中有22篇被《甲骨学百年论著目》收入,①7篇被四川大学出版社出版的《甲骨文献集成》全文收入,多篇在国际国内学术研讨会上宣读交流,多篇论文获得省市级不同类型的奖励。

在殷商文化领域里,郭胜强研究范围很广泛,涉及甲骨学、殷商史和殷商考古等方面。在甲骨学方面,1986年他与安阳师范学院教授郭青萍先生合作,完成了《卜辞句法结构研究刍议》(《殷都学刊》1986年第3期)。卜辞文法的研究有着重要意义,一则它是深入理解甲骨文含义的绝好途径和有效手段,再则可以由此追溯汉语历史演变及论证其发展的规律。然而自20世纪50年代后,这方面的研究一度比较沉寂,正如著名甲骨学家李学勤先生所指出:甲骨学下一步似应解决的问题还很多,"至于词语的解释,文法的研究更处于非常薄弱的阶段。"②

作为交际工具的语言,它有三个要素:语音、词汇、语法。语言是在不断发展变化的,这三要素也在发展变化。作者在《卜辞句法结构研究刍议》中,经过对大量甲骨文资料的分析得出结论:三要素发展变化速度并不一样,语法跟其它两个要素比,就慢得多。"从殷商至今天,在这三千多年中,汉语句法结构发展变化非常缓慢,那时的句法结构同今天的基本一样,这就是语法的稳定性"③。作者还分析了卜辞句法结构的两个特点,第一是更广泛地使用省略,卜辞中的省略大大超过了现代汉语所能许可的范围,要理解卜辞,必须懂得省略;第二,句法结构分析与词义、词性的确定密切相关,卜辞中保存了汉语中更多的词的本义,如果照今天的意思去理解,句子就讲不通。

该文的发表填补了句法结构研究的空白,引起学术界的重视。中国人民大学书报资料中心报刊资料选汇《语言文字学》全文予以转载(1986年第10期),《殷都学刊》编辑部选编的《甲骨文与殷商文化研究》(河南人民出版社1992年)也收入该文。最近河南省文史资料研究馆即将出版的大型论文集《中原文萃》,也决定收入该文。甲骨学家王宇信、杨升南先生在《甲骨学一百年》中,列出了从20世纪80年代初至90年代末,卜辞句法研究的文章共10篇,《卜辞句法结构研究刍议》是其中的第3篇。④

1988年郭胜强与安阳市地方史志办公室的王家骏先生合作完成了《浅论殷墟甲骨文对中国文化的影响》(载《安阳古都研究》,又收入《中外学者论安阳》新华出版社1997年)。该文从甲骨文对文字发展的影响、对后世文学的影响、对典章文献的影响、对书法艺术的影响等几方面,论述了甲骨文对促进中国文化发展的重要作用。

在殷商史方面,郭胜强首先对殷墟的地位进行了研究。20世纪80年代,有一部分学者曾提出了"殷墟非殷都"的观点⑤。他们认为殷墟是一个陵墓区,殷都在淇县朝歌。为此,他撰写发表了《试论帝乙帝辛时期殷都未迁——兼论朝歌在晚商的地位》(与戴志强先生合作,《全国商史学术讨论会论文集》、《殷都学刊》增刊1985年,又收入《安阳古都研究》河南人民出版社1988年)、《再论殷都的选择与地位》(载《中外学者论安阳》新华出版社1997年)等多篇论文,以文献记载、甲骨文资料和考古材料,论述了殷墟的自然环境、殷墟的政治、经济、军事和文化地位,说明殷墟为殷都是确凿无疑的事实。朝歌在晚商后期,是商王朝的军事重镇、离宫别馆、或曰别都,也有着重要的地位。

郭胜强还进行了殷商经济史的研究,包括殷商赋税制度、货币、酒的生产等内容。1987年他发表了《试论我国赋税制度的形成和早期发展》(与曹应午先生合作《安阳教育学院学报》1987年第1期)、1988年发表《商代赋税制度刍议》(《殷都学刊》1988年第2期)、1998年发表《谈殷商时代的税赋》(与孟昭彦先生合作《河南税务报》1998年4月22日)等文章。在这些文章中,作者指出商代处在我国奴隶制进一步发展时期,奴隶主阶级建立了一套较完备的国家机器,与此相适应也建立了一套较完备的赋税制度。作者把商代的赋税归结为三种形式,即力役赋税、实物赋税和货币赋税。作者对商代的赋税的研究,极大丰富了我国赋税史研究的内容,引起学术界的重视。作者上连下延进一步开展对夏代、西周及春秋战国时期赋税制度的研究,完成了《先秦赋税简史》书稿。

在商代制酒业研究方面,郭胜强发表了《略论殷代的制酒业》(《中原文物》1986年第3期,又收入《水的外形、火的性格——中国酒文化研究文集》广东人民出版社1987年)、《甲骨文中所见的酒》(《中国市场信息》1990年24期)等文章。根据甲骨文和历史文献的记载及殷代考古资料,论证了殷代的酒有三种:即酒、醴、鬯。酒是专指用黍酿成的酒,也就是后来的黄酒;醴是用稻谷酿成的甜酒;鬯是黑黍加郁草酿制的香酒,是中国最早的药酒。殷人制酒不仅种类多而且产量高,同时殷人的酒器也十分精美,反映了殷代农业经济比较发达。

对中国古代科学技术史的研究,是有关弘扬民族文化、振奋民族精神的一个重要问题。20世纪80年代以来,利用甲骨文资料对商代的科学技术的研究,成为商史研究的一个热门课题。据《甲骨学百年论著目》粗略统计,从80年代初至90年代末,有关专著论文计240余篇(种)⑥。郭胜强也进行了商代科学技术的研究,发表了《商朝的日食和月食记录》(《史学月刊》1987年第1期)、《略谈殷代在数学上的成就》(《史学月刊》1988年第4期)、《殷代科技成就综述》(《安阳古都研究》河南人民出版社1988年)、《殷代在医学和化学方面的成就》(《中州今古》1989年第2期)等论文,在前人研究的基础上,对商代的科技成就进一步开展深入探讨。如在数学成就上,不仅论述了商代在计数、进位、运算等方面采用了先进科学的方法,处于当时世界的前列。同时根据对司母戊大方鼎、司母辛方鼎等大量殷商时代青铜鼎身正面的测量计算,说明当时人们已认识应用了黄金分割定理,比古希腊著名数学家毕达哥拉斯要早700多年。

在商代考古方面,郭胜强撰写了《殷都城墙初探》(《安阳古都研究》河南人民出版社1988年)、《从城址的选择看偃师商城的历史地位》(《中国古都研究》山西人民出版社1996年、中国古都学会第十三次年会论文)、《试论殷墟的"三叠层文化"》(《安阳教育学院学报》1999年第2期)等多篇论文。在《殷都城墙初探》中,作者根据甲骨文资料的分析,指出殷代已完全掌握了修筑城邑的技术,殷都修筑城墙是完全可能的。之所以现在殷墟还没有发现城墙,可能有两种情况,一是《嘉靖彰德府志·地理志》中记载的已湮没的"亶甲城"即是殷都城;再一种情况是殷城在殷墟保护区范围之外,至今还没被发现。同时还进一步分析,殷都的总体防御是在外部,殷墟的防御沟代替了城墙,殷都即使没有城墙也不影响其作为都城的地位。

郭胜强从事殷商文化研究基本上是靠自学发展起来的。由于他不是专职研究人员,研究工作受信息资料及时间的限制,同时他研究的范围又很广泛,因此,在取得一定的成绩后,继续深入下去就比较困难。为寻求扩大选题,1988年他撰写了《不解之缘——记早期中日学者在甲骨学研究中的交往》,香港《大公报》于5月30日至6月1日三天连载全文发表。文章指出"甲骨四堂"中的三堂罗振玉、王国维、郭沫若,真正研究甲骨文是在日本开始的。他们和日本学者林泰辅、田中庆太郎、原田淑人、内藤虎次郎等多有交往。著名甲骨学家胡厚宣也到过日本,与日本学者梅原末治、松丸道雄、成家彻郎等多有交往。更有不少日本学者到过中国,为探索源远流长的殷商文化,中日两国学者结下不解之缘。为迎接中国殷商文化国际讨论会召开,他撰写了《胡厚宣先生对甲骨学的贡献》(《中原文物》1990年第三期《中国殷商文化国际讨论会论文专集》),论述了胡厚宣先生从事殷墟发掘、甲骨学研究的学术活动和所取得的重大学术成就。

两文的发表受到学术界的好评,产生了一定的影响,同时也给郭胜强以很大的启示。中国社会科学院历史研究所研究员王宇信先生和南开大学历史系副教授朱彦民先生曾指出:"学术史和人物志的研究,这一工作往往为'智者'不屑为,常人也不能为者,而学术的进步与发展每每不能缺乏之。"⑦以后,他开始把主要力量逐渐放到研究介绍与甲骨学史和殷商史研究有关的学者方面,相继撰写了《郭沫若与甲骨学》、《梁思永与殷墟发掘》等文章,并收集了董作宾、郭宝钧、尹达等人的材料。

1997年河南大学在85周年校庆活动中,召开了商文化学术讨论会。原河大历史系主任、河大出版社总编辑朱绍侯教授在讨论会上作了《河南大学与中国甲骨学研究》的发言。朱教授的发言如数家珍,列举了从20世纪20年代直到90年代,各个时期河大学人对殷商文化的贡献。也许是偶然的巧合,其实更是植根于中原沃土的河南大学培育了大批人才的必然,甲骨学一代宗师、殷墟发掘的开创人董作宾;殷墟发掘的主将、新中国考古事业的奠基人郭宝钧;殷墟发掘的"活档案"、终身从事殷墟发掘和研究的石璋如;殷墟发掘的主将、新中国史学工作的负责人尹达等,竟然都与河南大学有缘,或曾在河大任教,或毕业于河南大学。

  这给郭胜强以很大鼓舞,即下决心要把河大的几位老"学友"写出来,他写信给朱绍侯先生汇报了自己的想法,得到朱先生的支持和鼓励。朱先生在回信中说:"自你工作后,一直没有忘怀母校。你对母校的火热感情,我深有体会。你在甲骨文研究方面所取得的成就,我非常自豪。知你正在研究河大几位老专家的学术史,非常高兴,这也是你对母校的一种贡献,既能为母校争光,也能提高你的甲骨文研究水平,我很赞赏你这个项目,祝你早日成功。"以后,郭胜强便相继完成了《董作宾先生对甲骨学的贡献》、《石璋如先生对殷墟发掘和研究的贡献》、《郭宝钧先生对殷墟发掘和研究的贡献》(均发表在《殷都学刊》),《河南大学对殷墟科学发掘的贡献》(《河南大学学报》1999年第1期),《尹达与殷墟发掘和史学研究》(载《安阳史志》1999年第1、2期)等多篇文章。

  2002年是河南大学建校90周年。为迎接校庆,关爱和校长在1999年秋天提出了编写出版一本河南大学与甲骨文发掘和商文化研究专书的计划。这不仅突出了中原文化特色,也突出了河南大学建校90年来在文史研究方面所取得的重要成果之一。在历史文化学院郑慧生教授的大力推荐下,郭胜强有幸承担了这一任务。经过短期必要的准备,于2000年初开始着手正式编写。在一年多的时间里,除了正常的工作和学习外,他投入了全部时间和精力,废寝忘食夜以继日地努力写作,2000年、2001年一连两个春节都没有休息过。

目前,郭胜强已基本完成了《河南大学与甲骨学》一书的初稿。书稿共分十三章约 20 多万字,详细介绍了河大学人在殷商文化研究方面的卓越成就。其中既有德高望重已经作古的老一代专家学者;也有年富力强、成果丰硕的中年学者;还有近年来脱颖而出的后起之秀。既包括甲骨文研究的内容,也包括商代考古和商史研究的内容。郭胜强愿以此书献给母校河南大学、热烈祝贺母校 90 华诞、衷心感谢母校的培养和教育。

注释:
① 宋镇豪主编:《甲骨学百年论著目》,第 1248 页,北京,中国语文出版社,1999 年。
② 李学勤:《建国以来甲骨文研究·序》,北京,中国社会科学出版社,1981 年。
③ 郭青萍、郭胜强:《卜辞句法结构研究刍议》,《殷都学刊》1986 年第 3 期。
④ 王宇信、杨升南:《甲骨学一百年》,第 273 页,北京,社会科学文献出版社,1999 年。
⑤ 秦文生:《殷都非殷墟考》,《郑州大学学报》1985 年第 1 期。
⑥ 宋镇豪主编:《甲骨学 100 年论著目》。
⑦ 朱彦民 2001 年 1 月 25 日给郭胜强的信。

后 记

　　1999年11月中旬,接到河南大学历史文化学院郑慧生教授的来信。郑老师快人快语,说:"到2002年,将是河大90年校庆。为了迎接这个节日,校方打算出一本河南大学与甲骨文发掘和研究方面的书,重点介绍河大学人在这方面的贡献,以宣传河大、振兴河大。关爱和校长和我谈了此事,我向他推荐了您,您如想干,可考虑写一本20万字的书。您意下如何,请赐回音。"不久,在朋友家小聚,《殷都学刊》主编查洪德教授也向我谈及了此事。

　　这对于我来说,无异是千载难逢的好机会。写甲骨学史上的人物,是我已做了多年的选题,能把研究成果集中展现出来,应当说是梦寐以求的,在当前出书异常困难的情况下有这样的机会怎能不珍惜呢?我毫不犹豫地接受了任务,收集整理资料,着手进行编写。

　　以前我发表过不少文章,也写过几本小册子,但像这样写大部头的东西还是第一次,真得做起来并不容易。就内容、体例颇费了不少脑筋,仅"纲目"就拟出了好几套。一次我把初拟的纲目寄给郑老师,他直言不讳地指出:"看了你的纲目,我觉得'史话'味太重了,一定要以事为纲,一事一章,不要强并两事,使题目成为骈体。请注意,此书一定写成学术专著,千万不能写成史话。你写史话惯了,此书如写成史话,则是完全的失败!!!"

我又与查洪德教授、张华腾副教授、郭新和副教授、郭旭东副教授、杨景龙副教授、安阳甲骨学会党相魁会长等同事朋友进行商量讨论,这样在郑老师及同志们的指导帮助下,确定了内容和体例等问题,转入了正常的写作。

在收集资料和写作过程中,得到了不少河大师长校友的关心、支持和帮助,朱绍侯、陈昌远、李瑾、李民、张诚、程有为、王蕴智、常燿华、杨学法、张启生、杨振清、曹应午、宋元凯、孟昭彦、晋红旗、梁育红、周伟等先生,都为我提供了不少资料。河南省社会科学联合会副主席、原河南大学党委副书记、校友张放涛在给我回信中指出:"你计划写《河南大学与甲骨学》正是宣传河大培养的人才和科研成果,我非常赞同。我建议你一定要把握好资料,使之更加精确、严谨、权威,不仅能成为弘扬河大的书,也要成为一部甲骨学史书。望你一定树立信心,力排其他琐事,专心搞好这一著作,成功之后当是传世之作。也可以说功在当代,惠及后人。"并表示若有困难他可以尽力帮助协调解决,给我以很大的鼓舞。"精确、严谨、权威"遂成为我写作中所遵循的一个原则。

这一工作也得到并非河南大学的不少专家学者的支持。李学勤先生十分关心本书的写作,他让人带信给我,不仅要把资料收集齐全,更要注意准确,还在百忙中挤时间给我写了序言。中国社会科学院考古研究所研究员、原安阳工作队队长杨锡璋先生为我开放了工作站资料室,提供了大量珍贵资料,并在繁忙的工作中抽出时间审阅了有关殷墟考古发掘的大部分篇章,提出许多宝贵的修改意见。他还鼓励我说:"董作宾、郭宝钧、石璋如、尹达是我们的老前辈、老所长,他们为我国的考古事业奉献了自己的一生,我们都十分怀念他们。他们的事迹很感人,应当很好总结一下,这本来是我们应当做的工作,希望你能早日完成。"考古所刘一曼研究员从北京寄来了长达8页的手写资料和图片,介绍了她在台北参加中央研究院历史语言研究所举办的甲骨文发现100周年纪念活动,披露了许多鲜为人知的石璋如先生的最新情况。历史研究所胡振宇先生寄来多达100余页的复印资料,其中包括20世纪30年代和近年海外出版、发表的有关论著中的资料,弥足珍贵。

历史研究所研究员、中国殷商文化学会会长王宇信先生从一开始就关心着我的写作,在国外讲学期间还来信提出许多指导性意见,最近又为本书撰写序言。中山大学陈炜湛教授在来信中给我以热情的鼓励,并提出许多指导性意见。河南省社科院考古所的萧鲁阳,河南省文物考古研究所的朱凯也为我提供资料,给予支持和帮助。

安阳师范学院历史系、科研处、图书馆、教育学院、艺术系和李雪山、王作印、翟苏民、刘志庆、焦克、靳燕、李同彬、杨露、黄建宇等也给我很多的支持与帮助。

安阳的一些单位和领导、同事、朋友,如市委宣传部、市委外宣办、市社科联、安阳日报社、市博物馆、市文物工作队、安阳殷墟博物苑、市志办公室和马省洲、张建国、傅书贵、刘志伟、焦智勤、孟宪武、段振美、朱爱芹、陈文道、吕何生、杨善清、王昕、郭锦凯、骈文红、郑金涛、董俊杰等,都给予很多的关心、支持和帮助。我的夫人在从教师岗位上退下来后,承担了全部家务,解除了我的后顾之忧,并帮我收集整理资料。我的孩子也帮我收集资料,并对书稿加工润色。

2001年下半年,是书稿的最后修订阶段,在关爱和校长的关心和过问下,历史文化学院的领导,特别是副院长龚留柱教授、总支书记李文山同志和刘信亮老师跑前跑后亲自安排,为我创造了优越的工作和生活环境并提供资料,郝文勉、刘跃令、王学春等老师也提供不少资料。在河南大学和安阳师范学院院系领导的大力支持下,我得以全力以赴、专心致志地完成最后的工作。

河南大学出版社总编辑马小泉教授,在繁忙的工作中挤时间几次主持了书稿讨论会,定夺了内容、体例等方面的问题,他的果断和雷厉风行的工作作风令人敬佩。

河南大学历史文化学院涂白奎副教授负责书稿的审定，他对工作极端的负责任。审稿中对引文逐一作了核对，对书稿中的讹误疏漏和欠妥帖之处，从正文到标点，都——予以纠正、修改，起了画龙点睛的作用。他一丝不苟的工作态度感人至深。

河南大学图书馆、资料室的丰富藏书令我眼界大开，走进这里如同走进知识的海洋。在这里我见到珍贵的早年出版的甲骨学著作，图书馆的同志们为我提供线索，帮我查找图书目录的情景更给我留下难忘的印象。

值此书稿行将付印之际，对上述提到名字的以及更多没有提到名字的师长、领导、同事、朋友表示衷心地感谢。没有他们的关心、支持和帮助，我是难以完成任务的。

郭胜强
2001年11月20日于河南大学青年公寓